邵建——編

《新月》政論

從《人權論集》到《政治論文》

1929-1931

目次

第一部分《人權論集》

第二部分《政治論文》及其他

附編一　右翼對胡適的圍剿

★表示該文章屬於《政治論文》

第一部分《人權論集》

序

胡適

這幾篇文章討論的是中國今日人人應該討論的一個問題——人權問題。前三節討論人權與憲法。第四節討論我們要的是什麼人權。第五、六節討論人權中的一個重要部分——思想和言論的自由。第七節討論國民黨中的反動思想，希望國民黨的反省。第八節討論孫中山的知難行易說。這兩節只是「思想言論自由」的實例：因為我們所要建立的是批評國民黨的自由和批評孫中山的自由。上帝我們尚且可以批評，何況國民黨與孫中山？

第九節與第十節討論政治上兩個根本問題，收在這裡做個附錄。

周櫟園《書影》裡有一則很有意味的故事：

> 昔有鸚武飛集陀山。山中大火，鸚武遙見，入水濡羽，飛而灑之。天神言：「爾雖有志意，何足云也？」對曰：「嘗僑居是山，不忍見耳。」

今天正是大火的時候，我們骨頭燒成灰終究是中國人，實在不忍袖手旁觀。我們明知小小的翅膀上滴下的水點未必能救火，我們不過盡我們的一點微弱的力量，減少良心上的一點譴責而已。

十八，十二，十三

人權與約法

胡適

四月二十日國民政府下了一道保障人權的命令，全文是：

> 世界各國人權均受法律之保障。當此訓政開始，法治基礎亟宜確立。凡在中華民國法權管轄之內，無論個人或團體均不得以非法行為侵害他人身體，自由，及財產。違者即依法嚴行懲辦不貸。著行政司法各院通飭一體遵照。此令。

在這個人權被剝奪幾乎沒有絲毫餘剩的時候，忽然有明令保障人權的盛舉，我們老百姓自然是喜出望外。但我們歡喜一陣之後，揩揩眼鏡，仔細重讀這道命令，便不能不感覺大失望。失望之點是：

第一，這道命令認「人權」為「身體，自由，財產」三項，但這三項都沒有明確規定。就如「自由」究竟是那幾種自由？又如「財產」究竟受怎樣的保障？這都是很重要的缺點。

第二，命令所禁止的只是「個人或團體」，而並不曾提及政府機關。個人或團體固然不得以非法行為侵害他人身體自由及財產，但今日我們最感覺痛苦的是種種政府機關或假借政府與黨部的機關侵害人民的身體自由及財產。如今日言論出版自由之受干涉，如各地私人財產之被沒收，如近日各地電氣工業之被沒收，都是以政府機關的名義執行的。四月二十日的命令對於這一方面完全沒有給人民什麼保障。這豈不是「只許州官放火，不許百姓點燈」嗎？

第三，命令中說，「違者即依法嚴行懲辦不貸」，所謂「依法」是依什麼法？我們就不知道今日有何種法律可以保障人民的人權。中華民國刑法固然有「妨害自由罪」等章，但種種妨害若以政府或黨部名義行之，人民便完全沒有保障了。

果然，這道命令頒佈不久，上海各報上便發現「反日會的活動是否在此命令範圍之內」的討論。日本文的報紙以為這命令可以包括反日會（改名救國會）的行動；而中文報紙如《時事新報》畏壘先生的社論則以為反日會的行動不受此命令的制裁。

豈但反日會的問題嗎？無論什麼人，只須貼上「反動分子」、「土豪劣紳」、「反革命」、「共黨嫌疑」等等招牌，便都沒有人權的保障。身體可以受侮辱，自由可以完全被剝奪，財產可以任意宰製，都不是「非法行為」了。無論什麼書報，只須貼上「反動刊物」的字樣，都在禁止之列，都不算侵害自由了。無論什麼學校，外國人辦的只須貼上「文化侵略」字樣，中國人辦的只須貼上「學閥」、「反動勢力」等等字樣，也就都可以封禁沒收，都不算非法侵害了。

我們在這種種方面，有什麼保障呢？

我且說一件最近的小事，事體雖小，其中含著的意義卻很重要。

三月二六日上海各報登出一個專電，說上海特別市黨部代表陳德徵先生在三全大會提出了一個《嚴厲處置反革命分子案》。此案的大意是責備現有的法院太拘泥證據了，往往使反革命分子容易漏網。陳德徵先生提案的辦法是：

> 凡經省黨部及特別市黨部書面證明為反革命分子者，法院或其他法定之受理機關應以反革命罪處分之。如不服，得上訴。惟上級法院或其他上級法定之受理機關，如得中央黨部之書面證明，即當駁斥之。

這就是說，法院對於這種案子，不許審問，只憑黨部的一紙證明，便須定罪處刑。這豈不是根本否認法治了嗎？

我那天看了這個提案，有點忍不住，便寫了封信給司法院長王寵惠博士，大意是問他「對於此種提議作何感想」，並且問他「在世界法制史上，不知在那一世紀那一個文明民族曾經有這樣一種辦法，筆之於書，立為制度的嗎」？

我認為這個問題是值得大家注意的，故把信稿送給國聞通信社發表。過了幾天，我接得國聞通信社的來信，說：

> 昨稿已為轉送各報，未見刊出，聞已被檢查者扣去。茲將原稿奉還。

我不知道我這封信有什麼軍事上的重要而竟被檢查新聞的人扣去。這封信是我親自負責署名的。我不知道一個公民為什麼不可以負責發表對於國家問題的討論。

但我們對於這種無理的干涉，有什麼保障呢？

又如安徽大學的一個學長，因為語言上挺撞了蔣主席，遂被拘禁了多少天。他的家人朋友只能到處奔走求情，絕不能到任何法院去控告蔣主席。只能求情而不能控訴，這是人治，不是法治。

又如最近唐山罷市的案子，其起原是因為兩益成商號的經理楊潤普被當地駐軍指為收買槍枝，拘去拷打監禁。據四月二八日《大公報》的電訊，唐山總商會的代表十二人到一百五十二旅去請求釋放，軍法官不肯釋放。代表等辭出時，正遇兵士提楊潤普入內，「時楊之兩腿已甚擁腫，並有血跡，周身動轉不靈，見代表等則欲哭無淚，語不成聲，其淒慘情形，實難盡述」。但總商會及唐山商店八十八家打電報給唐生智，也只能求情而已；求情而無效，也只能相率罷市而已。人權在那裡？法治在那裡？

我寫到這裡，又看見五月二日的《大公報》，唐山全市罷市的結果，楊潤普被釋放了。「但因受刑過重，已不能行走，遂以門板抬出，未回兩益成，直赴中華醫院醫治。」《大公報》記者親自去訪問，他的記載中說：

> ……見楊潤普前後身衣短褂，血跡模糊。衣服均粘於身上，經醫生施以手術，始脫下。記者當問被捕後情形，楊答，苦不堪言，曾用舊時懲治盜匪之壓槓子，余實不堪其苦。正在疼痛難忍時，壓於腿上之木槓忽然折斷。旋又易以竹板，周身抽打，移時亦斷。時劉連長在旁，主以鐵棍代木棍。鄭法官恐生意外，未果。此後每訊必打，至今周身是傷。據醫生言，楊傷過重，非調養三個月不能復原。

這是人權保障的命令公佈後十一日的實事。國民政府諸公對於此事不知作何感想？

我在上文隨便舉的幾件實事，都可以指出人權的保障和法治的確定絕不是一紙模糊命令所能辦到的。

法治只是要政府官吏的一切行為都不得逾越法律規定的許可權。法治只認得法律，不認得人。在法治之下，國民政府的主席與唐山一百五十二旅的軍官都同樣的不得逾越法律規定的許可權。國民政府主席可以隨意拘禁公民，一百五十二旅的軍官自然也可以隨意拘禁拷打商人了。

但是現在中國的政治行為根本上從沒有法律規定的許可權，人民的權利自由也從沒有法律規定的保障。在這種狀態之下，說什麼保障人權！說什麼確立法治基礎！

在今日如果真要保障人權，如果真要確立法治基礎，第一件應該制定一個中華民國的憲法。至少，至少，也應該制定所謂訓政時期的約法。

孫中山先生當日制定《革命方略》時，他把革命建國事業的措施程式分作三個時期：

> 第一期為軍法之治（三年）。
>
> 第二期為約法之治（六年）……「凡軍政府對於人民之權利義務，及人民對於軍政府之權利義務，悉規定於約法。軍政府與地方議會及人民各循守之。有違法者，負其責任。……」
>
> 第三期為憲法之治。

《革命方略》成於丙午年（一九〇六），其後續有修訂。至民國八年中山先生作《孫文學說》時，他在第六章裡再三申說「過渡時期」的重要，很明白地說「在此時期，行約法之治，以訓導民人，實行地方自治」。至民國十二年一月，中山先生作《中國革命史》時，第二時期仍名為「過渡時期」，他對於這個時期特別注意。他說：

> 第二為過渡時期。在此時期內，施行約法（非現行者），建設地方自治，促進民權發達。以一縣為自治單位，每縣於散兵驅除戰事停止之日，立頒約法，以規定人民之權利義務，與革命政府之統治權。以三年為

限，三年期滿，則由人民選舉其縣官。……革命政府之對於此自治團體只能照約法所規定而行其訓政之權。

又過了一年之後，當民國十三年四月中山先生起草《建國大綱》時，建設的程式也分作三個時期，第二期為「訓政時期」。但他在《建國大綱》裡不曾提起訓政時期的「約法」，又不曾提起訓政時期的年限，不幸一年之後他就死了，後來的人唯讀他的建國大綱，而不研究這「三期」說的歷史，遂以為訓政時期可以無限地延長，又可以不用約法之治，這是大錯的。

中山先生的《建國大綱》雖沒有明說「約法」，但我們研究他民國十三年以前的言論，可以知道他絕不會相信統治這樣一個大國可以不用一個根本大法的。況且《建國大綱》裡遺漏的東西多著哩。如廿一條說「憲法未頒佈以前，各院長皆歸總統任免」，是訓政時期有「總統」，而全篇中不說總統如何產生。又如民國十三年一月國民黨第一次代表大會宣言已有「以黨為掌握政權之中樞」的話，而是年四月十二中山先生草定《建國大綱》全文廿五條中沒有一句話提到一黨專政的。這都可見《建國大綱》不過是中山先生一時想到的一個方案，並不是應有盡有的，也不是應無盡無的。《大綱》所有，早已因時勢而改動了（如十九條五院之設立在憲政開始時期，而去年已設立五院了）。《大綱》所無，又何妨因時勢的需要而設立呢？

我們今日需要一個約法，需要中山先生說的「規定人民之權利義務與革命政府之統治權」的一個約法。我們要一個約法來規定政府的許可權：過此許可權，便是「非法行為」。我們要一個約法來規定人民的「身體，自由，及財產」的保障：有侵犯這法定的人權的，無論是一百五十二旅的連長或國民政府的主席，人民都可以控告，都得受法律的制裁。

我們的口號是：

快快制定約法以確定法治基礎！

快快制定約法以保障人權！

十八，五，六

（原載一九二九年四月十日《新月》第二卷第二號，此號實際延期出版）

《人權與約法》的討論

《人權與約法》一篇文字發表以來，國內外報紙有轉載的，有翻譯的，有作專文討論的。在這四五十日之中，我收到了不少的信，表示贊成此文的主張。我們現在發表幾篇應該提出討論的通信，略加答覆。其他僅僅表示贊成的通信，我們雖然感謝，只因篇幅有限，恕不能一一披露了。

胡適

一、

適之先生：

拜讀大作《人權與約法〉第七頁第四行「……是訓政時期有總統」。對於訓政兩字，覺得有點疑問；以《建國大綱》條文本身看去，是在憲政時期才有總統。第十六條云，「凡一省全數之縣皆達完全自治者，則為憲政開始時期。……」第廿五條云，「憲法頒佈之日，即為憲政告成之時。……」這可見得《建國大綱》所規定之憲政時期，尚無憲法。再以第十九條「在憲政時期，中央政府當完成設立五院……」可證明五院制是應該在憲政時期試行的，「各院長皆歸總統任免」是憲政時期之總統。專此修函商榷，是否請賜教言，尤深感激。並請文安。

後學汪羽軍鞠躬

汪先生指出的錯誤，我很感謝，他指出一個重要之點，就是《建國大綱》所規定之憲政時期，尚無憲法。最好的證據是《建國大綱》第廿二條：「憲法草案當本於《建國大綱》及訓政憲政兩時期之成績。」草案須根據於憲政時期的成績，可見憲政時期尚無憲法。

但我們仔細看《大綱》的全文，不能不說第廿二條所謂「憲政時期」只是「憲政開始時期」的省文。在此時期，在憲法頒佈之前，有五院，有各部，有總統，都無憲法的根據。則廿一條所謂「總統」仍是革命軍政時代所遺留的臨時政府的總統。我原文所謂「訓政時期有總統」，似乎也不算誤解中山先生的原意罷？

中山先生的根本大錯誤在於認訓政與憲法不可同時並立。此意我已作長文討論，載在本期的新月。中山先生不是憲法學者，故他對於「憲政」的性質頗多誤解。如《大綱》第廿五條說：「憲法頒佈之日，即為憲政告成之時。」這是絕大的錯誤。憲法頒佈之日只是憲政的起點，豈可算作憲政的告成？憲法是憲政的一種工具，有了這種工具，政府與人民都受憲法的限制，政府依據憲法統治國家，人民依據憲法得著保障。有逾越法定範圍的，人民可以起訴，監察院可以糾彈，司法院可以控訴。憲法有疑問，隨時應有解釋的機關。憲法若不能適應新的情勢或新的需要，應有修正的機關與手續。——凡此種種，皆須靠人民與輿論時時留心監督，時時出力護持，如守財虜的保護其財產，如情人的保護其愛情，偶一鬆懈，便讓有力者負之而走了。故憲法可成於一旦，而憲政永水無「告成」之時。故中山先生之憲政論，我們不能不認為智者千慮之一失了。

（適）

二、適之先生足下：拜讀《人權與約法》一文，具徵擁護自由之苦心，甚佩甚佩。惟管見所及，不無異同之點，姑縷述如左，以就正於先生。

（一）清季籌備憲政，定期九年，所以不允即行立憲者，謂因人民參政能力之不足。今日破壞告成，軍事結束，所以特定訓政時期者，殆亦因民眾程度幼稚，非經一番嚴格訓練，未便即行交還政權耳。設在此訓政期內，須行約法，當然與民初之臨時約法不同。臨時約法係由臨時參議院制定公佈，其中缺點雖多，尚有幾分民意表現。今後須行約法，不過如漢高入關之約法三章耳。人民應享之自由究有幾何？

（二）民國十三年春，國民黨改組，援俄意先例，揭櫫以黨治國。在憲法未頒以前，繼續厲行黨治，似無疑義。黨治一日存在，則全國人民不論是否黨員，對於黨義政綱，應奉為天經地義，不得稍持異議。即使約法須佈，人民之言論出版仍須受嚴重限制。

（三）按照國民黨第一次代表大會所定政綱，其中有對內政策第六項，載明人民有集會結社言論出版居住信仰之完全自由權。他日制定約法，無論如何寬大，總不能超過對內政策第六項。苟欲恢復自由，雖不另定約法，按照第六項實行未嘗不可。蓋就目前政制言之，黨綱法律似無多大區別也。若不實行，雖頒佈約法，亦屬徒然。

以上三點，是否有當？敬乞先生及海內賢達指正。

民國十八年六月二十七日 諸青來

諸先生提出的三點，都值得我們的注意。我們現在簡單答覆如下：

（一）現在我國人民只有暗中的不平，只有匿名的謾罵，卻沒有負責任的個人或團體正式表示我們人民究竟要什麼自由。所以「人民應享的自由究有幾何？」這個問題是全靠人民自己解答的。

（二）我們要一個「規定人民的權利義務與政府的統治權」的約法，不但政府的許可權要受約法的制裁。黨的許可權也要受約法的制裁。如果黨不受約法的制裁，那就是一國之中仍有特殊階級超出法律的制裁之外，那還成「法治」嗎？其實今日所謂「黨治」，說也可憐，那裡是「黨治」？只是「軍人治黨」而已。為國民黨計，他們也應該覺悟憲法的必要。他們今日所爭的，只是爭某全會的非法，或某大會的非法，這都是他們關起門來的妯娌口角之爭，不關我們國民的事，也休想得著我們國民的同情。故為國民黨計，他們也應該參加約法的運動。須知國民的自由沒有保障，國民黨也休想不受武人的摧殘支配也。

（三）約法即是國民黨實行政綱的機會。政綱中對內政策第六條云：「確定人民有集會結社言論出版居住信仰之完全自由權。」諸先生忽略了「確定」一字。政綱所主張的，載入了約法或法律，才是確定。不然，只不過一種主張而已。

（原載一九二九年六月十日《新月》第二卷第四號）

我們什麼時候才可有憲法？
——對於《建國大綱》的疑問

胡適

我在《人權與約法》（《新月》二卷二號）裡，曾說：

> 中山先生的建國大綱雖沒有明說「約法」，但我們研究他民國十三年以前的言論，知道他絕不會相信統治這樣一個大國可以不用一個根本大法的。

這句話，我說錯了。民國十三年的孫中山先生已不是十三年以前的中山了。他的《建國大綱》簡直是完全取消他以前所主張的「約法之治」了。

從丙午年（一九〇六）的《革命方略》到民國十二年（一九二三）的《中國革命史》，中山先生始終主張一個「約法時期」為過渡時期，要一個約法來「規定人民之權利義務，與革命政府之統治權」。

但民國十三年以後的中山先生完全取消這個主張了。試看他公佈《建國大綱》的宣言說：

辛亥之役，汲汲於制定臨時約法，以為可以奠民國之基礎，而不知乃適得其反。論者見臨時約法施行之後，不能有益於民國，甚至並臨時約法之本身效力亦已消失無餘，則紛紛然議臨時約法之未善，且斤斤然從事於憲法之制定，以為借此可以救臨時約法之窮。曾不知癥結所在，非由於臨時約法之未善，乃由於未經軍政，訓政兩時期，而即入於憲政。

他又說：

可知未經軍政訓政兩時期，臨時約法絕不能發生效力。

他又說：

軍政時代已能肅清反側，訓政時代已能扶植民治，雖無憲政之名，而人人所得權利與幸福，已非口憲法而行專政者所可同日而語。

這是中山先生取消「約法之治」的理由。所以他在《建國大綱》裡，便不提起「約法」了。《建國大綱》裡，不但訓政時期沒有約法，直到憲政開始時期也還沒有憲法。如第廿二條云：

憲法草案當本於《建國大綱》及訓政，憲政兩時期之成績，由立法院議訂，隨時宣傳於民眾，以備到時採擇施行。憲法草案既要根據於訓政憲政兩時期的成績，可見「憲政時期」還沒有憲法。

但細看《大綱》的全文，廿二條所謂「憲政時期」乃是「憲政開始時期」的省文。故下文廿三條說：

> 全國有過半數省份達至憲政開始時期，——即全省之地方自治完全成立時期，——則開國民大會決定憲法而頒佈之。

這樣看來，我們須要等到全國有過半數省份的地方自治完全成立之後，才可以有憲法。

我們要研究，中山先生為什麼要這樣延遲憲政時期呢？簡單說來，中山先生對於一般民眾參政的能力，很有點懷疑。他在公佈宣言裡曾說：

> 不經訓政時代，則大多數人民久經束縛，雖驟被解放，初不了知其活動之方式，非墨守其放棄責任之故習，即為人利用，陷於反革命而不自知。

他在《建國方略》裡，說的更明白：

> 夫中國人民知識程度之不足，固無可隱諱者也。且加以數千年專制之毒深中乎人心，誠有比於美國之黑奴及外來人民知識尤為低下也。（第六章）

他又說：

> 我中國人民久處於專制之下，奴心已深，牢不可破。不有一度之訓政時期，以洗除其舊染之汙，奚能享民

國主人之權利？（第六章）

他又說：

是故民國之主人者（國民），實等於初生之嬰兒耳。革命黨者，即產此嬰兒之母也。既產之矣，則當保養之，教育之，方盡革命之責也。此革命方略之所以有訓政時期者，為保養教育此主人成年而後還之政也。（第六章）

綜合上文的幾段話，我們可以明白中山先生的主張訓政，只是因為他根本不信任中國人民參政的能力。所以他要一個訓政時期來培養人民的自治能力，以一縣為單位，從縣自治入手。

這種議論，出於主張「知難行易」的中山先生之筆下，實在使我們詫異。中山先生不曾說嗎？

其始則不知而行之。其繼則行之而後知之。其終則因已知而更進於行。（《建國方略》第五章）

他又說過：

夫維新變法，國之大事也，多有不能前知者，必待行之成之而後乃能知之也。（同上）

參政的能力也是這樣的。民治制度的本身便是一種教育。人民初參政的時期，錯誤總不能免的，但我們不可因人民程度不夠便不許他們參政。人民參政並不須多大的專門知識，他們需要的是參政的經驗。民治主義的根本觀念是承認普通民眾的常識是根本可信任的。「三個臭皮匠，賽過一個諸葛亮。」這便是民權主義的根據。治國是大事業，專門的問題需要專門的學識。但人民的參政不是專門的問題，並不需要專門的知識。所患的只是怕民眾不肯出來參政，故民治國家的大問題總是怎樣引導民眾出來參政。只要他們肯出來參政，一回生，二回便熟了；一回上當，二回便學乖了。故民治制度本身便是最好的政治訓練。這便是「行之則愈知之」；這便是「越行越知，越知越行」。

中山先生自己不曾說嗎？

> 袁世凱之流必以為中國人民知識程度如此，必不能共和。曲學之士亦曰非專制不可也。嗚呼，牛也尚能教之耕，馬也尚能教之乘，而況於人乎？今使有見幼童將欲入塾讀書者，而語其父兄曰，「此童子不識字，不可使之入塾讀書也」，於理通乎？惟其不識字，故須急於讀書也。……故中國今日之當共和，猶幼童之當入塾讀書也。（第六章）

憲政之治正是唯一的「入塾讀書」。唯其不曾入塾讀書，故急須入塾讀書也。

中山先生說：

> 然入塾必要有良師益友以教之，而中國人民今日初進共和之治，亦當有先知先覺之革命政府以教之。此訓政之時期所以為專制入共和之過渡所必要也。

我們姑且讓一步，姑且承認共和是要訓練的。但我們要問，憲法與訓練有什麼不能相容之點？為什麼訓政時期不可以有憲法？為什麼憲法之下不能訓政？

在我們淺學的人看起來，憲法之下正可以做訓導人民的工作；而沒有憲法或約法，則訓政只是專制，絕不能訓練人民走上民主的路。

「憲法」是什麼東西？

柏來士（Bryce）在他的不朽名著《美洲民主國》裡說：

「一個國家的憲法只是那些規定此國家的政體並規定其政府對人民及人民對政府的各種權利義務的規律或法令。」（頁三五〇）

麥金托盧爵士（Sir James McIntosh）也說：

「凡規定一國高級官吏的最重要職權及人民的最根本的權利的基本法律——成文的或不成文的，——便是一國的憲法」見於他的「Law of Nature and of Nations」（頁六五）

中山先生也曾主張頒佈約法「以規定人民之權利義務，與革命政府之統治權」。這便是一種憲法了。

我們實在不懂這樣一部約法或憲法何以不能和訓政同時存在。我們須要明白，憲法的大功用不但在於規定人民的權利，更重要的是規定政府各機關的許可權。立一個根本大法，使政府的各機關不得逾越他們的法定許可權，使他們不得侵犯人民的權利，——這才是民主政治的訓練。程度幼稚的民族，人民固然需要訓練，政府也需要訓練。人民需要「入塾讀書」，然而蔣介石先生，馮玉祥先生，以至於許多長衫同志和小同志，生平不曾夢見共和政體是什麼樣子的，也不可不早日「入塾讀書」罷？

人民需要的訓練是憲法之下的公民生活。政府與黨部諸公需要的訓練是憲法之下的法治生活。「先知先覺」的政府諸公必須自己先用憲法來訓練自己，裁制自己，然後可以希望訓練國民走上共和的大路。不然，則口口聲聲說「訓政」，而自己所行所為皆不足為訓，小民雖愚，豈易欺哉？他們只看見袞袞諸公的時時打架，時時出洋下野而已；他們只看見袞袞諸公的任意侵害人權而已；他們只看見宣傳部「打倒某某」「擁護某某」而已；他們只看見反日會的站籠而已。以此訓政，別說六年，六十年有何益哉？

故中山先生的根本大錯誤在於誤認憲法不能與訓政同時並立。他這一點根本成見使他不能明白民國十幾年來的政治歷史。他以為臨時約法的失敗是「由於未經軍政訓政兩時期，而即入於憲政」。這是歷史的事實嗎？民國元年以來，何嘗有「入於憲政」的時期？自從二年以來，那一年不是在軍政的時期？臨時約法何嘗行過？天壇憲法草案以至於曹錕時代的憲法，又何嘗實行過？十幾年中，人民選舉國會與省議會，共總行過幾次？故民國十幾年的政治失敗，不是驟行憲政之過，乃是始終不曾實行憲政之過；不是不經軍政訓政兩時期而遽行憲政，乃是始終不曾脫離擾亂時期之過也。

當日袁世凱之流，固不足論；我們現在又到了全國統一的時期了，我們看看歷史的教訓，還是不敢信任人民而不肯實行憲政呢？還是認定人民與政府都應該早早「入塾讀書」，早早制定憲法或約法，用憲政來訓練人民和政府自己呢？

中山先生說得好：

> 中國今日之當共和，猶幼童之當入塾讀書也。

我們套他的話，也可以說：

> 中國今日之當行憲政，猶幼童之當入塾讀書也。

我們不信無憲法可以訓政；無憲法的訓政只是專制。我們深信只有實行憲政的政府才配訓政。

十八，七，廿

（原載一九二九年六月十日《新月》第二卷第四號，此號實際延期出版）

論人權

羅隆基

一、引言

人權破產，是中國目前不可掩蓋的事實，國民政府四月二十日保障人權的命令，是承認中國人民人權已經破產的鐵證。

努力起來爭回人權，已為中國立志做人的人的決心。人權運動，事實上已經發動。他的成功是時間的問題。這點，用不著特殊的鼓動。

爭回人權的手段，原來沒有一定的方式。紙筆墨水，可以訂定英國一二一五年的《大憲章》；槍彈鮮血，才能換到法國一七八九年的《人權宣言》。在不同的環境下，爭人權的手段亦隨之而不同，這是歷史的事實，這點，本文存而不論。

什麼是人權？什麼是我們目前所要的人權？這的確是目前人權運動裡急切重要的問題。我認為這些問題急切重要，其理由，簡言之，有三：

第一，人權運動，自有他的目標。這些目標應明確的並有條理的寫出來。國民政府的命令說：「世界各國人權均受法律之保障。」所謂「世界各國人權」是些什麼？下命令的人明白嗎？命令又說：「……不得以非法行為侵犯他人身體，自由，及財產。」這三項的範圍，包括些什麼？人權果限於這三項？這些問題，下命令的人亦沒有說明白。在其他方面說，英國人大部分的人權就列舉在一二一五年的《大憲章》，一六二八年的《人權說帖》，一六八九年的《人權條文》裡；法國人大部分的人權就列舉在一七八九年的《人權宣言》裡。我們目前的人權條文是什麼？已到了我們回答這問題的時候了。

第二，有些人權已經破產的人，自騙自的說人權是抽象的名詞，是餓不可食，寒不可衣的口頭語，人權運動比不上唯物主義的階級革命的切實。這些人根本沒有想過什麼是人權。人權當然包括衣，包括食，還包括許多比衣食更要緊的東西。說句頑皮話，假使當日德國有絕對的思想，言論，出版自由，馬克斯就不必逃到倫頓的古物陳列所裡去做《資本論》了。批評人權是抽象名詞的人，根本還是沒有想過人權是些什麼條件。我們目前要的人權是些什麼？已到了我們回答這問題的時候了。

第三，更有一班幸運一時的人權蹂躪者，他們大笑人權是老生常談，他們大笑人權運動是英法十七和十八世紀的東西。僥倖得志的人們，拼著命在模仿英國十七世紀的查理士第一，法國十八世紀的路易十六，他們在排演「朕即國家」的老劇，在這種環境之下，我們只好唱《大憲章》和《人權宣言》的老調。其實，人權果然是老調嗎？查查大戰後各新興國家的憲法，就知道人權已有了許多新腔。他們得意的人們，橫行霸道來糟蹋人權，根本沒有明白我們的人權是些什麼條件。我們要的人權是什麼？已到了回答這問題的時候了。

二、人權的意義

人權，簡單說，是一些做人的權。人權是做人的那些必要的條件。「做人」兩字的意義，表面上似乎膚淺，實則高深。有五官，有四肢，有頭腦，有腸腑，有皮，有骨，有爪，有髮，有人之貌，有人之形，這樣的動物，當然應該叫人。但他在不在「做人」，能不能有那些「做人」的條件，又另成問題。

一個死人當然不在做人。所以「做人」，第一，要有生命。換言之，維持生命，是做人的出發點。談到維持生命，馬上我們聯想到生命上那些必須的條件。譬如說，要維持生命，就要有衣，有食，有住。謀取衣，食，住的機會，換句話說，就成了做人的必要的條件。謀取衣，食，住的機會，就變了人權的一部分。西洋人的工作權（right to work）如今成了人權的一部分，當然是這個意義。

有衣，有食，有住。在我固然可以做人，旁人能不能容許我做人，又成另一問題。在個野蠻社會裡，強悛弱，眾暴寡，一把刀，一支槍，隨時可以了結我的性命。這樣，我雖然是個人，我雖然想做人，我不一定有做人的機會。換句話說，要維持生命，身體的安全，又成了必要的條件。身體安全的保障，又成了人權的一部分了。照這樣說，人權是人生上那些必須的條件，是衣，食，住的取得權及身體安全的保障。

人權的範圍，絕不止此。維持生命，固然是做人的出發點。維持生命，絕不是做人的唯一目的。

如今中國千千萬萬人活著，他們有他們的生命，但有幾個是真正在做人？做人，老實不客氣，要有做人的快樂（happiness），生命要有生命的幸福。要享受生命上的幸福，衣，食，住，及身體安全這幾個條件是不夠的。

人有個性，人有人格。倘個性及人格沒有發展培養的機會，人就不在做人。在個性與人格上，「人皆可以為堯舜」的話，當然說不上。人人在他的個性及人格上有他可能發展的至善點，是不容否認。「成我至善之我」（Be myself at my best）這是一句常聽到的西洋話。通俗說些，做個我能做到的好人。這樣，做人才有意義；這樣，生命上才有得到幸福的希望。

因此，所謂生命上的必須的條件，絕對不止衣，食，住，及身體的安全，同時要加上那些發展個性，培養人格，成我至善之我的一切的條件。

同時又要明白，我，不過是人群的一份子。我的做人，同時與人群脫不了許多連帶關係。我的幸福，同時又與人群全體的幸福發生連帶關係，我對人群的責任，在將我之至善，貢獻結人群，俾人群全體可以達到人群可能之至善。最後就在使人群裡最大多數得到最大的幸福。

准此，所謂生命上的必須的條件，既不限於個人的衣，食，住，及安全；複不限於「成我至善之我」的條件。要在那些條件上加上達到人群最大多數的最大的幸福的目的的條件。

根據上面這些話，人權的定義，應該如下：

人權是做人的那些必須的條件。人權是衣，食，住的權利，是身體安全的保障，是個人「成我至善之我」，享受個人生命上的幸福，因而達到人群完成人群可能的至善，達到最大多數享受最大幸福的目的上的條件。

我的人權定義是如此。他是很平淡，很率直的。我沒有追溯十七世紀霍布斯的學說，認人權是滿足一切欲望的東西。人有許多欲望，根本就不應該得到滿足。許多自命的大偉人有專制欲，有多妻欲，我們不能根據人權的理論，說這種欲望，應該滿足。我亦沒有引證十八世紀盧騷的學說，認人權是天賦的，說我們要歸真返樸，到自然的環境裡去自由發展我們的本性。我始終相信一九二九的上海沒有再變成五百年前的原野。我更不敢頌揚十九世紀邊沁的學說，主張人權應依賴法律為根據。智者作法，愚者守法，是中國過去的歷史。強者立法，弱者服法，是中國近來的現狀。

法律與正義公道是兩件東西，這是世界各國普遍的通病。從法律上我最多可以知道我現在有什麼權利，找不到我應有什麼權利。中國的舊法准許納妾畜婢，人不一定應該認納妾畜婢是人權，共和國家成年的國民應該有選舉權。目前中國的法律，不許人民參政，法律上有人權。人權不一定盡在法律，這是很明顯的事實。

徹底說些，人權的意義，我完全以功用（Function）二字為根據。凡對於下列三點有必要的功用的，都是做人必要的條件，都是人權：（一）維持生命；（二）發展個性，培養人格；（三）達到人群最大多數的最大幸福的目的。

現在我隨便舉個例來說。言論自由是人權。言論自由所以成為人權，不因為他可以滿足人的欲望，不因為他是天賦於人，不因為他是法律所許，根本原因是他的功用。他是做人所必須的條件。

是一個人，就有思想。有思想就要表現他的思想。要表現他的思想，他非要說話不可。他要說自己心中要說的話，不要說旁人要他說的話。說他要說的話，這就是發展個性，培養人格的道路。這是「成我至善之我」（be myself at my best）的門徑。

我有了言論自由，我才可以把我的思想貢獻給人群。這種貢獻，姑無論為善與不善，這是人向社會的責任。在社會方面，這種貢獻，姑無論為可取或不可取，這是思想上參考的材料。這就是人群達到至善的道路，這就是人群最大多數享受最大幸福的道路。

反之，取締言論自由，所取締的不止在言論，實在思想。不止在思想，實在個性與人格。取締個性與人格，即係屠殺個人的生命，即係滅毀人群的生命。

根據這個說法，所以說言論自由是人權，人權就是人類做人的一切必要的條件。沒有這些條件，我不能成我至善之我，人群亦不能達到人群至善的地位。

三、人權與國家

國家（state）的存在，有存在的功用（Function）。他的功用失掉了，他存在的理由同時失掉了。國家的功用，就在保障人權。就在保障國民做人上那些必要的條件。什麼時候我的做人的必要的條件失了保障，這個國家，在我方面，就失掉了他的功用，同時我對這個國家就失了服從的義務。

法國的《人權宣言》第二條說：

一切政治組織的目的在保全自然的及永不磨滅的人權。這些人權是自由，財產，安全，及對壓迫的反抗。

到如今，人權的範圍擴充了，政治組織的目的是沒有改變的。

麥凱蔑L. M. Maciver在他的《近代的國家》裡說：

……國家，我們不但應當把他當做各項團體之一看待，並且就事實上及國家的功用的邏輯上看起來，他亦不過公司性質一類的組織。因為國家侍奉國民。所以他可以命令；因為他負了責任，他才有權利。……他有擔保人權的功用。行使這種功用，他須要並且得到相當的權力。他的權力應有限制，猶如他的功用應有限制。

英國的政治家學者納斯克H.J．Laski在他的《政治典範》一書裡亦曾經說過：

> 國家是個分為政府與人民的有土地的組織。他存在，他使行威權，他有人民的服從，因為如此，人民方可以完成他們可能的至善。為要達到這個目的，人民有他們的人權。人權是那些國民少了就不能「或我至善」的一些條件。所以，很明顯的，人權不是法律的產物，是先法律而存在的東西。是法律最後的目的。國家的優劣程度，就以他保障人權成功失敗的程度為標準。

簡單說起來，國家萬能說已破產了。國家這個組織，在二十世紀，不過是社會上許多組織中的一個組織而已。他存在的價值，完全以他功用的效能大小為轉移。他對人民的威權，是有限制的，不是絕對的。威權限制的範圍，就以他的功用為準；人民對國家的服從，是有條件的，不是絕對的。最要的條件，就在保障人權，保障人民生命上那些必須的條件，什麼時候，國家這個功用失掉了，人民對國家服從的義務就告終了。

國家失去功用的理由，最大的是國家為某私人或某家庭或某部分人集合的團體所佔據。他的功用已變了他的本性。他成了某個人，或某家庭，或某私人團體的國家。他變成了某個人，或某家庭，或某私人團體蹂躪大多數國民人權的工具。這樣的例證，歷史上不一如足。譬如說，一七八九年的法國，在功用上說起來，是路易十六私人的國家，不是法國人的國家，所以有「朕即國家」的話。一六四〇年後，一九一一年前，在功用上說起來，中國是愛新覺羅家庭的國家，不是中國國民的國家。所以有「寧贈外人，莫與家奴」的話。在這種現狀底下，在這種國家成了私人產物的變態情形底下，其結果，倘國民對這狀態有了覺悟，必定發生革命。這又確為過去的事實。

馬克斯說國家是資本階級侵略無產階級的工具，非無片面的理由。國家有時的確為某個人或某家庭或某團體所霸佔。所當注意者，則霸佔國家者，從過去及現在的事實看來，不一定完全是資本階級罷了。

這裡我要說明的，不是國家可以被人霸佔的事實，是被霸佔後國民對這國家的態度罷了。我對這問題的答案是：

> 國家的威權是有限制的。人民對國家服從的義務是相對的。什麼時候國家擔當不了我所付託給他的責任，在國家失了命令我的權利，在我沒有了服從的義務。

我的人權與國家的說法是如此。他是很簡單的，很平淡的，很率直的。我不是巴枯寧的信徒，我不是馬克斯的弟子。毀滅威權或打破國家的罪名，加不到我的頭上。

納斯克曾經說過：

> 國家以所擔保的人權正其名分。我們裁判國家優劣的方法，最要的，就以他在國民幸福的實質上的貢獻為根據。最少從政治哲學上立論，國家不是一個單單有威權可以強迫人民服從他的意志的團體。除在極嚴格的法理上外，國家只有在人民服從國家的利益這條件上要求人民服從。國民，因為他是國民，他就有檢查政府一切行動的宗旨及性質的責任。政府的行動，不能以其出諸政府，即成為天經地義。這種行動有他們被審查的標準。政府行動的用意，人民一定要有瞭解他的權利。國家，簡單的說，不能產生人權，只能承認人權，他的優劣，在任何時期，即以人權得到承認的標準為標準。

同時，這就是我對「人權與國家」一點上的解釋。

四、人權與法律

法律為保障人權產生的。法律為人權所產生的。第一項，指法律的功用；第二項，指法律的來源。爭人權的人，主張法治，邏輯上是對的。法律的根本作用在保障人權。巴克利亞（Beccaria），一個以法理為立場的政治思想家，相信法律的目的在謀最大多數的最大幸福（La Massma Felicita, divisa Nel Maggioor Numoro）。英國的布納克斯通Blackstone亦曾經說過：「法律重要的目的在保護及規定人權」（Commentaries Book1,Ch1）爭法治的人先爭憲法，在邏輯上也很對的。

法律，用簡便的話來說，可以分為兩種。一為憲法，一為憲法以外的普通法。憲法，是人民統治政府的法。普通法是政府統治人民的法（參看Maciver的Medern State P.25）。在一個法制的國家，政府統治人民，人民同時統治政府。所以法治真義是全國之中，沒有任何個人或任何團體處於超法律的地位。要達到政府統治人民，人民統治政府的地位，非有憲法不可。這裡我又覺得胡適之先生下面幾句話是很對的：

> 我們須要明白，憲章的大功用不但在於規定人民的權利，更重要的是規定政府各機關的許可權。立一個根本大法，使政府各機關不得逾越他們的法定許可權，使他們不得侵犯人民的權利。這才是民主政治的訓練。

進一步說，在蹂躪人權方面，所謂個人或私人團體，其為害實小。國民政府四月二十的命令所謂「無論個人或團體均不得以非法行為侵害他人身體，自由，及財產。違者即依法嚴行懲辦不貸」，那是顧小失大的話。事實上看起來，明火打劫的強盜，執槍殺人的綁匪，雖然幹的是「以非法行為，侵害他人身體，自由，及財產」的勾當，其影響所及，遠不如某個人，某家庭，或某團體霸佔了政府的地位，打著政府的招牌，同時不受任何法律的拘束的可怕。這點，我們可以找得著許多事實來證明。

法律的功用在保障人權，這是不容懷疑的。爭人權的人，先爭法治；爭法治的人，先爭憲法，步驟上我亦認為很合邏輯。

憲法有時不但不能保障人民的人權，且為某個人，某家庭，或某團體的蹂躪人權的工具。這又非歷史上絕無的事，這也是爭法治的人所應顧慮之點。假使我們知道在法國一八七五的憲法以前，曾有過七個憲法，假使我們還記到拿破崙第一拿破崙第三都曾一手包辦過憲法，我們就要注意到下列一點的討論了。

法律的來源，是談人權者不可忽略的一點。法律是人民共同意志的表現（Law Is the expreesion of the general will），盧騷這句話，我認為是民治國家法律的根本原則。最少，憲法——人民統治政府的法——的產生是不能違背這條原則。孫中山先生在他的《建國大綱》二十三條裡「開國民大會，決定憲法而頒佈之」的話，自然是承認「法律是人民公共意志的表現」的憑證。談人權者當然要談憲法，但在憲法上必要附帶著憲法的來源的條件。

人權是先法律而存在的。只有人民自己制定的法律，人民才有服從的責任，這是人權的原則之一。法律的目的在謀最大多數的最大幸福，只有人民本身，才知道他們本身的幸福是什麼，才肯為他們本身謀幸福。謀取本身的幸福，這又是人權之一。所以說人民制定法律，就是人權。所以說法律是人權的產物。

人權與法律的關係，我的結論是法律保障人權，人權產生法律。

法律到底是紙上的空文，不幸這又是不可磨滅的事實，人權可以產生法律，紙上的法律不一定能夠保障人權。舉個最淺明的例來說，一八五一年法國固然有憲法，何嘗阻礙了拿破崙第三的復辟，一九一一年中國固然有約法，何嘗阻止了袁世凱的帝制。這又是談人權與法律的人應注意的。

我們要明白的是憲法保障人權，憲法亦依賴人權的保障。

法國的《人權宣言》曾經說過：

「這些人權是自由，財產，安全，及對壓迫的反抗。」

「對壓迫的反抗」是人權之一，也是法律的保護者。這就是洛克Locke所謂革命的人權。到了人民所要的法律不能產生，或者產生了的法律失了效力的危險時候，人民就得運用他的革命的人權了。看看，一二一五年英國的《大憲章》怎樣簽字的，一六二八年英國的《人權說帖》，一六四九年英國的《人權條文》怎樣成功的，再看看，一七七六年美國怎樣發生變動，一七八九年法國怎樣湧起風潮，我們就知道拿革命人權來保障其他人權，是歷史上屢見不一見的事實。

在中國方面，自由平等這些人權發達的驚人般的遲緩，革命權確早早為一般人承認了。孟子所謂「聞誅一夫紂，未聞弒君也」，這就是承認革命權的先例。孫中山先生四十年的工作又是拿革命的人權來擁護自由平等這些人權的近例。一切的人權，都可以被人侵略，被人蹂躪，被人剝奪。只有革命的人權是永遠在人民手裡。這自然是人民最後的生機，這又是人權與法律的關係上的最重要的一點。

五、人權的時間性與空間性

人權，上面說過，是人的生命上一些必要的條件。換句話說，是人的生活上一些必要的條件。人的生活上的要求是隨時隨地不同的。在某個時代，或某個地點，人們生活上的條件，某某幾項已經具備了，某某依然缺乏，於是人們要求的內容和奮鬥的趨向，自不能不受環境的支配。所以說人權有時間性與空間性。

上面說的是歷史上很明顯的事實。譬如說，在英國方面，一二一五年的《憲章》，一六二八年的《人權說帖》，一六八九年的《人權條文》，同是人權運動裡的文件，人權的內容，就完全不同了。《大憲章》的第八條說：

> 任何孀婦，假使他不願再嫁時，不得強迫再嫁。

這是何等細小的事體，但在一二一五年的英國，這是必爭的權利，這是人權。一六二八年《人權說帖》第十七條說：

> 他們，所以，誠惶誠恐的向皇上請求，不經國會通過時，任何人不得被迫向朝廷上貢，擔任公債，樂輸，賦稅，及其他同性質的義務。

這是一六二八年英國人的權利。這與大憲章所言不同了。這時候英國有國會了，環境不同了，所以人權的內容和四百年前不同了。

一六八九年《人權條文》說：

不經國會承認，皇帝任意停止法律或任意執行法律是違法……

不經國會通過，皇帝徵收銀錢，或經國會通過，但徵收之期限或方法，逾越國會之規定，均為違法……

國會議員的言論自由不受院外的干涉……

一六八九年英國的環境與一二一五年不同，與一六二八年亦不同，所以爭的人權便隨之不同了。拿整個的歐洲來看，亦是如此。人權二字，十七世紀與十八世紀的含義不同；十八世紀與十九世紀的含義不同。十九世紀與二十世紀的含義不同。人權是人民生活上必要的條件。生活上的須要隨時代變遷，人權的範圍亦隨時代而變遷。人民有工作權，工人有罷工權，這些是歐洲十七或十八世紀的所未曾聽到的東西。這些，就是人權意義進化的證據。

倘若有人笑罵我們中國今日的人權運動者是十七或十八世紀的頭腦，原因就在笑罵者不知道人權的時間性。人權有空間性。譬如說，英國的《人權說帖》和《人權條文》和法國的一七八九年的《人權宣言》，其內容自然又有重要的分別。英國當日人權上的要求，偏重經濟；法國，偏重政治，這點或者沒有人能否認。

一七八九年法國的《人權宣言》說：

人民生來並且永遠在人權上是平等的。人民在社會上的等級，只能在全體利益的條件上存在。

一切政治組織的目的在保障自然且不可磨滅的人權。那些人權是自由，財產，安全，及向壓迫者的反抗。主權的根基是在全國。任何人或任何團體不能行使非全國授與的威權……

這些，不是分明著重政治方面嗎？讀歷史的人，都能知道十七世紀英國社會的環境與十八世紀法國社會的環境，是迥然不同。英法人權運動不同的主因，就在人權有空間性的關係。

進之，美國革命的口號是自由，平等，和幸福的自由追求。法國革命的口號是「自由，平等，友愛」。假使用歷史的眼光來分析這兩句口號，我們可以看出他的不同來。不用說美國的「幸福的自由追求」和法國的「友愛」有不同的含義，就是自由平等幾個一樣的名詞，在法亦有不同的含義。這一切的不同，根本原因，就在人權有空間性的一點。

倘使有人要笑罵我們人權運動者是抄襲歐美人的陳物，這般人是不明白人權的空間性。

現在我們把人權的意義說明瞭，人權與國家及人權與法律的關係詮定了，人權的空間性及時間性解釋了，我來提出我們現在－一九二九年－的中國人要的人權是什麼。

六、我們要的人權是什麼

第一條　國家是全體國民的團體。國家的功用，是保障全體國民的人權。國家的目的，謀全民最大多數的最大幸福。國家的威權是全民付與他的，其量以國家在功用及目的上達到的程度為準。

「國家不是，並且他的性質亦絕對不能為個人或家庭的私產。他是全民供給的團體，應是全民的產業。雖然他已經被人用武力及陰謀篡奪而成為嗣襲的東西，篡奪並不能變換一切對象的所有權。」這是Thomas Paina在他的《常識和人權》裡一段話，附錄在此。

第二條　國家的主權在全體國民。任何個人或團體未經國民直接或間接的許可，不得行使國家的威權。

「主權的根基在全國。任何團體或個人不得執行任何非從全國授與之威權。」一七八九年法國《人權宣言》第三條。

「那些受有威權上委託的人，若能盡職，一定受人尊崇；不盡職，受人厭棄。對於那些沒有委託，但篡奪威權的人，理性的世界根本不拿他們當件東西。」Thomas Paine。

第三條　法律是根據人權產生的。法律是人民公共意志的表現。未經全民直接或間接承認的法律不應有統治全民的威權，同時全民沒有服從的義務。

「法律是公共意志的表現。任何人都有直接或間接參加制定法律的權利。」法國《人權宣言》第六條。

第四條　政府是全民所組織以執行國家的主權的機關，應對全民負責任，不應對任何個人或任何一部分國民的團體負責任。政府的目的在最大多數的最大幸福。

第五條　人民在法律上一律平等。人民，因為在法律上一律平等。對國家政治上一切權利，應有平等享受的機會。不得有宗教及政治信仰的限制，不得有社會階級及男女的限制。

「一切國民，因為在法律上平等，對國家一切的爵位及職差，應根據他們的才能有平等當選的機會。除道德才技外，不得有他種界限」。法國《人權宣言》第六條。美國《文官考試法》第一章第二條亦限制拿宗教信仰及政治信仰做考試的試題。

第六條　國家一切官吏是全民的雇用人員。他們應向全國，不應向任何私人或任何私人的團體負責。國家官吏的雇用應採國民直接或間接的選舉法及採公開的競爭的考試方法。凡向全民負責的國家官吏，不經法定手續，任何個人及任何團體不得任意將其免職，更換，或懲罰。

第七條　充當國家官吏，是國民的義務，同時是國民的權利。任何個人或家庭包辦政府多數高級官位者，即為侵犯人權。瑞士現行憲法取締同一家庭之人或連襟同時當選為中央委員。美國現行文官制取締一家庭中有二人以上同時為同一階級之官吏。

第八條　凡國家現任軍官及軍人，不得同時兼任國家任何文官職位。陸軍，海軍，航空三方面本身之行政官吏例外。

第九條　國家一切行政官吏的選用，應完全以才能為根據。凡任何個人——私人或高級官吏——及團體的私人推薦均為違法。凡一切吏治上之賄賂，損輸，及饋贈均為違法。均為侵犯人權。

第十條　人民對國家一切義務是互惠的，不是一方面的。人民向國家的經濟負擔的條件有二，（一）沒有代議權，即沒有擔任賦稅的義務（No Representation no taxation）；（二）議決預算決算。凡一切未經人民直接或間接通過或承認的一切經濟上的負擔——賦稅，公債，損輸，饋贈——均為違法，均為侵犯人權的舉動。

第十一條　國家一切經濟上的費用，應由全民用經濟力之厚薄為比例，分別負擔。全民向國家的供給，不經法定手續，不得移充任何個人或任何私人團體的費用。

第十二條　凡國家對外舉行外債或締結關係國家或部分的國民的財產的條約，必經過全民直接或間接的承認。

第十三條　國家財政應絕對公開。國家財政行政與財政審計應絕對為分列的且平等的機關，且二者均應向國家負責，不應向任何個人或任何私人團體負責。

第十四條　國家應保障國民私有財產。凡一切不經法定手續的沒收及勒損等行動，均為違法，均為侵犯人權。

第十五條　國民的勞動力是國民維持生命唯一的資產。凡國家對任何國民一切無相當酬報的強迫勞動，均為侵犯人權。

第十六條　國家的功用在保障人權，人權的首要原則在保障人民的生命。國民維持生命的方法是用勞動力去換取衣，食，住。所以國民有勞動權，國家有供給人民勞動機會的責任。國民失業是國家失職的證據。是國家在人權上沒有負擔責任的證據。

第十七條　凡一切國民的水旱疾病災疫的賑濟，是國家在人權上的責任，不是政府對國民的慈善事業。這種責任，應在其他責任之先，因為生命是人權的根本。災疫遍地的現狀，是國家失職的證據。災疫遍地而不能賑濟，是國家在人權上沒有擔負責任的證據。

第十八條　人民在法律上一律平等，所以全民應受同樣法律的統治。同時，法治的根本原則是一國之內，任何人或任何團體不得處超越法律的地位。凡有任何人或任何團體處超越法律的地位，即為侵犯人權。

第十九條　法治的根本原則是司法獨立。司法獨立的條件比較重要者有三：（一）行政長官絕對無解釋法律及執行司法的職權；（二）司法官非有失職的證據，不得隨意撤換或受懲罰；（三）司法官不得兼任他項官吏。違此三者，即侵犯司法獨立，即侵犯人權的保障。

第二十條　司法官的人選，不得有宗教及政治信仰的歧視。不得有保薦及賄賂的弊端。凡採用陪審制的法庭，陪審員的人選資格，不得有政治信仰，宗教信仰，社會階級，及男女界限的歧視。違背此項條件，即為侵犯人權。

第二十一條　無論何人，不經司法上的法定手續，不受逮捕，檢查，收押。不經國家正當法庭的判決，不受任何懲罰。

第二十二條　國家無論在任何形勢之下，不得以軍事法庭代替普通法庭。關於海陸空軍人違犯紀律之審判，當為例外。

第二十三條　非經政府的許可，任何軍人不得在任何地點宣佈軍法戒嚴。在軍法戒嚴期內，凡軍人一切損害人民生命財產的行動，應向國家普通法庭負責。

第二十四條　法庭一切判決及懲罰。應絕對遵守「法律不溯既往」的原則。除根據案發以前所制定及公佈之一切法律外，法庭絕對不得判定任何人之犯法行為。

第二十五條　國家任何高級官吏，非經人民直接或間接的承認，不得以命令產生，停止，或變更法律。任何國民，凡未經法庭判處死刑者，國家任何官吏，不得以命令處任何人以死刑。

第二十七條　國家司法官吏及國家法庭應向全民負責，不向任何私人或任何政府以外的團體負責。

第二十八條　國家的海陸空軍是全民所供養的，他們的責任在保護全民的權利，不在保護任何私人或任何團體的特別權利。

第二十九條　凡未經國民直接或間接承認之強迫兵役，均為違法，均為侵犯人權。

第三　十條　國家海陸空軍的數量，應由人民直接或間接決定，海陸空軍的費用，應列入國家預算決算，每年經人民直接或間接通過。

第三十一條　軍隊一切霸佔民房，強迫差役，勒索供應，均為違法行為，均為侵犯人權舉動。國民對此項損失，有向國家請願要求賠償的權利。

第三十二條　軍人不得因其為軍人故，處超越法律的地位。軍人除遵守軍隊綱紀外，一切行動，同時應向國家普通法庭負責。

第三十三條　國家軍隊應對全民負責。非經人民直接或間接通過，無論任何文武官吏，對內對外，不得有動員Mobilisation及宣戰的行動。

第三十四條　在國民發展個性，培養人格的要求上，國民應有相當教育。國家對國民有供給教育機會的責任。為達到發展個性，培養人格的目的，一切教育機關不應供任何宗教信仰抑或政治信仰的宣傳機關。

第三十五條　國民發展個性，培養人格以後，進一步的目的在貢獻私人的至善於社會，以求全社會的至善。為達到這種目的，國民應有思想，信仰，言論，出版，集會的自由。

以上三十五條，是我個人認為在中國現狀之下所缺乏的做人的必要的條件，也就是我個人認為目前所必爭的人權。當然，這些條件不能概括一切。假使仿照英國大憲章的辦法，那麼在目前中國恐怕列舉三千條也不算多。我現在暫時提出了三十五條，做國內擁護人權的人的參考。

（原載一九二九年七月十日《新月》第二卷第五號）

論思想統一

梁實秋

一、有許多事能夠統一應當統一的，有許多事不能統一不必統一的。例如，我們的軍隊是應當統一的，但是偏偏有什麼「中央軍」、「西北軍」、「東北軍」的名目；政府是應該統一的，但是中央政府的命令能否達到全國各地還是疑問；財政應該統一的，但是各地方的把持國稅，各軍隊之就地籌餉，財政系統紊亂到了極點；諸如此類應統一而未統一的事正不知有多少，假如我們真想把中國統一起來，應該從這種地方著手做去。然而近年來在一般的宣言，演說，報章裡，時常的看見「思想統一」的字樣，好像要求中國的統一必須先要思想統一的樣子，這實在是我們所大惑不解的一件事。思想這件東西，我以為是不能統一的，也是不必統一的。

各人有各人的遺傳環境教育，所以沒有兩個人的思想是相同的。中國有一句老話，「人心不同，各如其面」，這話不錯。一個有思想的人，是有理智力有判斷力的人，他的思想是根據他的學識經驗而來的。思想是獨立的；隨著潮流搖旗吶喊，那不是有思想的人，那是盲從的愚人。思想只對自己的理智負責，換言之，就是只對真理負責；所以武力可以殺害，刑法可以懲罰，金錢可以誘惑，但是卻不能掠奪一個人的思想。別種自由可以被惡勢力所剝奪淨盡，惟有思想自由是永遠光芒萬丈的。一個暴君可以用武力和金錢使得有思想的人不能發表他的思想，封書鋪，封報館，檢查信件，甚而至於加以「反動」的罪名，槍斃，殺頭，夷九族！但是他的思想本身是無法可以撲滅，並且愈遭阻礙將來流傳的愈快愈遠。即以孫中山先生說罷，他四十年前即抱革命思想，在如今看來他的革命思想簡直和天經地義差不多了，但是在當初滿清的時代他的革命思想恐怕就是反動的罷？滿清政府對於中山先生的迫害，無所不用其極，但是中山先生的思想四十年如一日，不為威屈利誘，這是我們所最佩服的。假如中山先生在四十年前也為「思想統一」的學說所誤，早該拋棄他的革命思想去做滿清的順民了。所以我說，思想是不能統一的。

天下就沒有固定的絕對的真理。真理不像許多國的政府似的，可以被一人一家一族所把持霸佔。人類文明所以能漸漸的進化，把迷信剷除，把人生的難題逐漸的解決，正因為是有許多有獨立思想的人敢於懷疑，敢於嘗試，能公開的研究辯難。思想若是統於一，那豈不是成為一個固定的呆滯的東西？當然，自己總以為自己的思想是對的，但是誰敢說「我的思想是一定正確的，全國的人都要和我一樣的思想」？再說，「思想」兩字包括的範圍很廣，近代的學術注重專門，不像從前的什麼「儒家思想」「道家思想」等等的名詞比較可以概括所有的人之所有的思想。在如今這樣學術日趨繁複的時候而欲思想統一，我真不知道那一個人那一派人的思想可以當得起一切思想的中心。在俄國，他們是厲行專制主張思想統一的，據羅素告訴我們說，有一位美學教授在講述美學的時候也要從馬克斯的觀察點來講！美學而可以統一在馬克斯主義之下，物理化學數學音樂詩歌那一樣不可以請馬克斯來統一？這樣的統一，實在是無益的。在政治經濟方面，也許爭端多一點，然而在思想上有爭端並無大礙，凡是公開的負責的發表思想，都不妨容忍一點。我們要國家的統一，是要基於民意的真正的統一，不是懾於威力暫時容忍的結合。所以我們正該歡迎所有的不同的思想都有令我們認識的機會。從前專制皇帝的權力據說是上天授予的，絕對不准人民懷疑，否則即為叛逆。現在，政治經濟都是專門的科學了，那一種思想能在學理上事實上證明於國家最有利益，那一種思想便是最合式的。我們若從國家的立場來看，思想是不必統一的。

二、思想之不能統一與不必統一，我已說過。假如一定勉強要求統一，勢必至於採用下列的方法（都是羅素在他的《思想自由與官方宣傳》一篇演講裡說過的，我現在借來申說一下）：

第一，是從教育機關入手。

一個人的思想成熟之後，輕易是不容易變更的，除非被學理或經驗所折服而自動的變更。但是一個人在幼稚的時候，他的腦筋是一塊白版，把某一套的主張和偏見灌輸進去便會有先入為主的效力。除了少數思索力強的青年以外，大多數的人很容易漸漸被薰陶成為機械式的沒有單獨思想力的庸眾。這樣的學生長成之後，會喊口號，會貼標語，會不求甚解的說一大串時髦的名詞，但是不會思想，不會懷疑，不會創作；這樣的人容易指揮，適宜於做安分守己的老百姓，但是沒有判斷是非的批評力，絕不能做共和國的國民。這樣武斷的教育的結果，我們能認為是「思想統一」嗎？這不是「思想統一」，這是愚民政策！這是強姦！教育的目的是在啟發人的智慧，使他有靈活的思想力，適應環境的本領。灌輸式的教育已經成為過去的了，現在似乎也不必復活罷。羅素對於歐洲國家把狹義的愛國觀念仇外觀念混在歷史學裡面講授給學生聽，他還認為流弊很大足以養成人民錯誤的眼光，比愛國觀念更狹隘的東西，豈不是更不應該硬填在教育裡去？所以我們以為，為求思想統一而利用教育機關，雖然可以產生很顯著的效力，然而結果是不健全的。

第二，是從宣傳方法著手。

發表思想不算是宣傳，以空空洞洞的名詞不斷的映現在民眾眼前，使民眾感受一種催眠的力量，不知不覺的形成了支配輿論的勢力，這便是宣傳。對於沒有多少知識的人，宣傳是有功效的，可以使得他精神上受麻醉，不知不覺的受了宣傳的支配。例如，你到處都看見「吸白錫包香煙！」的標語，如果你是一個沒有把握的人，日久自然會不知不覺的吸白錫包香煙了。在思想方面也是如此。但是我們要知道，用宣傳來誘惑人，雖然可以產生很顯近的效果，但結果並不能造成「思想統一」，只能造成群眾的「盲從」。宣傳這件東西，根本的就是不要你加以思索，只要造成一種緊張的空氣，使你糊裡糊塗的跟著走，所以宣傳並不能造成思想統一。思想就不能統一。

第三，是利用政治的或經濟的力量來排除異己。這是消極的辦法，消極的排除「思想統一」的障礙。凡是有獨自的不同調的思想的人，分別的加以殺戮，放逐，囚禁，這不過是比較淺顯的迫害，還有比這個更為刻毒的方法呢。例如，對於思想不同的人，設法使其不能得到相當職業，使其非在思想上投降便不能維持生活。這樣一來，一般人為了生活問題只得在外表上做出思想統一的樣子。再例如，從前的考試制度（即科舉）從原理方面講，未嘗不是光明正大的公開取士，然而從方法方面講，便有不妥的地方。從前科舉所考的只是八股，只是四書五經一套老東西，你若是有新思想，不考你的新思想，你若是有新議論，不准你抒發新議論。所以科舉的結果只是產生一幫迂腐書生，斗方名士，戕賊了無數青年的思想！所以貴乎考試制度者，是在於其能公開，不以一系一派的學說做標準，而以真正的學識做為考試的科目。

上面舉的三項方法，都不能造成真正的思想統一，只能在外表上勉強做出清一色的樣子，並且這樣的強橫高壓的手段只能維持暫時的局面，壓制久了之後，不免發生許多極端的激烈的反動的勢力，足以釀成社會上的大混亂。

三、假如用了上述的方法而求思想統一，一方面固然不能達到真正思想統一的目的，另一。方面卻能產出極大的缺點。凡是要統一思想，結果必定是把全國的人民驅到三個種類裡面去：第一類是真有思想的人，絕對不附和思想統一的學說，這種人到了萬不得已的時候只得退隱韜晦著書立說，或竟激憤而提倡革命。第二類是受過教育而沒有勇氣的人，口是心非的趨炎附勢，這一類人是投機分子，是小人。第三類是根本沒有思想的人，頭腦簡單，只知道盲從。

這三類人，第一類的是被淘汰了，剩下的只是投機分子和盲從的群眾。試問一個人群由這樣的人來做中堅，可多麼危險？

在思想統一的局面之下，不容易有「忠實同志」出現。因為所謂「同志」者，是先有「志」然後才「同」，並不是為了要「同」然後再有「志」。所以要號召忠實同志來從事國政，必須令人民有思想信仰的自由，令其自由的確定其思想信仰，然後才可以看出同志與非同志的分別。假如用威嚇利誘的手段來求思想統一，除了受排斥的有思想的人以外，只有投機分子和盲從群眾了，如何稱得起「忠實同志」？

我並不相信在思想上人們的思想絕對的沒有相同的地方，人是可以在志同道合的情形之下協力合作的，但是這其間容不得絲毫的勉強。要思想統一便不能不出於勉強之一途，所以思想統一不但是徒勞無功，而且是有害無利。

四、外國人常常稱讚我們中國是頂自由的國邦，政體雖然幾千年來是專制的，思想卻自由到萬分。這種看法在從前是對的，到現在恐怕有點改變了罷。從中國歷史上看，儒家思想雖然是正統，可是別家的思想依然可以自由的傳佈，當然歷史上也有衛道翼教的人，可是各種派別的思想究竟不曾遭遇嚴厲毒狠的壓迫。文字獄是有過不止一回，但是當局者完全是以暴力執行，並不曾藉口什麼思想統一的美名。外國人最詫異的是在中國有好幾種宗教同時並存，而從來沒有像在歐洲一般大規模的鬧過亂子。在五四運動前後，思想方面更是自由，在日本不能講的共產主義，在中國可以講，在美國不能講的生育節制，在中國可以講。這也許是完全因為歷年來中國執政者太昏瞶無識，疏於防範罷？然而也不儘然。英國的政治家有的是學者，天才，在英國並不曾有過「思想統一」的事實。我們中國人的習慣一向是喜歡容忍的，所以一向有思想的自由，可惜這個被全世界所崇仰的優美的傳統，於今中斷了！

從歷史上看，人類的活動總是在大致上向著光明開通的路上走，把迷信逐漸的剷除，也許無意中創出新的迷信來，然而在大致上對於思想總是力求其解放，斷斷沒有處心積慮向後退的。尤其是革命，革命運動永遠是解放的運動，應該是同情於自由的。也許革命成功之後，又有新的專制的局面發生，但是斷斷沒有革命運動的本身而對於民眾竟採用束縛的高壓的政策的。

我們現在要求的是：容忍！我們要思想自由，發表思想的自由，我們要法律給我們以自由的保障。我們並沒有什麼主義傳授給民眾，也沒有什麼計畫要打破現狀，只是見著問題就要思索，思索就要用自己的腦子，思索出一點道理來就要說出來，寫出來，我們願意人人都有思想的自由，所以不能不主張自由的教育。

我們反對思想統一！

我們要求思想自由！

我們主張自由教育！

右（上）文已排好之後，在報紙上看到全國宣傳會議第三次會議的記錄，內有：

> 確定本黨之文藝政策案，議決：（一）創造三民主義的文學（如發揚民族精神，闡發民治思想，促進民生建設等文藝作品）。（二）取締違反三民主義之一切文藝作品（如斫喪民族生命，反映封建思想，鼓吹階級鬥爭等文藝作品）。

很明顯的，現在當局是要用「三民主義」來統一文藝作品。然而我就不知道「三民主義」與文藝作品有什麼關係；我更不解宣傳會議決議創造三民主義的文學，如何就真能產出三民主義的文學來，我們願意等十年，二十年，三十年，請任誰忠實同志來創作一部「三民主義的文學」給我們讀讀。

以任何文學批評上的主義來統一文藝，都是不可能的，何況是政治上的一種主義？由統一中國統一思想到統一文藝了，文藝這件東西恐怕不大容易統一罷？鼓吹階級鬥爭的文藝作品，我是也不贊成的，實在講，凡是宣傳任何主義的作品，我都不以為有多少文藝價值的。文藝的價值，不在做某項的工具，文藝本身就是目的。也許有人能創作三民主義的文學，我也不想攔阻人家去創作，不過我可以預先告訴你，你創作出來未必能成為文藝。所謂「反映封建思想的文藝」都在取締之列，我也不能明白。「反映」二字，是客觀表現的意思，不一定是贊成，也不一定是反對，如何可以攏統的取締？紅樓夢，水滸，儒林外史，等等的小說，都不免「反映封建思想」，是否應該一律焚毀？「斫喪民族生命」也是一個攏統的名詞，沒有什麼意義。

據我看，文學這樣東西，如其真是有價值的文學，不一定是三民主義的，也不一定是反三民主義的，我看還是讓它自由的發展去罷！

實秋　六月六日

（原載一九二九年五月十日《新月》第二卷第三號）

羅隆基

告壓迫言論自由者

——研究黨義的心得

一、目前留心國事的人，大概把視線都集中在西北與東南兩方面，都認這些自相殘殺的內戰，是中國目前極重要的事端，都認這些內戰有極可注意的價值。其實，百年後讀史者，翻到民國十八年這幾頁史的時候，尋得著一條綱目，提到這些自相殘殺的事件否，仍為問題。我預料後人在民國十八年的歷史上，除了俄人侵入滿洲這奇辱極恥外，定還可以尋得出這樣一段故事：

十八年時有胡適其人，做了《知難，行亦不易》，《人權與約法》一類的文章，批評黨義，觸犯黨諱，被黨員認為污辱總理，大逆不道，有反革命罪。黨政府的中央執行委員會議決由教育部向胡適加以警戒。同時中央執行委員會於十月二一日常會通過《全國各級學校教職員研究黨義條例》八條，通令全國各級教職員，對於黨義，「平均每日至少須有半小時之自修研究」。

我預料編史及讀史的人，一定重視這件故事。這並不是說在十八年的中國，胡適先生的地位的高貴，比得上蔣總司令等等，更不是「人權約法」這種反革命的口號，有馮玉祥張發奎們反革命的大炮的響亮。不過個人或團體，利用政治勢力，壓迫言論自由，這一類的事，歷史家對之從來不肯放鬆，讀史的人對之，也從來沒有把他看得比武人互相廝殺的事更小。譬如說，秦始皇做皇帝十九年之久，當此十九年中，打仗殺人的事，自然很多，史家就沒有件件都記載出來。焚書坑儒，偶語棄市，這一端，史家是大書特書的。秦到如今，已一千七百餘年了，試問，中國有幾個忘記了秦始皇帝焚書坑儒這段歷史？

如今舊事重提，說到胡適先生觸犯黨諱的公案，我不是想來判斷什麼是非——這是後人讀史者的權利。在我，實很感謝這案件的發生，因此，中央執行委員會才肯為一班教職員們討論出自修研究學問的方法，因此我才可以從學校裡得到《研究黨義條例》這件公文，因此，我才逼迫著努力起來做條例上第二條第一期的工夫，因此，我每日半小時自修黨義的結果，才有這點點心得，才敢鼓起膽量來做這篇文章。

二、孫中山先生是擁護言論自由的。壓迫言論自由的人，是不明了黨義，是違背總理的教訓。倘使違背總理教訓的人是反動或反革命，那麼，壓迫言論自由的人，或者是反動或反革命。

這些話不是杜撰的。在黨義上確有證據。

清光緒三十年（一九〇四），孫先生曾做過《中國問題真解決》一篇文章（見中山書局出版的《中山全書》第四卷）。這篇文章，孫先生把滿清的罪孽宣佈於世界。他舉出滿清罪狀十條，內有這兩項：

第二條 抑遏吾人智識之發展。

第六條 禁壓言論自由。

因為滿清有這樣「抑遏智識發展」，「禁止言論自由」的罪惡，所以孫先生向世界宣言「欲得平和，必加強暴」，所以他在同一篇文章裡說：「中國革命時機，刻已熟矣。」這是孫先生擁護言論自由的證據，同時就是我本著《教職員研究黨義條例》做自修工夫的一點心得。

民國十三年國民黨在廣州開全國代表大會，於是有第一次代表大會宣言。

宣言裡對內政策第六項說：

確定人民有集會，結社，言論，出版，居住，信仰之完全自由。

民國十三年孫先生尚在世。第一次大會就是孫先生召集的。宣言裡的一切政策，當然是孫先生的政策。這又是孫先生擁護言論自由的證據，同時就是我本著《教職員研究黨義條例》讀《中山全書》得來的一點心得。

如今一班忠實同志們，認先總理的一切主張及計畫，是天經地義，先總理傳下來的一言一字，都是不可移易的真理。敢討論總理學說的是大逆不道；敢批評總理主張的，罪不容誅。這不知與第一次宣言裡對內政策的第六項「確定人民有言論自由權」的原則，是否相合？這不知是否黨義上的遺教？這又不知是否中山全書裡尋得出來的辦法？

在我「每日半小時自修研究黨義」的結果，在孫先生的英文《實業計畫》（The International Developement of China係商務印書館一九二〇年出版）裡，發現這樣一段話：

這計畫的各部，不過是一個外行人（layman）根據很有限制的資料想出來的一個粗簡的大綱或政策。經過科學的研究及詳細的調查，修正及改良是不可避免的。例如，關於在青河欒河兩口之間修築北方大港的計畫，著者以為港口應位在東方，但經過專家實地調查後，發現港口應在西方。所以，這計畫應待專家的指正。（見原書序文第二節）

孫先生很謙恭的承認自己在實業上是外行，完全承認專家的知識，承認他的計畫「經過科學的研究及詳細的調查，修正及改良是不可避免的」，這就是孫先生在世時對他的主張及學說的態度。這是科學的態度。這是偉大人物在他的主張上及學說上應有的態度。

孫先生在他的《實業計畫》上的態度是如此，在他其餘的主張及學說上，當然想亦如此。實業上有專家，心理上亦有專家，政治上亦有專家，一切的學問上都有專家。他的實業計畫，經過科學的研究及詳細的調查，可以修正；其他心理建設，政治建設等等，經過科學的研究及詳細的調查，當然亦可以修正。這是科學的態度，這是偉大人物對他的主張及學說上應有的態度。孫先生在世的時候，於他的主張及學說，他請專家來批評，他請專家來討論，只要討論與批評的人，有較好的意見，他隨時修正他自己的主張。北方大港的港口專家認為應在西方的孫先生不能堅持應在東方（港口的更正是美使芮恩詩博士派技師測量後改正的）。在其他方面的計畫亦如是，東西的位置，亦不能倒置。所謂先總理的學說及主張，不許討論，不許批評，在中山全書上有什麼根據？

「永無錯誤」（Infallibility）這句話，只有幾個淺陋無識，心懷窄狹，不明了基督教義的教皇才敢說，才肯說。耶穌本身沒有這樣的態度。實際上，他們說這句話的時候，根本就成了耶穌的叛徒。實際上，說「永無錯誤」，即此即是他們的錯誤；即此即是他們「永遠的錯誤」。

上面這段話，不過說明兩點：（一）孫先生在他的主張及計畫上是歡迎批評和討論的；（二）孫先生是擁護言論自由的。我本段的結論：壓迫討論及批評的人，是壓迫言論自由，壓迫言論自由，是亡清的罪惡，是中山先生所反對的。壓迫言論自由的人，是違背中山先生的教訓的。

這裡，或者有人要認我誤解「言論自由」了。他們要說「言論自由」有「言論自由」的範圍，不是什麼都可言，什麼都可論。因此，進一步來討論言論自由的範圍。

三、言論自由，就是「有什麼言，出什麼言，有什麼論，發什麼論」的意思。

言論的本身，絕對不受何種干涉。行政官吏用命令禁止言論，這當然是非法的行動，是違背言論自由的原則。就是立法機關或司法機關拿法律的招牌來範圍言論，也是違背言論自由的原則。

「法律以外無自由」是句欺人的話。單單說「自由」兩字，是空泛無意義的。具體的舉出某種自由來，就是說某事已成特權，政府的法律在某事方面不得干涉。

言論自由這名詞，就是指法律不得干涉言論而言的。言論自由這名詞，起於英國。英國承認言論自由的法典，第一次發現於一六八九年十二月公佈的《人權條文》（The Bill of Rights）。條文裡有這樣一句：

國會內一切演說，辯論，及議事的自由，不受院外一切法庭及任何地點的彈劾及追問。（That the freedom of speech and debates or proceedings in parliament ought not to be impeached or questioned in any ocurt or place out of parliament.）

這是很明白的，言論自由，是指不受院外法庭及任何地點的彈劾及追求而言，是指不受法律的干涉而言的。直到如今，英國議員在院內的言論，是在法庭法律勢力範圍以外。嚴格說起來，人權條文上所保障的只有英國議員的言論自由。普通人民的言論自由在憲法上沒有保障的。普通人民的言論自由是靠英國的「common law」。普通人民言論自由的保障載在憲法上的，先例是美國。美國憲法的修正案第一條原文如下：

國會不得制定法律，規定宗教或禁止人民信教自由。或取締人民的言論，印刷，集會及請願之自由。（Congress shall make no law respecting an establishment of religion, or prohibiting the free exercise thereof or abridging the freedom of speech or of press or the right of the people peaceably to assemble, and to petition the government for redress of grievance.）

這是很明白的，言論自由，是指不受法律干涉的自由。是指國會不得制定法，取締人民的言論而言。所以「言論自由」的真義應如此：

言論的本身是絕對不受法律限制的。言論自由的範圍是世界上無事不可言，世界上無事不可論的。只要言論者肯負言論的責任，他有什麼言，盡可出什麼言，有什麼論，盡可發什麼論。譬如說，在天文方面，他盡可倡天是四方，地是八角的學說；在算術方面，他盡可倡三加二為四，四減二為三的理論；在政治方面，他盡可以宣傳君主，他盡可以鼓吹共產，他盡可以贊成三萬人組織內閣，他盡可以提議五個人組織國會。因為有什麼言，出什麼言，有什麼論，發什麼論，這是言論自由的根本原則。至於他言論的價值及真理，那與言論自由是兩件事。

上面這段話，不是我故作詭論的。英國政治學者拉斯克（Laski）有這樣一段話：

> 我的主張是，在國家（state）方面，國民應絕對讓他自由發表他私人所有或與旁人考慮結果所有的意見。他可以宣傳社會現狀的缺點。他可以主張用武力革命的方法去改造現狀。他可以偶像現在的制度是理想中的完滿者。他可以說凡與一己持異議的人的意見，均應取締。他可以由私人單獨或聯合他人去發表他的意見，無論取那種形式發表他的意見，他是不受任何干涉。進一步，他有權利採用任何出版的方法，宣佈他的意見。他可以發刊書本，或小冊，或報紙；他可以採用演講的方式，他可以到大會去報告。他能做任何或所有一切上列的事項，在進行上同時他得到國家完全的保障，這才是自由上一種根本的人權（Grammar of Politics Chapter III，P.120）。

其實，拉斯克這個言論自由的解釋，不是空的理想。有許多已經是英國的事實了。只要言論不是憑空說謊，不是無故造謠，不是蓄意毀謗，不是存心誣陷，英國沒有法律能夠干涉到人民的言論的。英國的皇帝，英國的國會，英國的內閣，英國的法庭，因不能叫要說什麼話的人不說什麼話，或叫不說什麼話的人說什麼話（參看Dicey的Law of The Constitution）。英國政府可以干涉憑空說謊，無故造謠，蓄意毀謗，存心誣陷，這是英國的（Law of Libels）。但這是言論者的人格問題，言論上的責任問題。言論自由與說謊，造謠，毀謗，誣陷是兩件事。即此說謊，造謠，毀謗，誣陷，亦不是政府隨時隨意可以用命令去警誡或取締的，是要先經過法庭方面陪審員決定某人確有說謊，造謠，毀謗，誣陷的事實，而後國家的法律，才可以行使他的威權。換言之，英國的法律，不能干涉言論，只能迫言論者負言論的責任而已。英國的公園裡就可以宣傳無政府，英國的議院裡就可以演講共產黨，英國沒有什麼黨的主張是不許批評的，英國沒有什麼人的學說是不許討論的。

「自由」是絕對的，是整個的。「自由」一字不能有什麼度數，不能分什麼多少，假使說「言論自由」應有度量或多少的限制，假使說某甲的主張是不許討論的，某乙是某甲的信徒，勢必至某乙的主張亦不許討論。某丙是某乙的信徒的朋友，勢必至某丙的主張亦不許討論，某丁是某丙的信徒的朋友的朋友，勢必至某丁的主張亦不許討論。假使說天字型大小這個團體是不許批評，地字型大小這個組織是原於天字型大小的，勢必至地字型大小的組織亦不許批評，人字型大小是與地字型大小有關係的，和字型大小是與人字型大小有關係的，勢必至人字型大小和字型大小這一切組織都不許批評。這種限制，這種取締，勢必至無可討論，無可批評而止。結果，天下事沒有絕對的自由，就成為絕對的沒有自由。

拉斯克說得好：

「凡對於社會制度的批評，都是多少的問題。假使禁止×鼓吹革命，勢必至取締×說現狀不是神聖。假使我根本咬定俄國共產是政治上的萬惡，勢必至認教授俄國人的英文是一種共產的宣傳。」

所以說言論自由，是有什麼言，出什麼言；有什麼論，發什麼論。無事不可言，無事不可論。天下事沒有絕對的自由，就成為絕對的不自由。

這種言論自由的解釋，在一班執政者看來，必以為狂妄怪謬，必認為暴亂危險。必以為如此放任，邪說異端，必成為洪水猛獸般的禍害。這點，不是言論自由之範圍的問題，乃為壓迫言論之效力問題。因此，進一步與壓迫言論自由者討論壓迫言論之效果。

四、真正好的主張及學說，不怕對方的攻擊，不怕批評和討論，取締他人的言論自由，適見庸人自擾。對方的攻擊，果能中的，取締他人的言論自由，是見敵而怯，適足以示弱，適足以速亡。本身真有好的主張及學說，對方攻不倒。對方真有好的主張及學說，我亦壓迫不住。自由批評，自由討論，絕對的言論自由，固然是危險，實際上壓迫言論自由的危險，比言論自由的危險更危險。

人類史上，壓迫言論自由的經驗舉不勝舉，有那次，在壓迫者的方面，沒有弄到極淒慘的結果？

何必遠索上古中古的史事。假使壓迫言論自由是制服敵人的好辦法，如今中國的首都一定還在北京，如今宣統一定還在頭戴皇冠，身著龍袍。縱不然，亦應是洪憲皇帝的天下，縱不然，亦應是張勳，張宗昌，張作霖的天下。在壓迫言論自由上，他們當然要算前輩，要算「先知先覺」了。反過來看，中山先生革命的成功，滿清「壓迫知識發展」，「禁止言論自由」，間接的幫忙不少。前清何嘗不以為壓迫言論自由，是取締革命學說的妙法。結果怎樣？在一九二九年的中國，各級教職員都有「每日最少半小時自修研究」滿清所壓迫的革命學說的機會？袁世凱，段祺瑞，張作霖等等又何嘗不認壓迫言論自由是對付敵人的妙法，所謂民權報的記者編輯，所謂北大的代理校長，何嘗沒有亡命逃難過。但是，請看今日之域中，竟是誰家之天下？

有人或者認前此壓迫言論的失敗，是中國近代史上偶然的和例外的事。我們且看看西洋的歷史。

三〇三年的時候，羅馬不是有位Diocletian皇帝？皇帝不是還有位Galeirus大臣？他倆不是以屠殺耶教徒著名的嗎？那時耶教徒膽敢拒絕偶像Caesar，膽敢批評羅馬的家庭及社會制度，膽敢鼓吹上帝天國的邪說。於是Diocletian和Galerius就法密如網，打毀一切教堂，沒收一切教產，焚燒一切教經，囚殺一切教徒。在羅馬當局方面，總算有絕大的決心，壓迫言論及信仰自由了。但是命令朝出夕撕，教徒殺不勝殺。到了Galerius臨死，只好自認壓迫政策失敗來講和（參看Gibbons:The Decline And The Fall of Roman Empire）。

豈止如此。二十年後，Constantine The Great做皇帝的時候，耶穌教終究成了羅馬國教。Constantine臨死的時候（三三七）還要先受洗禮，成為信徒，以便天堂參見上帝。這是羅馬皇帝壓迫宗教上的言論自由的結果。

到了四五世紀以後，教會的地位站穩了，教皇的權力增大了。一班長老牧師就記憶了他們的「先知先覺」如何的被人壓迫，如何的慘死殉道，於是這班「後知後覺」忠實徒子徒孫就打起排除異端，取締邪說的旗子來了。他們就以羅馬皇帝對付他們「先知先覺」的方法，來壓迫他們眼光裡的異端邪說了。到了十五世紀的時候，就把Wycliff（一三二〇～一三八四）掘骨燒灰，把John Huss生焚而死。等到十六世紀初年馬丁路德出來以後，所謂異端邪說的學說，又壓迫不勝其壓迫了。後來，終造成歷史上的宗教革命。如今，在宗教方面，新教的勢力比舊教又怎樣？壓迫言論成功了嗎？歷史是有循環性。後知後覺，總容易忘記先知先覺的往事，亦云怪矣。

我們再看看各國政治史壓迫言論自由的經過。法國經過路易十四路易十五兩代的奢侈，到十八世紀的末葉，已成民窮財盡的景況，怨聲載道，謗議四起。路易十五曾經大興文字獄，Voltaire這流人物，或放或囚；批評時政這類書籍，或禁或燒，Lettres de Cacht惟取惟求，Bastille滿穀滿倉，結果如何，終以造成法國大革命。一八一五年路易十八復辟，一八二四年查理士第十繼續皇位，兩位皇帝一方面仰仗國外奧援，一方面重用迂腐舊臣，又造成反動的政治。至一八三〇年查理士第十公佈所謂《七月大法》July Ordinances，內中第一道命令，就是禁止人民的出版自由，因此引起「Nation報記者Thiers的抗議，因此引起法國歷史上一八三〇年的大革命。

一八三〇年查理士被趕以後，路依菲力蒲Lewis Philippe起來做法國皇帝。因為國會選舉資格問題，又引起國人反抗。菲力蒲對付的方法，仍不外祖宗的故智。一八四八年二月二二日，人民要在巴黎召集大會，討論改良選舉資格問題，政府先期以武力干涉集會相恐嚇，結果又造成法國歷史上一八四八年二月的大革命。試問，壓迫言論自由的方法，那一次成功了？

我們再看看英國的歷史。英國歷史的兩次大革命（一六四一及一六八八年）簡直可以說是壓迫言論自由有以促成的。查理士第一，我們是知道的，在登位的初年因為壓迫人民的言論自由，一連解散了三次國會（一六二五，一六二六，一六二九）。等到一六四〇年再召集國會，又以Pym及一班議員大放厥詞，馬上把國會解散。一八四一年又提高議員資格，召集新國會，國會又提出所謂「Grand Remonstrance」，實際等於向國民公佈皇帝罪案二百餘條。查理士第一以為一班議員太放肆了，親率軍隊，侵入議院，想逮捕國會為首的五位議員，以達壓迫言論自由的目的，結果，激成一六四一年的議會革命。一六六〇年查理士第二僥倖被人迎回到英國來做皇帝，詹姆斯第二在一六八五年繼續皇位，兩位皇帝又因為宗教問題，引起爭議。查理士第二及詹姆士第二對付的方法，又係祖宗的故智。唯一的辦法，解散國會，干涉言論。結果，詹姆士第二在一六八八年棄位而逃，促成英國史上一六八八年的革命。試問，壓迫言論自由，那次成功了？

美國壓迫言論自由的故事，最大的要算一七九八年聯治派執政時所通過的Alien and Sedition Act。案之內容：（一）取締人民單獨或聯合的對政府一切抗命的行動；（二）取締人民在政治上的言論自由。這是聯治派Federalists利用政治勢力壓迫反聯治派的言論自由的把戲。結果，引起墨迪森Madison格弗森Jefferson的反抗，引起美國全民眾的反抗。結果，聯治派眾叛親離，結果，聯治派一蹶不振。試問，壓迫言論自由的事，那一次成功了？

一九一五年前俄國壓迫言論自由的經過，更是我們親眼所看見的。如今Nicholas II那裡去了？紅旗到底掛滿了俄國，馬克思和列寧的共產學說，單憑壓迫言論自由的方法，打消得了的嗎？

美國《紐約世界報》有個記者（Frank I Cobb）他有這樣一段演說：

> 本晚我是被請來講言論自由的價值及危險。人世最大的危險，就從「壓迫」上發生出來。壓迫言論自由的危險，比言論自由的危險更危險。假使壓迫言論是好方法，布邦皇室Bourbons應仍居法國的皇位，浪曼諾夫皇室Romanoffs仍為俄國的君主，西班牙仍為大帝國，赫浦斯伯皇室Hapsburgs仍統治神聖的羅馬帝國，聯治黨Federalist仍在華府執政。

他又說：

> 記到，人民不屬於政府，政府屬於人民！記到，沒有充分的且極自由的討論，在代議的民治國家，沒有一事可以得到合理性的解決的。最後，記到，政治及經濟的安定，社會制度的壓迫言論自由者穩固，不靠法官及獄吏的本事，實賴人民的自治能力。後者是民主的自治能力。後者提民主政治的本質及靈魂。

這一切話，可以做中國壓迫言論自由者的座右銘。

五、上文，我已指出了中山先生是擁護言論自由者，解釋了言論自由的範圍，證明瞭壓迫言論自由者最後的失敗。言論自由本身的利益，我沒有說明，這實為童幼皆知的事，沒有說明的必要，亦說不勝說。例如：假使滿清壓迫言論自由成功了，今日我們到什麼地方去尋三民五權這部經典？這是人類及國家如何的一種損失？忠實同志們當然不否認這點的。

孫中山先生的學說及主張，從前滿清壓制言論自由的方法，不能消滅他，如今當然也不靠壓迫言論自由來保護。忠實同志們，當然亦不否認這點。

誠如此，前清的殺革命黨，封報館，燒書籍，在一班忠實同志們眼光裡，是笨伯所做的事。忠實同志們，亦應該承認這點。

後之視今，亦猶今之視昔！

（十二月一日）

附錄 因警誡胡適而引起之《各級學校教職員研究黨義暫行條例》

十八年十月廿一日中央第四十四次常會通過

第一條　本黨為貫徹黨義教育起見，全國各級學校教職員應依照本條例之規定，對於本黨黨義作系統的研究，求深切的認識。

第二條　各級學校教職員研究黨義，其研究程式分為四期，茲訂研究標準如下：

第一期研究《孫文學說》、《軍人精神教育》、《三民主義》。

第二期研究《建國大綱》、《五權憲法》、《民權初步》、《地方自治開始實行法》。

第三期研究《實業計畫》。

第四期研究《實業計畫》。

第三條　每期研究期間以一學期為限，平均每日至少須有半小時之自修研究，每週至少須有一次之集合研究。

第四條　學校教職員其人數過少不便集會研究時，得與鄰近學校聯合組織黨義研究會，期收共同研究之效益，但如因人數過少，交通不便者，得通信討論。

第五條　全國各級學校教職員應於集合研究黨義時兼討論實施教育之各種問題，並將討論結果報告教育行政長官及當地高級黨部，彙呈中央訓練部用備考查。

第六條　全國各級學校教職員研究黨義成績之優秀者應分別獎勵，其考核條例另訂之。

第七條　本條例如有未盡事宜，由中央訓練部提請中央執行委員會常務會議修正之。

第八條　本條例由中央執行委員會常務會議議決施行。

（原載一九二九年九月十日〈新月〉第二卷第六、七號合刊）

新文化運動與國民黨

胡適

中國本來是一個由美德築成的黃金世界。

今年雙十節，我在杭州車站買了一張杭州報紙的雙十節號，忽然看見這一句大膽的話。我嚇了一大跳，連忙揩揩眼鏡，仔細研讀，原來是中央宣傳部長葉楚傖先生的大文，題目是「由黨的力行來挽回風氣」，葉部長說：

> 中國本來是一個由美德築成的黃金世界。自從覺羅皇帝，袁皇帝，馮爵帥，徐閣老，以及文武百官，衣缽

相傳，掘下個大坑，政治道德掃地無遺。洋大人，外交人才，買辦，跑街，以及西崽，也掘下個大坑，民族氣節又掃地無遺。張獻忠，白蓮教，紅燈罩，共產黨，——這一套；保皇黨，研究系，同善社，性欲叢書，——這又一套：大家在那裡炫奇鬥勝，分頭並作，一坑又一坑，將社會風尚又攪成個落花流水。這樣一個不幸的環境擺佈在眼前，憑你是誰，偶一不慎，便會失足滅頂。

我看完了這一篇文章，心裡很有點感觸。這一個月以來，我時時想到葉楚傖先生的話，時時問自己：「覺羅皇帝」以前的中國，是不是「一個由美德築成的黃金世界」？

這個問題是一個很重要的問題，因為這是今日我們不能避免的新舊文化問題的一個重要之點。如果三百年前的中國真是「一個由美德築成的黃金世界」，那麼，我們還做什麼新文化運動呢？我們何不老老實實地提倡復古呢？黃金世界既然在三百年前，我們只須努力回到覺羅皇帝以前的「美德築成的黃金世界」就是了。

不幸葉部長的名論終不能叫我們心服。葉部長做了幾年大事業，似乎把中國歷史忘記了。葉部長似乎忘了女子纏足已有了一千年的歷史，全國士子做八股也有五六百年的歷史，張獻忠之前也曾有過魏忠賢，魏忠賢之前有過劉瑾，劉瑾之前也曾有過仇士良，有過十常侍。葉部長似乎又忘了白蓮教之前也曾有過提倡燒指焚身的佛教，也曾有過最下流的拜生殖器的各種中古宗教。葉部長似乎又忘了張競生博士以前也曾有過提倡「餓死事極小，失節事極大」的吃人禮教和無數無數血淚築成的貞節碑坊。葉部長似乎又忘了洋大人和外交人才以前也曾有過五胡之亂和遼金元的征服。

然而葉部長正式宣傳道，三百年前的中國「本來是一個由美德築成的黃金世界」！

我們從新文化運動者的立場，不能不宣告葉部長在思想上是一個反動分子，他所代表的思想是反動的思想。

我們看了葉部長的言論以後，不能不進一步質問：葉部長所代表的反動思想究竟有幾分可以代表國民黨？國民黨時時打起「剷除封建勢力，打倒封建思想」的旗幟，何以國民黨中的重要人物會發表這樣擁護傳統文化的反動思想呢？究竟國民黨對於這個新舊文化的問題抱什麼態度呢？在近年的新文化運動史上國民黨占什麼地位呢？

要解答這幾個問題，我們不能不先看看國民黨當國以來實地設施的事實。我們可以舉幾組的事實做例。

近年的新文化運動的最重要的方面是所謂文學革命。前兩個月，有一位國民黨黨員張振之先生發表了一篇《知難行易的根本問題》，內中引了戴季陶先生在《國民革命與中國國民黨》內說的話，戴先生說：

> 再說民國三年的時候，大家倘若肯一致贊成「文字革命」的主張，以革命黨的黨義來鼓吹起來，何至於要等到民國八年才讓陳獨秀胡適之來出風頭？（今年八月二八日上海《民國日報》）

誰來出風頭，這是極小的事。但是我們至少要期望一個革命政府成立之日就宣佈一切法令公文都改用國語。這點子小小風頭，總應有人敢出吧？但是國民黨當國已近兩年了，到了今日，我們還不得不讀駢文的函電，古文的宣言，文言的日報，文言的法令！國民黨天天說要效法土耳其，但新土耳其居然採用了拉丁字母了，而我們前幾天還在恭讀國民政府文官長古應芬先生打給閻錫山先生的駢四儷六的賀電！

在徐世昌做總統，傅嶽芬做教育總長的時代，他們居然敢下令廢止文言的小學教科書，改用國語課本。但小學用國語課本，而報紙和法令公文仍舊用古文，國語的推行是不會有多大效力的；因為學了國語文而不能看報，不能做訪員，不配做小書記，誰還肯熱心去學白話呢？一個革命的政府居然維持古文駢文的壽命，豈不是連徐世昌傅嶽芬的膽氣都沒有嗎？

在這一點上，我們不能不說今日國民政府所代表的國民黨是反動的。

再舉思想自由作例。新文化運動的一件大事業就是思想的解放。我們當日批評孟，彈劾程朱，反對孔教，否認上帝，為的是要打倒一尊的門戶，解放中國的思想，提倡懷疑的態度和批評的精神而已。但共產黨和國民黨合作的結果，造成了一個絕對專制的局面，思想言論完全失了自由。上帝可以否認，而孫中山不許批評。禮拜可以不做，而總理遺囑不可不讀，紀念周不可不做。一個學者編了一部歷史教科書，裡面對於三皇五帝表示了一點懷疑，便引起了國民政府諸公的義憤，便有戴季陶先生主張要罰商務印書館……一百萬元！一百萬元雖然從寬豁免了，但這一部很好的歷史教科書，曹錕吳佩孚所不曾禁止的，終於不准發行了！

至於輿論呢？我們花了錢買報紙看，卻不准看一點確實的新聞，不准讀一點負責任的評論。一個責任的學者說幾句負責任的話，討論一個中國國民應該討論的問題，便惹起了五六個省市黨部出來呈請政府通緝他，革掉他的校長，嚴辦他，剝奪他的公權！然而蔣介石先生在北平演說，葉楚傖先生在南京演說，都說：上海的各大報怎麼沒有論說呢？

所以在思想言論自由的一點上，我們不能不說國民政府所代表的國民黨是反動的。

再舉文化問題本身做個例。新文化運動的根本意義是承認中國舊文化不適宜於現代的環境，而提倡充分接受世界的新文明。但國民黨至今日還在那裡高唱「抵制文化侵略」！還在那裡高談「王道」和「精神文明」！還在那裡提倡「國術」和「打擂臺」！祀孔廢止了，但兩個軍人（魯滌平，何鍵）的一道電報便可以叫國民政府馬上恢復孔子紀念日。中央宣傳部長葉楚傖現在對我們宣傳「中國本來是一個由美德築成的黃金世界」，但葉部長還把這個黃金世界放在覺羅皇帝以前。去年何鍵先生便更進一步，說現在的思想紊亂和道德墮落都是「陳匪獨秀胡適」兩個人的罪惡了！我們等著吧，「回到黃金世界」的喊聲大概不久就會起來了！

所以在這對文化問題的態度上，我們也不能不說國民黨是反動的。

以上不過列舉三項事實來說明，至少從新文化運動的立場看來，國民黨是反動的。

這些事實不是孤立的，也不是偶然的。國民黨對於新文化運動的態度，國民黨對於中國舊文化的態度，都有歷史的背景和理論的根據。根本上國民黨的運動是一種極端的民族主義的運動，自始便含有保守的性質，便含有擁護傳統文化的成分。因為國民黨本身含有這保守性質，故起來了一些保守的理論。這種理論便是後來當國時種種反動行為和反動思想的根據了。

這個解釋並不是詆誣國民黨，也不是菲薄國民黨，只是敘述一件歷史事實，用來解釋一些現象。這個歷史事實的說明，也許還可以給國民黨中的青年分子一個自覺地糾正這種反動傾向的機會。

本來凡是狹義的民族主義的運動，總含有一點保守性，往往傾向到頌揚固有文化，抵抗外來文化勢力的一條路上去。這是古今中外的一個通例，國民黨自然不是例外。試看拿破崙以後的德國民族運動，普法戰爭以後的法國民族運動，試讀民族國家主義的哲學的創始者菲希脫（Fichte）的《告德國國民書》，便可以明白這個歷史通例。凡受外力壓迫越厲害，則這種擁護舊文化的態度越堅強。例如印度人在英國統治之下，大多數民族主義者都竭力替印度J日宗教舊文化辯護。有時候他們竟故意作違心之論。前年我在康橋大學的世界學生會茶會上談話，指出東方文明的弱點；散會之後，幾個印度學生陪我走回寓，他們都說我的主張不錯，但他們卻不便如此公開主張。我說，「為什麼不說老實話呢？」他們說：「如果今天我們印度學生這樣批評東方文明，明天英國報紙上便要說我們承認英國統治了。」

中國的民族主義的運動所以含有誇大舊文化和反抗新文化的態度，其根本原因也是因為在外力壓迫之下，總有點不甘心承認這種外力背後的文化。這裡面含有很強的感情作用，故偏向理智的新文化運動往往抵不住這種感情的保守態度。國民黨裡便含有這種根據於民族感情的保守態度，這是不可諱也不必諱的歷史事實。國民黨的力量在此，他的弱點也在此。

中國的新文化運動起於戊戌維新運動。戊戌運動的意義是要推翻舊有的政制而採用新的政制。後來梁啟超先生辦《新民叢報》，自稱「中國之新民」，著了許多篇〈新民說〉，指出中國舊文化缺乏西方民族的許多「美德」，如公德，國家思想，冒險，權利思想，自由，自治，進步，合群，毅力，尚武等等；他甚至於指出中國人缺乏私德！這樣推崇西方文明而指斥中國固有的文明，確是中國思想史上的一個新紀元。同時吳趼人，劉鐵雲，李伯元等人的「譴責小說」，竭力攻擊中國政治社會的腐敗情形，也是取同樣的一種態度。

但那時國內已起了一種「保存國粹」的運動。這運動有兩方面。王先謙，葉德輝，毛慶蕃諸人的「存古運動」，自然是完全反動的，我們且不論。還有一方面是一班新少年也起來做保存國粹的運動，設立「國學保存會」，辦《國粹學報》，開「神州國光社」，創立土。他們大都是抱著種族革命的志願的，同時又都是國粹保存者。他們極力表章宋末明末的遺民，借此鼓吹種族革命；他們也做過一番整理國故的工作，但他們不是為學問而做學問，只是借學術來鼓吹種族革命並引起民族的愛國心。他們的運動是一種民族主義的運動，所以他們的領袖人才，除了鄧實劉光漢幾個人之外，至今成為國民黨的智識分子。柳亞子，陳去病，黃節，葉楚傖，邵力子……諸先生都屬於這個運動。因為這個緣故，國民黨中自始便含有保存國粹國光的成分。

孫中山先生雖然不是《國粹學報》或南社中人，但他對於中國固有的文明也抱一種頌揚擁護的態度。他是一個基督徒，又是一個世界主義者，但他的民族思想很強，到了晚年更認定民族主義是俄國革命成功的要素，故在他的《三民主義》第四第六講裡很有許多誇大中國古文化的話。例如他說：

我們中國四萬萬人不但是很和平的民族，並且很文明的民族。近來歐洲盛行的新文化，和所講的無政府主義與共產主義，都是我們中國幾千年以前的舊東西。一我們中國的新青年，未曾過細研究中國的舊學說，便以為這些學說就是世界頂新的了，殊不知道在歐洲是最新的，在中國就有了幾千年了。（第四講）

這種說法，在中山先生當時不過是隨便說說，而後來〈三民主義〉成為一黨的經典，這種一時的議論便很可以助長頑固思想，養成誇大狂的心理，而阻礙新思想的傳播。

中山先生又說：

歐洲之所以駕乎我們中國之上的，不是政治哲學，完全是物質文明。……至於講到政治哲學的真諦，歐洲人還要求之於中國。（第四講）

他又說：

講到中國固有的道德，中國人至今不能忘記的，首是忠孝，次是仁愛，其次是信義，其次是和平。這些舊道德，中國人至今還是常講的。但是現在受外來民族的壓迫，侵入了新文化；那些新文化的勢力此刻橫行中國。一般醉心新文化的人，便排斥舊道德，以為有了新文化便可以不要舊道德。不知道我們固有的東西，如果是好的，當然是要保存，不好的才可以放棄。（第六講）

這些話都可以表示中山先生實在不能瞭解當時的新文化運動的態度。新文化運動的大貢獻在於指出歐洲的新文明不但是物質文明比我們中國高明，連思想學術，文學美術，風俗道德都比我們高明的多。陳獨秀先生曾指出新文化運動只是擁護兩位先生，一位是賽先生（科學），一位是德先生（民治）。吳稚暉先生後來加上一位穆拉爾姑娘（道德）。中山先生既歡迎科學，又分明推崇民治政治，卻不幸在這裡極力用誇大的口氣，抬高中國的舊政治思想和舊道德，說話之間稍有輕重，便使讀者真以為中山先生相信「歐洲的新文化都是我們中國幾千年以前的舊東西」了。這種附會的見解，在三四十年前的老新黨的言論裡毫不足奇怪，但在中山先生的講演裡便是很可詫異，更可惋惜的了。

中山先生又曾說：

> 中國從前的忠孝仁愛信義種種的舊道德，固然是駕乎外國人；說到和平的道德，更是駕乎外國人。（第六講）

三十年周遊歐美的孫中山先生尚且說這樣沒有事實根據的話，怪不得不曾出國門的葉楚傖先生要說「中國本來是一個由美德築成的黃金世界」了！在這一點上，我們不能不佩服吳稚暉先生的偉大。他老人家在六十歲時還能大膽地宣言中國人的道德低淺，而西洋人的道德高明。孫中山先生也並非不明白這種事實，不過他正在講「民族主義」，故不能不繞灣子，爭面子。例如他講「仁愛」，曾說：

> 照這樣實行一方面講起來，仁愛的好道德，中國現在似乎遠不如外國。中國所以不如的原故，不過是中國人對於仁愛沒有外國人那樣實行。但是仁愛還是中國的舊道德。

這是很費力的回護。更隔幾分鐘，他便輕輕地宣言中國從前的仁愛也是「駕乎外國人」的了。吳稚暉先生是個世界主義者，沒有衛道的熱心，故他敢老實說西洋人「什麼仁義道德，孝弟忠信，吃飯睡覺，無一不較有作法，較有熱心」。但吳老先生這種論調是國民黨中的「國粹」分子所不能瞭解的。

以上說所，都可以證明國民黨的歷史上本來便充滿著這保存國粹和誇大傳統文化的意味。民國八年五月以後，國民黨受了新文化運動的大震動，絕計加入新文化的工作，故這種歷史的守舊性質和衛道態度暫時被壓下去了，不很表現在〈星期評論〉〈建設〉〈覺悟〉的論壇裡。民國十三年改組以後，國民黨中吸收了許多少年新分子，黨的大權漸漸移入一班左傾的激烈分子手裡，稍稍保守的老黨員都被擯斥了。所以這種歷史的反動傾向更不容易出現了。直到近兩年中，鐘擺又回到極右的一邊，國民黨中的暴烈分子固然被淘汰了，而稍有革新傾向的人也就漸漸被這淘汰的運動趕出黨外，於是國民黨中潛伏著的守舊勢力都一一活動起來，造成今日的反動局面。

即如上文指出國民黨對於文學革命的態度，我們從歷史上看去，毫不足奇怪。許多國民黨的領袖人物，如孫中山，汪精衛，王寵惠諸先生對於新文學運動都曾表示不贊成的態度。國粹保存家與南社詩人反對新文學，更不用說了。中山先生在《孫文學說》第三章裡，很明白地說古文勝於白話，他說：

> 言語有變遷而無進化，而文字則雖仍古昔，其使用之技術實日見精研。所以中國語言為世界中之粗劣者；往往文字可達之意，言語不得而傳。是則中國人非不善為文，而拙於用語者也。亦惟文字可傳久遠，故古人所作，模仿匪難；至於言語，非無傑出之士妙於修辭，而流風餘韻無所寄託，隨時代而俱湮，故學者無所繼承。然則文字有進化而言語轉見退步者，非無故矣。抑歐洲文字基於音韻，音韻即表言語，言語有變，文字即可隨之。中華製字以象形會意為主，所以言語雖殊，而文字不能與之俱變。要之，此不過為言語之不進步，而中國人民非有所闕於文字，歷代能文之士，其所創作，突過外人，則公論所歸也。

這種見解的大錯誤，九年前我在《國語的進化》一篇裡（《胡適文存》卷三，《國語文法概論》）已有詳細的駁論了。中山先生此書成於民國八年春間，在新青年同人提倡文學革命之後二年，他這種議論大概是暗指這個運動的。他在當時很不贊成白話文學的主張，這是很明白的。這種議論雖然是他個人一時的錯誤，但也很可以作為後來國民黨中守舊分子反對新文學的依據。中山先生有「手不釋卷」的名譽，又曾住過歐美，他尚且說中國「歷代能文之士，其所創作，突過外人」，怪不得一班不能讀外國文學的國粹家和南社文人要擁護古文駢文了！

民國八年五月以後，國民黨的刊物幾乎都改用白話了，《星期評論》和《覺悟》成了南方的新文學重要中心。然而十年之後，革命的國民黨成了專政的國民黨了，新文學和新思想的假面具都可以用不著了，於是保存國粹的喊聲漸漸起來，於是古文駢文的死灰又複燃了，八九年前在新文學的旗幟之下搖旗吶喊的人物，到今年雙十節便公然宣告胡適的《嘗試集》和同善社的《性欲叢書》是同樣害人的惡勢力了。這種情形，毫不足奇怪，因為在擁護古文駢文的局面之下，《嘗試集》當然成了罪魁禍首了。這不是死文學的僵屍復活，這不過是國民黨原有的反動思想的原形呈現而已。

我們這樣指出國民黨歷史上的反動思想，目的只是要國民黨的自覺。一個在野政客的言論是私人的言論，他的錯誤是他自身的責任。但一個當國的政黨的主張便成了一國的政策的依據，便是一國的公器，不是私人責任的問題了。一個當國專政的政黨的思想若含有不合時代的反動傾向，他的影響可以阻礙一國文化的進步。所以我們對於國民黨的經典以及黨中領袖人物的反動思想，不能不用很誠實的態度下懇切的指摘。過去歷史上的錯誤是不用諱飾的；但這種錯誤思想，若不討論個明白分曉，往往可以有很大的惡影響；個人的偏見可以成為統治全國的政策；一時的謬論可以成為教育全國的信條。所以我們要明白指出國民黨裡有許多思想在我們新文化運動者的眼裡是很反動的。如果國民黨的青年人們不能自覺地糾正這種反動思想，那麼，國民黨將來只能漸漸變成一個反時代的集團，絕不能作時代的領導者，絕不能擔負建立中國新文化的責任。

孫中山先生在「五四運動」以後曾有很熱烈的讚歎新文化運動的話，他說：

> 自北京大學學生發生五四運動以來，一般愛國青年無不以新思想為將來革新事業之預備，於是蓬勃勃勃，發抒言論。國內各界輿論一致同倡。各種新出版物為熱心青年所舉辦者，紛紛應時而出，揚葩吐豔，各極其致。社會遂蒙絕大之影響。雖以頑劣之偽政府，猶且不敢攖其鋒。此種新文化運動在我國今日誠思想界空前之大變動。推原其始，不過由於出版界之一二覺悟者從事提倡。遂至輿論放大異彩，學潮彌漫全國，

人皆激發天良，誓死為愛國之運動。倘能繼長增高，其將來收效之偉大且久遠者，可無疑也。吾黨欲收革命之成功，必有賴於思想之變化。兵法攻心，語曰革心，皆此之故。故此種新文化運動實為最有價值之事。（九年一月二十九日，《與海外同志募款籌辦印刷機關書》——《孫中山全集》，三民公司本，第四集，二，頁二七—二八）。

中山先生在此時雖然只把新文化運動看作政治革命的一種有力的工具，但他已很明白地承認「吾黨欲收革命之成功，必有賴於思想之變化」。今日的國民黨到處念誦「革命尚未成功」，卻全不想促進「思想之變化」！所以他們天天摧殘思想自由，壓迫言論自由，妄想做到思想的統一。殊不知統一的思想只是思想的僵化，不是謀思想的變。用一個人的言論思想來統一思想，只可以供給一些不思想的人的黨義考試夾帶品，只可以供給一些黨八股的教材，絕不能變化思想，絕不能靠此「收革命之成功」。

十年以來，國民黨所以勝利，全靠國民黨能有幾分新覺悟，能明白思想變化的重要。故民國七八年之間，孫中山先生還反對白話文，而八年「五四運動」以後，中山先生便命他的同志創辦《星期評論》和《建設》雜誌，參加新文化運動。這便是國民黨的「思想之變化」。十三年的改組，便是充分吸收新文化運動的青年，這又是國民黨的「思想之變化」。八年的變化使國民黨得著全國新勢力的同情。十三年的變化使國民黨得著革命的生力軍。這是歷史的事實。

現在國民黨所以大失人心，一半固然是因為政治上的設施不能滿人民的期望，一半卻是因為思想的僵化不能吸引前進的思想界的同情。前進的思想界的同情完全失掉之日，便是國民黨油乾燈草盡之時。

國民黨對於我這篇歷史的研究，一定有很生氣的。其實生氣是損人不利己的壞脾氣。國民黨的忠實同志如果不願意自居反動之名，應該做點真實不反動的事業來給我們看看。至少至少，應該做到這幾件事：

（一）廢止一切「鬼話文」的公文法令，改用國語。

（二）通令全國日報，新聞論說一律改用白話。

（三）廢止一切箝制思想言論自由的命令，制度，機關。

（四）取消統「一思想與黨化教育的迷夢。

（五）至少至少，學學專制帝王，時時下個求直言的詔令！

如果這幾件最低限度的改革還不能做到，那麼，我的骨頭燒成灰，將來總有人會替國民黨上「反動」的謚號的。

十八，十一，廿九

（原載一九二九年九月十日《新月》第二卷第六、七號合刊，此號實際推遲出版）

知難，行亦不易
——孫中山先生的「行易知難說」述評

胡適

一、行易知難說的動機

《孫文學說》的《自序》是民國七年（一九一八）十二月三十日在上海作的。次年（一九一九）五月初，我到上海來接杜威先生；有一天，我同蔣夢麟先生去看中山先生，他說他新近做了一部書，快出版了。他那一天談的話便是概括地敘述他的「行易知難」的哲學。後來杜威先生去看中山先生，中山談的也是這番道理。（本書第四章之末也說：「當此書第一版付梓之夕，適杜威博士至滬，予特以此質證之。」）大概此書作於七年下半，成於八年春間。至六七月間，始印成出版。

這個時代是值得注意的。中山先生於七年五月間非常國會辭去大元帥之職；那時舊式軍閥把持軍政府，中山雖做了七總裁之一，實際上沒有做事的機會，後來只好連總裁也不做了，搬到上海來住。這時候，世界大戰爭剛才停戰，巴黎的和會還未開，全世界都感覺一種猛烈的興奮，都希望有一個改造的新世界。中山先生在這個時期，眼見安福部橫行於北方，桂系軍閥把持於南方，他卻專心計畫，想替中國定下一個根本建設的大方略。這個時期正是他邀了一班專家，著手做《建國方略》的時候。他的「實業計畫」的一部分，此時正在草創的時期；其英文的略稿成於八年的一月。

他在發表這個大規模的《建國方略》之前，先著作這一部導言，先發表他的「學說」，先提出這「行易知難」的哲學

為什麼呢？他自己很悲憤地說：

> 文奔走國事三十餘年，畢生學力盡萃於斯；精誠無間，百折不回；滿清之威力所不能屈，窮途之困苦所不能撓。吾志所，一往無前，愈挫愈奮，再接再厲。用能鼓動風潮，造成時勢。卒賴全國人心之傾向，仁人志士之贊襄，乃得推覆專制，創建共和。本可從此繼進，實行革命黨所抱持之三民主義，五權憲法，與夫革命方略所規定之種種建設宏模，則必能乘時一躍而登中國于富強之域，躋斯民于安樂之天也。不圖革命初成，黨人即起異議，謂予所主張者理想太高，不適中國之用。眾口鑠金，一時風靡。同志之士，亦悉惑焉。是以予為民國總統時之主張，反不若為革命領袖時之有效而見之施行矣。此革命之建設所以無成，而破壞之後國事更因之以日非也。
>
> 夫去一滿洲之專制，轉生出無數強盜之專制，其為毒之烈，較前尤甚。於是民愈不聊生矣。溯夫吾黨革命之初心，本以救國救種為志，欲出斯民於水火之中，而登之衽席之上也。今乃反令之陷水益深，蹈火益熱，與革命初衷大相違背者，此固予之德薄無以化格同儕，予之能鮮不足駕馭群眾，有以致之也。然而吾黨之士於革命宗旨革命方略亦難免有信仰不篤奉行不力之咎也。而其所以然者，非盡關乎功成利達而移心，實多以思想錯誤而懈志也。

此思想之錯誤為何？即「知之非艱，行之惟艱」之說也。此說始於傳說對武丁之言，由是數千年來，深中於中國之人心，已成牢不可破矣。故予之建設計畫一一皆為此說所打消也。嗚呼！此說者，予生平之最大敵也。其威力當萬倍於滿清。夫滿清之威力不過只能殺吾人之身耳，而不能奪吾人之志也。乃此敵之威力則不惟能奪吾人之志，且足以迷億兆人之心也。是故當滿清之世，予之主張革命也，猶能日起有功，進行不已。惟自民國成立之日，則予之主張建設，反致半籌莫展，一敗塗地。吾三十年來精誠無間之心，幾為之冰消瓦解，百折不回之志幾為之槁木死灰者，此也！可畏哉此敵！可恨哉此敵！

兵法有云，「攻心為上」。……滿清之顛覆者，此心成之也。民國之建設者，此心敗之也。夫革命黨之心理，于成功之始，則被「知之非艱行之惟艱」之說所奴，而視吾策為空言，遂放棄建設之責任。……七年以來，猶未睹建設事業之進行，而國事則日形糾紛，人民則日增痛苦。午夜思維，不勝痛心疾首。夫民國之建設事業，實不容一刻視為緩圖者也。國民！國民！究成何心。不能乎？不行乎？不知乎？吾知其非不能也，不行也。亦非不行也，不知也。倘能知之，則建設事業亦不過如反掌折枝耳。

回顧當年，予所耳提面命而傳授於革命黨員，而被河漢為理想空言者，至今觀之，適為世界潮流之需要，而亦當為民國建設之資材也。乃擬筆之於書，名曰《建國方略》，以為國民所取法焉。然尚有躊躇審顧者，則恐今日國人社會心理猶是七年前之黨人社會心理也，依然有此「知之非艱行之惟艱」之大敵橫梗於其中，則其以吾之計畫為理想空言而見拒也，亦若是而已矣。故先作學說，以破此心理之大敵，而出國人之思想于迷津。庶幾吾之建國方略或不致再被國人視為理想空談也。

（《自序》）

這篇《自序》真是悲慨沉痛的文章。中山先生以三十年的學問，三十年的觀察，作成種種建設的計畫，提出來想實行，萬不料他的同志黨人，就首先反對。客氣的人說他是「理想家」，不客氣的人嘲笑他是「孫大炮」！中山先生忠厚對人，很忠厚地指出他們所以反對他，「非盡關乎功成利達而移心，實多以思想錯誤而懈志」。此思想的錯誤，中山認為只是「知易行難」的一個見解。這個錯誤的見解，在幾千年中，深入人心，成了一種迷信，他的勢力比滿清還可怕，比袁世凱還可怕。滿清亡了，袁世凱倒了，而此「知易行難」的謬說至今存在，使中山的大計畫「半籌莫展，一敗塗地」。所以中山先生要首先打倒這個「心理之大敵」。這是他的「學說」的動機。

要打倒這個大敵，所以他提出一種「心理建設」。他老實不客氣地喊道：

> 夫國者，人之積也。人者，心之器也。而國事者，一人群心理之現象也。是故政治之隆汙，繫乎人心之振靡。吾心信其可行，則移山填海之難，終有成功之日。吾心信其不可行，則反掌折枝之易，亦無收效之期也。心之為用大矣哉。夫心也者，萬事之本源也。滿清之顛覆者，此心成之也。民國之建設者，此心敗之也。（《自序》參看頁七七論宣誓一段）

迷信「唯物史觀」的人，聽了這幾句話，也許要皺眉搖頭。但這正是中山先生的中心思想。若不懂得這個中心思想，便不能明白他的「有志竟成」的人生哲學。

二、行易知難的十證

中山先生的「學說」只是「行易知難」四個字。他舉了十項證據來證明他的學說：

（一）飲食。
（二）用錢。
（三）作文。
（四）建築。

（五）造船。
（六）長城與歐洲的戰壕。
（七）運河。
（八）電學。
（九）化學製造品：豆腐，磁器。
（十）進化。

這十項證據，原書說的很詳細，不用我來詳細說明瞭。

這十項之中，有幾項是證明「不知亦能行」的，如飲食，嬰孩一墮地便能做，雞雛一離蛋殼便能做，但近世的科學專家到今日尚不能知道飲食的種種奧妙。但大部分的證據都是證明知識之難能而可貴的，如造船，施工建造並不為難。所難者繪圖設計。倘計畫既定，按圖施工，則成效可指日而待矣。

如無線電報，當研究之時代，費百年之工夫，竭無數學者之才智，各貢一知，而後得完全此無線電之知識。及其知識真確，學理充滿，乃本之以製器，則無所難矣。……其最難能可貴者則為研求無線電知識之人。學識之難關一過，則其他之進行有如反掌矣。

這些證據都是要使我們明白知識是很難能的事，是少數天才人的事。少數有高深知識的人積多年的研究，定下計畫，打下圖樣，便可以交給多數工匠去實行。工匠只須敬謹依照圖樣做去，自然容易成功。「此知行分任而造成一屋者也。」中山先生的意思一面教人知道「行易」，一面更要人知道「知難」。

三、行易知難的真意義

中山先生自己說：

予之所以不憚其煩，連篇累牘，以求發明行易知難之理者，蓋以此為救中國必由之道。（頁五五）

他指出中國的大病是暮氣太深，畏難太甚。

> 中國近代之積弱不振奄奄待斃者，實為知之非艱行之惟艱一說誤之也。此說深中於學者之心理，由學者而傳於群眾，則以難為易，以易為難，遂使暮氣畏難之中國，畏其所不當畏，而不畏其所當畏。由是易者則避而遠之，而難者又趨而近之。始則欲求知而後行，及其知之不可得也，則惟有望洋興嘆而放去一切而已。間有不屈不撓之士，費盡生平之力以求得一知者，而又以行之為尤難，則雖知之而仍不敢行之。如是不知固不欲行，而知之又不敢行，則天下事無可為者矣。此中國積弱衰敗之原因也。夫畏難本無害也。正以有畏難之心，乃適足導人於節勞省事，以取效呈功。此為經濟之原理，亦人生之利便也。惟有難易倒置，使欲趨避者無所適從，斯為害矣。（頁五五）

他要人明白「不知亦能行之，知之則必能行之，知之則更易行之」。他考察人類進化的歷史，看出三個時期：

> 第一，由草昧進文明，為不知而行之時期。
>
> 第二，由文明再進文明，為行而後知之時期。
>
> 第三，自科學發明後，為知而後行之時期。

凡物類與人類，為需要所逼迫，都會創造發明。鳥能築巢，又能高飛。這都是不知而能行的明證。我們的老祖宗製造豆腐，製造磁器，建築長城，開闢運河，都是不知而行的明證。西洋人行的越多，知的也越多；知多了，行的也更多。他們越行越知，越知越行。我們卻受了暮氣的毒，事事畏難，越不行，越不知，越不知，便越不行。

救濟之法，只有一條路，就是力行。但力行卻也有一個先決的條件，就是要服從領袖，要服從先知先覺者的指導。中山先生說人群進化可分三時期，人的性質也可分做三系：

其一，先知先覺者，為創造發明。
其二，後知後覺者，為仿效進行。
其三，不知不覺者，為竭力樂成。

第一系為發明家，第二系為鼓吹家，第三系為實行家，其中最有關係的是那第二系的後知後覺者。他們知識不夠，偏要妄想做先知先覺者；他們不配做領袖，偏要自居於領袖；他們不肯服從發明家的理想計畫，偏愛作消極的批評。他們對於先知先覺者的計畫，不是說他們思想不徹底，便是說他們理想太高，不切實用。所以中山先生說：

行之之道為何？即全在後覺者之不自惑以惑人而已。

力行之道不是輕理想而重實行，卻正是十分看重理想知識。「行易知難」的真意義只是要我們知道行是人人能做的，而知卻是極少數先知先覺者的責任。大多數的人應該崇拜知識學問，服從領袖，奉行計畫。那中級的後知後覺者也只應該服從先知先覺者的理想計畫，替他鼓吹宣傳，使多數人明白他的理想，使那種種理想容易實行。所以中山先生說：

中國不患無實行家，蓋林林總總者皆是也。乃吾黨之士有言曰，「某也理想家也，某也實行家也。其以二三人可為改是猶治化學而崇拜三家村之豆腐公，而忽于裴在輅巴斯德等宿學。是猶治醫學而崇拜蜂蟲之蜾蠃，而忽于發明蒙藥之名醫。蓋豆腐公為生物化學之實行家，而蜾蠃為蒙藥之實行家也。有是理乎！

> 乃今之後知後覺者，悉中此病，所以不能鼓革國事之實行家，真謬誤之甚也。不觀今之外人在上海所建設之宏大工廠，繁盛市街，崇偉樓閣，其實行家皆中國之工人也。而外人不過為理想家計畫家而已，並未有躬親實行其建設之事也。故為一國之經營建設，所難得者非實行家也，乃理想計畫家也。而中國之後知後覺者，皆重實行而輕理想矣。以來建設事業不能進行者，此也。予於是乎不得不徹底詳闢，欲使後知後覺者，了然於向來之迷誤，而翻然改圖，不再為似是而非之說以惑世，而阻撓吾林林總總之實行家，則建設前途大有希望矣。（頁六一～六二）。

所以「行易知難」的學說的真意義只是要使人信仰先覺，服從領袖，奉行不悖。中山先生著書的本意只是要說：「服從我，奉行我的《建國方略》。」他雖然沒有這樣明說，然而他在本書的第六章之後，附錄《陳英士致黃克強書》（頁七九～八七），此書便是明明白白地要人信仰孫中山，奉行不悖。英士先生在此書裡痛哭流涕地指出民黨第五次重大之失敗都是因為他們「認中山之理想為誤而反對之，致於失敗」。他說：

> 惟其前日認中山先生之理想為誤，皆致失敗，則於今日中山先生之所主張，不宜輕以為理想而不從，再貽他日之悔。
>
> 夫人之才識與時並進，知昨非而今日未必是，能取善斯不壓從人。鄙見以為理想者事實之母也。中山先生之提倡革命，播因於二十年前。當時反對之者，舉國士夫，殆將一致。乃經二十年後，卒能見諸實行者，理想之結果也。使吾人於二十年前即贊成其說，安見所懸理想必遲至二十年之久始得收效？抑使吾人於二十年後猶反對之，則中山先生之理想不知何時始克形諸事實，或且終不成效果至於靡有窮期者，亦難逆料也。故中山先生之理想能否證實，全在吾人之視察能否瞭解，能否贊同，以奉行不悖是已。

《孫文學說》的真意義只是要人信仰「孫文學說」，奉行不悖。此意似甚淺，但我們細讀此書，不能不認這是唯一可能的解釋。

四、批評

行易知難的學說是一種很有力的革命哲學。一面要人知道「行易」，可以鼓舞人勇往進取。一面更要人知道「知難」，可以提倡多數人對於先知先覺者的信仰與服從。信仰領袖，服從命令，一致進取，不怕艱難，這便是革命成功的條件。所以中山說這是必要的心理建設。孫中山死後三四年中，國民黨繼續奉他做領袖，把他的遺教奉作一黨的共同信條，極力宣傳。「共信」既立，旗幟便鮮明瞭，壁壘也便整齊了。故三四年中，國民革命軍的先聲奪人，所向都占勝利。北伐的成功，可說是建立「共信」的功效。其間稍有分裂，也只為這個共信上發生了動搖的危險。但反共分共所以能成功，也都還靠著這一點點「共信」做個號召的旗幟。

故這三年的革命歷史可說是中山先生的學說添了一重證據，證明瞭服從領袖奉行計畫的重要，證明瞭建立共同信仰的重要，證明瞭只要能奉行一個共同的信仰，革命的一切困難都可以征服！

但政治上的一點好成績不應該使我們完全忽視了這個學說本身的一些錯誤。所以我想指出這個學說的錯誤之點，和從這些錯誤上連帶發生的惡影響。

行易知難說的根本錯誤在於把「知」「行」分的太分明。中山的本意只要教人尊重先知先覺，教人服從領袖者，但他的說話很多語病，不知不覺地把「知」「行」分做兩件事，分作兩種人做的兩類的事。這是很不幸的。因為絕大部分的知識是不能同「行」分離的，尤其是社會科學的知識。這絕大部分的知識都是從實際經驗（行）上得來：知一點，行一點；行一點，更知一點，——越行越知，越知越行，方才有這點子知識。三家村的豆腐公也不是完全沒有知識；他做豆腐的知識比我們大學博士高明的多多。建築高大洋房的工人也不是完全沒有知識；他們的本事也是越知越行，越行越知，所以才有巧工巧匠出來。至於社會科學的知識，更是知行分不開的。五權與九權的憲法，都不是學者的抽象理想，都只是某國某民族的實行的經驗的結果。政治學者研究的對象只是歷史，制度，事實，——都是「行」的成績。行的成績便是知，知的作用便是幫助行，指導行，改善行。政治家雖然重在實行，但一個制度或政策的施行，都應該服從專家的指示，根據實際的利弊，隨時修正改革，這修正補救便是越行越知，越知越行，便是知行不能分開。

中山先生志在領導革命，故倡知難行易之說，自任知難而勉人以行易。他不曾料到這樣分別知行的結果有兩大危險：

第一，許多青年同志便只認得行易，而不覺得知難。於是有打倒智識階級的喊聲，有輕視學問的風氣。這是很自然的：既然行易，何必問知難呢？

第二，一班當權執政的人也就借「行易知難」的招牌，以為知識之事已有先總理擔任做了，政治社會的精義都已包羅在《三民主義》、《建國方略》等書之中，中國人民只有服從，更無疑義，更無批評辯論的餘地了。於是他們揹著「訓政」的招牌，背著「共信」的名義，箝制一切言論出版的自由，不容有絲毫異己的議論。知難既有先總理任之，行易又有黨國大同志任之，輿論自然可以取消了。

行易知難說是一時救弊之計，目的在於矯正「知之非艱，行之維艱」的舊說，故為「林林總總」之實行家說法，教人知道實行甚易。但老實說來，知固是難，行也不易。這便是行易知難說的第二個根本錯誤。

中山先生舉了十項證據來證明行易知難。我們忍不住要問他：「中山先生，你是學醫的人，為什麼你不舉醫學做證據呢？」中山先生做過醫學的工夫，故不肯舉醫學做證據，因為醫學最可以推翻行易知難的學說。醫學是最難的事，人命所關，故西洋的醫科大學畢業年限比別科都長二年以上。但讀了許多生理學，解剖學，化學，微菌學，藥學，……還算不得醫生。醫學一面是學，一面又是術，一面是知，一面又是行。一切書本的學問都要能用在臨床的經驗上；只有從臨床的經驗上得來的學問與技術方才算是真正的知識。一個醫生的造成，全靠知行的合一，即行即知，即知即行，越行越知，越知越行的工巧精妙。熟讀了六七年的書，拿著羊皮紙的文憑，而不能診斷，不能施手術，不能療治，才知道知固然難，行也大不易也！

豈但醫生如此？做豆腐又何嘗不如此？書畫彈琴又何嘗不如此？打球，游水，開汽車，又何嘗不如此？建屋造船也何嘗不如此？做文章，打算盤，也何嘗不如此？一切技術，一切工藝，那一件不如此？

治國是一件最複雜最繁難又最重要的技術，知與行都很重要，紙上的空談算不得知，鹵莽糊塗也算不得行。雖有良法美意，而行之不得其法，也會禍民誤國。行的不錯，而朝令夕更，也不會得到好結果。政治的設施往往關係幾千萬人或幾萬萬人的利害，興一利可以造福於一縣一省，生一弊可害無數人的生命財產。這是何等繁難的事！古人把「良醫」和「良相」相提並論，其實一個庸醫害人有限，而一個壞政策可以造孽無窮。醫生以人命為重，故應該小心翼翼地開刀開方；政府以人民為重，故應該小心翼翼地治國。古人所以說「知之非艱，行之維艱」，正是為政治說的，不是叫人不行，只是叫人不要把行字看的太容易，叫人不可鹵莽糊塗地胡作胡為害人誤國。

民生國計是最複雜的問題，利弊不是一人一時看得出的，故政治是無止境的學問，處處是行，刻刻是知，越行方才越知，越知方才可以行的越好。「考試」是容易談的，但實行考試制度是很難的事。「裁兵」是容易談的，但怎樣裁兵是很難的事。現在的人都把這些事看的太容易了，故紈袴子弟可以辦交通，頑固書生可以辦考試，當火頭出身的可以辦一省的財政，舊式的官僚可以管一國的衛生。

今日最大的危險是當國的人不明白他們幹的事是一件絕大繁難的事。以一班沒有現代學術訓練的人，統治一個沒有現代物質基礎的大國家，天下的事有比這個更繁難的嗎？要把這件大事辦的好，沒有別的法子，只有充分請教專家，充分運用科學。然而「行易」之說可以作一班不學無術的軍人政客的護身符！此說不修正專家政治絕不會實現。

十八年五月改定稿

（原載一九二九年六月十五日《吳淞月刊》第二期，
又載一九二九年六月十日〈新月〉第二卷第四號）

專家政治

羅隆基

二百多年前，英國的一位大詩人說過這樣兩句話：

政府的形式，讓傻子們去爭；
最好的行政，是最好的政府。
For forms of government let fools contest;
What'er is best administered, is best.

這位大詩人樸浦（Alexander Pope）的意思，是說在政治上行政比政體的形式要緊。果然有了好的行政，無論在那種政體底下，人民總可以得到幸福。反之，倘沒有很好的行政，無論在那種政體底下，人民都是遭殃。

……

在現今的中國，要談政治，我個人亦決定抱這種態度。目前我的座右銘是：

只問行政，不管主義。

政治上的主義，如同宗教上的信仰一般。在宗教上，任憑各種宗教的信仰如何，歸根到底，是勸人做好事。政治上的主義，無論內容如何，歸根到底，總是謀人類的幸福。

無論什麼主義，總靠好的行政去實施主義上的一切主張。沒有行政，一切主義，都是空談。行政腐敗，主義天花亂墜，人民依然遭殃。

政治注重行政，大概是沒有人敢否認的。二十世紀的政治，更要注重行政，二十世紀政治上的行政，已成了專門科學，二十世紀的政治行政人員，要有專門智識，換言之，二十世紀的政治，是專家政治，這是我這篇文章要說明的幾點。

……

什麼是政治兩字的意義？中山先生在他的《民權》第一講裡說：

> 政治兩字的意思，淺而言之，政就是眾人的事，治就是管理。管理眾人的事，便是政治。

「管理」當然就是「行政」。照中山先生這般說法，簡直認政治就是行政了。

其次，什麼人配做這管理眾人的事的人呢？

中山先生在他的《民權主義》第五講裡說：

> 現在有錢的那些人，組織公司，開辦工廠，一定要請一位有本領的人來做總辦去管理工廠。這種總辦是專門家，就是有能的人。股東就是有權的人。工廠內的事，只有總辦能夠講話，股東不過是監督總辦罷了。現在民國的人民，便是股東，民國的總統，便是總辦。我們人民對於政府的態度，應該要把他們當作專家看。

中山先生在同一演講裡又說：

> 現在歐美人無論做什麼事，都要用專門家。譬如練兵打仗，便要用軍事家。開辦工廠，便要用工程師。對於政治，也知道用專門家。至於現在之所以不能實用專門家的原因，就是由於人民的舊習慣，還不能改變。但是到了現在的新時代，權與能不能不分開的，許多事情，一定要靠專門家的，是不能限制專門家的。

他又說：

> 國民是主人，就是有權的人；政府是專家，就是有能的人。由於這個道理，所以民國的政府官吏，不管他們是大總統，是內閣總理，是各部總長，我們都可以把他們當汽車夫看。

總結中山先生的意思，政治是管理民眾的一切事。管理人的資格是專家。他的「權」與「能」分開的主張，他那權歸民眾，能在政府的學說，都是認定政府人員要有專門的本領。

……

憑什麼我說二十世紀的政治，更要注重行政？

在十八世紀與十九世紀初年的時候，在工業革命尚未完成的時代，政府所擔任的責任與現在的責任，完全不同。當時，人民的思想，趨重個人自由，政治上時髦的哲學是無為而治（Laissez Faire）。政府，在人民的眼光中，是免不了的惡孽（Necessary evil）。因此，政府所做的事，愈少愈好。

如今，工業革命以後的世界，一切經濟的和政治的環境完全改換了。政府的責任，以及人民對政府的態度，完全改變了。

美國芝加哥大學有位教授（L.D.White）在他著的《行政學》裡曾經說過：

> 工業革命以及因工業革命而發生許多社會的，經濟的，及政治的變化，對於近來新的社會哲學以及人民對行政上新的態度，應負完全責任。無為而治，已經為哲學家及政治家所放棄。團體協作，乃二十世紀流行的思潮，這種大規模的工業發展，在運輸上鐵道，汽車，飛機等等新的設備；在交通上郵政，電報，電話，無線電等等新的進步；以及人口向工業地點集中的趨勢和強有力的經濟階級的結合；這一切現象，不

但擴充了行政上的範圍和職務，同時加增了行政上新的問題，且使舊的問題更為複雜。

他又說：

工業革命已令「無為而治」的思想，成為不可能的事實。新的環境已逼迫人民承認國家為團體合作及社會裁制的一種機關，國家已成為實現社會改良程式上一種重要的機關。

總而言之，工業革命以後，社會上一切經濟的及政治的問題，日趨複雜。這一切問題，已經非個人或私人團體所能駕馭的了。這一切問題，是國家的責任，同時就是行政上的作業了。這是二十世紀的政治，更要注重行政的理由。

我們再看，政治上這些新的作業，若鐵路，電報，汽車，飛機，採礦，殖荒，等等，那一件不在科學的範圍，那一項不依靠科學的知識？譬如說，一九二一年，有人調查美國依泥諾意州的州政府，他行政上的專家，若化學家，若微生物學家，若工程師，若物理學家，若史學家，若心理學家，若動物學家，若植物學家，若森林學家，若礦業學家，若統計學家等等在二百五拾左右，換言之，二十世紀政治上所做的大半是科學上的事。

同時，二十世紀政治上的行政，本身已經成為一種科學。行政是管理，我們已經說過。二十世紀行政的標準，是要適合經濟的和能率的（Efficiency）兩個條件。管理一切極複雜極繁難的社會的，經濟的，及政治的作業，同時要適合經濟與能率兩個條件，管理本身，非採用科學的方法不可。

科學的管理法，是二十世紀一切私人及公家的組織上的一種新運動。歐美工商業上的一切大公司，大工廠，他們的行政，已經科學化了，是大家所看到的事實。同時，看看英、美等國的政府，何嘗不是天天有許多人在研究政治上科學的行政方法？

政府，普通稱為機關。機關，就是機器的意思。機器自然要專家來駕馭。

中山先生主張對於民國的官吏，我們應看他們是一班汽車夫樣的專家，這是有道理的。

二十世紀的政治行政，已成了專門科學，二十世紀的行政人員，要有專門知識，就是這個意義。

……

根據上面所說的話，我對於現在中國的政治，有下列這樣的結論。

中國目前政治上紊亂的狀況，根本的罪孽，是在不懂政治的人，把持國家的政權，不懂行政的人，包辦國家的行政。

中國目前的政治，是在這兩種惡勢力夾攻之下：（一）武人政治；（二）分贓政治。

武人政治，是用不著解釋的。從中央政府的政權，一直到各省政府的政權，從國的行政，一直到黨的行政，都受武人的支配。這一班武人，配不配稱為二十世紀的軍事專家，已經是大問題了。他們在政治上，那一個經過了相當的政治訓練，那一個得到了粗淺的政治智識？拿一班毫無政治智識，毫無政治訓練的武人，來支配，操縱，且包辦國家的政治，結果自然鬧成今日的政治局面。叫個東洋車夫去開汽車，發生危險的事，自在意計中。中國今日的政治，就與此相類。

如今一班武人，背熟了幾句黨八股，開口就「資本」「地權」，閉口就「創議」「複決」，好像二十世紀政治和經濟上的一切專門的問題，用喊口號，念標語的方法可以解決似的。大膽說一句，這一班武人，那一個說得清楚什麼是「資本」，什麼是「地權」，什麼是「創議」，什麼是「複決」。

倘有人把一連兵士，交給我這毫無軍事智識的人去指揮他們作戰，我一定敬謝不敏。因為我不是軍事專家。但是一班士官，保定，黃埔出來的軍事專家，確不顧慮這些。他們政治上的主席，財政上的委員，各部部長，各市市長，都居之不疑。其勇氣當然可佳，其結果自然可悲了。

什麼是分贓政治？我們平心問問，如今中國這幾十萬官吏，從最高的院長，部長，一直到守門的門房，掃地的差役，是怎樣產生出來的。既沒有選舉，又沒有考試，這幾十萬人是不是由推薦，援引，夤緣，苟且的方法產生出來的。試問，一個國家的官吏，專靠推薦，援引，夤緣，苟且的方法來產生，這是不是拿國家的官位當贓物？這種制度，是不是分贓制度？

有人或者要說戴院長所主持的考試院已經組織就緒了，分贓制度快打破了。不過我們且不要樂觀太早了。我們且讀讀十一月二九日《申報》上這段關於考試院的消息。

考試院內部組織就緒：

「考試院銓敘部內之三司九科，及秘書處簡薦任職各員，已分別任定，開始辦公，委任職各員，正由臨時銓敘委員會審核履歷，緣自考試院籌備起至在銓敘期間止各方所介紹人員，有八九百人之多，銓敘部內只能容二百餘人，考選委員會只能容百餘人，故現就介紹各員中，切實審查除不合格者不計外，其履歷合格者，亦令其補呈說明文件，以便匯告院長鑒定，再行委派，至考選會已派定數員，從事籌備，俟考選委員任定後，即正式組織，俾與院部同時成立，考試院印信，于正式成立時，再行啟用。二八日。」

從這段消息裡，我們就知道堂堂的考試院，那一班負責任去銓敘旁人，去考試旁人的老爺們，自己的出身，就是「介紹」來的。考試院本身的組織，就是靠推薦，援引，夤緣，苟且為根據，配談什麼國家官吏的銓敘及考試？在分贓制度盤據政局的時期中，拔茅連茹，雞犬升天，是自然的結果。談得上什麼專家政治？

如今的分贓制度又拿著黨治的招牌來做護身符。政局上又流行了「各機關用人，黨人先用；各機關去人，非黨人先去」的口號。這當然與「專家政治」四字南轅北轍了。誰敢說中國的政治上，黨人都是專家，非黨人都非專家？「黨治」兩字的意義，彷彿記得中山先生的解釋，與如今實現的局面，有點不同。「希望人努力做大事，不要做大官」，彷彿記得中山先生有這樣的教訓。這種教訓，似乎如今已成了不合時宜的格言了。

主張黨治的人，堅持要有「訓政」時期。所謂「訓政」，當然是承認政治是種專門智識，人民非經過一番訓練，得到相當的政治智識，不能作政治活動。我們主張專家政治的人，姑且承認這點。

誰來訓政？怎樣訓政？這又是我們急急要知道的兩個問題。文人去練兵，武人來訓政，恐怕這是同等的滑稽。倘若政治上真要訓政，那些導師，當然要請政治上的專家來擔任。士官，保定，黃埔出來的專家，他們或者可以訓軍，訓政一層，恐怕用非所學了。如今，軍事方面，國家費許多錢去請德國的軍事專家來擔任，本國的軍事專家，卻放棄他們的專門學術，來擔任政治教練，這又是學非所用了。

留心考察考察中國近年來的政治，紊亂的現象，不在小民，實在大官，不在鄉村，實在中央及地方的政府。其實，政治智識的缺乏，到底在那一方面，實在是一個問題。到底是小民或者是官吏先要訓練，這實在是大問題。中國的小民，拿來和英美的國民比較，我們小民在政治上的智識，實趕不上他們，這是應該承認的。今日中國的執政諸公，比比英美的當局，普通常識，其又如何，專門智識，其又如何？訓政一層，先從官吏做起，等到一天，中國政治上的當權者，都成了政治上的專家，那時候，中國的政治問題，一定簡單多多了。

其次，我們要研究怎樣訓政。訓兵的目的是在使兵士知道如何運用槍炮。練兵的方法是給兵士一枝槍炮，使他實際練習。如今講訓政的人就不同了。他們希望人民懂政治，但不肯給人民政治權運用的機會。這又是陸地上教游泳的辦法了。根本的原因，或者仍在游泳的教師，本身就不懂游泳的道理。教師就不懂下水的方法，所以他亦不敢讓旁人下水游泳了。歸根，又到了教師是不是專家了。

我個人談政治，並不競競於空泛名詞上的爭論。政治的目的，是在管理眾人的事。什麼人有管理的知識及能力，我們小民就歡迎誰來管理。「黨治」亦可以，我們先問問談「黨治」的人，是否先能「治黨」。「訓政」亦可以，我們先問問訓練我們的人，他們政治上的知識，是否可以為訓。換言之，我們要問問管理眾人的事的人，是否管理上的專家。

其次，二十世紀的世界，與春秋戰國時代總應該有點分別。打得贏的就出來做皇帝，這種念頭，與民治政治不能並容。所謂民治云云，就是管理眾人的事的一切專家，應由人民用公開的和正當的方法去聘請。所謂公開的和正當的方法，就是選舉與考試。同時，我並相信，在推薦，援引，夤緣，苟且的政途上，真正的專家是不屑於入政治的。最後的結論是：

只有正當的選舉和公開的考試，才能產生真正的專家政治。只有專家政治，才能挽救現在的中國。

（原載一九二九年四月十日《新月》第二卷第二號）

名教

胡適

中國是個沒有宗教的國家，中國人是個不迷信宗教的民族。——這是近年來幾個學者的結論。有些人聽了很洋洋得意，因為他們覺得不迷信宗教是一件光榮的事。有些人聽了要做愁眉煙臉，因為他們覺得一個民族沒有宗教是要墮落的。

於今好了。得意的也不可太得意了，懊惱的也不必懊惱了。因為我們新發現中國不是沒有宗教的：我們中國有一個很偉大的宗教。

孔教早倒楣了，佛教早衰亡了，道教也早冷落了。然而我們卻還有我們的宗教。這個宗教是什麼教呢？提起此教，大大有名，他就叫做「名教」。

名教信仰什麼？信仰「名」。

名教崇拜什麼？崇拜「名」。

名教的信條只有一條：「信仰名的萬能。」

「名」是什麼？這一問似乎要做點考據。論語裡孔子說，「必也正名乎」。鄭玄注：正名，謂正書字也。古者曰名，今世曰字。

儀禮聘禮注：

名，書文也。今謂之字。

周禮大行人下注：

書名，書文字也。古曰名。

周禮外史下注：

古曰名，今曰字。

儀禮聘禮的釋文說：

名，謂文字也。

總括起來，「名」即文字，即是寫的字。

「名教」便是崇拜寫的文字的宗教；便是信仰寫的字有神力，有魔力的宗教。

這個宗教，我們信仰了幾千年，卻不自覺我們有這樣一個偉大宗教。不自覺的緣故正是因為這個宗教太偉大了，無往不在，無所不包，就如同空氣一樣，我們日日夜夜在空氣裡生活，竟不覺得空氣的存在了。

現在科學進步了，便有好事的科學家去分析空氣是什麼，便也有好事的學者去分析這個偉大的名教。民國十五年有位馮友蘭先生發表一篇很精闢的「名教之分析」（現代評論第二周年紀念增刊，頁一九四——九六）。馮先生指出「名教」便是崇拜名詞的宗教，是崇拜名詞所代表的概念的宗教。

馮先生所分析的還只是上流社會和知識階級所奉的「名教」，他的勢力雖然也很偉大，還算不得「名教」的最重要部分。

這兩年來，有位江紹原先生在他的「禮部」職司的範圍內，發現了不少有趣味的材料，陸續在語絲，貢獻幾種雜誌上發表。他同他的朋友們收的材料是細大不捐，雅俗無別的；所以他們的材料使我們漸漸明白我們中國民族崇奉的「名教」是個什麼樣子。

究竟我們這個貴教是個什麼樣子呢？且聽我慢慢道來。

先從一個小孩生下地說起。古時小孩生下地之後，要請一位專門術家來聽小孩的哭聲，聲中某律，然後取名字。（看江紹原小品百六八，貢獻第八期，頁二四。）現在的民間變簡單了，只請一個算命的，排排八字，看他缺少五行之中的那一行。若缺水，便取個水旁的名字；若缺金，便取個金旁的名字。若缺火又缺土的，我們徽州人便取個「灶」字。名字可以補氣稟的缺陷。

小孩命若不好，便把他「寄名」在觀音菩薩的座前，取個和尚式的「法名」，便可以無災無難了。

小孩若愛啼啼哭哭，睡不安寧，便寫一張字帖，貼在行人小便的處所，上寫著：

天皇皇，地皇皇，我家有個好兒郎。過路君子念一遍，一夜睡到大天光。

文字的神力真不少。

小孩跌了交，受了驚駭，那是駭掉了「魂」了，須得「叫魂」。魂怎麼叫呢？到那跌跤的地方，撒把米，高叫小孩子的名字。一路叫回家。叫名便是叫魂了。

小孩漸漸長大了，在村學堂同人打架，打輸了，心裡恨不過，便拿一條柴炭，在牆上寫著詛咒他的仇人的標語：「王阿三熱病打死」。他寫了幾遍，心上氣便平了。

他的母親也是這樣。她受了隔壁王七嫂的氣，便拿一把菜刀，在刀板上剁，一面剁，一面喊「王七老婆」的名字，這便等於亂剁王七嫂了。

他的父親也是「名教」的信徒。他受了王七哥的氣，打又打他不過，只好破口罵他，罵他的爹媽，罵他的妹子，罵他的祖宗十八代。罵了便算出了氣了。

據江紹原先生的考察，現在這一家人都大進步了。小孩在牆上會寫「打倒阿毛」了，他媽也會喊「打倒周小妹」了，他爸爸也會貼「打倒王慶來」了。（貢獻九期，江紹原小品百七八）

他家裡人口不平安，有病的，有死的。這也有好法子。請個道士來，畫幾道符，大門上貼一張，房門上貼一張，毛廁上也貼一張，病鬼便都跑掉了，再不敢進門了。畫符自然是「名教」的重要方法。

死了的人又怎麼辦呢？請一班和尚來，念幾卷經，便可以超度死者了，念經自然也是「名教」的重要方法。符是文字，經是文字，都有不可思議的神力。

死了人，要「點主」。把神主牌寫好，把那「主」字上頭的一點空著，請一位鄉紳來點主。把一隻雄雞頭上的雞冠切破，那位趙鄉紳把朱筆醮飽了雞冠血，點上「主」字。從此死者的靈魂逐憑依在神主牌上了。

弔喪須用挽聯，賀婚賀壽須用賀聯；講究的送幛子，更講究的送祭文壽序。都是文字，都是「名教」的一部分。

豆腐店的老闆夢想發大財。也有法子。請村口王老師寫副門聯：「生意興隆通四海，財源茂盛達三江」。這也可以過發財的癮了。

趙鄉紳也有他的夢想，所以他也寫副門聯：「總集福陰，備致嘉祥」。王老師雖是不通，雖是下流，但他也得寫一副門聯：「文章華國，忠孝傳家」。豆腐店老闆心裡還不很滿足，又去請王老師替他寫一個大紅春帖：「對我生財」，貼在對面牆上，於是他的寶號就發財的樣子十足了。

王老師去年的家運不大好，所以他今年元旦起來，拜了天地，洗淨手，拿起筆來，寫個紅帖子：「戊辰發筆，添丁進財」。他今年一定時運大來了。

父母祖先的名字是要避諱的。古時候，父名晉，兒子不得應進士考試。現在寬的多了，但避諱的風俗還存在一般社會裡。皇帝的名字現在不避諱了。但孫中山死後，「中山」儘管可用作學校地方或貨品的名稱，「孫文」便很少人用了；忠實同志都應該稱他為「先總理」。

南京有一個大學，為了改校名，鬧了好幾次大風潮，有一次竟把校名牌子抬了送到大學院去。

北京下來之後，名教的信徒又大忙了。北京已改做「北平」了；今天又有人提議改南京做「中京」了。還有人鄭重提議「故宮博物院」應該改作「廢宮博物院」。將來這樣大改革的事業正多呢。

前不多時，南京的京報附刊的畫報上有一張照片，標題是「軍事委員會政治訓練部宣傳處藝術科寫標語之忙碌」。圖上是五六個中山裝的青年忙著寫標語；桌上，椅背上，地板上，滿鋪著寫好了的標語，有大字，有小字，有長句，有短句。

這不過是「寫」的一部分工作；還有擬標語的，有討論審定標語的，還有貼標語的。

五月初濟南事件發生以後，我時時往來淞滬鐵路上，每一次四十分鐘的旅行所見的標語總在一千張以上；出標語的機關至少總在七八十個以上。有寫著「槍斃田中義一」的，有寫著「活理田中義一」的，有寫著「殺盡矮賊」而把「矮賊」兩字倒轉來寫，如報紙上尋人廣告倒寫的「人」一樣。「人」字倒寫，人就會回來了；「矮賊」倒寫，矮賊也就算打倒了。

現在我們中國已成了口號標語的世界。有人說，這都是從蘇俄學來的法子。這是很冤枉的。我前年在莫斯科住了三天，就沒有看見牆上有一張標語。標語是地道的國貨，是「名教」國家的祖傳法寶。

試問牆上貼一張「打倒帝國主義」，同牆上貼一張「對我生財」或「抬頭見喜」，有什麼分別？是不是一個師父傳授的衣缽？

試問牆上貼一張「活埋田中義一」，同小孩子貼一張「雷打王阿毛」，有什麼分別？是不是一個師父傳授的法寶？

試問「打倒唐生智」「打倒汪精衛」，同王阿毛貼的「阿發黃病打死」，有什麼分別？王阿毛盡夠做老師了，何須遠學莫斯科呢？

自然，在黨國領袖的心目中，口號標語是一種宣傳的方法，政治的武器。但在中小學生的心裡，在第九十九師十五連第三排的政治部人員的心裡，口號標語便不過是一種出氣洩憤的法子罷了。如果「打倒帝國主義」是標語，那麼，第十區的第七小學為什麼不可貼「殺盡矮賊」的標語呢？如果「打到汪精衛」是正當的標語，那麼「活埋田中義一」為什麼不是正當的標語呢？

如果多貼幾張「打倒汪精街」可以有效果，那麼，你何以見得多貼幾張「活埋田中義一」不會使田中義一打個寒噤呢？

故從歷史考據的眼光看來，口號標語正是「名教」的正傳嫡派。因為在絕大多數人的心裡，牆上貼一張「國民政府是為全民謀幸福的政府」正等於門上寫一條「姜太公在此」，有靈則兩者都應該有靈，無效則兩者同為廢紙而已。

我們試問，為什麼豆腐店的張老闆要在對門牆上貼一張「對我生財」？豈不是因為他天天對著那張紙可以過一點發財的癮嗎？為什麼他元旦開門時嘴裡要念「元寶滾進來」？豈不是因為他念這句話時心裡感覺舒服嗎？

要不然，只有另一個說法。只可說是盲從習俗，毫無意義。張老闆的祖宗下來每年都貼一張「對我生財」，況且隔壁剃頭店門口也貼了一張。所以他不能不照辦。

現在大多數喊口號，貼標語的，也不外這兩種理由：一是心裡上的過癮，一是無意義的盲從。

少年人抱著一腔熱沸的血，無處發洩，只好在牆上大書「打到賣國賊」，或「打倒日本帝國主義」。寫完之後，那二尺見方的大字，那顏魯公的書法，個個挺出來，好生威武，他自己看著，血也不沸了，氣也稍稍平了，心裡覺得舒服的多，可以坦然回去休息了。於是他的一腔義憤，不會收斂回去，在他的行為上與人格上發生有益的影響，卻輕輕地發洩在牆頭的標語上面了。

這樣的發洩情感，比什麼都容易，既痛快，又有面子，誰不愛做呢？一回生，二回熟，便成了慣例了，於是「五一」「五三」「五四」「五七」「五九」「六三」……都照樣做去：放一天假，開個紀念會，貼無數標語，喊幾句口號，就算做了紀念了！

於是月月有紀念，周周做紀念周，牆上處處是標語，人人嘴上有的是口號。於是老祖宗幾千年相傳的「名教」之道遼大行於今日，而中國逐成了一個「名教」的國家。

我們試進一步，試問，為什麼貼一張「雷打王阿毛」或「槍斃田中義一」可以發洩我們的感情，可以出氣洩憤呢？

這一問便問到「名教」的哲學上去了。這裡面的奧妙無窮，我們現在只能指出幾個有趣味的要點。

第一，我們的古代老祖宗深信「名」就是魂，我們至今不知不覺地還逃不了這種古代老迷信的影響。「名就是魂」的迷信是世界人類在幼稚時代同有的。埃及人的第八魂就是「名魂」。我們中國古今都有此迷信。封神演義上有個張桂芳能夠「呼名落馬」，他只叫一聲，「黃飛虎還不下馬，更待何時！」黃飛虎就滾下五色神牛了。不幸張桂芳遇見了哪吒，喊來喊去，哪吒立在風火輪上不滾下來，因為哪吒是蓮花化身，沒有魂的。西遊記上有個銀角大王，他用一個紅葫蘆，叫一聲「孫行者」，孫行者答應一聲，就被裝進去了。後來孫行者逃出來，又來挑戰，改名做「行者孫」，答應了一聲，也就被裝了進去！因為有名就有魂了。（參看貢獻八期江紹原小品百五四。）民間「叫魂」，只是叫名字，因為叫名字就是叫魂了。因為如此，所以小孩在牆上寫「鬼捉王阿毛」，便相信鬼真能把王阿毛的魂捉去。黨部中人制定「打倒汪精衛」的標語，雖未必相信「千夫所指，無病白死」；但那位貼「鎗斃田中」的小學生卻難保不知不覺地相信他有咒死田中的功用。

第二，我們古代老祖宗深信「名」（文字）有不可思議的神力，我們也免不了這種迷信的影響。這也是幼稚民族的普通迷信，高等民族也往往不能免除。西遊記上如來佛寫了「唵嘛呢叭瞇吽」六個字，便把孫猴子壓住了一千年。觀音菩薩念一個「唵」字咒語，便有諸神來見。他在孫行者手心寫一個「瞇」字，就可以引紅孩兒去受擒。小說上的神仙妖道作法，總得「口中念念有詞」。一切符咒，都是有神力的文字。現在有許多人似乎真相信多貼幾張「打倒軍閥」的標語便可以打倒張作霖了。他們若不信這種神力，何以不到前線去打仗，卻到吳淞鎮的公共廁所牆上張貼「打倒張作霖」的標語呢？

第三，我們的古代聖賢也會提倡一種「理智化」了的「名」的迷信，幾千年來深入人心，也是造成「名教」的一種大勢力。衛君要請孔子去治國，孔老先生、卻先要「正名」。他恨極了當時的亂臣賊子，卻又「手無斧柯，奈龜山何！」所以他只好做一部春秋來褒貶他們，「一字之貶，嚴於斧鉞；一字之褒，榮於華衮」這種思想便是古代所謂「名分」的觀念。尹文子說：

> 善名命善。惡名命釋。故善有善名，惡有惡名……令親賢而疏不肖。賞善而罰惡。賢不肖，善惡之名宜在彼；親疎賞罰之稱宜屬我。……「名」宜屬彼，「分」宜屬我。我愛白而憎黑，韻商而舍徵，好膻而惡焦。嗜甘而逆苦：白黑商徵，膻焦甘苦，彼之「名」也。愛憎韻舍，好惡嗜逆，我之「分」也。定此名分，則萬事不亂也。

「名」是表物性的，「分」是表我的態度的。善名便引起我愛敬的態度，惡名便引起我厭恨的態度。這叫做「名分」的哲學。「名教」「禮教」便建築在這種哲學的基礎之上。一塊石頭，變作了貞節牌坊，便可以引無數青年婦女犧牲她們的青春與生命去博禮教先生的一篇銘贊，或志書「列女」門裏的一個名字。「貞節」是「名」，羨慕而情願犧牲；便是「分」。女子的腳裹小了，男子贊為「美」，詩人說是「三寸金蓮」，於是幾萬萬的婦女便拼命裹小腳了。「美」與「金蓮」是「名」，羨慕而情願吃苦犧牲，便是「分」。現在人說小腳「不美」，又「不人道」，名變了，分也變了，於是小腳的女子也得塞棉花，充天腳了。——現在的許多標語，大都有個褒貶的用意：宣傳便是宣傳這褒貶的用意。說某人是「忠實同志」，便是教人「擁護」他，說某人是「軍閥」，「土豪劣紳」，「反動」，「反革命」，

「老朽昏庸」，便是教人「打倒」他。故「忠實周志」「總理信徒」的名，要引起「擁護」的分。「反動分子」的名，要引起「打倒」的分。故今日牆上的無數「打倒」與「擁護」，其實都是要寓褒貶，定名分。不幸標語用的太濫了，今天要打倒的，明天卻又在擁護之列了；今天的忠實同志，明天又變為反革命了。於是打倒不足為辱，而反革命有人竟以為榮。於是「名教」失其作用，只成為牆上的符錄而已。

兩千年前，有個九十歲的老頭子對漢武帝說：「為治不在多言，顧力行何如耳。」兩千年後，我們也要對現在的治國者說：

治國不在口號標語，顧力行何如耳。

一千多年前，有個龐居士，臨死時留下兩句名言：

但願空諸所有。
慎勿實諸所無。

「實諸所無」，如「鬼」本是沒有的，不幸古代的渾人造出「鬼」名，更造出「無常鬼」，「大頭鬼」「吊死鬼」等等名，於是人的心裡便像煞真有鬼了。我們對於現在的治國者，也想說：

但願空諸所有。
慎勿實諸所無。

末了，我們也學時髦，編兩句口號：

打倒名教！

名教掃地，中國有望！

十七，七，二。

（關於「名」的迷信，除江紹原馮友蘭的文章之外，可參考Ogden and Richards: Meaning of Meaning, Chapter II. Conybear, Myth, Magic and Morals, Chapter 13.）

第二部分《政治論文》及其他

我對黨務上的「盡情批評」

——《新月》二卷八號

羅隆基

「固不忍稍自暇逸，更何敢閉塞聰明……凡屬嘉言，咸當拜納。」南京國民政府蔣主席，在民國十八年十二月廿七日，通電全國各報館，說過這樣的幾句話。電報全文，很值得多讀幾遍。原文如下：

「自國民革命軍統一全國，中央求治至急，人民望治尤殷。大之欲躋中國于自由平等之域。小之求使民眾咸得安居樂業。格於環境，變故迭起，訓政既已開始，軍事猶難結束，雖為革命進程中必經之階段，而身受黨國付託之重，不能為人民早日解除痛苦，內疚神明，外慚清議，固不忍稍自暇逸，更何敢閉塞聰明。歲月易逝，民國十八年又將終了。欲收除舊佈新之效，宜宏集思廣益之規。各報館為正當言論機關，即真實民意代表。對於國事早具灼見，應抒讜言，凡黨務政治軍事財政外交司法諸端咸望於十九年一月一日起，以真確之見聞，作翔實之貢獻。其弊病所在，能確見事實癥結非攻訐私人者，亦請盡情批評。並希將關於上述各項之言論及紀事同時交郵寄下。凡屬嘉言，咸當拜納。非僅中正賴以寡過，黨國前途亦與有幸焉。」

在這樣的年頭，讀得到這樣的電報，我們醉心思想言論自由的小民，自然是歡欣鼓舞。我們以為從十九年一月一日起，一班「正當言論機關，真實民意代表，對於國事，早其灼見」的報紙，一定體恤主席「不忍稍自暇逸，何敢閉塞聰明」的厚意，顧念「中央求治至急，人民望治尤殷」的苦情，對於當今黨務，政治，軍事，財政，外交，司法諸端，必能「以真確之見聞，作翔實之貢獻」。如今，民國十九年又整整過了一個月了，張開眼睛，在全國報紙裡，依然看不見「盡情批評」的讜論。這未免有負蔣主席「凡屬嘉言，咸當拜納」一番苦心孤詣了。

我個人以為處這種可言的環境，遇這種求言的電報，真不該錯過這個發言的機會。僅依電中意旨，先就黨務一端，做一篇絕對不攻訐私人的批評。

在黨務方面，開宗明義，我就提出「黨治」這問題來討論。

黨治，我不反對，亦沒有反對的必要。一個有政治信仰與政治主張的團體，根據信仰及主張來奪取政權，最後取得政權，因以掌握政府，主持國事，這就是「黨治」。如此，英國是黨治，美國是黨治，德法是黨治。這種黨治，有什麼可反對，更有什麼人要反對？

至於「黨權高於一切」，至於「黨外無黨」，這亦是如今所謂的黨治。這不止於黨治，這是一黨獨裁（Party Dictatorship）。黨治與一黨獨裁，似不可混為一談；批評黨治與批評一黨獨裁，亦當分為兩事。

一黨獨裁本身的好壞，一黨獨裁是否適應於今日中國的政治環境，這是各人政治眼光的問題，我不願在這裡來討論。

一黨獨裁，與民主政治是否能相容並立；一黨獨裁，與民權學說是否能同時並進；這是我要平心靜氣與國人討論的一點，這的確是中國政治上值得研究的一點。

一黨獨裁（Party Dictatorship）是歐戰發生後，政治上新興的一種名詞。一黨獨裁，簡直可以說是十九世紀民主政治的反響。一黨獨裁，是起來打倒民主政治的新運動。

第一個試驗一黨獨裁的是俄國的共產黨。共產黨的政治哲學是階級戰爭。他們是要剷除資產階級。同時要打倒資產階級所寄生的民主政治Democracy。他們是笑罵民治學說的，他們是咒咀代議制度的。他們認「德謨克拉西」是資本家的口頭語；議會組織是資本家的護身符。站在這種哲學的立場上，倡階級戰爭，行一黨獨裁，我認為政治思想上合邏輯，政治手段上不矛盾。

一黨獨裁，其次採用的是義大利的法西斯黨。法西斯黨的政治哲學是國家神聖。他們的方法在建造萬能的政府，他們的手段是擁戴萬能的英雄。他們所愛的是秩序，他們所重的是服從。他們是笑罵民權學說的；他們是咒咀代議制度的。他們認「德謨克拉西」是過時的標語，議會選舉是陳腐的方法。在這種哲學的立場上，倡一黨專制，行一人獨裁，我認為政治思想上合邏輯，政治手段上不矛盾。

一方面鼓吹民主民權，一方面實行一黨獨裁，採用這種方法的，只有中國的國民黨。這種方法，在政治思想上是否合邏輯，在政治手段上是否不矛盾，的確是個大疑問。

什麼叫民主？我們就引用孫中山先生的話來解釋。他說：

> 「今日我們主張民權，是要把政權放在人們掌握之中。那麼，人民成了個什麼東西呢？中國自革命以後，成立民權政體，凡事都應該人民作主的，所以現在的政治，又叫做民主政治。換句話說，在共和政體之下，就是用人民來做皇帝」（見民權第五講）。

準此，我們就知道民主就是把政權放到人民掌握中去的政治。什麼是民權？中山先生所最注重的是選舉權，創議權，複決權，罷免權。

在一黨獨裁的政局底下，可以把政權交到人民掌握中去嗎？可以讓人民來做皇帝嗎？在「黨權高於一切」和「黨外無黨」的程途上，走得到人民直接選舉，創議，複決，罷免的目的地嗎？這種一黨獨裁與民主民權同時並進的辦法，政治思想上是否衝突，政治手段上是否矛盾，的確是個疑問。

上面我們不過引孫中山先生的話來詮注民主民權。其實，我們舉西方任何政治學者對民主民權的學說，結果我們一定發覺民主民權與一黨獨裁是不能同時並進的。民主政治，重要的條件是國家的統治權，應樹立在國民的全體，不在某特別團體或特別階級身上。在這種條件底下，談得了一黨獨裁嗎？

英美人實行民主，他們就極端的反對一黨獨裁。共產黨，法西斯黨實行一黨獨裁，他們就極端的攻擊民主政治。我認為這是很徹底，很痛快的方法。口裡說什麼，事實上就幹什麼。掛什麼招牌，賣什麼藥；登什麼廣告，發什麼貨。

如今中國的政治，確與此不同。國民黨天天拿民主民權來訓導我們小百姓，同時又拿專制獨裁來做政治上的榜樣。天天要小百姓看民治的標語，喊民權的口號，同時又要我們受專制獨裁的統治。授百姓以矛，希望百姓不攻其盾，小百姓做人亦左右為難了。

在我看起來，國民黨黨務上如今內憂外患的現象，其病就在政治思想的自相衝突，政治手段的自相矛盾上。民主民權和專制獨裁的衝突，首先是發生於黨內。國民黨將中華民國的國民分為兩類。三萬萬九千九百九十萬是不革命的小百姓，這是不能行使政權的，十萬是革命的同志，這是代行政權的黨員。在黨員方面，對小百姓，要專制獨裁，不許談民主民權；對大黨魁，又要民主民權，不許用專制獨裁。這是黨員方面包贏不輸的策略。結果，黨魁不敢黨魁自居；黨員不甘黨員自處。於是我們黨外的小民，時時聽得著黨內打倒黨魁的呼聲，時時看得見黨部開除黨員的命令。一言蔽之，這就是民主民權與專制獨裁衝突矛盾的現象。俄國的列寧就公開的主張少數專政，義大利的穆梭林尼就公開的主張一夫獨裁。他們的思想是一貫，他們的主張是徹底，所以共產黨與法西斯黨，他們的內部從來沒有拿民主民權的口號來打倒領袖的。國民黨則不然，治國主獨裁，治黨主民主。結果，治國上種獨裁的怨毒，治黨上受民主的牽制。

打倒專制獨裁的呼聲，首先發現於黨內，自然就繼起於黨外了。黨內不可專制，黨外何以可以專制？黨內不許獨裁，黨外何以可以獨裁？黨員可以要求自由選舉，國民何以不可要求平等待遇？結果，黨內專制獨裁與民主民權的衝突，又成為黨員與非黨員的衝突了。這是專制與民主並進，獨裁與民權並倡的結果。

我常常這般的想：一黨獨裁與民主政治，這一些都是政治上的手段與方法。百姓所問的是政治的目的。政治的目的應該是最大多數國民的最大幸福。倘若中國有穆梭林尼這樣的一個人，他痛痛快快的自命是豪傑，是英雄，是特才，是異人，他公開的要專制，要獨裁，他認為他的專制獨裁是謀最大多數的最大幸福的唯一方法，一班小民，一定甘心情願去歌頌他，迎奉他，服從他，擁護他。不幸，中國又沒有這樣的一個人，有這樣的毅力，膽量，才氣，見識，出來說這句話。

其次，中國的政黨若真效法英美式的政治，切切實實擁護民主，宣導民權，實行民治，他們相信他們的主義，可以「躋中國于自由平等之域，致人民於安居樂業之途」，他們要當國，要執政，一班小民，在選舉室裡，投票櫃前，一定亦甘心情願去歌頌他，迎奉他，服從他，擁護他。這條路，從旁人的經驗上看來，亦未始非光明大道。

一黨獨裁與民主政治，則明明白白是南轅北轍的兩條路。要同時並進，必有彷徨四顧，衝突矛盾的結果。用莫斯科和羅馬的指南，遊歷華盛頓和倫敦，必定要迷失道途，一無所得的。換言之，俄意的手段，達不到英美所已到的目的地。在我看起來，英美的路，在一個列寧已死，穆梭林尼未生的國家，一定比較平穩而安全。

這是我在黨務上盡情批評的第一點。

一班忠實同志們，看了上面這段文章，一定認我誤會了國民黨的策略。一定要說：一黨獨裁是暫時的手段，民主民權是將來的目的；一黨獨裁是過渡，民主民權是終點。他們一定罵我沒有讀第一次全體大會的宣言。宣言裡已明明白白告訴我們說：

「為制止國內反革命運動，及各國帝國主義壓制吾國民眾勝利之陰謀，蔓除實行國民黨主義之一切障礙，更應以黨為掌握政權之中樞」。

又說：

「於此當知者，國民黨之民權主義，與所謂「天賦人權」者殊科，而求所以適合於現在中國革命之須要。蓋民國之民權，唯民國之國民乃能享之，必不輕授此權於反對民國之人，使得藉口以破壞民國。詳言之，則凡真正反對帝國主義之國人及團體，均得享有一切自由及權利，而凡賣國罔民以效忠於帝國主義及軍閥者，無論其為團體及個人，皆不得享有此等自由及權利」。

換言之，一黨獨裁是對付一班「賣國罔民以效忠於帝國主義及軍閥」的人的方法。其目的有三：（一）制止國內反革命；（二）防止帝國主義的陰謀；（三）蔓除實行國民黨主義之一切障礙。

其實這就是共產黨獨裁的理由，同時又是法西斯黨獨裁的策略。我們現在就根據這幾點來討論一黨獨裁。

第一，我們要敬告今日的國民黨，防止反革命，因而暫時一黨獨裁，這固然是國民黨，共產黨，法西斯黨同樣的策略，一黨獨裁實際上的嚴酷，國民黨又遠過於俄國的共產黨及義大利的法西斯黨。

俄國及義大利如今是有憲法的國家，中國如今有憲法嗎？俄國人民及義大利人民，根據憲法，可以選舉，可以參加國政，中國的非國民黨黨員有這種權利嗎？（參看俄憲第四部第十三條及義大利的新選舉法）。俄國有全蘇維埃大會，義大利有國會，中國如今有這些嗎？

我當然承認，所謂俄國意國的選舉，是談不上民治民權，是有極嚴格的限制。然而，俄國人義大利人依然不失國民的資格，依然享受憲法上所規定的國民權利。中國國民又怎樣？同時，我們記到，共產黨是公開的主張階級戰爭，法西斯黨是公開的主張一夫專制的。他們詛咒民主，民治，民權的。然而俄意的國民，所享受的民主，民治，民權的利益，比今日的中國人是多一點。

汪精衛先生說「黨外無黨」，毋寧謂之「黨外無民」。不幸，這的確是實情。我們這班非黨員的小民，確確實實是剝奪公權的罪犯。我們小民除了納捐，輸稅，當兵，供差的國民義務外，享受了那一種權利？前幾天報上登載上海三區黨部呈請剝奪胡適公權的消息。我就看不出如今的胡適——非國民黨員的胡適——還有什麼公權可以剝奪。譬如說，我如今住在中國，與一年前住在美國，兩年前住在英國，在享受公民權利上，有什麼分別。在英美的時候，我還可以公開的談談顧理治總統的好壞，博多溫總理的得失，我還可以批評共和黨的黨綱，勞工黨的政策。那時，在英美我還是僑居異邦的學生。如今，到了自己的國裡來了，可以放膽討論國事嗎？可以公開批評國民黨的主義嗎？談談憲法，算是「反動」；談談人權，算是「人妖」。說句痛心話，我們小民，想要救國，無國可救；想要愛國，無國可愛。在「黨國」名詞底下，在「黨人治國」這名詞底下，我們的確是無罪的犯人，無國的流民了！

國民黨的宣言說：「民權是不輕授於反對民國之人，使得藉以破壞民國」，難道，除國民黨黨員外，我們三萬萬九千九百九十萬小民都是居心破壞民國的叛逆？國民黨說：「凡賣國罔民以效忠於帝國主義及軍閥者」不得享受民權。難道，除國民黨員外，我們三萬萬九千九百九十萬小民都是居心效忠於帝國主義及軍閥的罪犯？

然而事實上除國民黨黨員以外，我們這幾萬萬小民是剝奪公權的罪犯與叛逆了。

國民黨的黨治，說是防止軍閥，試問如今黨外的大軍閥在那裡？說是防止帝國主義的陰謀，試問如今與列強訂約修好的是什麼人？說是制止非黨員的反革命，試問，一年來的戰爭，是非黨員的反叛，還是黨內同志們的內訌？

這是我在黨務上盡情批評的第二點。

至是，一定有人要說「一黨獨裁是總理的遺教」，加我以批評總理的罪名。至是，區區小民，又只好退一步來承認黨治之必要。至是，我願與一班忠實同志們，根據總理的遺教，來討論黨治的意義。

什麼叫做黨治？

孫中山先生在他的「黨員不可存心做官發財」一篇演講裡，說得很清楚。他說：

「本總理向來主張以黨治國。以黨治國這一說，是什麼意思呢？如果黨員的存心，都以為要用黨人做官，才算是以黨治國，那種思想，便是大錯……」

他又說：

「所謂以黨治國，並不是要黨員都做官，然後中國才可以治。是要本黨的主義實行，全國人都遵守本黨的主義，中國然後才可以治。簡言之，以黨治國，並不是用本黨的黨員治國，諸君要辨別得很清楚」

孫中山先生是一再告誡黨員，要以主義治國，不要以黨員治國。如今黨治的局面，又是怎樣？

在十八年的時候，南京特別市執行委員會曾經呈請國府通令各機關嗣後用人先盡黨員任用，裁員先盡非黨員裁減。

民國十九年一月我們在報上又看見江蘇教育廳令各縣教局校長須儘先任用黨員的通令。

在考試院方面，公佈的考試法，第一次就要考試黨義。考試院成立的時候，考試院院長的談話，對考試委員人選的標準，又說要「在本黨有深長歷史者」。

總合起來，如今的黨治是：從此以後，國家的一切官吏，考試的時候，先考黨義，一切考試官，要在黨內有深長的歷史。官吏考試以後，各機關用人，盡黨人先用；各機關裁人，盡非黨員先裁。換言之，今後的「黨治」，是以黨員治國。

這點，在我看起來，與當日孫中山先生黨治的解釋，與中山先生「黨人不可存心做官發財」的告誡是背道相馳了。這點，影響於中國及國民黨的前途，極為重大，我們應有盡情的討論。

用人，盡黨人先用；裁人，盡非黨員先裁，這種以黨員治國的策略不是南京國民黨自我作古的發現。在一八三○的時候，美國傑佛森起來做總統，民主黨起來專權的時候，曾經試驗過的。他們的標語是：「誰贏誰得」（To the victor，belongs the spoil），他們的信條是：「無不是的黨員」。他們的手段是同黨則拔毛連茹，異黨則斬草除根。這就是美國政治鼎鼎大名的「分贓制度」。

這種制度的影響怎樣？入黨為得官的捷徑，進黨是發財的法門。夤緣奔走，一時風氣；貪贓受賄，宦海潮流。結果，美國不止官制紊亂，財政動搖，其極，政治上的道德，社會上的廉恥，一掃無遺。這就是歷史上鼎鼎大名的分贓制度的局面，這就是以黨員治國，而不以主義治國的結果。

美國人費九牛二虎的力量，經數十年的改革運動，才把「黨員治國」的罪惡打倒，才得行公開的競爭的考試制度，才樹立美國今日的考官制度。美國如今考試制度重要的原則，是：（一）官吏為國家的官吏，不是黨派的官吏，所以官吏不受黨爭的搖動；（二）考試院是國家的考試院，不是某黨某派的考試院，所以考試院的委員，任何黨派，不得占三分之二以上；（三）考試方法是要保障人民思想信仰的自由，所以考試時不得有試探投考人宗教政治信仰的題目；（四）官吏是忠於國家，不忠於黨派，所以官吏不得贊助任何黨派的政治活動。

這些，是良好政治上的重要原則。美國如此，歐洲各大文明國的官吏制度，都是如此。「官吏忠於國家」在德國方面，是載在新憲法上的。英國一九二六年的Trade Dispute Act，裡面的重要條件之一，就在取締官吏的工團組織，限制官吏的政黨活動。

中國的情形怎樣？如今正好與歐美等國背道而馳，同時亦可以說把人家過去歷史上的分贓制度，整個的搬到中國來了。文明的國家，拼著命把黨化了的官吏制度，使他回到忠於國家的道路上來。中國則「黨人先用，非黨人先去」的呼聲，一天比一天高，藉著黨治的招牌，來努力做黨化吏治的工作。

這裡，我要忠告國民黨。黨員治國是政治思想上的倒車，是文官制度上的反動，是整理中國吏治的死路，是國民黨以黨義治國策略上的自殺。

國民黨執掌政權，是希望子孫萬代之業嗎？不然，國民黨將來一旦失勢，他黨起來，「各機關用人，黨人先用；各機關去人，非黨人先去」，這是前案具在，有例可援了。這種輪環式的官吏制度，國家政治前途，要鬧成什麼局面？推源禍始，誰負其責？

進一步說，孫中山先生在政治思想上不是主張權與能分開的嗎？不是主張權在人民，能在政府嗎？能在政府，當然是專門人才，擔任專門職位。今日中國處一種半開化的地位，人才在那裡？集全國的東西洋留學生，抵不上美國一個頭等大學的一屆畢業生？在這個人才饑荒的中國，還要分出「黨人先用，非黨人先去」的界限來，這的確是國家政治上自殺的現象。

忠實同志們平心靜氣，計算計算，現在國民黨員到底有多少人。國民黨員占了全國智識階級幾分之幾？占了留學生，大學畢業生，大學生，全體幾分之幾？中國人才已經是可怕的少數。國民黨內部的人才，當然又是這少數的少數了。就把全國的官吏都讓給國民黨員去做，恐怕人數也分配不下來，責任也擔當不下來。這種「黨人先用，非黨員先去」的排擠包辦的官吏制度，于黨無害嗎？于國有利嗎？這與三民主義上權與能分開的學說相合嗎？

其實，中國今日政治上的新式人才不夠，為不可掩蓋的事實。國民黨政治人才的缺乏，亦為不可掩蓋的事實。我們到美國去請財政顧問，到德國去請軍事顧問，這就是人才不夠的鐵證。高高的薪水，多多的供應，聘請客卿的時候，憑什麼不說：「各機關顧問，盡國人先用；各機關裁人，洋人先裁」？對外國人，就承認專門技能，專門智識。中國人對付中國人，「黨的立場」「黨的歷史」這一切資格都出來了。恐怕是忘記了孫中山先生「黨員不可以做官發財為目的」的教訓了罷！

非黨員不能做官，為做官僅可入黨，這又不幸已成中國目前因果的事實，我不是說國民黨黨員，個個是要做官發財；但一班要做官發財的人，在現狀底下，一定會來入黨。中國的士大夫，本來就不講究氣節廉恥。袁皇帝時代，眼見他上表稱臣，曹總統時代，眼見他賣票賄選；如今又眼見他口念遺囑，眼見他胸懸黨徽，眼見他口銜加同志，眼見他位居要職了。君子有窮途，小人無絕路。國民政府蔣主席，洋洋大文，歎息「人心頹隳，世風澆漓，以投機取巧為智，以叛亂反覆為勇，氣節墮地，廉恥道喪」，這種現象，在「黨員治國」，「黨員先用，非黨員先裁」的局面下，恐愈趨而愈下流了。

這又是我對於黨務上盡情批評的第三點。

黨治在中國，另有條很重要的原則，就是「黨內無派，黨外無黨」。這點又值得我們的討論。

這個原則，在孫中山全書裡，尋不出根源來，或者不是「遺教」。這或者是後知後覺們思想統一運動上的標語。

當然，人類社會裡，有一天思想真能夠統一，那麼「黨內無派，黨外無黨」那種奇事或者有發現的可能。不過思想的不能統一和不必統一，已經有人透澈的說明過了。在我看起來，人類的經驗，自有政黨歷史以來，從來沒有過「黨外無黨」這回事，更沒有過「黨內無派」這回事。政黨，本來是與民主政治交相為用，相輔進行的。以民主主義治黨，就不怕「黨內有派」；以民主主義治國，就不怕「黨外有黨」。民主主義的功用，就在調劑黨內的派，黨外的黨，使一切意見主張的紛爭，走上光明正大的軌道，不趨於革命流血的一條狹路。這點，孫中山先生在他的「黨爭乃代流血之爭」一篇演詞裡，亦說得很明白。

其實，「黨內無派」與「黨外無黨」這兩句話，亦是背道相馳的。黨內有派，或可減少黨外之黨。黨外有黨，或可減少黨內之派。人的思想及主張，既然不能統一，自然要尋條出路。一面要做到黨外無黨，一面要做到黨內無派，結果，就逼迫一切不同的思想及主張走到一條狹路上去了。如今，黨內無派，逼成一個改組派；黨外無黨，逼出許多革命黨來了。措火積薪之下，禍發的時候，雖非官逼民反，恐有黨逼民叛的後悔。

這又是我在黨務上盡情批評的第四點。

我們要什麼樣的政治制度

——《新月》二卷十二號

羅隆基

（一）

這次「隴海」、「平漢」線上的戰事，與五年前十年前一切的內戰是一樣的沒有意義。如今「護黨」、「黨統」這些名詞，與五年前十年前的「護法」、「法統」是異曲同工的爛漫。舉目前途，國事依然沒有一線曙光，小民依然沒有一點生機。

如今中國政治舞臺上的腳色，無論文武，無論新舊，無論南北，我們都先後領教過了。生花丑旦，崑梆皮簧，總換不了那幾位看厭了的人物，總離不了這幾齣演厭了的舊戲。

老實說些，今日中國政治舞臺上，誰進誰出，誰來誰去，我們小民確實可以不問。腳色全都在此，問，又怎樣？我們只好要求他們編幾段新曲子，換幾幕新佈景。換言之，今日中國的政治，只有問制度不問人的一條路。制度上了軌跡，誰來，我們都擁護。沒有適合時代的制度，誰來，我們總是反對。我們如今只好談談：「我們要什麼樣的政治制度」。

（二）

政治制度上先決的問題自然是對國家（State）的態度。

共產黨在這點上，他們引證了馬克思列寧等人的話來告訴我們，說：

「國家是有產階級壓迫無產階級的工具。從經濟上看，國家是資本家剝削勞工的一種組織；從政治上看，國家是資本家侵略勞工的一層保障。國家是階級戰爭的產物，同時又是勞資不可調和的鐵證。在階級戰爭的過程中，無產階級雖然要利用國家這工具來剷除資本階級，階級剷除了，國家這組織終要使他崩潰消滅。」

共產黨的理想是希望拿生產做根基的經濟組織來代替政治組織。明顯說些，共產黨根本就不要國家。共產黨的革命策略是「以黨廢國」。

對一班「以黨廢國」的革命家，我們當然沒有共同討論政治制度的餘地。皮之不存，毛將安附，基本的政治組織——國家，都不要了，談得到什麼政治制度？

我們並不特別顧念國家這種組織。不過二十世紀的世界，不像共產黨所想像的那般簡單。世界上不單是一個中國，同時並立的國家有幾十個。中國崩潰了，英美法日不見得同時崩潰；中國消滅了，英美法日不見得同時消滅；那時，沒有國家的中國人，當然比現在更要受人壓迫，受人欺侮。俄國共產革命成功以後，蘇維埃政府還得求神拜佛般去請求列強承認他們的新國家。不然，單單經濟上蘇俄就要陷於閉門自殺的狀況。在二十世紀主張消滅國家，談何容易！

其實國家，和人類的他種組織一樣，有他產生及發展的歷史。國家的歷史，就證明他的性質是隨時代隨環境變遷的。今日國家的性質，已與昨日不同；明日國家的性質，當然又要與今日不同。就拿中國來說，二十年前的中國是在滿州人手裡，滿人並不完全代表資產階級，漢人並不完全是無產階級。目前的中國是在「一黨獨裁」的國民黨手裡，國民黨不完全代表有產階級，被國民黨壓迫的人，不盡代表無產階級。國家何嘗一定是資本階級的工具。打倒資本階級與消滅國家並為一談，這種唯物論上的邏輯我們實在看不出他的根據。

我們絕對不為階級制度辯護。什麼時候可以達到一個無產階級的理想社會，這是大問題。羅素這樣的懷疑過：「無產階級打倒有產階級以後，無產階級何嘗不可有『少作工，少生產』和『多作工，多酬報』的兩種主張。這兩種主張又何嘗不可產生階級。」拉斯基（Laski）又這樣的懷疑，「我們就看不出打到資產階級以後，就一定成為無階級的社會。社會或者就分為共產黨和共產黨領袖兩個階級」。我們睜開眼看看世界的情形。中國的勞工和美國的勞工彼此不都是被壓迫的同志嗎？美國的勞工比起中國的勞工來，他們又是小資產階級了。黃皮黑眼睛的工人，進得了美國的海口嗎？美國要趕走華工的不是煤油大王，汽車大王一類的資本家，而是美國無產階級的勞工。「世界的工人，聯合起來」，這何嘗不是一個大夢。這般說，消滅階級的理想，什麼時候可以實現？國家的消滅，什麼時候可以實現？

開誠布公的說，消滅國家的高調，我們是不唱的。「以黨廢國」這條路我們認為在二十世紀是走不通的。我們在現世界裡，只有保持國家（State）這條路，不過在保持國家這條路上，我們有我們所希望的一種國家。在國家的組織上，我們有我們所主張的政治制度。

談到這裡，國民黨黨員一定雀躍鼓舞的說：「曷歸乎來！」

國民黨是要國家的，這點我們承認。

國民黨的總理在他的三民主義的第一講裡，開口就說：「諸君，今天來同大家講三民主義。什麼是三民主義？用最簡單的定義說，三民主義，就是救國主義」。

三民主義是否救國主義，救國主義是否一定是三民主義，這是題外文章。要救國的人，當然承認國家的存在，這是不容否認的。國民黨的口號是「以黨建國」，這明明與共產黨的「以黨廢國」不同了。不過國民黨建設出來的國家，採用什麼樣的政治制度，這是我們不能輕易忽略的一個問題。

在這裡我們先要向「救國」「建國」的人，提出幾點來討論。

（一）國家的性質是什麼？

（二）國家的目的是什麼？

（三）建國的策略是什麼？

老實不客氣，整部中山全書，從沒有提到國家的性質，國家的目的這些政治哲學上的根本問題。孫中山先生最留心的是「救國」「建國」的策略。他的短處——同時是他的長處——是策略選擇上，總是顧目的不顧手段的原則。因為不注意國家的目的，每每拿「救國」「建國」當做目的。因為顧目的不顧手段，策略上時常走上與國家的性質及目的相反的道路。最後「黨在國上」的策略，就是這個明證。

在我們看起來，總要第（一）第（二）點有了相當認識，才可以決定策略。現在我們就依次來討論這三點。

第一，國家是種工具，這點我們與共產黨的意見相同的。不過共產黨認他為資本階級壓迫勞動階級的工具，我們認國家是全體國民互相裁制彼此合作以達到某種共同目的的工具。

這點，看來似無關緊要，實則是談政治制度的人應該認清的出發點。目前中國的大患，一方面是共產黨把國家看做階級戰爭的工具，一方面是喊「救國」「建國」的人，把國家本身看作最終的目的。把國家當作目的的人，他們認人民是為國家存在的，國家不是為人民存在的。他們不問國家給人民的利益是什麼，卻認「救國」「愛國」是人民無條件的義務。因此時時拿「救國」「建國」這些大帽子來壓人。民間的災荒可以不救，苛捐不可以不收；地方的治安可以不問，內戰不可以不打。因為國家是目的，國民就成了「救國」「建國」的工具了。國家不要保障人民的生命財產，人民本身就是「救國主義」的奴隸。國家不要擁護人民的思想自由，學校應做宣傳「救國主義」的機關。總而言之，只要掛上「救國」「建國」的旗子，苛捐雜稅，打仗殺人的事，都有意義了。國民都要無條件的服從了。

我們認國家的性質絕非如此。國家是全體人民達到某種公共目的的工具。救國可以，救國的方法，不能與國家所要達到的目的相違背；建國可以，建國的方法，不能與國家所要達到的目的相衝突。反此，「救國」「建國」就是一種罪孽。

第二，國家所要達到的目的，我們認定是求全體國民的共同幸福。因為要達到這個目的，國家對國民有三重職務：（甲）保護；（乙）培養；（丙）發展。國民的身體安全，思想自由，經濟獨立等等屬於國家職務的甲項。人種改良，衛生管理，農工改進，養老育嬰等等屬於國家職務的乙項；教育普及，文化提高等等屬於國家職務的丙項。國家要行使這三種職務，先要求國內的和平，安寧，秩序，公道。沒有這幾個條件，國家就不能行使上面的三種職務，不能行使上面的三種職務，就不能謀得國民共同的幸福。

第三，國民黨許多人因為不明瞭國家的性質是全體國民達到目的的工具，因為不明瞭國家的目的是全體公民共同的幸福，所以在「救國」「建國」的方法上走上了「黨高於國」的一條錯路。

「黨在國上」是「以黨廢國」的共產黨的手段。共產黨的國家論與他們的階級戰爭論是連貫一氣的。首先咬定國家是階級戰爭的產物，其次認定國家是有產階級的工具。有了這兩個前提，那麼共產黨把國家搶奪過來做他們一黨與一階級的工具，自然是理直氣壯的事。共產黨根本就認國家在一個無階級的社會裡沒有存在的價值，國家終久是要崩潰消滅的。在這種政治理論底下，黨的地位，自然是比國家重要。「黨權高於國權」，「黨在國上」，自然可以談得上來。

在「以黨建國」的國民黨，亦居然掛起「黨在國上」的旗號，這是根本的錯誤。這種錯誤的原因，一方面因為國民黨在學說上沒有國家的理論。一方面因為孫中山先生沒有看清共產黨的國家論，在急不暇擇的當兒，就採取了共產黨的錯誤的策略。

何以見得「黨在國上」這種策略，是從共產黨那裡學來的呢？

在民國十三年的時候，國民黨在廣東開第一次全國代表大會，孫中山先生有這樣一段演說：

「現尚有一事，可為我們模範，即俄國完全以黨治國，比英美法之政黨握權更進一步。……俄國之能成功，即因其將黨放在國上。我以為今日是一大紀念。應重新組織，把黨放在國上。」

這就是國民黨裡「黨權高於國權」在歷史上的來源。同時就是如今「黨治」的根據。

共產黨當日加入國民黨，本來是有作用有計劃的。他們當然聳動國民黨採納「黨權高於國權」這種手段，以達共產黨「以黨廢國」的目的。孫中山先生，用「以黨廢國」的模範，來做「以黨建國」的事業，那真是緣木求魚這類了。

「黨在國上」，有什麼可反對的地方呢？國雖然成了黨人的國，黨又非全國人的黨，那麼我們這班非黨員的國民，站在什麼一個地位？「黨國」這名詞，影響於國民的國家觀念很大。就拿中國的近事來說。前次的中俄戰爭，除了各地國民黨黨都發了幾篇宣言，打了幾個電報，公佈了幾條宣傳大綱以外，全國人民有什麼表示？人民的愛國熱度，比起從前的「五四」「五卅」來，是什麼樣的一種分別？當然人民都知道中東鐵路的戰事，其嚴重不在二十一條件與顧正洪案以下。不過從前的事，是中國全國人的事，如今中俄的事，是「黨國」對俄國的事。一字之差，在心理上就千里之別了。一個人已被人看做亡國奴，看做被治階級，被治於白人，被治於同族的黃人，其去亦有間了。這種心理的存在是事實。這是「黨在國上」在國民心理上自然的結果。

「黨在國上」的影響，尚不止這一端。國民黨可以抄寫共產黨的策略，把黨放在國上，別的黨又何嘗不可抄國民黨的文章，把黨放在國上。秦始皇打到了天下，自己做皇帝。劉邦打到了天下，當然亦做皇帝。曹操，司馬懿打到了天下，當然亦做皇帝。這就是「家天下」的故事。國民黨革命成功，可以說「黨在國上」，其他的黨革命成功，當然亦可以說「黨在國上」。這當然成了繼續不斷的「黨天下」。那麼，以黨建國，國在那裡？國在那裡！

這種批評，共產黨不必顧慮。國的崩潰，本來是共產黨的希望。求仁得仁，抑又何怨？國民黨以「愛國」「救國」「建國」號召人民，情形自然應該不同。

其實，這些並不是我們對「黨在國上」重要的攻擊。國民黨既然承認國家的存在，就應該認清國家的性質和目的，就應該問問黨在國上，是否與國家的性質及目的有根本的衝突。

「黨在國上」，國家當然成了一黨達到目的的工具，不是國民全體達到公共目的的工具。這與國家的性質當然違背。國民黨人或者要說，我們革命黨是顧目的不顧手段的。「黨在國上」雖與國家性質相違背，然而這是達到國家的目的的策略。因此我們進一步來研究「黨在國上」，是不是達到國家的目的的策略。

（三）

如今各國的政治制度，的確是建立在兩種不同的原則上：（一）獨裁政治Dictatorship；（二）平民政治Democracy。獨裁政治指國家的政權操諸一人，或一黨，或一階級而言的。平民政治指政權操諸國民全體，全國成年的民眾，都可以在平等的條件上直接或間接參加政治而言的。「黨在國上」「黨權高於國權」，這當然是獨裁制度，不是平民制度。

在這裡，我們就鄭重的聲明，我們是極端反對獨裁制度的。我們極端反對一人，或一黨，或一階級的獨裁。我們的理由，極其簡單，獨裁制度不是達到國家所要達到的目的的方法。我們且分別簡單解釋如下：

（一）國家是人民互相裁制彼此合作以達到共同目的的工具。他的功用是保護國民的權利。我們認國民權利安全的程度，以國民自身保護權利的機會的多少為準。在目前的社會裡，人類的公益心還沒有完善到那個地步，說我們在政治上，可以把政權完全付託給某個人或某個黨或某種階級，倚賴他們來做我們權利的保姆。政治的實際是誰的政權失掉了，誰的一切權利的保障就破壞了。一人或一黨或一階級的獨裁，在權利的保障上，自然是注重在獨裁者個人或黨或階級的方面。共產黨的無產階級獨裁，他們就公開的說是保障無產階級的權利。這是實例。獨裁的個人或黨或階級有時或者也會顧念到被治人的權利，這種偶然的事實，只能發現於被治者的權利不與獨裁者的權利相衝突的條件之下。這在獨裁者看來是慈善事業，不是他們的義務。只有我們自己才可以做我們權利的評判員。只有我們自己才是我們權利的忠實的衛兵。這就是我們反對獨裁制的理由。中國人不信租界上的外人，可以保護我們的權利，所以要收回租界及領事裁判權。根據同樣的理由，我們要向主張「黨高於國」「黨權高於國權」的國民黨收回我們國民的政權。

（二）國家是全體國民互相裁制彼此合作以達到共同目的的工具。國家的功用在培養與發展。在獨裁制度底下，他培養與發展的功用是失掉了。就拿國民的思想上的培養與發展來說。無論在開明或黑暗的獨裁制度下，他最大仇人是思想自由。獨裁制第一步工作，即在用一個模型，從新鑄造通國人的頭腦，這就是所謂思想統一運動。從前法國拿破崙第三的強迫修改學校課本，現在義大利的穆梭林尼的強迫學校惡掛像片，以至中國國民黨強迫一切學校做紀念周，這都是一個原則上的把戲。這種思想統一運動下的培養與發展是害多利少。經過這種獨裁制度的壓迫摧殘以後，國民的思想一定充滿了怯懦性，消極性，倚賴性，奴隸性，或至於國民成為絕無思想的機械。

（三）國家是全體國民互相裁制彼此合作以達到全體幸福的目的的工具。要達到這個目的，國家要供給人民一種有和平，安寧，秩序，公道的環境。獨裁制度是和平，安寧，秩序，公道的破壞者。無論是個人或黨或階級的獨裁制度，獨裁者總是處在國家政治上的一個特殊地位。這根本就抹煞了政治上的平等，根本就抹煞了「公道」二字。獨裁者的特殊地位，一定引起被治者的不平與憤怨。不平與憤怨，是一切革命的禍源。在一個循環革命的社會裡，自然找不著和平，安寧，與秩序。所以獨裁制度是中國這二十年來內戰不已的因，目前的舉國大亂，境無靜土，又可以算為南京獨裁政治之果。

單單就這幾點來看，我們就覺得獨裁制度是與國家的目的根本相衝突的。獨裁制度既然是達到國家目的上的一條死路，那麼，我們的政治制度，自然要建立在平民政治的原則上。我們並不認平民政治是理想的政治制度；反之，我們承認平民政治亦有許多缺點。不過，假使我們承認國家的存在，在達到國家的目的上說起來，平民政治是可以免去獨裁制度上許多內在的罪惡。

我們站在我們的國家論上，根本反對獨裁制度。我們不止反對獨裁制度，我們並且認那種拿獨裁制度為平民制度的過渡方法的主張為不通。獨裁制度與平民制度在思想上的根本衝突，我們在別的文章裡已經說明瞭。我們再來指正獨裁制度做過渡辦法的錯誤。

國民黨本身亦承認獨裁制度內在的罪惡。不過他們拿「暫時」「過渡」這一切名詞，來代他裝飾。所謂「暫時」「過渡」云云，即「訓政時期」之謂。在我們看來，政治上要不要「訓政」是一個問題，「訓政」上要不要採「黨權高於國權」的獨裁制度，又另為一個問題。

在第一個問題上，我們根本否認「訓政」的必要。國家的組織，他的性質上，就不容有「訓政」這回事。假使我們拿一個股份公司來說明國家的性質，我們就不相信股份公司的股東，個個要經過一番商業上的訓政。我們不相信一個公司，要先讓經理專政幾年，加股東一番「訓政」，而後股東纔可以參預公司的事務。國家這種組織，最少在國民與政府的關係一點上，與股東和經理的關係相彷彿。其次，我們相信「學到老，學不了」這句話，在政治上與在其他的人事經驗上有同樣的價值。人對於政治的智識，是天天求經驗，天天求進步，政治上的經驗和進步是無止境的。一定要國民到了某種理想的境地，始可以加入政治活動，那麼，英美人現在亦應仍在訓政時期。從錯誤中尋經驗，從經驗裡得進步，這就是英美人做政治的方法，這也是我們反對訓政的理由。政治上即真有「訓政」的必要，我們又相信執政人員——即今之訓師——的訓練，比國民的訓練，更為急切。孫中山先生有政府是幅汽車，執政是汽車夫，人民是坐汽車的主人一個比喻。果然如此，車夫是要嚴格的訓練，坐汽車的主人，是用不著訓練的。這是關於訓政本身的話。

訓政時期，應否「黨權高於國權」，應否採用「黨在國上」的獨裁制度，這又另一問題。在我們看起來，獨裁制度，因他一切內在的罪惡，本身就不足為訓。採用一種不足為訓的制度，為訓政時期的模範，這又是「建國」上南轅北轍的方法。

國民黨改組派的領袖汪精衛先生，因為在黨內領略過一夫專制的滋味，所以一方面要黨內的民主：因為要維持「黨在國上」的遺教，一方面又號召「集權」。於是創造了幾個新標語。什麼「民主集權」，什麼「勵行黨治，扶植民權」，這些都是改組派煞費苦心在「黨治」上——黨在國上——的辯護。

其實「民主集權」與「黨治」完全是風馬牛不相干的兩件事。「民主集權」這句話，絕對不能拿來做「黨在國上」那種「黨治」的解釋。我們盡可贊成「集權」，我們依然是反對黨治——「黨在國上」的黨治。在政治機關的組織及運用上，地方治權，集中於中央，這是「集權」，這與黨治完全兩事。至於政權集中於一人或一黨或一階級，這種「集權」，是絕對不可能的事。政權是在全體人民手裡。一部分人所組織的黨，除篡奪外，絕對不能取得全體人民的政權。由篡奪得來的政權，這種「集權」，又不能加上「民主」的招牌。這種篡奪式的「民主集權」，是獨裁制度如今不但為非黨員所反對，亦為改組派所攻擊。

「勵行黨治」這句標語，倘「黨治」沒有「黨在國上」的附帶條件，這是老生常談，值不得注意。加上「黨在國上」的附帶條件，這就是一黨獨裁。誠如是，改組派的黨治，又何以異于南京派的黨治？汪精衛先生的「革命力量集中」，「領導權統一」，這些不一定要「黨在國上」纔可做到。「故革命時代，革命者必當確立革命政權，一方面抑制反革命者，一方面引掖不革命……」這種解釋，更不足為「勵行黨治」上充分的理由。誰是革命，誰是反革命，誰是不革命，實在難得公平的定義。在汪精衛先生眼光裡，蔣介石主席是反革命，在蔣主席眼光裡，汪先生是反革命，是之謂此亦一是非，彼亦一是非。南京認韓復渠為反革命，石友三為反革命；北平認石友三為革命，韓復渠為反革命，誰是革命，誰是反革命，不但我們不知道，韓石本人或者亦不知道。然則「確立革命政權」，以「勵行黨治」的話，在如今中國，又拿什麼做標本？結果人人都是革命，人人都是反革命。人人都可說「勵行黨治」的話了。

上面這段文字，總括起來，我們是絕對的反對獨裁制度。我們反對永久的獨裁制度，我們亦反對暫時的獨裁制度。我們反對任何黨所主張的獨裁制度，我們反對任何人所解釋的獨裁制度。我們的理由是獨裁制度根本不能達到國家的目的。

（四）

國家的政治制度，應建立在平民政治的原則上，這是我們上文的主張。我們進一步來討論：「在今日沒有政治制度的中國，怎樣產生我們所要的政治制度？」

在這點上，我們認為：

> 中國應立刻召集國民大會，制定憲法。

沒有憲法，國家的政治制度，沒有根據。這是淺而易見得事實。其實中國目前不是要不要憲法的問題，是已經有沒有憲法的問題。

在這點上，我們的答案是很確定很簡單的。我們認為中國目前沒有憲法。國民黨人在這點上的見解，就與我們不同了。他們認為總理遺教，就是憲法；中山全書，就是憲法；建國大綱，就是憲法。這些的確是國民黨人的錯誤。這些是國民黨人的外行話。

假使他們的先總理有靈，他一定這樣的向黨員說：

> 「同志們錯了。我的建國大綱第二十三條裡已規定『全國有半數省份，達到憲政開始時期，即全省之地方自治完全成立時期，則開國民大會，決定憲法而公佈之』。國民會議未開，憲法未公佈，如今中國那來的

憲法呢？」

自從胡適之先生提出了憲法問題以後，國民黨左右派的黨員紛紛提出那些「成文憲法」「不成文憲法」等等名詞來反駁。有的咬定總理遺教是中國一部不成文的憲法，有的咬定「中山全書」是一部成文憲法，這點我們又只好來作簡單的回答。

試問，如今世界上那一個國家——英國在內——的憲法，是一部完全不成文的憲法。就以英國而論，大憲章，人權請願書，人權說帖，這些是成文的還是不成文的？一七〇〇年的嗣統案，一九一八年的選舉案，一七〇七年的蘇格蘭案，一九二二年的愛爾蘭條約，這些是成文的還是不成文的。這樣的證例，我們可以再舉許多出來。我們更要注意英國的成文憲法，不是某人的遺教，不是皇帝的御令，而是人民制定的條文。試問，如今中國像這樣經過人民制定的憲法條文在那裡？

所謂不成文的一部分，是指「慣例」（Conventions）之已有法律效力者而言，我們更應明白，「慣例」的法律效力，是倚賴人民的「默許」（tacit consent）而有的。最後的制憲權是在人民手裡。什麼時候，他們認為某種「慣例」應廢止其法律的效力，人民隨時可以採制憲的手續，加以修正。英國憲法的精神，就是如此。試問，如今國民黨所謂的中國的不成文憲法，那部分是有「慣例」上的根據？那些「慣例」是人民「默許」的？假使人民要修正或取消某項有法律效力「慣例」，人民合法的制憲機關在那裡？認中國有不成文憲法的人，根本沒有明白不成文憲法的意義，根本沒有瞭解憲法的意義。

其次，總理遺教，中山全書，建國大綱是不是憲法？在這裡，姑無論「遺教」「全書」「大綱」的內容如何，姑無論他們有沒有憲法上所應具備的內容。這些是次要問題。「遺教」「全書」「大綱」經過了什麼一種法定手續，成為今日中國的憲法，成為我們全體人民應遵守的大典章，這是根本問題。我在上面說過，憲法的來源，只有兩個：（一）人民制定的；（二）人民默許的。根本的原則是憲法一定要人民的承認。人民對於憲法某部分不同意時，有法定的手續，可以修正。所謂「遺教」「全書」「大綱」，那一部分是我們全體人民制定的，那一部分是默許的？經過什麼手續，得到人民的承認？我們人民有什麼方法，可以修正？

孫中山先生是主張民權的人。他相信只有國民大會纔可以制定憲法。憑什麼國民黨黨員一定要把他做成個專制魔王，做成個口含天憲的人物。俄國的共產黨是公開的階級獨裁，他們曾經召集一次大會，起草憲法。蘇俄就沒有說馬克斯的「資本論」，列寧的「國家與戰爭」，就是憲法。認「遺教」「中山全書」「建國大綱」為憲法的人，根本就不明憲法的定義；根本不愛戴孫中山先生。

中國果然沒有憲法，新的憲法應該如何產生？這點，我們認為唯一的方法是召集國民大會。在我們看起來，不但憲法應由國民大會制定，目前解決國事的唯一方法，亦只有國民大會。

關於召集國民大會解決國事的理論，在民國十三十四兩年間，孫中山先生發揮得很透徹。我們相信假使國民黨到南京的時候，即用國民會議解決國事，中國或不至鬧到今日這個局面。國民黨員時時做紀念周，天天念遺囑，「國民會議……尤須於最短期間，促其實現」這件事，確實沒有遵照遺囑辦理。這的確令人根本懷疑念遺囑做紀念周那種宗教儀式的效用。

建國大綱草於民國十三年春天，國民大會的主張，發生於民國十三年底孫中山先生北上的時候。以時間論，國民大會為國民黨先總理的最後主張。然而一班同志，於憲政時期的五院，亟亟提前組織，於遺囑上所謂「最短期間促其實現」的國民大會，反擱置不問。「黨員不可存心做官員發財」，回念這句話，不免令人發無限的感想！

中國的政局，依然是民十三民十四的現象，或更複雜。從前孫中山先生主張民國大會的理論，現在依然可以成立。對於現在的國事，我們只好抄寫前人幾句話，說：

「目前中國的事，只有國民會議，用大家來解決的一法。若是專門由武人去解決，便由他們彼此瓜分防地，爭端沒有止境。」

國家政治紛擾的時候，用國民大會，制定憲法，解決國事，這在西洋歷史上的實例很多。美國獨立時的國民會議，法國幾次革命時召集的國民會議，都可以做我們的先例。

國民會議，如何召集，這不是難題。我們贊成孫中山先生從前所主張的先召集國民會議預備會議的步驟。國民會議的預備會議，誰來召集，這種名分，值不得爭執。這次戰爭，南京勝，南京召集，我們贊成；這次戰爭，北京勝，北京召集，我們也贊成。這次戰爭，南北兩方彼此都瞭解不能有最終的勝負，彼此止戈為武，同來召集預備會議，我們更馨香禱祝以贊成，我們注重的是國名會議的成立及結果，至於誰來召集，我們絕對沒有「法統」「黨統」的觀念。

預備會議的職權及組織，值得我們的討論。

預備會議，在我們看起來，應以左列各種代表組織之：（一）職業團體代表，（二）地方代表，（三）政黨代表，（四）專家。

預備會的職權，極有限制，代表的人數，以少為宜，以期召集手續的簡單，會議的便利，結束的迅速。

（一）（二）（三）三種代表，由各團體推選；第（四）項代表，我們主張由應由前三種代表推選。專家應由預備會代表推選的理由，極其簡單。從前召集的各種會議，所指派的「專家」，大半是要人的親貴，部長的戚友，「家」的關係，容或有之，專門知識，未見其然。推選的專家，或者可以免掉這種缺點。

職業團體，我們是指商會，工會，農會，教育會，教員協會，學生聯合會等等說的。不過這種組織，有許多內地區域，尚未成立，有許多地方，雖已成立，有時為一派一黨所把持，他們的代表，不一定真能代表各項職業人員的意見。因此我們加上地方代表，以補救上項的缺點。

政黨，我們是指國內。各政黨而言的。要走上平民政治的正軌，根本要打破一黨專政的局面。民十四年孫中山先生所擬的預備會組織法，亦包括「政黨」在內。「黨外無黨」的話，本來是「後知後覺」輩的畫蛇添腳，不是總理的遺教。一黨獨裁制下的會議，是「黨會」，不是國民會議。這種會議的結果，根本不能得到人民的信仰。

預備會議的職權我們主張：（一）規定國民會議的組織及職權。（二）監督國民會議的選舉。國民會議正式成立，預備會議即行解散。

國民會議的組織，其大綱我們認為應與預備會議相同。不過在代表的產生上，人民應有思想，言論，及選舉的自由。實力派包辦指定代表的事，預備會應設法嚴為防止。至於指派上海人代表蒙古；南京認代表西藏的往事，自亦失卻國民代表會議的真義，預備會亦應設法取締。國名會議的職權，其最要者。

制定中華民國的憲法。

上面這段文章的大意，總括起來，是中國應立刻有一個由人民制定的憲法。制定憲法的唯一方法，為立刻召集國民大會。

（五）

從這個新的憲法，我們希望得到一個什麼樣的政治組織？這又是我們要研究的一個問題。

二十世紀一個真正的民主政治的政府，一定要具備這兩個條件：（一）有人民委託的治權（二）有專家智識的行政。用西文來說，政府要是（A combination of entrusted power and expert service）。換言之，第一項，我們要有代表民意的立法機關；第二項，我們要有專家知識的吏治制度。

民主政治的真義，是全體國民間接或直接的參加國家的立法。目前南京政府的組織，根本就缺乏人民代表的立法機關。國民黨的主張，號稱五權分立。南京政府，名有五院，實無五權。胡漢民先生所主持的立法院，院裡的人員，既非代表，又少專家，是個劃到領薪的駢枝機關。他們沒有立法權，他們亦不應有立法權，因為人民就沒有把這個立法的權力，委託給他們。前不多時，立法院裡居然彈劾外交總長的攬權簽約，其實條約即要通過，亦是國民代議機關的職權，南京立法院起而行此，又何嘗不是擅權立法呢？地板上的鋪席子，高低又在那裡？

將來民意代表立法機關的產物，我們主張有這些條件：

（一）議員一定要用普通選舉制產生，（二）在選舉上選有絕對的集會結社思想言論的自由，換言之，打消黨外無黨的限制，各政黨站在平等的地位上競爭選舉，（三）制定選舉選法舞弊法，限制武力，金錢，及其他非法手段，干涉選舉。

在這些條件下產生的立法機關，纔具備「委託治權」Entrusted power這資格。這種機關，制定的法律，國民纔有服從的責任。因為在這種條件下，國民所服從的不是旁人的命令，是自己的意志。

南京有考試院，沒有吏治制度。考試，不過是吏治制度的一部分。考試，不過是官吏選擇方法裡的一種。完美的吏治制度，包括官吏的分級，官吏的保障，官吏的賞罰，官吏的選職養老等等。拿考試院來整頓全部吏治，這是錯誤。

將來專家知識的吏治制度的建設，希望他有這些條件：

（一）採公開的競爭的考試制。在一切官吏的考試上，不得有政治信仰的歧視。考試方法上，思想言論絕對自由。在官吏的任用上，亦不得有政黨的歧視。

（二）用法律保障官吏的任期。行政官的任期，應與司法官任期同樣看待。非有職務上的錯誤，不得隨時撤換。凡上司官吏撤下級官吏時，應公開撤換理由。下級官吏對撤換事項，有答辯及上訴機會。

（三）採科學的分級及訂薪制。凡同職分同責任的官位，其招選資格及方法必同。同職分同責任同資格的官位，其薪金必同，其升遷的機會必同。薪金的訂定及修正，應相當採納以生活程度為標準的辦法。

（四）訂定官吏違法舞弊法。用法律的力量去取締貪贓受賄賣官鬻爵的事情。

（五）訂定官吏的退職餐老制等，使官吏安心職務，國家行政成為職業，使吏治職業化。

（六）吏治制度與教育制度聯合進行。學校應注意培養並提高國家行政人員的知識，使行政成為專門科學，官吏有專家知識。

這些條件都實現了。這樣的政府，就是我們所謂的有「委託治權」及專家吏治的政府。

這就是我們要的政治制度。

在政治制度上，我們特別注重立法機關行政機關的改革。旁人或者認我們這些主張，都是枝節。在我們看起來，政治是民事的管理，國家是商業上公司一類的組織。在一個公司裡，合法的董事會，有專家的執行人員，這公司的發展與興旺是不成問題。二十世紀的國家，亦就是如此。立法機關就是公司的董事會，行政機關是公司的經理辦事人員。立法機關有了委託的治權，行政機關有了專家的人才，國家的政治制度問題，大部分解決了。國家的興旺發展不成問題了。

如今的打仗殺人，都是無知的耗費。如今的「黨統」「法統」，都是迂腐的爛調。如今的「革命」「反革命」，都是孩童的謾罵。如今的「黨在國上」，「黨權高於國權」都是無端壓迫小民的篡奪。這些都不能解決國事。解決國事的方法，只有在平民政治的原則上，建立一個合時代潮流的政治制度。這個制度，最低限度，是：（一）有委託政權的立法機關；（二）有專門人才的吏治制度。

悲觀的人，或者以為在今日中國的政治上人心的改造，比制度的建設，更為重要。人心的改造，不在本文的範圍。不過我們相信，國家的壞人愈多，制度愈重要。制度的功用在把壞人作惡的機會，減少到最低最低的限度。這或者就是我們要保持國疊的理由，因為國家本身就供給我們互相裁制彼此合作的一個制度。

十九，六，五。

汪精衛論思想統一

——《新月》二卷十二號

羅隆基

人類的思想，不應該統一；個人有思想，不應該不統一。汪精衛先生的「論思想統一」那篇文章，所主張的是第一點，所犯的毛病，就在第二點。

汪精衛先生把人類的思想分為兩種：（一）不關於政治的思想；（二）關於政治的思想。他主張第一種思想，應該絕對的自由，第二種思想，「沒有絕對的自由，而有相對的自由」。對於這種主張的邏輯，我想來想去，亦只有「搖頭」的辦法。

第一，我就不明白汪先生所謂的「廣義的政治思想」與「狹義的政治思想」從何劃分？人類的思想，可不可以這樣的劃分？「關於政治思想」與「不關於政治的思想」有什麼做界限？例如，汪先生大罵秦之「偶語棄市」，漢之「腹誹者誅」。假使秦漢的時候，有這些「革命」「反革命」的新標語，秦漢的帝王就要說：「偶語者所語的是政治，他們是反革命，反革命的思想，不應該有自由；腹誹者所誹的是政治，他們是反革命，反革命的思想，不應該有自由。」若然，汪先生其將何以為詞？

汪先生說的好：

「思想上定於一尊，不但被擯斥的，受了挫折或摧殘，便是所推尊的，也就成了僵石，因為今日人類之智識，對於宇宙間萬事萬物，知道的實在尚少，不知道的實在尚多，有時且誤以為不知為知，所以今日人類之最大責任，莫過於求知。以科學而論，現在對於各種問題的答案，有許多還是不甚完備的，而且還是搖動不住的，所以惟一依賴，便是對於各種問題繼續探討，推翻從前謬誤的斷定，而發明比較近於真確的解答。如果『定於一尊』就無異把這些問題都宣告討論終結，這樣人類的進步便也就終止於此了。這是何等荒唐的事。」

汪先生所謂「人類的智識，對於宇宙間萬事萬物，知道的實在尚少，不知道的實在尚多，有時且誤不知為知」。這裡的「智識」，不知包括政治智識否？這裡的「萬事萬物」，不知包括「政治」否？

汪先生承認科學上「現在各種問題的答案，有許多還是不完備的，而且還是搖動不住的，所以惟一的依賴，便是對於各種問題繼續探討」，政治學是不是科學的一種？政治上現在的各種答案，是不是與其他的科學的答案，同一情形？假使現在有人告訴汪先生說：「五權憲法這個答案還是不甚完備的；創議，複決，罷官這種答案，還是搖動不住的；平均地權，集中資本這種答案，還須繼續探討的。」在我看起來，這完全是政治科學上應有的態度。這而這些話，根本動搖了三民主義，五權憲法了。汪先生看起來，這種思想應不應許它自由。不許，然而它們都是科學上的答案；許，然而它們是關於政治的思想。汪先生其將何以為詞？

在我們主張思想絕對自由的人，這種矛盾的境遇不會有的。

汪先生主張：

「所以關於一切思想尤其關於一切學術思想，例如宗教……。文藝……科學……用不著你去統一。」

汪先生同時又說：

「宗教，科學，文藝以及一切思想，都與政治有密切關係，甚者都可認為是政治的工具。同時又說關於政治的思想，不能有絕對的自由。」

這是三段話，集天下矛盾大觀，英國十七世紀查理第一第二等君王壓迫異教，他何嘗不是為政治而統一宗教思想；秦始皇的焚書坑儒，漢武帝的罷黜百家，又何嘗不是為政治而統一學術？宗教學術的思想，本來與政治不能絕對的劃分。可以侵犯一種思想的自由，其他就牽連到了。這就是我們主張一切思想絕對自由的道理，這點，汪先生或者未見到。

第二，汪先生在政治思想上認為可以有相對的自由。所謂「相對的」的意思，就是憲政時期，「人民在政治上的自由，比較寬些」。在革命時期，則革命者有自由，被革命者絕對無自由。這裡的「寬些」，以什麼為標準？這個「寬些」、「狹些」是誰來規定？汪先生知道「主權在民，如果人民沒有自由，則主權不能行使」。試問一個主權在民的國家，誰有權力來元寶人民自由的「寬些」、「狹些」？人民規定嗎？人民不會自己限制自己的自由！政府規定嗎？主權就不在民了。

這些尚是枝節問題。其實，汪先生的「革命」、「反革命」用什麼做標準？「革命」、「反革命」用什麼做定義。莊生說得好：

「物無非彼，物無非是，自彼則不見，自知則知之，故曰彼出於是，是亦因彼。」

汪先生拿了許多理由來指責別人做反革命。南京政府自然要說：「因為這些理由，我們才開除並警戒了許多改組派。」共產黨天天在說：「因為這些理由，我們才要剷除整個的國民黨。『這真是』是亦彼也，彼亦是也，是亦一無窮，非亦一無窮」。若然，汪先生其將何以為詞？

革命的目的，在奪取少數人壟斷的政治自由，而還之大多數。這點，我們與汪先生的意見相同。不過我們的革命，只要拿回我們的自由，並不主張剝奪他人的自由，他人當然亦要革命，這才是循環的革命呢？在我們看起來，革命是在求公平，不是求報復。得其平而止。只有這樣，才可以建立個和平，安寧，公道的社會，汪先生又以為何？

汪先生說：

「革命時代，所最需要的，是革命力量之集中，革命力量何以能集中？因為有統一的革命行動，革命行動所以能統一。因為有一致的革命理論，革命理論所以能一致，因為有一貫的革命主義。」

這有類於「天下惡夫定，定於一」的語論。其極，自然是：「革命主義所以能一貫，因為有統一思想。」果然，汪先生說：「然而在大體上則革命的人民，其言論其行動，是有統一的可能的，而且統一的可能，乃由於統一的必要而發生。」從思想不應該統一，汪先生又歸結到「統一的必要了」。

只有兩種。擁護汪先生的，是革命，革命者，思想有「統一之必要」。不擁護的，是反革命，「反革命者，思想絕對不得有自由」。

難矣哉，我們小民的選擇！

論共產主義

——共產主義理論上的批評

羅隆基

《新月》三卷一號

（一）

共產主義不是二十世紀的新思想，亦不是十九世紀馬克斯的新發明。柏拉圖在馬克斯二千多年前，就大談共產主義。取消私有財產，打破家庭制度，就是柏拉圖要建設的理想社會。從柏拉圖到馬克斯，共產主義派的思想家，絡繹不絕的出現。羅馬極盛時代的律師，耶教新興進代的神父，有許多就是反對私有財產的共產主義的學者。其後像衛克理夫（John Wycliffe 一三二〇～一三八四），慕爾（Thomas More 一四七八～一五三五），康白納拉（Thomas Campanela 一五六八～一六三九），赫林頓（James Harrington 一六一一～一六七七），希斯・孟底（Jean de Sismyndi 一五六八～一六三九）這一班人，在共產主義方面，都是馬克斯的前輩。

這些名字，如今在我們的中國是不常聽人提起的。中國談共產的人，一致推尊馬克斯。的確，工業革命後的共產主義與以前的是有分別的。

十九世紀以前的共產學說是政治的，不是經濟的反響。他們著眼在改革政治，不在改造社會。中國儒家「不患寡而患不均」的議論，有共產的意義，這當與歐洲十九世紀以前的共產學說一體看待，與目前中國流行的共產學說無關。這與本文討論的對像無關。

馬克斯的共產主義，是工業革命的產物。在如今工業革命未完備的中國，馬克斯的共產主義能否實現。這點，作者將來另有文章討論。這裡，我們討論和批評的只以馬克斯派的共產主義為限。

（二）

馬克思派的思想，歸納起來，可分這四部：（一）歷史哲學；（二）經濟理論；（三）革命策略；（四）理想社會。

馬克斯的歷史哲學，就是他的唯物史觀。心，受物質條件的支配。人類的思想，是物質條件的反映。人類思想的變遷，以物質條件的變遷為轉移。物質條件上重要的部分，是人類生活的方法。生活方法上重要的部分，是經濟的生產方法。因此，生產方法改變的時候，人類的一切思想——社會制度，政治組織，道德觀念，宗教信仰，一切一切。——都因之而改變。換言之，某個時代的思想，某個時代的社會制度，政治組織，道德觀念，宗教信仰，一切一切，就是那個時代的物質條件的產物。物質條件，依照馬克斯的辯證，是順著「正」，「反」，「合」三個程式在演化變換。因為有這種「正」，「反」，「合」的演化變換，所以人類的思想隨之有不斷的變遷。這變遷就產生階級戰爭。階級戰爭就是歷史！

在馬克斯的歷史哲學上，我們可以指出來的有這幾點。（一）唯物史觀，我們可以相當的承認。在井田制的社會裡，其他制度要適應井田制的環境。到了封建的社會，一切制度隨之有相當的改變以適應封建的環境。中國以農立國，所以過去的思想是重農輕商。中國是男子生產，女子消費的社會，所以法律上，禮教上，都是男尊女卑。這些都可算物質條件支配制度和思想的證據。這樣的唯物史觀我們固不能否認，然亦不待馬克斯的標榜。亞理士多德是西洋的唯物史觀的先覺。「無恆產者無恒心」，「倉庫實而知禮義，衣食足而知榮辱」，這亦可算東方唯物史觀的前例。

不過物質條件支配思想，這種說法，自有他的限制。經濟條件，支配思想，更有他的限制。馬克斯是小資產階級的子弟，馬克斯畢竟成了無產階級革命的領袖。恩格司（Engels）亦是這樣。馬克思，恩格司輩的思想，可以超出物質條件以外，旁人的思想，何以絕對範圍在經濟定命論以內？

物質條件可以相當解釋歷史；歷史變動，不是完全依據物質條件的改變，這又是我們要指正出來的。中古時代的十軍東征，近世史上的民族主義運動，這自然是歷史上的大節目，若認都是生產方法直接的影響，自然是過甚。拿中國的歷史來看，生產方法幾千年來，實在沒有變更，然而政治制度，倫理觀念，宗教思想，這幾千年來，不能說無演進變化的痕跡。再進一步，秦朝改封建為郡縣，廢井田為阡陌，這是經濟條件改變政治，還是政治勢力轉移經濟？佛教入中國，這與生產方法無關的，試問，中國的文化因此受了多大的影響？歐亞交通打開以後，中國生產方法直到現在沒有多大變動，然而思想上「德謨克拉西」，「普羅」政治，這些名詞，普遍了全國。經濟條件影響思想，思想亦影響思想，甚至先有思想的變遷而後發生經濟現象的改換。所以絕對的唯物史觀是講不通的，絕對的經濟史觀更講不通。

唯物史觀不是馬克斯的創造，從經濟史觀裡演繹出來的階級戰爭是馬克斯的發明。照馬克斯的說法，社會不是靜的，是動的；不是定的是變的；新的科學起來了，新的機器發明瞭，新的市場尋著了，新的原料發現了，這一切當然改變社會上的經濟現象。他進一步又根本動搖經濟組織；經濟組織的改變跟著動搖社會一切思想和制度。在這演化變換的程式上，新環境的思想當然與現存的統治思想相衝突。這種衝突的定律就是他的辯證法。

根據他的辯證法，社會的物質是在永遠不斷的新舊蛻化的程式中；社會的思想亦在永遠不斷的新舊蛻化的程式中。任何物質，任何思想，他們的本體，就有「正」「反」兩面（Thesis Antithesis）。例如愛裡有恨；喜裡有悲；好裡有壞。進步就是這「正」「反」衝突的結果。衝突結果，又成為「合」（Syzthesis）。簡單的說，這個循環式的辯證法是：「正」中有「反」，「反」歸於「合」；「合」複成「正」。「正」又有「反」，以此照推。

根據這個說法，沒有封建的社會，就不能產生現在的資本主義；沒有現在的資本主義，就不能形成將來的共產主義。資本主義崩潰的成分，孕育在資本主義的本身。無產階級有必然的勝利，就因為資本主義有必然的失敗的緣因。這就是辯證法，這又是階級戰爭的軌道。

階級戰爭的本身，下文再論列。這裡我們要討論的是馬克斯在辯證法上的結論。我們姑承認社會是「動」的不是「靜」的，是「變」的不是「定」的那條原則。我們姑承認「動」與「變」的程式是「正」中有反，「反」歸於「合」，「合」又成「正」的軌道。若然，到了共產的社會共產的反面當然要應運而生，到了無階級的社會新興的階級當然要應運而起。否則，社會有「不動」「不變」的時了。不動不變，馬克斯的有機社會說就不能成立，馬克斯的辯證法就不算徹底。果「動」果「變」，馬克斯的共產社會就不算止境，馬克斯的階級戰爭，將永無已時。這就是馬克斯的辯證法的矛盾。這就是馬克斯唯物史觀上的弱點。

（三）

馬克斯的經濟學說，可以算近八十年來經濟學上爭辯最烈的問題。准共產派，認馬克斯的經濟學為天經地義；修正派認他為不合時宜；正統派的經濟學家又認他為矛盾不通。

在這篇短文裡，我們當然不能拿馬克斯的經濟學說作盡情詳細研究。我們的態度，亦可以簡單說明如下：

馬克斯經濟思想上的要點有二：（一）勞動價值；（二）剩餘價值。

照馬克斯說，商品的價值，因觀點不同，可分為二種從質上看，有他的使用價值（Use——value）；從量上看，有他的交換價值（Exchange value）。以通俗的語言來解釋，交換價值就是價錢。十塊錢買雙靴。這雙靴的交換價值就是十塊洋錢。用什麼來估定商品的交換價值呢？馬克斯說商品價錢的高低，就以製造那商品時所須的「勞力」Labour-Power的多少為準。三天工做雙靴，六天工做件衣服，一件衣，一件衣的交換價值就等於兩雙靴。不過「勞力」的計算，不能拿時，日，月這種單位來計算。馬克斯有他所謂的「社會必須的勞動時間」（Socially Necessary Labour-time）做單位。無論他計演算法如何的複雜，簡單說，只有一句話：勞力決定一切商品的交換價值（通常所謂的價錢）這就是他的勞動價值論。

「勞動價值」論的缺點，有許多人已經指正出來了。馬克斯說各商品交換價值的關係以各該商品所包含的「勞力」為比例。假如有一百雙靴，買靴的人只有二十；有二十件衣，買衣的人有一百。這種供過於求與求過於分期分批事實，完全不影響靴與衣的交換價值的比例嗎？這點大家已公認為馬克斯價值論上的忽略。

馬克斯說勞力計算是以「社會必須的勞動時間」為單位。「社會必須的」（Socially Necessary）又怎樣測量呢？馬克斯說在各商品互相交換的過程中（in the Process of Exchange）自然可以尋得出他們的比例式來。我們不知道一件衣所包含的「社會必須的勞動時間」是多少。等到一件衣換了三雙靴，衣靴所包含的「社會必須勞動時間」就找出來了。這不啻說交換價值決定交換價值。（value depends upon value）這又是馬克斯經濟學說上的矛盾。

勞動價值論不是馬克斯發明，這是人所共知的事實。亞丹斯密，利加圖這些經濟學者早已有這項理論。我們這裡批評的又不止馬克斯一人。

根據馬克斯的勞動價值論，他建設了剩餘價值論。馬克斯說商品是生產工具，原料，勞動力的結果。單有生產工具及原料，沒有勞力，不能製造商品。資本家於是買了工具，買了原料，買了勞力來製造商品。某件商品，他的交易換價超過於他的工具，原料，及勞力的原本。這種超過數，就是剩餘價值。

商品的交換價值怎能超過於他的原本呢？馬克斯說在資本主義的社會裡，勞力亦成了商品。勞力有他的交換價值。他的交換價值以勞工的生活費用為準。假使五塊錢一天，可以使勞工張三活在世上盡一天勞工的責任，張三的勞力的價值就是五元一天。然而張三的勞力，五小時工夫，可以生產價值五元的商品，那麼，張三在五小時以外的一切工作，都是剩餘價值。因此工人每日做工的時間愈長，資本家所得的剩餘價值愈大。因此剩餘價值論是馬克斯攻擊資本家的基本理論。

資本家剝削勞工的事實，我們不完全否認。如今的經濟制度，當然有許多應改造的地方。然而馬克斯剩餘價值的說素，仍引起許多懷疑之點。馬克斯認生產工具，原料等等為「定的資本」（Constant Capital）勞力為「變的資本」（variable Capital）根據馬氏勞工價值說，只有變的資本可以產生價值，若然，在工業組織上，剩餘價值的增減，當然隨「變的資本」為轉移。「定的資本」愈少，「變的資本」愈多剩餘價值愈大；反之，「定的資本」愈大，「變的資本」愈小，剩餘價值愈少。然而事實又確與此相反。

再進一步，馬克斯亦承認剩餘價值的計算，不是那般的簡單。在如今社會會裡，經濟組織，十分複雜，沒有一個人憑他單獨的勞力，可以出產商品。即令勞力價值論是真理，商品的交換價值，絕對不能認為某勞工的單獨產物。衣服是裁縫做的。布是那裡來的？織布的紗是那裡來的？紡紗的棉花那裡來的？裁縫的針那裡來的；打針的鐵那裡來的？這樣類推，商品是社會合作的產物；商品的交換價值是社會合作的產物。共產學者認為衣服公司的掌櫃賺了錢。這利息是剝削裁縫的剩餘價值，這是把一個有連貫性的社會勉強砌成片斷去看。整個的社會看起來，把商品認作社會合作的產物，那麼，剩餘價值怎樣計算，剝削剩餘價值的責任又在誰呢？

馬克斯說衣服公司裡的衣服的交換價值，超過成本，其所得即是剩餘價值。在成本之內，馬克斯又何常計算了公司經理的時間精力在內。馬克斯認勞工的勞力是商品，經理人的心思才力，何常不是勞力？何常不是商品？工人的勞力有交換價值，經理人的勞力，何常沒有交換價值？工人的勞力的價值以「社會必須的勞力時間」計算，經理人的勞力，又何常不可以這般計算。若然，馬克斯所說的剩餘價值，何常不可認做經理人的勞力的交換價值呢？認工人的勞力和經理人的勞力，他們的交換價值相差太遠，這是一種批評，這絕對與認交換價值為工人單獨的出產又為兩事了。

根據他的剩餘價值論，馬克斯又建設他的資本集中「無產」階級革命的預言。資本家的目的。馬克斯說，在取得剩餘價值，於是更設法擴充他們「定的資本」（Constant Capital）。資本愈集中，小資本階級亦被壓為無產階級。無產階級的人數愈增，境況愈壞，階級戰爭的事實愈不可避免了。

馬克斯在一八四八年（指共產黨宣言）的預言，與八十年來美國經濟史的事實的確相反對。據美國的統計，在一八六一年，美國有百萬金以上家產的人不過三個；一八九七年，增至三千八百人；至一九二八年，數目增至四萬二千以上。固然，以全國人口計算，國家的財富，仍握在比較極少數的人手中，然而數十年來，百萬金家產的人數，增加萬倍以上，當然證明馬克斯所謂資本日趨集中的錯誤。共產派人或者要舉出鋼鐵大王，煤油大王，汽車大王一班人來做「富者愈富」的證據。然貧者愈貧，的確不是美國的事實。照比爾德（Beard）教授的計算，二千五百萬家庭的美國，大約有汽車兩千萬輛，有電話一千五百萬架以上，有無線收音機三百萬具以上，每日進電影院看影戲的人在二千五百萬以上（見美國文明史二冊七一六頁）。又據英國每日郵報年鑑的計算，美國在一九二八年時，本國人買用的汽車在三百五十萬以上。在一九一八年不過八十餘萬。一九二八年共有電話一千九百萬具，一九二〇年不過一千二百萬具。如今有電燈的家庭在一千九百萬以上，與一九二〇年較，增加一百一十六倍。三分之一的家庭裝置了無線電收音機。每年賣出的電汽洗衣機及掃地機在二百萬具以上。每年戲園，電影，遊戲場的收入在二十萬萬以上。根據這種統計，我們可以說今日的美國是「貧者變富，富者愈富」，這與馬克斯的預言，當然不相符合。

在國家的大企業方面，組織的規模擴大，管理的許可權集中，這的確是不可否認的事實。然而合股公司的增加（參看本期讀書雜記）又表明資本享有權的趨勢是日趨分散而非集中。在大企業的管理權上又有馬克斯所預料不到的事實發現。一方面，在歐美國家，工商業的管理日趨民主化，英國Whitley Council，德國Factory Workers Council等等是勞工參加管理的明證，另一方面國家社會主義（Collectivism）——有人譯為集團主義）試驗的成功，又證明個人資本主義的罪惡有節制補救的可能。國家或市鎮團體，直接經營鐵路，郵電，礦產，森林等企業，是二十世紀很普通的現像，即在英美私人資本主義發達最盛的國家，交通電報等仍是私人企業，然而國家在這種企業上的干涉權是日益增大，這一切都指示出來自由放任的私人資本主義已漸成明日黃花了。

德國有位批評馬克斯的學者說：

「馬克斯的勞工價值論與剩餘價值論在政治及社會運動的標語上較在經濟學的理論上更有地位」

英國肯斯（Keynes）教授說：

馬克斯社會主義是歷史家永遠的疑團——這種不邏輯的，這種愚呆的一個主義，能夠在民眾的心理上發生如此有力量的並且很長遠的影響，並且因民眾所受的影響，而影響歷史。」

我對馬克斯的經濟學說，結論亦如此。

（四）

共產主義的特點在方法而不在理論。反對私有財產，攻擊資本主義，這是各種社會主義共同的主張。從資本主義遠到社會主義的目的地，共產黨有他們革命策略上的特點。

共產黨革命策略上的特點：（一）階級戰爭；（二）暴力革命。

馬克斯說，社會的歷史，從始至終是部階級戰爭史。自由人和奴隸，貴族和平民，諸侯和佃奴的沖突，這就是壓迫被壓迫者互相戰爭的往史。根據馬克斯的學說，社會是有機體，他是動的，不是靜的，他是不斷的在變更，不斷的在演進。然而他的變更演進是跟著一條定例走的。這定例就是階級戰爭。

馬克斯及其他共產派並不否認社會上經濟以外的階級，然而經濟上的階級是根本。經濟上的利害衝突，比他項的利害衝突更深刻，更厲害。因為共同利害的關係，經濟上被壓迫的階級總是聯合起來與壓迫階級奮鬥，結果，被壓迫階級總取壓迫階級而代之，這又是馬克斯的辯證法。

工業革命以後，社會上形成的階級是資本階級和無產階級。資本階級就是從前取封建階級起而代之的人。照他的辯證法推算，資本主義一切內存的缺點，就是資本家自趨滅亡的必然的道路。無產階級取資本家而代之，是辯證法上必然的結果。

無產階級，一定得到最後的勝利，這在無產階級的眼光裡，是何等動聽的話！這又是共產主義在宣傳上最迎合心理的文章。然而階級戰爭的本身，又非絕對無可評擊之點。

共產黨的階級論，是以唯物史觀為立腳點。唯物史觀，上面我們已經說過，只能相當的接受，因此，階級戰爭的說素，亦只能相當的接受。英國羅素說：

「世界政治上的事件，是人的情欲和物質的環境相互蕩擊的結果。」

拉斯基說：

「當我們估定一種社會制度的特性時，我們不能專從生活方法對人發生的影響去看，要以在這種制度上人類的主要衝動（impulses）的滿足的機會如何為斷。人們很多時候有做經濟上比較利小的事情，因為他們寧願選擇某事情在心理上所產生的結果。」

假使我們承認這些話足以補充馬克斯的唯物史觀，我們就不能死板板的肯定社會是兩個階級，這兩個階級是生死不並立的。

照共產黨的說話，工人農人應站在同一階級的戰線上。證諸目前的事實，又實不然。美國中部的農人，他們在政治上的立場，與東部的工人，有許多不同點，因為他們在經濟上的要求就根本不能一致。因為經濟利害不同的關係，英國的工黨在農村的活動力，始終沒有發展的方法。保守黨直到現在，在鄉村的勢力，未能動搖。俄國這十年來的經驗，處處可以證明農人和工人的利害不是完全一致的。

馬克斯在八十年前就預料資本日趨集中，勞資的界限日益分明。在農業方面，馬克斯的預料，始終未實現。假使馬克斯承認農業亦是經濟上重要的部分，他的兩階級對峙的學說，就得有相當的修正。這又是階級戰爭上要指出來的一點。

即令馬克斯的前題是有根據，社會是劃分兩個階級，兩階級的衝突是不可避免。這種衝突是否要采暴力革命的方式，又是另一問題。

杜諾斯基說：

「誰來統治，這問題的解決，不在意法條文的檢查，而在各種暴力的運用。從歷史上看來，打破仇人階級的意志，沒有別法，只在取有條理，有勇氣的方式，運用暴力。」

暴力革命，是共產主義者方法論上的特點。試問，中產階級怎樣打倒了封建階級，怎樣得到了統治的地位？是充分利用暴力革命的結果嗎？我們相信那是經過工業革命，物質環境變更後自然的結果。工業革命這名詞，雖然有「革命」這字義，然而這「革命」，依然是和平的演進，不是暴力的促成。

馬克斯說：

「人們造成自己的歷史。但他們不能在他們選擇的境遇裡任意去造成歷史，反之，他們一定要在一種遺傳的並命定的條件上去建造。」

若然，即令資本階級暴力可以消滅，這種遺傳的並命定的物質條件是暴力在一朝一夕可以變換得了的嗎？物質條件沒有改換，單單用暴力殺盡資本家，這就算得創造了新的社會嗎？

社會的本身是有機體，是動的，是變的，是在不斷的演進。社會的改革手段是暴力的屠殺。這又是共產主義者理論與方法上的矛盾。

英國工黨的領袖麥克唐納（J. R. Mac Donald）對於暴力革命曾經這樣的說過：

「這樣，就可以看得見，革命為社會主義者的方法是錯誤。革命永久不能實現社會主義，因為社會主義者所希望的改變，是社會各方面的徹底更換，因此，這種變換一定是一種有機變化的程式。政府形式的更換，例如君主或共和，人民是政治的主人抑政治的奴隸，這些事，刀槍的力量或者可以做得到，但是一種影響經濟生產的程式的變更，一種影響國內或國際貿易的變更，一種建設勞工與酬報的公平關係的變更，一種打破貧富不均的變遷，這些變更，革命是無能為力的。」

我們覺得麥克唐納這種批評不是空泛無立腳點的。在英國方面，菲濱社會主義，不能謂其毫無成功。教育的普及，市政的改革，社會政策的擴充，在這幾方面，一九三〇年的英國，比一八八〇年時的英國，成績是有目共觀的。這些成績是一滴一點得來的，暴力革命是辦不到的。弗布（Webb）夫婦，就可以告訴我們，英國有英國「遺傳的與命定的」物質條件，他們不能跳出那些物質條件去創造新的歷史。

在俄國方面，我們又可以找著事實來證明麥克唐納的批評的正當。杜諾斯基固然可以代「恐怖」（Terrorism）辯護，然而經濟上共產政策的實現，不是「恐怖」可以為力的。俄國皇帝是一刀殺得了的，俄國社會上物質條件不是一槍可以變換得了的。社會倘真是有機體，物質定命論果然存在，那麼，暴力革命的能力就有限了。

這裡我們不是根本抹殺革命，我們覺得在改造社會上，暴力革命的功用是有限制的。「恐怖」在心理上或者有片時的效力，物質社會沒有根本改變，暫時變換了的心理是立腳不住的。共產主義者說得好，什麼樣的經濟條件，產生什麼樣的思想。支配思想的經濟條件沒有改換，殺人放火，除了報復的作用外，是沒有高深的意義的。

（五）

共產主義者的理想社會到底是什麼？這點，我們在共產主義者的著作裡亦尋不著方案的。馬克斯曾經說過，他沒有代將來的酒飯館開菜單的興趣。無論共產黨的著作在這點上如何的空泛，他們的希望，我們可以歸納起來如下：（一）將來的社會是無階級的（二）將來的經濟組織是「各盡所能，各取所需」。

資本階級，可以打倒，無產階級，得到最後的勝利，這點我們姑不加以懷疑，同時亦可以說我們的希望，正是如此。不過從有階級的社會轉變到無階級的社會，這狸貓換太子的戲法，我們真莫明其妙了。

黑格爾用他的辯證法，證明普魯士的自由到了絕頂。馬克斯用他的辯證法，證明共產主義的社會，彼此的辯證法都不徹底，都是自相矛盾。

到了無階級的社會，階級自然會生出來，這是我們的推論。密曲司（Robert Michels）柏熟托（Vil fredo Pareto）們都有過這樣的懷疑。英國的拉斯基又這般說：「社會或者就分為共產黨和共產黨領袖兩個階級」。這種批評，我們又可以拿俄國共產的事實來證明。

在陳獨秀等那本「我們的政治意見書」裡，我們就讀到這樣一段：

「十月革命到現在，以列寧之病和死分為前後兩個時期。前一時期是奪取政權，建設並鞏固無產階級專政，做軍事的防禦，及採用一些基本的辦法以確定經濟道路的時代。……後一時期即史大林繼列寧而執政的時期。這時期的情形就不同了。他的主要特徵，就是二元政權的勢力增漲。其客觀的原因是物質生活相當的提高，內部的軍事狀態停止，及世界革命到來的遲緩，群眾需要恢復他的疲勞，非無產階級的成分及其意願漸有抬頭的機會，於是曾經奪取政權的無產階級至此反而被拋棄放在後面去了，在牠之旁，甚至在牠的面前，樹起別的階級成分，別的階級意識大顯其作用，在政權上佔領了一大部分勢力。這些別的成份就是那些一天一天形成一很大的官僚系統之國家機關，職工會，合作社的職員及其他自由職業者和辦事員等。這些人們由他們的生活條件，他們的習慣及他們的思想方式，是與無產階級分離的，或一天一天與他分離。」

在陳獨秀等看來，這些都是史大林等幾個機會主義的罪惡，都是史大林幾個人憑空造成的局面，殊不知這就是社會演化上自然的結束。資本階級打倒的時候，就是無產階級起首分化的時候，這就是辯證法，就又是無產階級不能實現在證據。

現在我們又假定無階級的社會是有實現的可能，我們再來看看將來的「各盡所能，各取所需」的社會。第一，我們要問這「盡」字，「能」字，「取」字，「需」字，有什麼定義？在一個社會裡，我們可以承認「各有所能」，我們有什麼方法擔保「各盡所能」？其實這就是蘇俄實行共產時首先遇到的困難。張三可以做十小時的工作，李四只能做六小時的工作。在沒有私產制的社會裡，有什麼方法擔保張三的盡其所能。更有什麼方法來偵察張三的未盡所能。

共產黨人相信教育的功用是萬能，人都可以變成「完人」，「不盡所能」的事是過慮。這些話，在宣傳上自有他欺騙的功用，在科學上有什麼根據？物質條件支配人的思想，這是共產主義的基本哲學。李四做六小時工，可以得到生活，張三憑什麼要做十小時的工作？人性就是這般。共產黨的魔術在那裡，可以使人人都成絕對沒有自私觀念的完人？

談到「各取所需」，問題更加複雜了。張三喜歡喝酒，李四喜歡抽煙，王五喜歡吃西菜，劉七喜歡聽音樂，既能「各取所需」，就可要索無厭。到這地步，這又怎樣？共產黨人一定要說，「各取所需」，自有限制。試問，限制的標準又在那裡？有人說以各人的生產，定分酬的多寡：蕭伯納（G. B. Shaw）對於這點，批評得痛快淋漓，他說：

「工廠裡一付機器每日製成了千千萬萬的鋼針，誰能計算出來，多少是機匠的功勞，多少是機器發明者的功勞，多少是造機器者的功勞，多少是礦工出鐵的功勞，多少是鐵匠練鋼的功勞……？只有魯濱森（Robinson Crusoe）在荒島上，可以說一切製造是他個人人的產物，因為他取材於天然界；等他回到了文明的社會裡，他家裡的一桌一椅，都不能認為是他的出產，因為這是經過許多勞工的結果……以生產做分配的標準，等於大雨之後，在水池中估定某雨點增加了池水多少的分量。這是辦不到的事。」

共產主義者或者要說，我們以各人的能國，定各人的需要。然而分配的困難又起來了。吳稚暉能執筆做文，蔣介石能帶兵打仗，張惠長能航空，李惠堂能踢球，王無能能說書，梅蘭芳能做戲，張三哥能種地，李四嫂能紡紗，各有所能，各有專長，用什麼做「能」的比較標準，用什麼做經濟分配的標準？

共產主義者說，在共產社會裡，種地紡紗的能力自然比說書唱戲的能力要緊，比打仗做文的能力要緊。試問，改良播種的農學家，發明機器的科學家，他們的能力，又怎樣報酬？維持治安的員警，主持公道的法官，他們的能力，又怎樣報酬？試問「各取所需」的標準在那裡？

共產主義者說，理想社會裡，誰要什麼，誰取什麼，無標準就是標準，無限制就是限制。當然，這是回到大自然的境域裡去了。結果這當然是絕對放任的弱肉強食，優勝劣敗的天演社會。這是共產主義者的理想嗎！這是共產主義者革命的目的嗎？

（六）

上面我對共產主義，提出了許多懷疑點，這些不是我的創見，其實許多都是歐西學者已經說過了的。我不是先有打倒共產主義的成見，纔來寫這樣一篇文章。我的意思是任何主義都要有正反兩面的研究。

共產主義在目前的中國，儼然哄動一時，有許多人覺得他是萬驗靈丹，其實他是長處短處，外國的學者，早有定論了。

蕭伯納有這樣一段文章：

「馬克斯在經濟學裡價值論上的貢獻，那種謬誤，已為格望斯（Jevons）的價值論所修正並代替了。關於他的剩餘價值論——租，息，利這一類的東西——不能因為剩餘價值論的謬誤，即否認馬克斯對資本主義攻擊的正當，同時或否認他的歷史觀，他的經濟定命論的社會演進論。他所謂的唯物史觀，同其他任何一條自然律一樣，容易受批評者的摧傷；然而他那假設，認人類社會緣著經濟條件的軌道在演變的假高，是有用的。」（見蕭伯納著的女子的社會主義指南）

麥克唐納又這般說：

「他（指馬克斯）的經濟理論的根據是大可懷疑；他的歷史哲學是在同樣的地位。…馬克斯融化戈溫（Godwin）的理想和賀爾（Charles Hall）的經驗於一爐，他湊合別人的東西，造成了一個歷史的運動。他並沒有發明新的教義。馬克斯的經濟批評並沒有新發現，假使剽竊的含義是指「人云亦云」而言，那麼他人攻擊馬克斯剽竊英國前輩的東西，不是偶然的，馬克斯採用一個很可懷疑的經濟方式——經濟定命論——解釋社會演進。這些並不能使馬克斯在歷史上占席地位，他的成名，是把死的經濟批評變成活的革命運動，他的偉大的人格，他的氣勃，給革命運動一種精神。他的知識，提高了運動的自信力，他在方法上明白的見解，成全了運動的形體並指明了他的方向。他的哲學的分晰，使運動得與歷史發生關係，總合這一切起來，馬克斯使現在的革命成為有希望的，奮鬥的，並且建設的運動。所以馬克斯的一般，代表了工人對資本階級的革命並且工人向社會主義的奮鬥。」（見Moc Donald's Socinlism Its Organisation and

Criticism）

我認為這些議論是對共產主義領袖馬克斯的很公正很平穩的批評。馬克斯對資本主義的罪惡，是揭發無餘；對將來社會的建造，是全無把握。他的經濟的理論已成過進黃花，然而他在社會革命運動上的貢獻，是功德無量。

這裡我們又引用拉斯基一段話來結束我們這篇文章：

「這些，要特別聲明，並非說共產主義預料的衝突是不會實現的。共產派對現狀所分析出來的罪惡是實情，只有在這些罪惡上的補救是避免經濟戰爭的唯一方法。因為社會制度到了某個程度；人民拒絕容忍那不能再事容忍的痛苦；那個時候，他們要沒有別的方法減少痛苦，最低限度他們願與現狀同歸於盡。國家存立的希望，條件就在他能使自由日漸擴充，日見實在。然而這就不是容易辦到的事。人總是願意他人吃虧，不肯自己放棄自己的欲望。鴉諾德（Mathew Arnold）曾這般說過。甘與人平等，是歷史上的例外的事；社會的毀滅，就因為人民沒有放棄貪求的勇氣。我們如今或者又要親遭這樣的經驗。果然如此，這不是共產主義者的錯，亦不是普通平民的錯。共產主義是國家執政權者的一個警告，只有不斷努力的改革是應付過激份子挑戰的方法；普通人是得過且過不肯革命作亂的。共產黨的理論，最少有這點意義，就是說，證明共產的錯誤只要證明別的方法可以得到共產黨所要的目的。這點又在力行不在多言。假使希望行的有效力，那麼，早行早好。」

九，一日。

我們要財政管理權

——《新月》三卷二號

羅隆基

整理財政，居然又成為很時髦的題目。南京蔣主席最近發表一篇整理內政的文章。他主張實行預算制。宋子文部長這一二年來亦屢屢以預算制相號召，時機到了，我們應該讓蔣主席，宋部長，及一切的當局，知道什麼是預算制。

國家預算制是國民直接或間接批准，政府每年的收入和支出的一種制度。

根據這種定義，預算制就是人民行使國家財政管理權的一種制度。蔣主席宋部長等主張實行預算制，倘使他們的命意是今後國家的收入和支出，要經過國民合法代表機關的批准，這種主張是我們國民贊同並擁護的。倘使所謂預算制者，是指財政部或幾個政府要人或財政會議等機關所產生的一種財政上數目的計畫，這種計畫，並不須經過人民的批准，人民依然只有擔負國家財政上的義務，沒有管理國家財政的實權，這種制度不是預算制。這種冒牌的預算制，不是今日人民的要求。人民對這種預算制不能贊同，更不能擁護。

預算這個字，是從西文的（Budget）一字翻譯過來的。字的本意在英文方面是「錢袋」「荷包」「衣袋」之類。英國人民取得了國家財政管理權以後，借「柏格提」Budget這字來代表人民批准政府每年的收入和支出的一種制度。十八世紀法國革命以後，人民漸漸的取得了財政管理權，「柏格提」Budget這字亦慢慢的流行於法國了。如今「柏格提」已成政治學和財政學上一個專門名詞。他有特別的含意。他的含意，照我的定義，是：

「國民直接或間接批准政府每年的收入和支出。」

這種定義不是我個人的杜撰。法國學者司托姆（Rene Stourm）在他的「預算制」那本書裡，這樣的說：

「他們最好把預算當作國會的法案看。他不是單單一個統計表或帳目。」

司托姆的預算的定義是：

「國家的預算是一件公文，他包括公家的收入和支出上預先批准了的計畫。」

這裡應注重的是「批准」兩字。預算制不止是經濟的問題是法律的問題。預算制固然是計畫怎樣收入，怎樣支出。預算制更重要點是收入上如何取得法律上的根據，支出上如何取得法律上的根據。所謂法律上的根據，就是在收入或支出上，得到人民的允許。允許兩字，就是司托姆定義裡的「批准」。

預算制是指國民批准政府的收入和支出的制度，這可以拿英法等國以往和現在的事實來證明。

人民取得財政管理權最早的是英國。「任何賦稅，必須得到人民的批准」，這是英國很早的法典。麥克雷（Macauley）在他的英國史上說：

「這種權利（指人民批准賦稅的權利）是起原很早的。為其早，所以沒有人能確定其起原的日期。他是從『皇帝不經國會同意，不能立法』這個原則上產生出來的。」

麥克雷在同一書裡，又說：

「英國沒有一個法典上沒有注明這條原則。他是散見英國各法典中，並且，更要緊，他已經深深印在英國人的心上。英國的政黨都公認英國的基本法典是否認皇帝不經人民代表的同意可以公佈法律，徵收賦稅，蓄養軍隊的。」

英國歷史家司達布斯（Stubbs）在他的英國憲政史上，亦認為「賦稅必經人民同意」的法典，在十四世紀末年（Richard II 一三九九）已經成立了，他並且想念大憲章（一二一五）中「不經議會承認，皇帝不得徵收軍役代償稅（Scutage）」這一類的規定，已可算人民管理財政權的起點。

在十七世紀初年司徒亞提朝（Stuart Period）時代，詹姆斯第一（一六〇三－一六二五）查理士第一（一六二五－一六四九）幾個皇帝，想根本推翻人民管理財政權的法典，激起一六二八年的人權說帖，和一六四二年的英國革命。

人權說帖第一條就說：

「不經國會同意，無論何人不被強迫繳納任何禮物，公債，樂輸，賦稅。」

這種條文，查理士第一在一六二八年六月七日蓋章承認。查理士不能遵守這種法典，又為「人權說帖」後二十年間人民和皇帝衝突的焦點。亨浦頓（Hempden）之流，寧願到倫頓塔監獄受痛苦，拒絕繳納二十先令的賦稅，就可以看見當時人民對財政管理權的重視。

司托姆說：

「在那二十三年（一六二九～一六四二）的紛爭時期中預算制問題的討論，影響了當時英國的命運，實無疑義。捐輸的問題，使皇帝不得不時時召集國會；捐輸問題的討論，使君民間的仇恨日益深切，使人民為他們的權利作堅決的奮鬥。最後依然是違法賦稅，特別是『海軍代償稅』（Ship-Money），成為人民革命的近因……」

讀了這一段短文，我們就知道一六四二年英國的國會為什麼革命，一六四九年查理士第一為什麼被殺。司托姆又說：

「建設專制的政府，徵收不經國會同意的賦稅，一六四八年以前的皇帝與復辟後的皇帝，同出一轍。他們這種態度，在不同的時代，得到同樣的結局。」

我們又知道一六八八年的革命，重要的爭點依然是人民的財政管理權。維廉第三即位的時候，在人權條文上，於財政管理權即重新加以規定。人權條文中之一，說：

「凡一切賦稅的徵收，不照國會通過的手續或逾越國會規定之時期者即為違法。」

從此，英國人民批准國家收入的原則穩定了。皇帝倘無激起革命的膽量和決心，絕對不敢再違犯這種法典。英國人民且利用一六八八年革命的機會，在財政制度上，做進一步的改革。維廉第三即位以後，國會將皇帝私款與國家公款嚴格劃分；皇室的開支與國家的開支，都要經國會的通過。

這就是英國人民取得批准國家收入與支出的一段經過。這就是英國預算制成立的歷史。自然，今日英國的預算制，在編制的技術上，在末項的分配上，在立法機關批准的手續上，與前相較，有許多變更，有許多進步。然而法律上的根據依然如此：預算制是人民批准政府每年收入和支出的一種制度。

「不經人民同意，不納稅。」這種原則，在法國歷史上亦是很早就發現了。在一四八三年，法國的代表大會（Etats Generaux）曾經這樣宣言過：

「從今以後，倘不召集代表大會，不經代表大會的同意，不得向人民徵收賦稅。」

這種原則，在一六一四年至一七八九年中並未為法國皇帝所重視，確為事實。然而「不得國人同意，不得徵收任何賦稅」這種法律，始終並未取消。一七八九年代表大會的召集，原因就在當日的巴理門（Parlement）堅持非經大會同意，不許徵收賦稅。不民財政管理權的紛爭，的確是法國第一次革命的導火線。

一七八九年六月十七，法國的「全國大會」（National Assembly）又這樣宣言：

「從今以後，賦稅的批准權，完全在國民手裡。」

從這時候起，法國的一切憲法，大半都有上面這樣的規定，人民批准國家的收入，從這時候起，漸漸得到法律的保障了。

一七九〇年，國家的法律又把皇室用費與國家公費嚴格劃分。國家一切開支，從今後亦須得到人民代表的同意。人民批准支出的權利又到手了。在拿破崙第三的時代，人民的財政管理權曾經幾次動搖。那是暫時的破壞，不是永遠的消滅。從一八七五年起，直到如今，法國人民的財政管理權，沒有被政府侵犯過。這是法國人民取得批准政府每年財政收入和支出的經過，這又是法國預算制成立的歷史。

我們引證了這些歷史事實，目的就在說明這一點：

「預算制不是指國家財政上預先的統計或款項上預先的支配的一種計畫，是國民批准政府每年的收入和支出的一種制度。」

不止英法是這樣。我們檢查目前文明國的法典，那一國沒有「國會通過政府的收入和支出」的規定？我們檢查目前一切文明國家的財政制度，在什麼國家，不經人民同意，政府可以任意徵收賦稅，不經人民同意，政府可以任意開支公款？收入要人民預先的同意，支出要人民預先的同意，這纔是預算制！

我們現在又回到中國整理財政問題上來了。我們如今不埋怨政府的苛捐雜稅，只問政府的一切收入，得到了人民同意了沒有？不責備政府的虛耗白費，只問政府的一切開支，得到了人民的同意了沒有？如今政府的一切收入和開支，姑無論帳目怎樣，法律上的根據在那裡？所以關於財政整理一層，我個人的主張，先談法律，後談經濟。

國家財政，在法律上必具的條件，應該如此：

（一）不得人民同意，政府不得強行徵收任何賦稅，公債，樂輸。

（二）不經人民同意，政府不得任意分配並開支國家的收入。

（三）國家的款項不得移作私人團體的用款。

要這三條法律上的原則成立了，纔談得到預算制。實際上，不承認上列三條原則，亦無預算制之可言。（一）（二）兩條原則，這裡用不著解釋。第三條，「私人團體」我們是指國民黨說的。根據宋部長報告，我們知道黨費每年四百萬元是列在國家開支之內。國民黨應不應執政。是另一問題；執政的國民黨應不應由國家供給黨費，另為一問題。後一點，在世界各國裡找不出先例來的。部分的國民的組織，全體國民擔負其費用，無論用什麼論理或法理來講，是站腳不住的，服務國家的黨員，他們是官吏，他們領了公家的薪金，不應再案報酬。通常的黨員，我們小民沒有供給費用的義務。國家供給黨費，是把黨放在特殊的地位，把黨員看做特殊階級，這與民主原則根本違背。國民黨的權利，非黨員的小民享受不到的。憑什麼我們要擔任一種無權利的義務？「沒有代議士，沒有賦稅」，非黨員擔任黨費，與上面這條原則，距離太遠了。國民黨的收入和支出，非黨員不能過問，這與人民管理財政權的原則，距離更遠了。要預算制的成立，這種財政上公私不分的弊病，非先糾正不可。

最後，我總結我這篇文章的大意。

預算制不止是經濟的問題，是法律的問題。預算制是人民合法代表機關批准政府每年收入和支出的制度。我們如今的要求，不是財政部在國家的收入和支出上一個預先的通盤的計畫，我們要我們應有的財政管理權。

汪精衛先生最近言論集

——《新月》三卷二號

羅隆基

汪先生在這本舊的序裡說：

「我將去歲十月以來所作文字，嚴格檢查一過，並將以前所作文字，對勘一過，覺得我常識雖淺，文字雖平庸，但我的主張始終是跟著總理孫先生三民主義走去，沒有變過。」

從此，我們就知道汪先生在這本言論集裡，沒有新奇的東西給我們看。的確，這裡沒有值得注意的新鮮東西。在主義上，汪先生是「跟著總理走」，固然不應該有新奇的主張。然而在革命的方略上，在建設的政策上，這應該因時設計，像汪先生這個有聲望有地位的領袖，總應該拿點具體的主張出來。然而這本集子是一無所有的。憑良心說，言論的文字實不是汪先生自己謙恭所說的「平庸」，言論集的內容，真「平庸」極了。

在積極的主張方面，汪先生口口聲聲不離「民主」，於是有「怎樣樹立民主勢力」，「怎樣實現民主政治」一類的文章。仔細讀了這幾篇大著後，我依然要問，到底「怎樣」？汪先生說：

「我們所謂民主勢力，是指全國從事生產的分子，中國在次殖民地的國際環境裡，而國內又為封建勢力所盤踞，所以一切生產階級俱受壓迫……然而惟有站在生產事業中間的民眾，才是可靠而持久的革命隊伍，本黨的任務，便是組織及領導這個革命隊伍……」（十一頁）

同時汪先生又說「民主制度絕不是為促成階級戰爭」（十四頁）。一方面要領導與組織生產階級，一方面又說不是促成階級戰爭。這是各方周到的言論，畢竟是各方不討好的言論。

我不敢說汪先生沒有擁護「民主」政治的誠意，然而我始終懷疑汪先生對民主政治有真確的認識。民主政治的真義，就在人人承認並尊重對方的人格。就在承認政權的取得只有「委託」這一條道路。這與「民主集權」的黨治是不相並立的（其實「民主集權的黨治」這名詞的不通和矛盾，我在別的文章裡已經解釋了）。

汪先生相信民主，因此主張人民有集會結社出版言論的自由。這是汪先生自認與南京政府不同的地方。然而汪先生說：

「我們主張對於人民集會出版言論之自由，應有明白規定，其原則如：（甲）黨治時代，對於黨治之主義及根本政策，不能違反。」（三五頁）

試問，在這種原則下，出版言論自由又在哪裡？政治上的言論，除了討論主義和政策外，又有什麼可談？難道吳稚暉先生和汪精衛先生那些「精蟲」「王婆」一類的對罵是我們所要求的言論出版的自由嗎？這就是汪先生對民主真義沒有深切瞭解的地方。

「以黨治軍」彷彿是個新標語，亦可說是汪先生的新主張。以之與鄭魯謝持兩先生「以人治軍」相比，聊勝一籌。軍歸私門，從袁世凱到現在，都是這般，何勞鄭謝的提倡。不過「以黨治軍」，又算得民主政治嗎？南京政府認他們的軍隊為國軍，馮玉祥稱他的軍隊為國民軍，他們最少在外表上還承信軍隊應該是國家的，是人民的，汪先生的主張就愈趨下了。

汪先生說：「以黨治軍，在使軍隊接近民眾，漸漸成為民眾的武力。」（二〇三頁）那麼，何妨「說民治軍」「以國治軍」「以法治軍」呢！倘這些標語是不切事實，其結果亦不過與「以黨治軍」相等耳。

汪先生迷信武力革命，於是在「怎樣做文人」一篇文章裡，鼓吹一切革命的文人，應聯絡武人，以謀「講通」武力和民眾的兩個勢力。這或者就是汪先生最近北方活動的命意。這條路果然走得通，孫總理從前聯絡張作霖，聯絡段祺瑞等等，革命早應成功了，豈止如此，這條路上，墮落了多少青白有志的文人！結果只有文人做武人的走狗一個下場。張開眼睛看看，如今國內一班志聲名赫赫的長衫政治家，哪一個不是奔走匍匐于武人跟前，都是一班招之即來，揮之即去的奴才。揣其初意，何嘗無一二人抱定「講通」武力與民眾勢力的目的呢？如今，已矣！倘便中國的文人，安心定分，自己早就拿定主意，去創造文人的勢力，中國今日的局面，或不至此，汪先生今又以聯絡武人相號召，我不禁為文人的身分悲，為國家的前途悲了。

汪先生這本文集，在消極方面，攻擊的有三種人：（一）南京執政，（二）共產黨，（三）「人權論」者。對於第（三）派的攻擊，以「兩種模型心理之瓦解」一文為最明顯，汪先生這文章裡說：

「第一種模型便是十八世紀自由主義之制度。本來十八世紀是歐洲政治革命時代，其結晶品，便是自由主義之憲法，將以前貴族政治君主專制政治根本推翻，而代以民主政治，無論其方式為君主立憲，或為民主立憲，要以自由主義為精神。這種思汗腺，在十八世紀已彌漫於歐洲，至十九世紀而影響及於世界，中國當然也受其影響。試觀甲午以來，從事於政治改造者，約分為二派：其一，是主張君主立憲，便是以普日為模型，其二，是主張民主立憲，便是以法美為模型。……前一派的思想，至辛亥之役而歸於消滅，後一派的思想，則直至今日，還是存在。舉例來說，如最近所謂，『人權論』者，也屬於此一派的。」

接著汪先生就對十八世紀的自由主義者加了一大段的批評，咬定十八世紀的自由主義者，是不顧慮到民生問題的。於是又說：

「最近二十年來，大多數民眾的經濟問題政治問題，在歐美日益逼緊，以求解決，於是社會革命社會會運動的思潮，遂氾濫及於中國。少數有資產者所專有的民主政治，不是真正的民主政治，真正的民主政治應以大多數民眾在政治上在經濟上得到同等機會為意義。那一種以十八世紀之自由主義的憲法為無上之模型的心理，便如一座磚台塌了下來，雖然還有不杪的殘磚剩瓦，然其為坍台，已無可辯護了。」

這裡，我們要請問汪精衛先生：（一）何以見得「人權論」者是代表十八世紀的自由主義？（二）何以見得「人權論」者，不是主張「人民在政治上經濟上要得到同等的機會」的，而是「以十八世紀之自由主義的憲法為無上的模型的心理」的？

「人權論」者主張中國今日本憲法，要約法，這是事實。試問憲法約法，不是你們革命的目標嗎？這種要求，沒有載在你們總理的遺教上嗎？汪先生今日擴大會議的七條辦法之中，不是有一條要訂定的約法嗎？何以見得我們是代表十八世紀的思想，你們不是呢？

「人權論」者主張保障生命財產思想言論的自由是事實。試問，這些不是明明白折的說「民主制度最低的限度，私權方面要求生命財產自由之確實保障，政權方面，要求有法定權力，限制官廳」嗎？（十二頁）北平擴大會議的主張，不又是這些東西嗎？何以見得我們是代表十八世紀，你們不是呢？

汪先生假使留心讀了我們的「人權論」，就應該知道我們在人權上的要求，是包括經濟及社會條件在內的。我們要憲法，為的是要拿憲法來保障這些經濟及社會的條件。我們並不以他人笑罵「十八世紀的思想」為可恥，我們看不出在憲法，民主，自由這些要求上，今日的汪精衛先生，有罵我們的資格。

「人權論」者倘真有與汪先生不同之點，或者就在「民治」「自由」這些名詞的解釋上。「民治」我們認為是主權在民的政治，是主權上人人有份的政治，汪先生剛主張「民主集權」的黨治。思想言論自由上，我們主張什麼都可言，什麼都可論，汪先生主張總理的黨綱及政策是不可批評的。倘使我們這些主張是十八世紀的思想，而汪先生的是二十世紀，那麼，我們情願做個時代的落伍者。我相信汪先生的車子會開上我們的軌道上來的。檢查檢查所謂擴會的七條，就知道這不是「人權論」者自誇的大話！

政治思想之變遷

——《新月》三卷二號

羅隆基

這是嚴海叢書十種中的第一種。嚴海叢書的內容包括些什麼，看了責任編輯姜先生這幾句話就知道了：

「關於譯品，皆屬日本現代有名巨著，茲經本社同人，幾次精選者，實不同凡響」

姜先生們做什麼要發行這部叢書呢？他在叢書刊行的旨趣裡說：

「現在中國對於社會科學書籍之刊行，頗為零亂，而無一定體系之計畫，此於學者之研究上，恒感莫大之不便。至於思想上，文化上，社會方面，政治方面等產生出系統而具體之成績，則似為較難。同人等有鑑於此，立志補此缺憾之工作。……」

看了上面這幾段話以後，對嚴海叢書，我們當然表十二分的歡迎。姜先生們「立志補此遺缺」的毅力，我們亦十二分的敬佩。我們唯一的希望，即叢書的其餘九種，繼續的早日出世，以滿足我輩好讀社會科學書籍的人的願望。此是閒話，言歸正傳。

本書定名為「政治思想之變遷」，我以為應為歐洲政治思想之變遷，因為高橋清吾先生這本書，就沒有一字談到東方及美洲的政治思想。

在歐洲方面，比較重要的政治思想家都包在這本書裡。拿這本書來和美國丹林（Dunning）或格塔爾（Getell）的政治思想史比較，高橋清吾的書，似較簡單。簡單有簡單的好處。東方人讀起來，或者比較便利一點，因為夾雜許多次要的思想家進去，思想上大同小異，添了許多名字倒把東方的讀者的腦筋弄糊塗了。

高橋清吾先生在他的緒言裡。舉出來研究政治學的三個條件，很可以表明他於政治學是得了方法的。這三個條件的存在，即是本書的優點。三個條件，即：（一）政治思想的時代背景；（二）政治思想家的立場；（三）思想家的為人的性情。

全書的分配上，上古時期占一〇二頁，近代占二三九頁，中古不過五十餘頁，故中世紀特別簡單。像衛克理夫Wycliff赫斯Huss以及教會中的代議運動Conciliar movement幾乎沒有提及。所以在中世紀方面，有時覺得他太簡單。近世紀加入了列寧與穆叔林尼的思想，又補他項政治思想書籍所不及。

全書的組織上，我們覺得引用思想家的原文處太多。在每個思想家上，只加上一點時代及思想家立場的介紹，其餘都是原文的引證。有類節略式的讀本。著者對每個思想的批評，幾乎找不出來了。

因為引用原文太多的緣故，對於翻譯的技能；我們不能不特別注意。在這點上，我們對本書是十分失望。到底是高橋清吾譯錯了原文，還是姜蘊剛先生譯錯了高橋清吾先生，我這不懂日文的讀者，是沒有方法解決這問題。事實是許許多多的引用原文的地處都譯錯了，並且有驚人的錯誤。

大部分引用原文處，沒有注明書本的來源，即注明書本，又未注明出版期，頁數，及行數。對照起來，非常困難。如今我只好舉一段來源很清楚的文字來做例。

在討論馬克思伊文的思想時，書上有這樣一段譯文（三五五頁）：

「國家在社會內與其他團體是同樣的一種團體，並且帶有職能的組合性質的。國家發命令，但這命令是僅為反對給付而發的。因為它所有的都負有義務。國家創設諸權利，但國家不是恩賜品之分配者，而是以為諸權利創設的社會機關的行為者。僕人不能比他的主人大。」

「一切其他諸權利，皆關聯於職能的，而且這種權利到極限的時候，國家的諸權力既是關聯於職能，也同時被限制了。國家持有保障諸權利的職能，為行使這個職能，國家必要得一定的諸權力。職能是依自身的性質與機關的資格兩者而受限制。國家不能免掉所謂一切機關不能不守的命令「到這裡止，不能出這個以上」的適用。」（The Modern State,P. 四八〇—）

英文的原文如下：

We showed not only that the state must be regarded as an association among others, but also that it has, partly in fact and wholly in the logic of its function, the character of a corporation. It commands only because it serves; it owns because it owes. It creates rights not as the lordly dispenser of gifts, but as the agent of society for the creation of rights. The servant is not greater than his master.

As other rights are relative to function and are recognized as limited by it, so too the rights of the state should be. It has the function of guranteeing rights. To exercise this function it needs and receives certain powers. These powers should be limited just as the function is limited. This function is limited both by its own nature and by the capacity of the agent, and that capacity becomes known to us by experience of its conduct, in the light of the means as its command. The state is not exempt from the imperative, 'thus far and no further,' to which all agencies are subject.

讀了這兩段文字，我們就知道譯文與原文相差太遠。這個責任是誰的，只好讓高橋清吾與姜蘊剛先生自己去辯清罷。

書裡面有很多引用文，我們讀了譯文三四次都讀不懂。有的地方，姜先生簡直中英文並用，簡直不譯了。例如「毋寧說是對於實行及必要的（Justification）」（三八三頁）又例如「大概是因為冒險的個人們的聰明與(Energy……」（二八五）。這種中英並用的句法，在不懂英文的讀了，該發生多大的困難。假使讀者是懂英文的人，他能夠瞭解

「Justification」「Energy」這類的字，他就讀西文原文去了，又何必來拜讀姜先生這本譯文呢？

至於（initiative）譯做「發議權」referendum譯做「投票權」（Recall）譯做「撤銷權」（三七五）誰也知道是不對的。創議，複決，罷官，不是有三個現成的名詞在那裡嗎？何以不用呢？（羅隆基）

我的被捕的經過與反感

羅隆基

——《新月》三卷三號

（一）

我第一次被捕的經過是很簡單的。

「羅隆基先生在這裡嗎？」十一月四日下午一點鐘的光景，吃過午飯，坐在吳淞中國公學教員休息室裡檢閱講演筆記的時候，我忽然聽見這樣一個北京腔帶天津尾音的喊聲。

「在這裡，我就是。」我隨便答應了。抬頭，我望見一位穿西裝帶一副豬肝色面孔的男子漢走進休息室來了。他一直走到我面前。

「你是羅隆基先生嗎？」站在我面前的那男子漢問。

「是的。」我答。

「你先生在光華大學教政治學嗎？」他接著又問。

「是的。」我又答。

「他在這裡！「是的。」我答。那位西裝大漢向門外做個手勢並很得意的喊著。

說時遲，那時快，馬上就擁進兩三個便衣的男子漢來了。其中有一位當時個我一個很深刻的印象。他穿的藍長袍黑馬褂，嘴上有小小的八字鬍鬚。他那蒼老薰黑的面孔上帶些做作出來的笑容。他的來勢很從容。他的語氣很客氣。然而在那從容客氣的骨子裡，充滿了嚴厲和兇猛的氣象。因為這個緣故，他們的來意，我已猜個八分光了。

「吳淞公安局第七區的局長要請先生過去坐坐。」那位八字鬍鬚的人很和氣地說，「局長有點教務上的事情，要請羅先生指教指教。」

「可以的。不過學校裡的事，自然有學校的當局負責，何必請我呢？」我慨然應允以後，又這般反問。

這時候有許多學生都跑進教員休息室來了，把我同那幾個外來的男子漢重重包圍起來了。這時候人聲亦複雜了。

「你們做什麼的？」

「這裡是大學，你們知道嗎？」

「把他們趕出去，趕出去！」

在十分叫囂的人聲裡，我聽見了這些喊聲。

「你們要請羅先生到公安局去，你們有什麼公文嗎？」一個學生向那位八字鬍鬚的男子問。

「沒有的。沒有什麼公文。不過請羅先生過去談談。」說著，那男子漢就在皮夾子裡摸出一長名片遞給那些學生，名片上刻著唐某（名字我忘記了）。片子的角上有「上海公安局督察員」這樣的官銜。

這時候學校的聽差把學校的教務長亦請來了。教務長和公安局的督察員又有這樣一段問答：

「你們諸位做什麼來的？」

「我們奉七區公安局局長的命令來請羅先生過去談談。」

「你們有什麼公文嗎？」

「沒有的，我們不過來請羅先生過去談談。」

「羅先生是我們大學裡的教授，他下午有功課，不能隨便離開學校。」

「不要緊。他立刻就可以回來。我們是請羅先生去談談。」

經過這樣一段談話後，幾個公安局的督察員就把我擁進了一乘他們預備好了的汽車。再經過二十分鐘的功夫，我就被拘押在吳淞公安局第七區的一間笑房子裡了。小房子裡的伴侶是兩個穿了制服的員警。

「羅先生，請你寫張條子給我們帶到學校去檢查你的書包。」穿西服的督察員走進來向我這般吩咐。

「憑什麼檢查我的書包呢？你們有檢查我的公文嗎？」我問

「沒有的。羅先生，請你趕快寫張條子好了，我們很忙，我們一定要檢查。」他這樣說。

我照辦了。西裝的督察員拿著條子滿意地出去了。八字鬍鬚的督察員進來了。

「羅先生，貴省？」

「江西。」

「羅先生在外國念過書嗎？」

「是的，我在英美留過學。」

「佩服，佩服。很不容易！」

「不用客氣。唐先生，這到底是什麼一回事，你們把我捉到這裡來呢？」

「羅先生，我現在不客氣。我告訴你的老實話了。有人控告羅先生，所以我們奉了命令來拘捕羅先生的。今天還要請羅先生到上海總局去去。你坐坐罷，等上海汽車來了，我們就要到上海去了。」說完了，八字鬍鬚的督察員就出去了。

過了一些時，西裝的督察員又進來了，他走到我身旁，一手插進我的外套的袋裡去。

「做什麼？要搜索我嗎？」我問

「是的。」他一面回答，一面搜索我的衣服。從內衣到外套，從帽子到襪子，都經過一番搜索。衣袋裡的紙屑，錢夾裡的殘條，都乾乾淨淨的收羅去了。

「羅先生，你身上有一張《紅旗報》？」

「是的。」

「你看《紅旗報》嗎？」

「只要買得到，我得看的。」

那位檢查我的督察員聽了這個回答，看我一眼，笑笑。

「你們可以讓我打個電話，告訴家裡罵？」我向他們請求。

「不可以。」那位穿西裝的督察員很肯定地回答我。

「那麼，請你們代我打個電話，可不可以呢？」我再請求。

「不可以。」他說。

「憑什麼不可以呢？」我問。

「我們明天要檢查你的家裡。」他說。

我知道這種要求是沒有希望的。於是我亦不說話了。

「羅先生，你要吃飯嗎？」大約下午兩點鐘的時候，一個督察員來問我。

「不要，我吃過了。」我回答他。

「你還是吃點罷。到了上海恐怕就沒有這樣方便。」他這般好意地告訴我。說完，他們一大幫都走出公安局去了。大約都去吃飯去了。

我這臨時的牢獄裡，又進來了兩個新的員警。他們是來換班的。從前的兩個員警大約亦是出去吃飯去了。這時候小小的房間倒很安靜。

「我可以到廁所裡去嗎？」我問一個員警。

「不可以。」他回答，他指著房間角上的一個破痰盂向我說：「你就在那裡面對付對付罷！」

這時候我才起首感覺「拘押」的滋味，想到自由的寶貴。

「到了上海就沒有這樣方便！」想到方才聽見的這句話，回頭看看我剛才使用的痰盂，又不寒而慄。

下午四點的光景，上海的汽車到了。我於是又被那幾位公安局的督察員從吳淞押運到上海公安局來了。汽車的前面坐了兩個員警。八字鬍鬚的唐督察員，西裝的男子漢，和我三個人坐在車的後面。

「羅先生，今天晚上你或者可以同我們一塊兒吃一頓飯。」在車上，西裝的督察員這般說，表示他對一個大學教授的特別優待。路上談話很多，這一句最令我受寵若驚。

到上海公安局的時候，大約五點半鐘了。

督察員把我帶進一個小客廳。我坐在小客堂裡，看見公安局出入的人很多，卻沒有人注意到我。捉來一個犯人，在公安局是司空見慣，他們當然是不理會的。

「捉來的是吳淞大學那個教書的嗎？」有一個經過客廳門前的人，隨便這樣問了一句。

「是的，吳淞捉來的。」西裝督察答應了一句。這時候幾個督察員都已向上面報案情去了。只剩下西裝的男子漢在忙著寫條子。

「請撥警士數人，來此任用……」條子寫到這裡的時候，客廳裡忽然走進來一位衣冠楚楚的先生。

「科長」我聽見有人這樣尊稱他，我馬上知道來者是一位有地位的人了。我就站起來點頭招呼。

「人交給我，你們去。」科長這樣吩咐。

我就追隨著科長到他的公式房。幾句客套話後，他就給我看一件公文。公文的原文我是記不清楚。大意是國民黨第八區黨部向警備司令部控告我「言論反動，侮辱總理」，他們控告我是「國家主義的領袖」，控告我有「共產的嫌疑」，警備司令部根據黨部的呈文轉知公安局按罪拘人。公安局就根據司令部的命令，按文行事。

「國家主義領袖，共產嫌疑，這些在控告人方面，有什麼證據嗎？」談話中我這樣問那位科長。科長答非所問地說：

「不成問題，有人保了，羅先生立刻可以出去！」

放出去和捉進來，是一般的突兀，一輛汽車，把我從大學裡捉到公安局，一輛汽車我又從公安局回到家裡。到家的時候是十一月四日下午六點一刻。

（二）

這段小故事，是很簡單的，然而是很嚴重的。在一個野蠻到今日中國這個地步的國家，我上面的那段故事是許多小民很通常的經驗。因為是許多小民很通常的經驗，所以我認它是一個很嚴重的問題。下列幾點是值得注意的：

在如今「黨治」底下，國民黨的一個小黨員可以任意控告任何人民反動罪名。

在如今「黨治」底下，國民黨任何區分部可以根據一個小黨員的控告，用黨部名義指揮軍警，拘捕人民。

在如今「黨治」底下，國家的軍警機關，僅憑國民黨區分部的一紙無憑無據的控告，可以不經法定手續，任意拘捕人民。

在如今「黨治」底下，國家的軍警，受國民黨區分部的指揮，可以不帶拘票搜索票，隨意直入私人住宅及公共團體機關檢查及拘捕人民。

在如今「黨治」底下，國家的軍警，對不經法定手續拘捕的人民，可以不經法定手續，任意監禁並處置。

這五點我們是離開了「反動」「反革命」這些空泛無意義的名詞來講的。假定國民黨所謂的「反動」「反革命」是應該拘捕檢查，監禁，甚而至於槍殺。在執行懲罰「反動」「反革命」的步驟上，應不應該經過一種法律的手續？加人民以「反動」「反革命」的罪名時，應不應該有確實的證據？因誣告而遭逮捕的人民應不應該有法律上洗刷的機會？應不應該給人民自由損失上的賠償？這些，我們要向國民黨比較有知識的領袖們請教。

在主義上我始終不願作無意識的攻擊，無結果的紛爭。我是個研究政治學的人。我談政治，始終認定這一點：政治組織，總要拿保障人民的生命做出出發點。保障人民的生命，是任何政府最低最低限量的責任。假使政府連這點最低限量的責任都負擔不起，它有什麼資格來要求人民的服從，人民的擁護，人民的愛戴？

「人民不經過法律的手續，不被拘捕，監禁，流放，懲罰，……」英國一二一五年的大憲章已有這種規定。七百餘年後的中國，今日國民黨統治下的中國，人民依然是無辜可以被拘捕。無故可以被監禁，無故可以被檢查，無故可以被懲罰。這是野蠻，這是黑暗，這是國家的恥辱！這是黨治的恥辱。

我們何必大吹大擂來宣傳民權？做人的權利都沒有的國家談得上什麼政權與治權？我們何必大吹大擂來談收回治外法權？本國國民絕對沒有一點人權保障的國家，談什麼保護外人？這些話我不是黨的反動，國的叛民。我要做人。我如今做人的權利都被人無故剝奪了，還談什麼對外的自由平等，對內的創議複決？

這種無故侵犯人民身體自由的罪惡，南京政府不能卸責於下級官吏，國民黨黨魁不能卸責於下級黨員。黨部有軍用電話，隨時可以調動軍警；地方軍警，隨時服從黨部指揮。這是現在今黨高一切的真實意義。個個黨員是軍警指揮官；個個軍警機關是國家的司法部。在這種局勢底下，我們小民，我們非黨員的小民，絕對沒有頭繩苟活的機會。黨員指揮軍警，軍警代行司法。在地方是如此，在中央亦如此。上有好者，下必有甚焉。所以我如今不責備不級軍警，不攻擊下級黨員，我認為一切罪孽，都在整個的制度，一切的責任，都在政府和黨魁。

我個人的被捕，是極小極微的事。牢獄，我登堂尚未入室。就是我無故被誅被殺，算得什麼？我六小時自由的犧牲，更算得什麼？值不得小題大做，然而黨國的領袖們，我希望你們去查查各地的公安局，看裡面尚有多少無故被拘的人民？查查各地的員警廳，看裡面尚有多少無故被押的人民？再檢查各軍營，各衙門，看裡面有多少無辜受罪的人民？「反動」罪名，任意誣陷：「嫌疑」字眼，到處網羅。得罪黨員，即犯「黨怒」；一動「黨怒」，即為「反動」；於是逮捕，於是拘押，於是無期監禁，於是暗地槍殺。有錢有勢者，偶有保釋的生機；無依無靠者，永無逃刑的活路。有冤莫白，舉國獄嘯；無故被戳，遍地鬼哭。這就是如今的實況，這就是如今的民生！

我的被捕的確算不得什麼。我的保釋，的確是洪福齊天的僥倖。我固然很感謝保釋我的一切人。然而幾小時的拘捕，使我更知道人權沒有保障的危險了。我如今願代牢獄裡頭連無告的冤民呼號。我謹向民國黨申求：

我們一班小民不要選舉，不要創議，不要複決，不要罷官。我們先要申冤的法律！我們先要生命的保障！

我們要民權，我們更要人權！

（三）

「人權」，在黨治底下，是反動的思想，鼓吹人權，是觸犯黨怒的主因，小民知罪了。這次被捕以後，根據切身的痛苦，我退一步來要求法治。法治上又卑之無高論，目前且不談約法與憲法。我的要求是：

政府守法，黨員守法，政府和黨員遵守黨政府已經公佈的法律。

這次我的逮捕，控制的是黨部，通緝的機關是警備司令部，執行拘捕的是公安局。這些根據國民政府已經公佈的法律，手續上是錯誤的。

姑假定我是個「反動」「反革命」，「反動」「反革命」是政治犯，是刑事犯，照如今的法令，警備司令部並沒有受理並通緝刑事犯的職權。警備司令部黨部的控告，並行文通緝刑事犯，是違規十八年二月四日「禁止軍事機關受理訴訟干涉司法」調令。訓令的原文如下：

「為令遵事，案據行政院司法呈稱，為會呈請頒佈明令禁止軍事機關受理訴訟，干涉司法，以弘法治而符黨綱事，籍以司法制度為五權憲法之一，司法獨立為環球各國所同，即以歐戰前軍權最重之德國言之，亦已於其新憲法第一百零六條規定，除在交戰時期及在軍艦犯罪外，所有軍事審判，概行廢止，是則苟非上列特別情形，一切案件，悉歸普通法庭審理，其尊崇法治，已可概見，誠以司法必有一定之系統，獨立之精神，所有民刑案件，均由各級法院，按照法定手續，依法審判，無論何種機關，不得越權受理，加以干涉，人民之生命財產，始得真實保障，社會之安全基礎，始能鞏固不搖，否則法官失其權能，人民含冤莫訴，社會杌捏不安之象，或將緣此而生，非細故也。……方今軍事告終，全國統一，訓政開始，五權實施，倘不嚴申禁令，力矯前弊，何以昭法治而新觀聽……」

照這道禁令，國民黨區黨部向軍警機關高發「反革命」，是根本不懂法律，而警備司令部受理這種控告，並行文拘捕，是根本違犯法令。

「反革命」即為刑事犯，刑事犯的檢舉與拘捕當然要照國家行事訴訟法的手續。行事訴訟法規定「傳喚被告，應用傳票」（三十五條）「拘捕被告，應用拘票」（四十條）發傳票拘票之權，在偵查中屬於檢查官，審判中屬於審判長或受命推事，然而十一月四日的逮捕，根本沒有拘票與傳票。這是法律手續上錯誤的證據。根據刑法。執行拘提的人應該是司法員警，十一月四日執行逮捕的是上海公安局督察處督察員，這是法律手續上的錯誤。根據刑法，搜索應有搜索票，發搜索票之權偵查中屬於檢查官，審判中屬於法院或推事。十一月四日公安局督察員對我的搜索是絕對沒有搜查票。這又是法律手續上的錯誤。

這次我的逮捕，控告人為八區黨部。姑假定我為反革命，姑承認今日之黨部有檢舉反革命之特權，然而法律手續，下級黨部應向地方上級黨部檢舉，上級黨部，應向法院檢舉。

法律上沒有特許區黨部直接向地方軍警檢舉的銘文，法律上亦沒有特許軍警根據黨的控告即可拘捕刑事犯的明文。十一月四日的逮捕，在區黨部方面，手續上又係錯誤（黨部或公安局的規則上或有這種條文，亦不可知，然而在國民黨政府司法例規上是找不出這種條文來的）。

照這樣看來，國家沒有保障人權的根本大法，固為問題，已經公佈之普通法律，政府和黨員，不肯遵守，又為一問題。黨員指揮軍警，軍警執行司法，這是政府和黨員不守法的證據，這的確不是目前的法律，憑情論事，軍警執行司法，大部原因，又在黨員可以指揮軍警，今日的局面，一言蔽之：

「黨權高於國，黨員高於法。」

「黨員高於法」，這是我們小民生命上最大的危險。這與法治的原則，根本相違背。

「黨員高於法」，不止是黨員不守法律，法律上同時加黨員特殊權利，做小黨員橫行的保障，民國十七年五月二於一日國民政府訓令二二四號有下列規定：

「黨員如有嫌疑，應行拘捕者，除特殊情形應急處置外，須先通知所屬黨部或團體，再依法拘辦。」

十六年八月一日國民政府訓令二〇五號，有這樣一段：

「凡既經中央黨部承認之各級黨部職員除犯刑事現行犯外，即有犯罪嫌疑，非得該黨部直屬之上級黨部許可，不得擅行拘捕及加以任何處分……」

根據這種訓令，黨員及各級黨部職員，如有嫌疑，應行拘捕時，須經過特殊手續。換言之，黨員與非黨員在法律上顯然處不平等地位。我們不反對法律保護黨員的身體自由，我們要問非黨員的小民，何以隨時隨處可以擅行拘捕。這裡，我們小民的呼號是：

我們要法治！我們要法律上的平等。

（四）

人權，法治，在「同志」的眼光裡，是反動的思想，是迂腐不入耳之言。自然，為黨員己身著想，有了「黨高於國」的黨權，用不著人權；有了「人高於法」的黨治，用不著法治。因此，我又暫時放棄人權與法師這些名詞，開誠布公地來向青年「同志」們——特別是大學學生的青年「同志」們說幾句老生常談的閒話。

倚勢凌人，是有志氣有識見的人不屑做的事。物不常存，勢不常盛，倚勢凌人，畢竟是危險的事。這幾年來，眼見多少「同志」陷害「同志」的故事。「反動」名詞，是這般無定義：「誣控」手段，又這般易利用。今日用這些東西來糟蹋別人，知道什麼時候，同意的罪名和手段，不用到你們頭上來？中國舊式的政治活動，始終逃不脫詭謀陷害的小把戲。到頭仇仇報復，循環為害。青年「同志」們，學生裡的「同志」，光明正大的政治奮鬥，比較安穩些。換換道路罷！

主義，無論什麼主義，不是永久不變的真理。政治上的主義，不過是解決某時期政治問題許多主張上的一種主張。誰有這樣的聰明，斷定某種主張是獨一無二的策略？青年們——特別學生裡的青年們——在你們的知識將成熟未成熟的時期中，希望你們用公開的胸懷，坦白的頭腦，遠到的眼光，批評的方法，去多研究幾種學說罷。判斷力還薄弱得很，夠不上宣傳主義的資格呢。希望你們努力做思想的主人，不要甘心當信條的奴隸。英國的布萊斯（Bryce）在他的「現代民主政治」裡這樣說：

「在一個有階級爭鬥恐怖的時代，超越階級利益和階級成見的思想家更為需要。在青年時期，在捲入政黨旋渦與職業利害之前的時期，人最易保持公正高遠的見解。最適宜培養這種見解的地方，是研究學術，追求真理的大學。大學對平民政治真實的貢獻，是給那些將來有領袖才能的青年，一種判別主體和末節的能力，使他們做思想的主人，不做信條的奴隸……」

青年們，學校裡的青年們，信仰自由，言論自由，思想自由，是學生研究學術的保障，不是教授升官發財的工具。大學是百般學說彙集的機關，是百般學說交換比較的機關。青年們在學說上果然有成見，有了牢不可破的成見，又何必白費時間緊大學去研究學術呢？

軍警干涉學校，拘捕學生和教員，這不是被拘捕者某私人的恥辱，是全國教育末路。利用軍警，解決學潮的人，姑無論為政府，為校長，為教授，為學生，都是引狼入室，都是文人自掘墳墓。

青年「同志」們，「勢不常盛」，我最後叮嚀一句。十二月一日（國府做紀念周的時候，你們的上級「同志」有這樣一段話：

「以黨員干涉行政，蹈士豪劣紳之惡習，黨政間成一對峙之局，致人民無所適從，則人民對於黨的信仰，日就薄弱，於主義進行，至有影響，焉能期其普遍，人民歲負數千萬之經費以養黨員，結果及擲為虛牝，此種現象，何等危險，長此以往，黨務前途，將有覆亡之懼，所望本黨同志，明白此旨，各自振奮，將以前錯誤觀念，根本革除，萬勿將錯就錯，以鑄成永久大錯。」

青年「同志」們，「萬勿將錯就錯，鑄成永久大錯」！

十一月四日的拘捕，在我個人，確不算什麼。我認為這是談人權爭自由的人，應出的代價。人權自由，憑空從天上掉下來，這是歷史上絕無的事實。被捕的那一天，我忽然記起了英國亨浦登（Hampton）審判的故事。亨浦登不過十七世紀巴慶亨（BuckinghamSbire）州的一個普通的少年。他沒有什麼值得別人特別注意的地方。因為他有點血性，想爭點人格與公道，於是跟著許多人，拒絕繳納違法的公債，拒絕繳納未經議會通過的海軍代償稅。查理士第一，自己不知趣，硬要拘捕他，審判他。他的拘捕和審判，因以引起英國人民對君主專制的反抗，因以增加人民爭自由人權的義憤，因以造成一六四九年革命的成功，亨浦登當年那種犧牲，是我們求不可得的權利。

法國當年的「告密信」（Lettredecachet）沒有維持君主專制的威權，卻斷送了路易十六的生命。法國當年的「巴斯提爾」（Bastille）沒有關盡政府的叛徒，卻培養了革命的種子。控告，拘捕，羈押，監禁，懲罰，槍殺，這些都是政治潰亂的證據，這是笨人的笨法子！老子說的好：

「民不畏死，奈何以死懼之！」

服從的危險

拉斯基著，羅隆基譯

——《新月》三卷五、六號合刊

（一）

停滯的社會，亨利麥先生（Sir Henry Maine）曾經說過，與進化的社會不同，就在社會受行為的慣例所支配的程度。野蠻人不敢破壞風俗，並且許多時候，對那些神聖不可侵犯的禁例，有偶不經意的破壞，不幸的犯者，罪至於死。然而西方文明重要的成功依然在對禁例一種嘗試的習慣。文明的新發見，依然靠那班人，他們在專門的領域裡，對信條有意去懷疑。保全創作天才的一條出路，是我們的福利所依賴的條件。因為種種的緣故，科學征服天然是緣故中的最重要者，我們的環境已成繼續變動的環境。我們要隨時去適應新局面。新局面侵襲我們的習慣；強使習慣去配合新的觀點。保持一個公開的心境；對慣例所認為必要如此的，加以懷疑；堅持我們個人的經驗為判斷社會價值的要件；這些是完美生活的前途所倚靠的質料。什麼時候人們懷疑創造天才，他們一定去壓制那天才，壓迫的結果是一個停滯的社會。一個沉悶的和萬事一律的社會。在這種社會裡，一切個性的觀念永遠喪失了。

然而在我們當中，對維新派加以狐疑的習慣，日見增高。庸俗就是君王。我們日更日過一種這樣的生活；只有肯冒危險者才可以做個離俗獨立的人物。有些思想，希望人人要保持；有些書本，希望人人要讚美。有某項家資，就一定要有某種場面。到一個地位，留聲機成了尊貴者必要的標記。到一個地位，一定要高堂廣廈，車水馬龍。到另一種地位，汽車又成為誇耀鄰里的必要品，假使他肯收書藏畫。窮人亦不算窮奢極侈。除非他肯玩弄珍寶，或樂輸教育，富翁總是貪吝。

與眾不同，就是罪惡。這算是一族或一教，一國家或一階級的叛徒。一個英國人絕對不能懷疑英國海上稱覇的必要。一個法國人絕對要承認管理萊茵是歐洲福利的關鍵。一個美國人沒有疑問憲法與門羅主義的權利。服從許多行為上的慣例，老實說，已成實際上榮華富貴的條件了。大學要找安分守己的教授。銀行要請贊成金本位的董事。教會為一班重視宗教，疏忽行政的牧師。正在叫苦，改轍易道，只是那些天才不容否認者的特權。就在這種例外上，人們歡迎改革的意念少，看做造化癲狂的意念多。我們是風俗的奴隸；我們已經起首自加鎖鏈。

非常的意見和行動，總是危險。他把一切人從安常習故的墳墓裡喚起來。他引起對一切基本主義的考驗，這樣，回頭來，就引起對現存制度不是絕對完滿的一種認識。由是，大家覺得，「照樣」，這界限一定要森嚴的畫定；離開這界限，等於摧殘人民的良心。羅斯福要求法官的罷免權，把一班律師嚇壞了，雖然改革司法是當時美國首要的事件。浸禮會的會員怨憤他們的子弟去聽達爾文主義，雖然這種懼怕學校教員搖動子弟的信仰，是暴露會員在教義上的信仰的弱點。義大利棒喝黨員不能容忍對穆叔林尼的懷疑；布林雪維克不能容忍對馬克斯教義的異議。廣言之，一班商人一定認社會主義是貿易失敗者的信條。大多數天主教徒熱烈的攻擊節欲運動，卻從未考究這運動的前途。我們生在這樣一個怕新怕異的世界，歡迎新奇，是罪孽的證明。

我們希望人人都要與眾相同，假使對慣例懷疑，我們就懷疑這個人。我們還眾望所歸的人做官長：這等於說我們故意選擇隨俗俯仰的人才。英國的政治家不能繼續領導他的政黨，假使他發表一點懷疑君主政體的議論。沒有美國的總統候選員發表反對總統制的議論，而可不至於失敗的。一個牧師，假使他要試驗法官林氏（Judge Lindsay）的學說，一定不能久留在教會。自然，那是真的，他們對一種與社會無關重要的新觀念，可以當作小缺點容忍過去；什麼時候到了利害衝突的關頭，對新觀念就言出法隨了。美國的耶蘇新教徒，對蘇俄的壓迫宗教，群相震怒。但是他們很不少的人主張司美斯（smith）的天主教的信仰，應剝奪他美國總統的機會。這種頭腦又何當不與蘇俄人一樣。對一切已成立的風俗，人們不應離異，這樣的趨勢，似夫日見增加。大家都和一班安常習故的人繼續同化，同化愈廣，特立獨行的人更成奇異。因此，這類獨立特行的人，影響社會愈大，所受的懲罰，愈見其嚴厲了。

薩柯（Sacco）與范則提（Vanzetti）的受刑，不在他們不肯招認的暗殺，而在他們倆公然承認的無政府思想。政治思想的統一，經濟思想的統一，已代中世紀宗教思想的統一而興了。國家切切實實的變成巨大無比的威權了，人民仰首聽命而已。我們的危險就在承認合夫習慣的總是對的。我們不去親身體驗一切。對我們的靈機，隨生隨殺，不然，怕他一定陷我們於離俗獨立的危險。我們對一己所默認的政府的一切行動，絕不相干；我們努力這樣宣傳。美國南方人民私刑，亞姆里塞（Amritsar）地方的暗殺，蒙楠（Mconey）的死節，及歐洲新起的迪克赤托下的顛連無告——我們對這些，痛癢不關，最多，作一次隨便的口頭抗議，袖手他人的冤屈，這是我們交付，並且預備交付保障我們自己的安全的代價。我們心裡這樣盤算，假使我們抗議，我們或一同遭秧。我們壓制我們對犧牲者的同情，因為我們的鄰居亦是這般不表同情。然而針默就是承認。對不平的事不能抗爭，將來自己自由的被侵犯，我們亦少了抵抗了。

（二）

自由就是自己自動的發展。自由的秘訣是勇氣。對他所知為錯誤的事情，針默不言，這樣的人，不算自由。國民的職分，是一切要照良心所指示者進行。他或的去不對，然而他應該時時的明白他所反對的人的意見，和自己的一般，彼此都可以錯誤。政府的職分是在滿足人民合理的欲望的事，或者最少，是使這種欲望有滿足的可能。與這項目的背道相馳的事。莫過於對政府取締合理的欲望的事，針默不敢言。當人民因下情不能上達而至針默不敢言的時候，利害關係重大的方面，總假定人民不言實因無所可言。這種針默不言的習慣，不但養成一種奴馴的惟命是從的人民，使他們成為一種麻木不仁不可振作的人民，同時使政府相信只要態度堅強，無事不可通行。在這種情況底下，自由沒有存在的機會，因為不斷的奮鬥——自由必要的代價——已不存在了。

在社會組織這類事件上，我們不能時時堅持現狀就是完境。大多數的原則我們如今認為重要的，有些地方，有些時候，曾認為謬妄，或怪誕。財產，婚姻，宗教，教育，我們對每個觀念，在過去都已改換夠了。並且今後一定要隨時變更的。我們一班在這些事情上有過經驗的人的職分，就在報告我們經驗的實況。不能有適宜的法制，除了拿集思廣益的歸納做根據。這種歸納，等著我們搜集的。如今統治我們的法律，就是別人的結論。法律就代表某人對社會須要的解釋的結論。假使有法律與我們的經驗和須要相衝突，我們依然假定立法者是對，我們是錯；那是愚笨。因為不止一切的新真理是從一人的少數提倡；一個指正社會缺點的人的勇氣實鼓勵別人發表他的經驗的勇氣。這是對不負國民責任的，加以刺激。這可以給一班惟命是聽的馴民一個指示，俾知積極負責者，雖然有時要遭難受屈，到底這不算羞恥下賤。國民堅決的去使當局者認清當局權力所依靠的一切條件，才算真正的國民。

這些，讓我添一句，在一個大國，又算切要中之切要。人的生活的範圍今日是這般的冷漠，除非人人把他的需要都大聲的說出來，個人的經驗是無人顧慮。進之，這是一個世界，一班擁護習俗道德的人，是盡全力來設法取締與己不同的意見。他們認定後者是罪惡。他們想在舊的「加耳尼（Calvinist）教淚」的專制方法上，換套新名詞，以快意他們的壓迫。我們所買的書，我們所聽的戲，我們所陣列的美術，一切都要尊照他們所批准的標準。然而根據他們欲望所規定出來的禁例，是層不出窮。他們成功一次，他們專權的嗜欲加大幾分。

這些，當然，是「權力」不可變易的本性。「權力」的本身，就根本不容理性的考驗。權力，除非萬不得已，不能接受對他的命令的批評，當權的人就假定他私的意志與公的利益是一件東西。這種事並且在遍地蔓延。穆叔林尼竊取列寧的秘傳。義大利人對摧殘自由的針默，引起西班牙政府的效尤。今日歐洲大陸是佈滿了小小專制魔王，個個都在他的國民方面樹立了這樣一個信仰，黨人民除惟命是從的服從外實無生路。全世界上這些少數活動份子結合的團體，都去把持國家，叫國家制定人民一定要尊從的慣例，或禁止某種將來可以成為日常生活的習慣的經驗。全世界都拱手接收這種鎖鏈，因為人民就不敢稍越庭池一步出來反抗。人民好像不知道爭自由的權力在自己的手裡。人民沒權力，因為他不瞭解他自己的權力。

自由是這般地衰落，因為人民針默的緣故，到現在誰敢抗議不平，誰就成了名人。豈止名人，實成怪物。我們差不多驚訝起來，他憑什麼這樣無所事事，一定要好管閒事。當到格飛（chafee）教授出來爭美國人言論自由的時候，哈佛大學的同學會很希望驅逐他離開大學，當弗蘭克弗赤耳（Frankfurter）教授對薩柯與範則提案表示懷疑的時候，有權位者就馬上誣陷他是有所得而為。我們總希望政客，武人，資本家來規定社會生活的形式。當普通國民多說一句話，我們不是驚訝他的膽量，就憤怒他的越俎。然而，這種受人指使的生活，受影響最多的，畢竟是普通小民。如今的政府，對小民生活的方式，規定得日更日嚴了！對這種規定，除非他預備表示自己的意見，除非他聯合許多人來共同表示他們的意見，他能得到的生活，一定是他個人的一切希望，接二連三的失敗。

同時，我們不要忘記了我們對公眾利益畏縮不前所帶來的那些不必要的痛苦。美國國民的事事袖手旁觀，孟蘭（Mooney）所以坐了十六年牢。英國人事事袖手旁觀，喔斯客．司納塔耳（Oecar Slater）——最近蘇格蘭法庭所宣佈無罪的人——受了十八年的監禁。對於性的問題，我們不願開誠的來解決，結果多少可以快樂的生活受了痛苦。我們對於十八世紀的自由契約說的默認，使美國的法庭能夠剝奪千千萬萬工人的空間時間。不然，這些工人很可以過一種甘苦與共的生活。我們不肯相信，外交是國民的責任，等於那些坐在華盛頓或衛斯提明理斯脫（Westminister）的人的責任一般，這可以把後世的人民送到戰場，同過去的事實一般。然而，文明的意義，最要緊的，是不願意加入以不必要的痛苦。在這種定義範圍之內，我們那些盲目服從政府命令的人，還不能算是文明人。

（三）

個人是無力量的，大家這般說。以個人與國家作對，簡直是螳螂當車。但這是對政府威權過分的誇張，這點我們馬上要否認；馬丁路德單槍獨馬與羅馬的森嚴的威權抵抗，姑無論他費了如何的代價，最少他取得了比較多量的自由。浦熱斯（FrancisPlace），幾幾夫一手從一個對敵的政府，一個旁觀的國會中，為英國工人爭來自衛的組織權。浦理門索（Samuel plimsoll），因繼續的抗議，為水手爭來航海損失上極有價值的保障。格理森（William Lloyd Garrison）雖然為博斯頓的群眾所轟擊，他那種堅強的態度，雖然為名貴所驚訝；然而是他在千萬人心中，燃起星星的火，俾解放運動得最後的勝利。其實，社會組織的本性，就可以證實給我們，對不公平的抗議不會孤立無援的。我們所怨憤的不平，我們所抗拒的命令，別人經驗中一定亦是怨憤，亦是不平。往往如此，他們不過在等人領導。假使我們因一念之怯不敢為動作，我們就叫他們接收失敗。如此，就等於替我們所認為不公平的當道，加增聲援。我們的缺乏勇氣，使第二步的抗議益見其難了。

進之，我們應記到，當道所最畏懼的是對方百折不撓的良心。現代的政府是無疑的比較歷史上任何時代的政府更有力量。但他們依然倚靠服從正當輿論這點以取得他的力量。（Czechoslorakia）捷克斯洛代克亞的總統馬薩理克（Masaryk）已表明爭自由的決心所能發生的影響。顧理裴斯（Arthur Grilliths）與枯休斯（Michael Collins）已表示得明明白白對於為正義而奮鬥的人，政府壓迫的力量是有限制的。英國的女子選舉運動者向一個不可理喻的政府為八年的苦戰。他們那種與其損失負責任的國民資格，寧願受法外行動的懲罰的決心，是他們最後成功的重大的成分。上次大戰時，那些反抗軍役案的人。就證明最後國家不是萬能。確信戰爭是罪惡，他們要求不直接捲入戰爭旋渦的權利。當時英美的「奎克耳」教徒（Quakers）都得到例外看待的承認，這就是可注意的一點。這等於默認，當國家與某部分人民衝突時，有時國家就覺得妥當的策略還是放棄這至高無上的地位。這裡，真正的問題是「國民承認」的一點。假使國民真是深切的且誠懇的為所爭的某問題所感動，沒有國家真能違民意而行動。單靠加增嚴刑峻法，美國政府不能夠實行禁酒令。只有人民相信禁酒的目是值得達到的，禁酒運動才可成功。實際上在重要問題上沒有國家敢冒險去壓服反對者良心的主張。政府的活動，總以得到思想界精神的擁護的大小為範圍。

應該記到，政府不一定總是成功，因為我們要記到政府並不總是對。那就是說，政府不但沒有必定成功的保障，並且沒有必應成功的保障。服從國家的唯一的根據，在國家的目的是勝過於反對國家者的目的。國民擁護或被要求去擁護一個國家的唯一的理由，只在國民相信國家一舉一動的目標都是對的。不能因為國家的理想的境地是烏托邦，我們就來擁護某個國家。不能因為他的志願誠懇，我們就來擁護某個國家。國家純潔清高的目的所做的工作，依然可以荒謬絕倫的滿盤都錯。存心誠懇，不是做一切事的解脫。克溫（Calvun）在燒殺賽弗塔斯（Servetus）的時候，是成分的誠懇的。格里李喔（Galileo）的監禁，在宗教檢查叛徒方面，算是大有作用。英皇喬治第三是絕無問題的誠懇的反對美殖民地獨立與天主教的解放。無論如何，在政治上，不止是要目的純正，並且要知道什麼才算得「純正」。猜想某個政府是在盡其天職，於是不加以反對，其實這政府是否害多於利，還是一個很好的疑問。火烈般的決心求「是」，這並不是我們沒有「錯」的鐵證。

同時並不能說，因為有專家服務，所以政府一定都是對的，普通人是知識不夠裁判的。第一，我們要瞭解，決議的根據雖然是專家，假使專家不能使普通人信仰這決議，前得並不足補償後失。抹煞反對者或懷疑者的批評，終究是說思想是值不得要的。同時，還要記到專家在社會事務自有他們重大的缺點。他們是某特別事項的專家，因此，他們過分重視某特別事項。計畫險要，不能完全靠一個陸軍大獎；規定海防，不能完全靠一個海軍提督。進一步，專家每每輕視使人同情他的意見的重要。他是這般堅信他的原則的真確，至於實行原則的價值，至於實行中原則的失敗，他們從不注意的。須要考慮人民的承認，只有這點才防止專家的武斷。讓外行的政客來管理專家，讓專家認識群眾耐性的程度。這是好辦法。

復次，大家這般說，要國民來做開道先鋒，等於叫他加入勢在必敗的探險。大家這樣說，果然遇事容忍針默，通盤打算，未始不是一個順利的生活。同時，一個孤人來主持公道，或者來設法使社會接受當局者所否認的真理，這是叫他轉入窮途末路。當局的威權是這樣的穩固，反抗他們的壓迫簡直是傻笨。革命的代價是烈士，就算烈士，最後亦沒有什麼酬報。社會問題，大家這般說，一定要用合理的分際去看。我們要打算我們自己的幸福；我們，無論如何，不是別人的護衛。他立志做亞曾拉西亞斯（Athanasius），於他本人，又有什麼好處呢？很少很少機會，他真力能從心。到頭他的精力只換來痛苦與失望，世人對之畢竟是漠然或仇視。他的激進的精神，普通人看來，不過是固執或驕傲的一種而已。人類，有歷史以來，對先覺先知，總是殘刻。

「將就」的呼聲，總是動聽。他叫我們各人自掃門前雪，不管他人瓦上霜。他免去我們更改故轍的麻煩。考驗故轍總是危險，並且有時破壞故轍，禍成自滅。然而這點我們可以說，「將就」的結果，群眾失卻國民的責任。任何人，假使認定某項罪惡不是他的責任，結果變成對任何罪惡，都成麻木。暴虐魔王，他靠人民的昏迷比靠什麼都多。專制政體的產生，人民對罪惡無積極的反動是總因。這裡就看出托諾（Thoreau）名言中的要義：「在一個政府底下，他不公平的監禁任何人，一切公正人的正當地點，亦在監獄」因為假使他不是個堅決的抗議不平者，只好當他是個默認不平者。他的默認，事實上就成為監獄的吏役，政府當局就倚賴他了。因為根據他前此的針默，政府就知道他的良心根本已死。強暴的雇主，野蠻的法官，腐敗的政客，他們放肆，因為過去就沒有人向他們挑戰過。挑戰一次試試。一夫當先，萬夫為應。等到萬夫為應，那些作惡的人亦就要三思後行了。只有注意到當局行動範圍的人民，才有自由的希望，罪惡所以能夠存在，因為人民不認「將就」是罪惡。

（四）

反對者說上面的是無政府的原則。假使不信什麼，就可以不服從什麼，那末，他們說，社會安爾破產了。並且，在一個橫蠻時代，公道永無勝利。所以主張人應憑良心做事，主張我們有時可以不睬法律，這是根本搖動社會的基礎。對國家，我們要叭惶叭恐。我們要記到國家的慣例，風俗，目的，是前賢先哲的基業？我們什麼人，他們這樣說，我們有了柏克（Burke）所謂的「些微理智」，居然要與國家所代表的偉大的成績相對抗？

這種理論似是而非。不能單單因為這是已成局面，就說已成局面是公道。公道不公道，要看現存局面包含公道的程度。一個美國人，不責備華盛頓一七七六年的革命。很少的法國人，懷疑一七八九年事件的公道，更少的英國人，肯否認一六八八年革命的常識。然而華盛頓及其他一班革命家，總要在一個時期，有抗命的決議；他們這種決議，終不能逃去與沿襲已久的威權衝突。這自然的，我們的反抗，自然要與事件的輕重相比例。我們不能因為徵收所得稅者的稍過量，就要托出機關槍來打仗。然而假使我們所處的地位，已到了一七八九年的法國農民，一九一七年的俄國農民，看不出憑什麼前人的智慧，我們一定要重視他是智慧。固不然因小節破壞社會安寧；但安寧的代價，有時太高。秩序固然破壞了，然而有時守秩序就近於自殺。

政府，憑良心說，是必要的；但政府的職權一定要有個範圍。除非我們對於那個和平的目的已滿意了，單單在社會制度裡，宣導和平是不夠的。因為個人是這般微小，政府的威權又這般的偉大，我們很可確定，通常有粗識的抗命一定是不平的結果。除非迫不得已，人是不肯挺而直險去革命的。他們不受人煽惑，除非他們有這樣的痛苦，煽惑者的宣傳可以壓倒他們其他一切的顧慮。簡言之，到了許多人覺得他們所受的冤屈已不能再忍受了，無政府狀態的危險始產生了！

進一步，認如今已沒有不可忍受的冤屈，那是廢話。小事情可以包含大原則。例如渚納弗斯（Dreyfus）案，小軍官被人誣陷為叛逆；又例如弗瑞（Francisco Ferrer），小教員。被誣判為反動。我們的責任，遇到這種冤屈，就要抗爭，否則，權力一定壓倒正義。因為自由的代價，就在一個最後的勇氣抗爭。對任何國家或教會，我們沒有盲目服從的義務，沒有一個國家的基礎是穩固的，除非是深得人民良心的擁戴，真的，尊重人民的良心，在防止錯誤上，國家沒有比此更好的保障。輕視人民的良心，拿人民良心的主張看作根本的錯誤，良心所損於國家者少，國家自殺的成分多。人民果有一種精神，是根本否認國家的目的。誠如此，國家並不在發展人格，在摧殘人格。誠如此，這是空前的絕大的罪惡。

無論什麼政府，在讓個人運用心思這點上，終究找不出比他更好的替代品。姑無論政府的經驗如何廣泛，終不及全部國民的整個的經驗。姑無論國家存心如何良善，因為限於經驗的緣故，絕不免有過失與錯見。他們的品質，最終，不會高出於一個通常平民的品質。什麼時候，國家忽視某個平民的見解，國家擱延他增高本身品質的機會。因為壓迫個性，就是滅毀個性。繼續的毀滅個性，結果就造成奴性。歷史上許多國家滅亡，不是因為他沒有遠大的目的，是因為他們統一思想的熱情，打毀了達到目的的工具。在任何社會裡，高遠的目標總靠人民有高遠的眼光來賞識；一個模型製造出來的人民，夠不上智識的地位。思想受過鑄練的人，就失了他那浩然之氣。浩然之氣是一切大事業的動力！

（五）

假使社會團體的一切法制都像數學上的法例一般的清淨有理，那麼，或者，我們無提倡容忍之必要。但是關於社會組織的事務，沒有誠實可能，除非我們首先承領政治上的信仰總有相當懷疑活動的餘地。過去的信條沒有一條是比較豐富的經驗不能變更的。現在的更沒有一個信條，將來後人看來，不是殘缺不完的。對不同的意見，政府取不共戴天的態度，這是防止合理的見解。薩柯與范則提不因政府懲辦無政府思想就不做無政府黨。一九一七年前的俄國政府，將共產黨趕到西比利亞去，並不能消滅共禍。思想無論如何的錯誤，計畫無論如何的偏激，然而他們總是根據反對派所要滿足的欲望而產生的。懲討這種思想與計畫，並不能根本消滅他們的欲望。結果，或趕他們為祕密的運動，或逼他們為公開的革命。一個遇見這種反動思想的政府，一一進之，一個激起革命的政府，——最好是反求諸已。因為政府的責任就在滿足人民的要求：人民的反抗，就是政府失職的標誌。

這種警告，沒有一個時代比我們這個時代還要緊。權力一天一天的集中在少數人手裡。統一化的機械技術，把一切智謀的人都降做照例行事的員役。輿論，教育，黨的紀律，漸漸的縮小了思想的責任的範圍。在俄國我們有一黨專政的奇觀，他們用一個特殊的信仰來統馭一切；一班快要成年了的青年，他們將來除此以外，別無聞見了。義大利與西班牙亦是如此，絕對不容懷疑。然而很明顯的，真理不能用這種方法來保持的。就是馬克斯亦沒有杜絕我們在社會思想上發見新真理的可能。

俄，意，西班牙不過是絕端的例證。這種辦法別的國家正在用比較簡接並且比較巧妙的方法在進行。工業的標準化使人日更日的在一個模型裡討生活。並且這種進行的結果是思想的標準化。像俄國的共產一般，個個都製造了他們自衛的傳說了。大多數的美國商人，真正的相信美國已達自由競爭的極境。一切的英國商人，稍有資產者，都咬定有才能的就有前途。個個都說失敗是個人的自取。一個新的「加兒溫」（Oalvinism）主義起來了，都把個人的貧窮與失德同觀了，這已經成了歐西人的宗教了，這點既然是一班得意人宣傳的教義，於是這又成了學校與報紙的宣傳材料了。到如今在大多數眼光裡，懷疑這點，等於疑懷算學的乘數表。到了這般地步，懷疑這點，已當做瘋狂或墮落的表證。如今在法庭上問一個人是不是社會義者，是暗示給法官與陪審員，此人不是良好的國民。假使他要得到社會的同情，他一定要與社會隨聲附和。

上面的是條停滯的道路。思想停滯的結果，就是自由的毀滅。真是奇怪，在二十世紀的今日，還要來重複說明自由。在宗教上，政治上，科學上，藝術上，一代一代，人們都有過摧殘人類的精神的痛苦經驗，除了保持那解放人格的條件外，別的都是小事。一代一代，大家都有過這種教訓。我們的責任，假使我們希望過一個有意義有價值的生活，是不接受任何與我們基本經驗相衝突的東西，姑無論那東西是否從風俗，習慣，或當道的威權中出來的。這樣，我們或者會錯誤。然而除非我們所接受的事物與我們的經驗相符合，我們的自主是從根傷失了。所以在任何國家，自由的條件，總是對當道所堅持的信條，一種迭次的公開的懷疑。懷疑就是考驗；在特出的人才，考驗就是發明。但是並不是單單的為可以發現新真理的價值，我們推崇懷疑的重要。老實的人，假使不預備為老實而奮鬥，就沒有老實人的世界。主張公道的人，不為公道奮鬥，世界上就沒有公道。我們要做人的自由。只有爭自由者才能自由。除非他的信條與我們的生活有關切我們才承認。沒有別的信條在我們面前，能夠站得腳住。

因為我們大家都在經歷一個共同的經驗，所以我們不能保定有不勞而獲的單獨自救。我們用考驗，不是用降服來盡我們的職分。我們是熱心找真理，不是熱心謀「一致」。既是個精神上自由的人，就沒有什麼東西，能叫我們毀滅自己生活，完全加入公共生活，放棄個性，接受一種我們認為毫無價值的標準。正當的忠誠，不是消極的與馴良的，是積極的與批評的。假使有可攻擊之點。一定要攻擊。因為一切服從，他能夠自命在道德上站得腳住，一定是不違背我們良心上的目的的服從。除此以外，都是自誤。我們放棄我們所見的真理，這個自誤，且誤了將來的文明。因為一個自由的良心的勝利，是達到理想境界的指路石！

約法與憲法

——《新月》三卷五、六號合刊

魯參

自從中常會決定國民會議制定約法後，什麼是「約法」這問題就立即引人注意。中央考試院戴院長對約法的意義，有這樣一段議論：

「總理在日曾有數次演講，述及約法之事，辛亥革命後曾模仿歐洲憲法格式，頒佈約法，但此非總理所希望之約法，總理所主張之約法，即負責建炎之本黨與全國國民相約，如何建設民國，建國之權應交給誰，故約法之意義，與歷史上約法三章之意義大致相同，與憲法之意義則大有差別。」

戴院長所指的「歷史上的法三章」，不知道是否指當年劉邦先生亡秦入關這件故事？假使是的，照我的記憶所及，高祖的約法三章，好像沒有談到「如何建設漢朝」，三章裡面，亦沒有「建國的權，應交給誰」這項規定似的。高祖的約法三章，簡簡單單的說，是去秦苛法的意思。三章的本身，就是幾條刑法。國民會議要制定約法，果然是君主時代漢高祖那樣的一回事，那麼，原諒我說句直捷爽快的話，如今黨國早有了約法了。從前的懲治反革命法，現在的危害民國緊急治罪法，都是約法。這的確與「歷史上約法三章之意義相同」雖然不止三章。然而，這是國民會議要制定的約法嗎？這是「總理」要的「約法」嗎？

戴院長咬定「約法」與「憲法」不同，這點是對的。不同點在那裡，這是問題。戴先生認「憲法」與「約法」不同在他們的內容，並且要黨員「今後關於約法問題，在宣傳上應謀一致之努力，勿使約法與憲法之意義相混。」戴院長這意見又似是而非。

內容上論，豈止約法與憲法不同，這國的憲法，與那國的憲法亦有許多不同點，這個時代的約法，與那個時代的約法，當然亦不同。這是因地制宜，因時制宜的緣故，然而這的確不是約法與憲法的重要分別。

假使「約法」與「憲法」有一點分別的話，就在他們適用的時期上。約法是暫時的，憲法是永久的。約法是過渡時代中政府與人民的合同，憲法是國事安定後政府與人民的契約。亦可以說：約法是暫時的憲法，憲法是永久的約法。因此國家有了憲法，就廢止約法。

姑無論戴院長如何來解釋「約」「憲」不同，在我個人看來，黨國的政府，承認這個「約」字，承認這個「法」字，就是大進步。

照戴先生所說：「總理所主張之約法，即負責建國之本黨與全國民相約，如何建設民國。建國之權，應交給誰。」「與民相約」，在政治理論上，就是民主政治的根本。「建國之權，應交給誰」，這點，要拿來徵救人民的同意，這確是中國政治上的一個進步。這點又是治者要被治者承認的意思。（Goyernment by the concernt of governed.）這是走上民主政治道路的初步。

約法的內容如何，雖然要緊，然而這是第二步的問題。治人者知道他的立腳點在「約」，他的職權的範圍在「法」，這就是他們對民主主義初步的認識了！

我認為政治上極重要的原則是政府與人民都承認「約」，承認「法」，承認以後，彼此都守「約」，彼此都守「法」。

政治家的態度

——《新月》三卷五、六號合刊

魯參

舊年十二月一日，南京國民政府舉行紀念周。那次輪到現任南京司法院院長，現任國際法庭法官，美國耶魯大學法學博士王寵惠先生演講。他的題目是國民會議。他說：

「我們不可以為國民會議同國民大會是一樣的，總理在建國大綱上規定，國民大會有兩種意義。一種是公佈憲法，第二是憲法公佈以後，行使中央統治權，國民會議便不同，國民會議是為解決目前建設中國的重大問題，國民大會乃是行使憲法職權，開會的時候期，在訓政完成之後，並不是在訓政時期，依照建國大綱規定，有過半數的省份完成地方自治之後，才召開國民大會，決定憲法，行使中央統治權，我們現在的國民會議意義完全不同，如果各位要求明瞭起見，可以再研究總理在民國十三年有一個宣言，並在北上的時候，在上海和新聞記者的談話，便可得一個梗概。」

王院長用法學家的眼光，明明白白的指示給我們：「國民會議是為解決目前建設中國的重大問題，國民大會乃行使憲法職權。」

三月三日我們又在報紙上看見一個突如其來這樣驚人的消息：「中常會通過訓政範圍確立約法案。」同時讀到下面退個提案的原文：

「本黨秉承總理道教，在此軍事結束訓政進行之時，召集國民會議，其目的在依遵總理所示謀全國之統一及建設的標準於三民主義的訓政範圍以內，確立本黨與全國人民共同遵守之約法，使真正的全民憲政，得循是實現，此種約法，為中國民族整個的生命所寄，負訓政責任之本黨，不得不於再三慎重考慮之後，定堅卓不移之決心，並應排除一切困難與謬見，根據總理所指示，以確定其性質範圍，與產生之方式，俾於國民會議，樹久安長治之宏規，是否有當，敬請公決。」

更驚人的是在提案者十二人當中，又有王寵惠先生。六十天以前，王先生舌敝唇焦的告慰我們，「會議」與「大會」有很大的分別。「大會」可以議憲法，「會議」絕對不能議憲法。如今，王先生又說「會議確立本黨與全國人民共同遵守之約法。」

如今應不應有約法，是另一問題。國民會議制定約法，是不是與總理道教相合，這點，就是黨國的領袖，都見仁見智，我們小民，更不敢妄參末議。

現在我們只拿王先生一個人的意見來說罷。在這樣很短的期間，在同一問題上，前後意見，有若兩人。在我們這班沒有法律智識的小民方面，何所適從？

政治家改變思想，這是他應有的權利，亦是中外常有的事。遠點說，英國的格爾斯頓從守舊黨，變為自由黨。近點說，穆叔林尼從社會黨變成法希斯締的國家主義者。

然而在同一問題上，在這樣的短的期間，講話有若兩人，這是很少的罷。

這裡我不是討論約法的有無問題，更不是輕視王先生學問上的地位。我談的完完全全是政治上的（Sportgmnnahip）的問題。我總覺得處一個有重大責任地位的領袖，他的言論，最少，在同一問題上，在一個短期中，應有點連貫性，使我們人民知何所適從。這是大政治家應有的態度。

據說胡漢民先生起首就反對國民會議制定約法。這次因主張不能貫徹辭職。他的辭職，在黨國上發生什麼影響，不在問題之內。他的去留，更用不著我這小民表示歡樂或婉惜。以主張留，因主張去，這是政治家的態度。這點，我佩服。這點，在如今中國的政治倫理上應提倡。

平等的呼籲

——《新月》三卷七號

拉斯基著，羅隆基譯

（一）

從法國革命以後，對民主政治的懷疑，沒有一個時代比現在還厲害。民主主義是一個不容疑問的最高的理想，這地位已傷失了；如今很少的人是這樣可憐，肯來崇信他。有些人看不起民主主義包含的中產階級的觀念；有些人堅持他是絕對缺乏能率；更有些人，說他受不住科學的分析。大家告訴我們，說民主政治的立腳點，是個已受排斥的平等謎。他是浪漫主義不自然的後裔。他是盧騷和妬嫉曖昧結合的嬰兒。他的原則，大家說，受不住考驗。除了拿法律來解釋自由，自由是沒有意義的；法律的根本條件是威權與服從。平等，假使真可做到的話，一定是單單的強優秀為平庸；強精明能幹者去適合浦諾柯納斯提斯（Procruatea）的牀[1]，自然界並沒有為他的牀造人。博愛，在一個物競天擇的世界，簡直是瘋狂；除非我們有了安全，我們談不到愛人，在一個優勝劣敗的尖塔式的社會裡，除非我們踏在鄰人的身上，我

1 Procrutes是古希臘的強盜。他處治人的方法是用張牀以量人的長短。長的將人身割短，短的將人身拉長。

們找不著安全。一種政治制度，在十九世紀認為可望不可及的，如今全世界都向他起了疑問。認定熱心平民政治制度的時期，如今已告終結：再沒有比這方法，更易得名了。

然而一個深刻的觀察者，對這種態度，亦有點懷疑。民主運動，不是一個歷史上偶然意外的事件。他的起來，是有明顯的理由；直到如今，依然有可推考的原則。民主主義的起來，是對一種享特權的人的抗議：那種享特權的人，他們住的優越的地位，與社會的福利，沒有密切的關係。人們都覺悟了，享不著權利，就是得不著利益。他們知道了，假使他們是受他們中某一部分人的統治，經過相當的時期，一定是為某一部分人的利益，他們在受統治。痛苦的經驗告訴他們，權力是當權者的酖毒；沒有一朝代，沒有一階級，他們專擅政權，結果不會把他們私家的利益和公家的幸福混合起來的。他們知道，權利會把成見變成原則。以後，專權者再拿理由來解釋保持現狀的緣由，不拿理由去滿足社會客觀的需要。一言以蔽之，他們知道，假使政府的目的是在民眾的幸福，達到這目的的重要條件，就在民眾自己管理政府。

一七八九年到如今，差不多過了一百五十年了。我們現在可以起手清查那次翻天覆地的變動的結果。廣義言之，他使中產階級的商人，獲得權力。最重要的結果，他打破防止中等階級抬頭的政治特權。最少，在西方，人人有重要者政治的自由。那裡有普選：那裡有比較多量的言論及結社的自由；那裡，貧賤者有做執政官吏的機會。那種舊觀念，政府是嗣襲的貴族們天然的領域，這種觀念，確實送到歷史的古物陳列所去了。絕對不容否認，普通人如今生活的範圍，是比從前任何時代都要廣闊些。給他們政治思想的訓練，他們就可以在國家的政治舞臺上盡他們的一部分的責任。給他們組織的知識，舉眾普遍的意志，有了相當的力量，就有成為法律的希望。國家是人人的國家。國家不是有了分疆劃界的存心而後建設的制度。在這個重要的意義上，如今政治的國家是個民主的國家了。

政治的國家雖然是民主，這並不能說我們是民主社會的份子了。政治上最特出的事實是平等。畢斯麥的主張，最好的政府是合理的與慈惠的專制，這種主張，得不著大家的同情了。因為歷史的經驗已證明，沒有專制是可以繼續為慈惠的和合理的。除民主政府外，任何政體，有個不可救藥的缺點。他防礙人類的精神自然的發展。別類的政府，阻礙文明的進步，因為他看輕人民。他犧牲多數，提高少數；這是道理上說不過去的。當法國的皇帝統治法國，英國的貴族統治英國，那些得到利益的人，很少是那些為國盡勞的一班人。民主原則是少有這層大便宜，人民對公共的利益，可以平等的享受。承認人們國民的資格，人們的人格就尊重了。給普通人創造的精力開條新的道路，不止是提高了人們的道德，同時讓國家在一個比較從前更廣闊的結論上去找經驗，這又增進了政治的國家的品質。政治的民主主義，杜奎爾（Tocqueville）傲悔的承認，開化了民眾，比前次任何制度都多。

（二）

然而政治的民主主義，只包含政治的平等。固然不必故意輕視，然亦不必故意去誇張政治平等的重要。現在世界大多數的國家，社會方面和經濟方面的平等，並沒有隨政治的平等出現。因為政治到底是生活上比較的一小部分。容許個人的人格繼續發展的地位，換言之，個人的精神能夠自由活動的地位，依然很明顯的狹小。財產的分配是很明顯的不平等；教育機會的分配，又與此相差有限。現在世界上除美國外，職業上的父親子繼的程度，真是駭人聽聞。平民政治的國家，直到現在，還不能夠變換社會組織上的不平等。結果，到處是深沉的失意。到處都覺得，政治制度的本身，影響根本的社會的變更，還不如用革命方法，得來單單的幾條立法的變更力量大。十九世紀宣傳選舉是實現社會福利的大道。二十世紀好像主張暴動是激進的改革的催生婆了。這種不同的觀念——連觀念所包含的一切危險在內——是我們不能把平等的思念應用到政治範圍以外的結果。因為沒有平等，就沒有自由；沒有自由，就不能達到人類的人化[1]（Humaniaation If Mankind）

我說，沒有平等，就不能夠有自由。一切歷史都證明兩者互相為命。因為，假使自由的意義，是人的精神繼續不斷的向外發展的力量，那麼，這種力量除非在平等的社會裡，很難實現。在個社會裡，有貧富的分別，有智愚的分別，那裡一定找得到主奴的分別。有錢財，就有勢力；有教育，就有威權。因為貧窮或失教而受制於人，等於一顆陰地的樹木，他枯萎，因為他受不著陽光。貧窮和失教，麻木人的智能，壓制人的精力。自然，確實的，有些人因壓迫的力量，

1 「人化」為「神化」「物化」的對待名詞。

激起他去征服環境。然而普通人不能如此。反過來，一個不平等的社會所引起的低等複雜，把個人一往直前的勇氣打銷了。對一個他們不能充分發展自己的環境，他們亦安之若命了。他們與富足的或文化的階級，相隔這樣遠，他們就興奮不起來，去打破這種疆界。他們甘居野蠻，因為權力和思慮，這些東西太高雅了，他們不能瞭解。粗糙的文學美術，獸性的色欲，物質的和粗俗的東西，這些，在他們，於願已足。因為他們的低下，他們就被認為無進步的可能。貴族，姑無論是資產上的或血統上的，從來不認識這種墮落的祕密。一半，他們認這是他們高貴的反證；一半，他們歡迎這是他們安穩的保障。他們拿這種外來的區別當作他們內在的本質的證據。他們並不考察他們接收這種分別的根由。

貴族階級，有史以來，就有不能思想這個短處。他們是社會的一部分，然而他們不能體解社會其餘大部分人的欲望與本能。因此，他們總不明白，追求平等的欲望，是人類最耐久的情緒中之一種。政治學起原的時候。亞理斯多德已經看出來，不能滿足這種情緒，是一切革命的重要的禍因。如今，依然是這樣。因為，什麼地方，人的習慣有很大的分別，一家分裂，不能自立。一個國家分為貧富兩階級，就等於一家自裂。只有大家在共同的努力上，得著同等的利益，那裡才有純正的感情為他們的團結。不平等利益的實現，就不可避免的產生不公平的感覺，這感覺就引起酬報不均的概念。階級中高不可測的崖岸就建築起來了。最後，總是革命的一個結局。

所以，在圖謀生活上，人與人中間，分別愈小；人與人中間，友感的關切愈大。在一個社會裡，像我們如今的社會裡，人間一切的區別，很少在理性的原則上可以解釋得了。因此這些區別就更露痕跡，更形加重。我們有富足的男婦，他們對生產的總量，沒有一日工作的貢獻。我們有貧窮的男婦，他們在不斷的工作裡，從不知道片刻的休息。富有，在我們如今的社會，這般的普通，是意外的結果，是腐敗的結果。富有，是滿足根本與社會不相關的欲望的能力的結果。如今錢財的享有，與社會的利益，是不發生關係的。換句話說，如今社會上一切的經濟的不平等，不能解釋不平等之所以然，不能令人承認這些不平等的正當。那些認他為必要的人，總站在保守一方面。他們總在尋找對貧窮人可能的讓步，由這種讓步，他們可以好一點去自為保全。慈善事業和社會立法是富人保持貧窮者聽命不犯上的賦稅。這些事情，不但不是根本剷除貧窮的鼓勵，他們並且成了通常故例的事情。這些事情的本性，就防止做這類事情的人養成一種文明的品質。我們這種不平等的制度，在富人方面勒收贖金，因此腐化了富人的良心；在貧人享受的方面，給他們利益的時候，表現他們的下賤，這又破壞了他們創造的能力。富者，討厭施捨的辦法；貧的恨強迫的收受。

這種制度，進一步，是一代一代的站腳不住了。他衰弱下來，因為，第一，宗教的威權不擁護他了。第二，教育的普及，是日更日破壞這種階級的區別了。貧窮假使有種深切的宗教觀念伴著，貧窮很少引起妬嫉，因為窮人或者覺得他的天職應接受上帝的定命，或者因為們覺得有種把握，死後他們有相當的酬報。如今，他們不覺得他是上帝特垂青眼的人了。與其成為一個充分昏迷的基督徒，他們一天一天的要他們的天堂在此生實現了。並且，如今又有繼續提高教育的標準的必要；一方面因為受了教育的工人，是增加生產力的條件；一方面，有教育的民主主義，是社會和平的根本條件。然而教育在平民中的第一個結果，是這樣的觀念；姑無論任何不平等可以拿社會需要來解釋，現在的不平等是不可解釋的。總而言之，我們愈教育，我們愈向平民暴露，我們的文明所立腳的道德原則是殘缺的。我們既然把政權給一班人民了，人民或者利用民主政治制度來補救這殘缺，或者他們要根本另找能夠補救殘缺的制度。

（三）

「我們的不平等，」安諾德（Matlhew Arnold）這樣說，「使上等階級物質化，中等階級鄙俗化，下等階級野獸化。」化的程度，又以人們中不平等的程度為比例。任何人，稍為留心我們的金錢政治的習慣的人，就可以看出來，金錢政治的愚頑鄙俗的標準，在社會的一隙一角都表現出來。有錢的人，他們就可執政，這就是說，政治以金錢為轉移。他們叫別個階級所景仰的，不是思想的商超，人格的高尚，生活的完美，是地位，外表，奢侈，或者其他錢財可以表現出來的東西。換言之，人們對這種金錢政治所景仰的，並不是什麼可以提高心思的質料。那些羨慕這類事情的人，他們羨慕外表，他們亦極力求在他們本身的外表上來發展，來捉摸外表上這般神氣。維持不平等，實際上，我們是維持那些阻止人類進化的條件。因為任何地方，一班令人景仰的人，他們令人景仰的唯一的品質，是占取的天才，或者，是保守先人遺留的產業，那裡自然沒有偉大的精神發展的機會。不平等這個宗教，真的，連神祕這點點利益都沒有。他是太切實，太粗糙，太橫暴去產生神祕。和其他缺乏仁慈的宗教一樣，不平等這宗教，他的信徒，只有他自己的小影。

進一步，我們的不平等宗教，還有另一方面要討論。在任何社會裡，是了重要的顧慮之一，是法律上平等保護的需要。在我們的社會裡，最確定的東西是，貧富的不平等，就是法庭待遇的不平等。有錢的人犯了法差不多總可以保釋，窮人就不能這樣。罰金，在富人不算一回事；然而在窮人就可破產傾家，拿不出錢來的話，就只好蒼蒼鐵窗滋味。富人，法律上的一切的專門的玩意，他可惟取惟求；窮人，大多數，只好接受公家派給他的義務律師，或者就倚靠裁判官在他們詞不達意裡去看清是非。分別還不止此。在一個小書記算是吞款的事，在個百萬家財的人就算是理財的方法。在東倫頓算是不法行動的，到了（Temple Bar）的西頭，算是闊人的典致。什麼在（Poplar）是盜竊的，到了（Kensington）是瘋狂（注三）。對（Sacco）和（Vanzetti）的命運，我們沒有良心的主張；但是（Thaw）先生的百萬家財，就可使他逃避他們那樣的命運。實際上，只有有平等的財力，纔能有平等的法律。法律上一個人能得到多少公道，大部分，是看他們銀行存款的多寡為標準。

同一觀點，可以拿來討論不平等在教育方面的結果。縱使在實行了普及教育的地方，教育，在大多數的人，到了十四歲就完了。那就是說，智識的分析，那個必要公具，在窮人是不能運用。智識和發揮他們的經驗的權力，變成少數人的專利。在不受教育的人，因為沒有能力來發表他們的要求，最壞的，就成了無所要求。這絕對墮落了人類的精神。大多數的男女，一生對文明這付遺產，絕對莫明其妙。然而，個人的接觸除外，一個沒有機會按近這付遺產的人，一定不知道這是生命能供給我們的快樂的重要源泉。取啻他們接近這付遺產的機會，並沒有根本打銷他們的好奇的衝動。不過把這個衝動令他傾斜到不能為社會謀利益的道路上去了。教育是極大的一個開化家。最重要的，因為缺乏教育的緣故，就令人返於野獸。缺乏教育的代價，在孟克斯脫（Manchegter）的窮窖和支加哥（Chicago）的流氓世界裡可以看見。最重要的，一班無教育的人，不能明瞭文明的脆弱易於摧殘。這是教育上不平等的代價。他們感覺憤怒的絕望與安定的失望；他們不知道怎樣去找失望和絕望的來源。我們沒有教育他們怎樣去補救，我們只好聽其破壞。

進一層，不平等在心理上的結果。更不能不談及。不平等把社會分成發令的與受命的兩種人。第二種階級，因為傷失了創造的能力，他們自由的可能，亦被劫奪了。第二種階級的份子，畢生做了無可逃避的奉命行事的囚犯。這種結果，受命者並不是自作孽。拿他們的生活，與執政者的生活比較，後者自己手中的創作權力是繼續不斷，自然前者人格表現的機會是不存在了。同時發下來的命令亦是不負責任的，因為這些命令發下來的時候，大概是依據錢財的有無，不是依據命令本身的功用。農夫，家僕，工廠裡的工人，充分的成了有機的工具。這種工具，亞理斯多德認定是奴隸的精華。在心理方面，窮人的經驗只是他們天然衝動不斷的摧殘。他們一切都沒有實驗的場所。這是人格發展上的災害。經濟的平等，在他們看來，是停止這種少數資料階級把持政權的政治。這少數人他們生活上唯一目標是個人的快樂和個人的利益我們很能夠瞭解服從醫生，服從關稅員，服從員警的必要。在這些上面，我們能夠明瞭，醫生，關稅員，員警對執行的法制上的原則，他們和我們一樣，已身就是奴隸。他們對這些命令的結果，並沒有自利的成見。然頁那少數把持經濟權力的執政者就不同了。他們的命令，很少是沒有成見的。命令絕對不會從某種原則上發出來，假使發命者不選擇那種原則。結果，受命的人是損失自由，因為他們強迫執行他們的命令，那些命令的目的，受命者是沒有份的。

強制，與思想的自由，不能同時並立的。要保全社會生活上的不平等，大多數人的思想一定要受管束。報紙，廣義說起來，是資產階級的工具。報紙本然就是他們所有的。如今所有權特別集中在他們了。報紙又靠有錢的人的廣告賺錢，對有錢的人，更不敢得罪。於是報紙滿載了偏袒的新聞，這些新聞主要的目標就在造作一種為維持不平等很順利的空氣。我們的執政，很可以採納（Fletcher Ir Saltoun）的格言，並且說只要他們可以操縱新聞，他們就不管誰在製造國家的法律。無文藝學任何旁觀者，姑無論他如何努力求公正，在成見的雲霧裡，要找出清白的事實來，是不容易。然而這就是這些雲霧小心謹慎的目標，把保障不平等做基本原則的制度，他的一切實際動作都遮蓋起來。

在教育上比較好一點，然而大體依然是這種現像。學校或大學，有個政治或經濟的激進的聲名，是很危險。那些把持任用人員職權的人們，本身就是財富階級所推薦；從免職到失去升級機會，他們把很厲害的防止僱員最後思想自由的工具拿在手裡。任何人，他只要看看美國大學教授聯合會一切調查的報告，或者分析那些與工團發生關係的教員的歷史，一定十分明瞭，教育上的思想自由，到了思想與現存社會制度相衝突的當兒，大部分就不能存在了。有些美國經驗過的荒謬絕倫的事，或者在英國還沒有發現。然而這是因為英國在選派教員的時候，比較小心：免職就比較的不必要了。在神道學方面，英國的成績，就不是一個很光榮的成績。就在今日，牛津和劍橋兩大學，神道學的講授是英格蘭教會小心保衛的專利品。結果，在學校及大學中，對制度的講解，在絕大多數中，一定認定智識上絕對要維持現存制度。

與蘇俄的情形，的確一樣，真理就是共產的真理，在教室裡寫上一面牌：「不許違此」。更厲害一點的，把不平等社會裡的一切制度，當作社會秩序上絕對不可逃避的必然情形。我們的教育制度，不是拿來訓練人民的心思，做批評研究的工具，是拿來強迫人民對一切少數專政者有利益的先決事件去服務。

（四）

我們給不平等的代價是很重大的。一班民眾都被非人化了。中等階級大概都在追逐與崇拜財產的圈套中。他們差不多沒有時間，並且沒有興趣去繼續領受那些有精神價值的經驗。有錢的人，一生在熱狂中追尋無目的的快樂。那些快樂，在他們得到的時刻，可以暫時滿足他們的欲望。把社會上的資格，和地位，當作目的，這並不是產生偉大的文明的理想。然而在個認不平等為最重要的自然律的社會裡，上面說的當然是不可逃避的結果。要維持資格與地位為理想，一定要輕視一班別創新路的人物。我們的人格，一定要鑄成那樣模樣，使他能吻合這個模型。就在慈善事業上，大家也不從慈善事業的目標上著想，是看什麼人贊成這種慈善事業。一個英國的社會服務者要為他的組織籌款，他完全知道，假使他能得著皇大子的允許，用他的名義進行，他可以得雙倍的款項。在紐約，在一個大戲團裡，演戲募捐，用「青年團」（Junior League）的團員做他的贊助人，比戲園公會自己幹的，捐款一定多多了。不足信仰的組織，像英國的櫻草團Primroae Laague美國的革命先烈選女會，（Paughtera of the Americnn Revolution in America），就靠不平等的社會裡，一種陷上壓下的心理，做他們的供養。一些很古怪的名詞，什麼黛伯納的大東道主婦，什麼韋爾士的大東道主婦，什麼愛姻斯坦的大東道主婦，什麼麥唐納的大東道主婦，這一班主婦招待這班名人，並不是對名人有興趣或表同情，不過要得到與大人物社交的廣告價值。

一個不平等的社會，要有統一的和一致的見解為他自身保全的條件。這樣不平等的社會就致了個性的死命；因為個性總包含新奇與特出的東西。這些東西是傳統習慣上的危險。不平等的社會，要強迫社會份子接受信仰，思想，習慣，律例，以防止社會份子的自行發展。自行發展是增進文明的道路。強迫我們過一種我們暴戾的社會裡通常的生活，等於強迫我們信一種宗教，一種對智識，對美術，對儀表的要求都無法滿足的宗教。關於智識的要求；社會就不能容忍我們來討論對社會與經濟組織的真理。假使要民眾依然合式的阿諛他們的主人，我們就只能給民眾一些淺薄的教育。在性的許多重要的問題上，我們就維持一個小心奸詐的緘默。「一個好的婚姻」（A good Marriage），這幾個字，此中隱含的意義，是悲慘而帶滑稽的證據，證明男女結合的理想的悖謬。再說美的要求：美的要求，在如今我們的窮窖，我們的工廠，我們的偉大的別墅說起來，認他比財產的要求要退讓一步。成功的美術，是迎合粗鄙的要求的美術。是暫時所讚許的美術，因為他要要求勢利者的欣賞。當英國要選派國家美術館的董事，他們不推佛賴（Roger Fry）但是推葛莊（Lord Curzon）他們不選寶陽（Laurence Binyon）但選沙松（Philip Sasaoon）。[1]最後，儀表的要求：澈底說，那是很明白的，在一個連生活上莊重的基本原則都無遵守的可能的社會裡，更產生得什麼儀表？這個稜形的社會的中上階級，賈爾斯渥茲（Galeworthy）和浦諾斯提（Prouat）已為我們形容夠了。儀表並不是說，像我們如今的制度所說的一樣，勉強設法去維持一個人的社會上的地位。儀表並不是指如今紐約，倫敦，巴黎，羅馬那些仔細得可憐可怕的小節的規矩，指他們那些可笑的形式，指他們那些可恥般的在報紙的社會欄中出峰頭的要求。哥門德公爵（Dukede Guormartas）肯親自到戲園裡去拿他的入場卷，對戲園的用人，就比較其他官爵低一點的人是客氣些，因為公爵的資格更高的緣故。這就是我們如今社會的真實的象徵。

與其生活著，希望找對的事情去做，如今我們生活著，怕做了錯的事情。我們缺少個強健的個性，他可以給我們自尋經驗的勇氣。與其發展一個從滿足的並且和諧的人格上產生出來的自尊，我個卻削腳就履的在傳統的習慣上犧牲我們自己。這些習慣都摧殘我們品格上的基本衝動。又不要馬兒跑，又要馬兒不吃草，社會選輯上有那這樣兩全的事？在政治方面，我們給人民以政治的權力，同時我們自欺的相信，政治上平分主權的事情，限於政治為止。這種自欺的事是蠢笨。平民主義的整個的原則是人民自己發展他們的優點；這與任何方面不合理性的特權是不並容的。「民主主義」的要律是不承認偶然因血統或財產得來的資格，是承認有社會功用的事業的資格。民主主義可以明瞭為什麼美國總統是重

1 East Londo,Temple Bar,Po;lar,Kensington是倫頓地名。有的是窮人居住的區域，有的是闊人居住的區域。

要；但是很正當的，他對於開散的貴族，對追尋快樂以外無責任的貴族，不承認他們的職權和重要的，他尊崇大的美術家，大的詩人，大的科學家，大的哲學家，但是他看不見有什麼道理要崇敬汪德皐爾提（Vanderbilt）或樂佛克公爵（Duke of Norfolk）。實際上，民主主義的要求社會的和經濟的平等，立腳點是在這樣簡簡單單的一個主張上：沒有平等，一切事都顛倒紊亂了。在任何社會裡，因為財產權沒有平均的分配，其他一切權利都依樣不平，在這種社會裡，上面簡單的主張是不可能。或者值得我們聲明一句，這並不是一種危險的激進的主張。守舊的哲學家像亞理斯多德，著作天才像英國的赫林頓（Harringtor）和美國的默迪森（Madiaon）社會批評家像安諾德（Arnold），他們異口同聲的說；財產權怎樣的分配，社會就顯出怎樣的顏色。財產上要是不平等，人們在生活上所競求的一切，都照樣的被支配了。假使財產的分配是站在一個絕無疑問的公平的原則上，於是以每個人向公家所貢獻的比例取得他的酬報，就是社會上有地位等級的差別，亦不成大問題。如此，不平等是才能的差別，這是可以明瞭的，可辯護的。然而當明較著的事實不是這樣。不平等，隨處都在培養妬嫉，仇恨，與腐敗。這些，無論何地，結果是革命。所以國家設法擱延平等，總是養寵貽患，遲早總要潰決的。他們缺乏一個穩定的政府的重要條件——對保障人民的平等權利的憲法，一種普徧的忠誠。

皐肯Bacon說：「防止分裂的最妥善的方法是除去分裂的因數」。假使我們有個國家，那裡沒有人是這般的富，他可以購買他的鄰居；亦沒有人這般的貧，他一定要賣掉他自己，我們有了安定的基本條件了。因為，假使有人能購買別人，他一定要出購買的代價纔有自由；假使有人是被迫發賣自己，他自然拿革命來當做奴隸的替代條件。在一個平等的國家裡，我們給個個國民一個增高自己地位的切實的希望。給他們求勝利的權利，我們提高他們的精力的品質了。我們防止對衡動不斷的摧殘，這種摧殘是不平等的重要的結果。社會的分級，要站在各人做的切實的工作上。站在任何雖的標準上，結果不會如此。委託，像我們如今委旗，國家的統漲跌於貴族階級，無論是財產上或血統上的貴族：結果一定是統治不好的。因為這種制度，逃避不了引誘與諂媚。貴族階級就不懂生活的實際，像他們所統治的人們所經驗的實際。貴族階級把他們驕矜的觀念，認做社會的公理。他們完全沒有看到，他們所謂的公理是最偏袒的證據裡最狹義的結論。這些最偏袒的證據，就是貴族階級他們欲望的實質。證明這屋是夠簡單的了。讓貴族階級對著新的局面，很顯明的，他們不能有合理的考察。法國革命前的貴族，俄國的羅門諾夫Bornanoff朝，愛爾蘭的英吉利地主，義大利的奧人

——在這些人的眼前，當時有個新的並且避免不了的怒濤，對怒濤他們要想法調和。他們只能把怒濤當作民眾先天的罪孽。其實國家大的暴亂不是民眾罪惡的標記；民眾的罪惡，是悲慘不堪忍受的痛苦所產生的暴亂的預兆。暴亂的因數，是要求平等那個不可移易的熱情。

一個懷疑派，聽見這樣的頌揚，自然是驚徨失色。我們所知道的，他說，都告訴我們各人有各人不同的嗜好，各人有各人不同的才具；給他們以平等的待遇，真是侮辱自然界一切的基本原則。平等，並不是說忽略人類的一切不同點。只是說，只有那些與公共利益有關切的不同點可以挑來注重。平等，他拒絕承認如今那些合法的障礙，那些不是從事物的本性上有的，是社會上偶然的不合法的結果產生的合法的障礙。並不是說一個天才的畫家應該被強迫去研究高等數學；不過是說一個天才畫家，不要因缺乏了有設備的機會，荒廢了他的天才。這是說社會的動作，注重點應從少數人方面轉到多數人方面去。這就是說，為規定了的目標，利用國家的力量，提高普通一班人的品質。民主主義是站在這樣的一個信條上；假使普通人有了參加政治的訓練，他們的能力，增進了，他們的自重，亦增高了。他在社會過程上不止是一個消極的旁觀者了。他的個性有了表顯。他貢獻他的那點點經驗和智慧給公家。他承襲下來的習慣亦為他的智識和意見擴充了並增進了。他的適應社會的能力，因為有了廣闊的經驗，亦為之增強了。

我們用不著同懷派一般的來懷疑，一個傑出的人才，在政治上，比民主國家全國人所做的工作還要好。愷撒Caeaat，克林威爾Cromwell，拿破崙，列寧，這班人，無疑的，有較多的精力，有較多的毅力，有較大的才具來通盤的籌畫，有較多的藝術，來補充他的計畫的節目。然而對這事的回答最少有兩層。獨裁者的精力，毅力，才具差不多總是從起頭到末尾，是犧牲被治者發展這些品質的機會換來的。民主主義不是最敏捷的政府，同時亦不是最能夠產生極大思想的政府。然而民主的政府外，沒有別的政治制度，在國民方而能促進這些品質。在平等的國民資格上，國民發生一種不停息的精力，一種堅持的勇氣。這些品質培植個性比其他一切品質都好。民主主義給與人民的智識——達到權利的道路——是獨裁制度裡的恩澤和貴族階級的資望所不能產生的。在政治範圍上，平分國民責任，本身是公家利益的保障。民主國家的政治領袖，很多時候，或者沒有一個貴族國家的政治領袖的能幹和清高。然而他的任期總是在這個條件底下，他最後一定要服從多數的意志。在個民主制度底下，比其他任何制度，領袖的利益與其他全體的利益多點連貫。貴族制度下和政府，就算最好的，總是對全體的一種陰謀。他是保護少數特權階級的利益。因為這個事實，特權階級就向本身的目的上去形成一切粗識，並且去設法防備為公共利益而來的攻襲。自然，無意中，這就是美國最高法院解釋憲法的過去的歷史。並且更顯明的，又是無意中的，這就是英國法官解釋工團組織法的歷史。少數人的政府，總是縮小公家政策，使政策的意義成為繼續少數人本身的權力。

最後，我們亦不要忘記這個問題歷史方面的意義。英國人——在他們中平等依然是稀奇的理想——美國人——他們很少的機會看見他們中的特權階級的發展——這兩國人，很容易忘記，社會的歷史，就是一部打銷理由不可解釋，正義不可原諒的階級的歷史。宗教方面是如是。在西方文明中，很明顯的，政治上亦是這樣。個個都已經讀過這十幾頁書，那裡杜奎爾 Tocquexille 解釋，如何法國歷史的運行，是一個不可抗拒的平等化的演進。他說「那些明明白白為他工作的人，那些不知不覺為他服務的人；那些為他奮鬥的人，那些公開反對他的人；一切都異途同歸……逐漸的促進平等的地位，……他包括天經地義的一切特點：他是遍地的；他是可希望的；他總是逃脫人的一切的阻礙；一切事和一切人都在進步。」

明很顯的，一個在政治上宗教上已經建設平等的民主主義，一個已經推翻了教會，君主，貴族的威權的民主主義，很不像會不侵犯社會的和經濟的範圍。自然沒有什麼比在社會哲學上預言某事必定勝利更危險。不平等這事的權力依然浩大；不平等，他包庇的權利，依然許多。對不平等的消滅的前途作樂觀的是傻子；以為他將來一定失敗，這是過信。然而這是現代社會的慘劇，科學使一切社會的衝突都成社會的災害。要叫這個新境地裡的民主主義的勢力與特權階級的勢力去比權量力，所得的結果，或更壞於現狀。對理性指示人類犧牲退讓的精神，對這點，我們一定要有信用。我們一定要勸導我們的主人，告訴他們，我們的平等是他們的自由。

人權不能留在約法裡

——《新月》三卷七號

努生

四月九日，勞動大學章淵若院長在上海時事新報時論欄裡發表一篇「約法舊議」大文章。文中有許多地方，我們表相當的同情。其中有一段，我們不能讓他輕易過去。章先生說：

「十九世紀以來，歷史，賓利，社會諸派之法家，一致否認天賦人權之說，各國憲法，均已不用「有權」之字樣，即在首創天賦人權說之法國，亦已鮮用此種玄學之名稱，總理亦深認此種觀念之缺乏事實與科學的根據，故認民權與所謂天賦人權者殊科，『就歷史上進化的道理說，民權不是天生出來的，故推到進化的歷史上，並沒有盧梭那種民權事實』，因而提倡革命民權之新說，近代各國，因受主觀玄學天賦人權說之支配，個人主義，猖獗不堪，即在妨害公眾利益之時，仍不失其主觀權利之根據，此實近代一切社會病象之所由種也！吾人欲求新的革命社會之建設，對於傳統的主觀的玄學的權利觀念，首應加以革新，所謂『人權』二字當不能再留於吾國目前約法之中也，此應注意者一。」

在這段文字裡，章先生有個現在中國人很普通的大誤會。章先生誤認「否認天賦人權」，即為「否認人權」。「天賦人權」在西文為（Natural Rights of Man）；人權（Rights of Man）是十九和二十世紀的學說，在人權這問題上，可以說把「天賦」（Natural）這字修正了。根本否認人權「Rights of Man」，根本否認做人的基本權利，如身體，思想，言論，集社結會，這一切自由等人權的，有些什麼著名的學者，我到要請教章先生了。

章先生拿「各國憲法，均已不用『人權』字樣，」來證明「人權」之說，已不存在。此處，轉請告章先生，所謂各國者，是指那些國家？

德國一九一九年的新憲法，第二章是規定「德國人的基本權利與義務」（Fundamental Rights and Duties of Germans）。敢請教，這個是不是憲法？是不是二十世紀的憲法？裡面有沒有人權？捷克斯洛伐克亞一九二〇年的新憲法，第一〇七條～一二四條規定身體信仰等等的自由。敢請告，這個是不是憲法！是不是二十世紀的憲法！裡面有沒有人權？

捷克斯洛伐克來一九二〇年的新憲法，第一〇七條～一二四條規定身體信仰等等的自由。敢請告這個是不是憲法！是不是二十世紀的憲法！裡面有沒有人權？

俄國一九一八年七月十號所謂的Declaration of Rights of the lobouring and exploited people，這個敢請告是不是憲法，是不是二十世紀的憲法？這裡有沒有人權？

像這樣的例，我們可以再往下舉，然而，章先生的各國憲法，均已不用人權之字樣，此話怎講？

章先生捧出總理這個權威來，於是承認「民權」否認「人權」。這裡，若要辯論，先應銓定「人權」「民權」的含義，不然都是以詞害意的空談。

個人的私意，「人權」Fights of Man是做人的權利；民權（Right of citiger）是在政治的國家Politscal State裡，做國民的權利。政治的國家，是人類許多組織中的一種。有不是國民的人；沒有不是人的國民。這裡很容易看出來人權比民權，範圍更大，更基本。簡直可以說，民權是人權的一部分，是偏重政治的一部分。

亡國的民族，要恢復國家，要民族自決，立腳點不在民權，而在人權。我們要取消不平等條約，對外要政治經濟的自由平等，這不是民權，是人權。歐戰後，時新的名詞，擔保少數民族的宗教，思想，等自由，這不是民權，是人權。人權的確在民權之上，比民權的範圍更廣更重要。

西洋的憲法裡，有時候民權人權混用，那是事實。然而民權項下所標舉的大部分就是人權的實質。在權利之上，每每加上「基本」（Fundamental）就是這意義。這裡絕對不是章先生所謂，承認民權，否認人權。美國憲法修正案，一條至十條，既無人權字樣，亦無民權字樣，難道美國憲法否認人權樣，更否認民權嗎？然而，誰又不知道這十條修正案是美國的人權條文呢？

章先生主張承認民權，否認人權。據我所知道的，中山先生的民權，是指政權與治權言的。政權上要緊的部分是選舉，創議，複決，等等。民權裡並不包括平等自由這些東西。做了國民，就不要做人，這個，不敢輕易贊同。

假使章先生的民權，有異於此，假使他所要列入約法的民權，仍然是指歐洲新憲法中的Rights of citinger ship而言，那麼，名不同而實一也，我們又何必嘖嘖呢！

最後要請章先生更注意一點。章先生說：「十九世紀以來，歷史，實利。社會諸派之法家，一致否認天賦人權之說……」，這裡，似乎人權說已成過時黃花了。同一節裡章先生又說：「近代國家，因受主觀玄學天賦人權之說之支配，個人主義，猖獗不堪……此實近代一切社會病象之所由種也」。這裡，又好像人權學說正在興盛。孰是孰非，非章先生莫辨了。

區區看來，天賦人權說，的確是過時黃花。人權說又的確是猖獗不堪。要做民，更要做人；要民權，更要人權，中外的學者，大概都如此。章先生其有異於是歟？

人權，不能再留在約法裡嗎？

總統問題

——《新月》三卷七號

努生

一月以前，蔣主席在紀念周裡，發表一篇關於總統問題很長的演說。平地一聲雷，憑什麼如今提出這問題，我們不知道。這篇演說，倒引起我幾句要說的話。

我是個主張中國今日應有總統的人。姑無論站在什麼學說的立場上，一個團體，為團體本身進行上的能率起見，總要有領袖。不但要有領袖，並且要有一個集中職權和責任的領袖。

中國有個諺語：「一個和尚擔水吃，兩個和尚抬水吃，三個和尚沒有水吃。」西洋亦有個諺語：「人人的責任，沒有人的責任。」為這個緣故，我根本反對如今中國時髦的委員制。

本然，我的主張，是團體上要有一個集中職權和責任的領袖，這領袖的名稱，是皇帝，是總統，是主席，甚而至於叫他為X，為Y。或為甲為乙，在我都沒有分別。我要的是組織上的領袖。

如今中國政治制度上，總統，與委員，在人民的心理上，好像已成相對的制度。於是我就痛痛快快的說，領袖方面，願有一個總統，不願有許多委員。

這點與我平日所主張的民主主義說不相悖謬的。民主主義絕對承認領袖。民主主義絕對不是多頭政治Oligarchy的意義。民主主義的要點：領袖的產出，以才德而不以嗣襲或特權為根據；領袖的職權受法律的裁制；領袖的責任，對全體而不對某私人，某團體，某階級。主張有領袖，與主張領袖如何產生，他的職權與責任，如何規定，那是兩件不同的事。至於打倒一切的領袖，這是中國近年來對民主主義極大的誤解。

實際上又有什麼國家，找得出沒有領袖的委員制？瑞士是號稱委員制的。大家都知道瑞士是有正副總統的。俄國是委員制。大家都知道俄國是迪克赤托。從前是列寧做無名有實的皇帝；如今是司達林做有實無名的天子。名者實之賓也。何必在名詞上爭。與其有一夫獨裁或多頭紛爭的有名無實的委員制遠不如有清清白白、責任職權分明的總統。我的主張很明顯，為團體進行的能率起見，要個集中職權與責任的領袖。

誰來做中國的總統？這問題似夫很難是的。我橫豎沒有做總統的福分，在我這問題的確容易回答。三萬萬九千九百九十九萬九千九百九十幾個小民，都像我一般，沒有做總統的福分，這問題亦容易解決。反對總統的人，大概還是有做總統的資格而又有很少的希望自己可以做到的這類人。何以見得？每每看見學校裡主張學生會取消會長制的，就是有爭會長資格的幾位學生。擴而充之，到處皆然。對這樣的人，我要如此進一解。

總統，一國元首，偶然看起來，地位似乎很光榮。其實並沒有這樣一回事。美國產生了這樣多的總統。據博萊斯（Bryce）先生說，夠得上總統這名稱的，只有華盛頓和林肯兩人。赫定（Harding）做了總統以後，許多美國淨身自愛的人，覺得做總統不是光榮而是恥辱。中國更不必提了。袁世凱做了總統，我覺得想做總統的，是他自己忠誠上的侮辱，徐世昌做了總統，想做總統的，是他自己才識上的侮辱；曹錕做了總統，想做總統的，是他自己人格上的侮辱。總統，歷史證明給我們，並不是一定要有了某種才德學識的人才可做。如此，就算做到了，又值得什麼？

平心靜氣說，因為想做總統，主張今日要有總統的，實不大方；因為做不了總統，反對人家做總統的，更為小器。萬幸，中國現在沒有這種人。

為政理而談政治，我倒老老實實的說，一夫獨裁或多頭紛爭的有名無實的委員制，遠不如一個責任分明職權集中的總統。

對訓政時期約法的批評

——《新月》三卷八號

羅隆基

（一）

憲法或約法最重要的功用是規定國家主權之所屬及其行使的方法。這點上，我對這次政府所提出，國民會議所通過的約法，絕對不滿意。主權，這是基本法上的基本問題。這個方面，沒有正當的曹置，條文末節，是不值一爭的。我們對這次約法的討論，請自此點始。

約法上對主權的規定，有下列這幾條：

第十一章第二條：中華民國的主權，屬於全民國體。

第三章第三十條：訓政時期由中國國民黨全國代表大會代表或民大會行使中央統治權，中國國民黨全國代表大會閉會時，其職權由中國國民黨中央執行委員會行使之。

第三章第三十一條：選舉罷免創制複決四種政權，之行使、由國民政府訓導之。

第三章第三十二條：行政立法司法考試監察五種治權，由國民政府行使之。

這裡，很明白的，有了三十條，三十一條以後，上面第二條所謂的「主權屬於國民主體」成了騙人的空話。除了國民有直接行使主權的具體方法，條文上規定「主權在民」四字，是絕無意義的虛文。

我們做孩子的時候，常有這樣的經驗，我們有點銀錢司積，母親常對我們這樣說；「錢是你的，你不許用，暫時存在我這裡罷。」如果，孩子的錢總被父母使用了，孩子總沒有自由使用的機會。如今約法上「主權在民」的規定，就是母親騙孩子的把戲！

談到這裡我要開誠布公地奉告國民黨中的一班政法學者：黨治之下，完完全全剝奪人民的主權，約法上說句「主權在黨」倒是光明痛快的辦法。果然承認，「主權在民」的民主原則，政法學者們就應該知道並且承認「主權是不能委託給人的」（Sovereingnty of the People can not be delegated）。

「主權不能委託給人」這原則。黨國的學者們，不要誤會它是十八世紀的就理論更不要攻擊它是盧梭的舊學說。這是二十實際歐戰後一切新憲法一致的新趨勢。

歐戰以後，一切憲法，除南斯拉夫外，都規定主權在民。在這些「主權在民」的憲法中，除芬蘭外（參看芬蘭憲法第三條），都明白的規定人民的主權，不能委託給別人，別的機關。別的團體行使（參看德憲第一條捷克斯拉夫憲法第一條，普魯士憲法二條三條），人民可以委派各項機關，執行政府的職務，但政府不能行使人民的主權，代議機關（會議）並不能代表人民全體整個的主權。它所有的職權，以人民在選舉時所委託的職權為範圍。就是英國式的「國會是主權」「主權在國會」（Parlia-ment ie Sovereign ）（Sovereignty in Parliament）這種思想，在新憲中，已不適用了，

（參看德憲五條，Esthonia憲法三條）。

「主權不能委託」這是和邏輯的原則同時亦是我們的主張。主權是人民最後的取決權。代議制是人民政治上不得已的便利辦法。人民委託某人，在某時期內，辦理某事，所付託的是有範圍的職權不是無限制的主權。在「人民的主權不能委託的」的原則上。就在人民的代議機關，都不能行使國民的主權，一部分人民所組織的團體，更無論了，因為主權失了，政治上主僕的位置就顛倒了。國民失卻主權，國民就失卻法律上國民的地位，主權的意義就根本喪失。

在這種原則上，我們再來談訓政時期的約法，

一試問，約法第三十條所謂的「中央統治權」是政權抑係治權？是政權即係主權。國係主權，在「主權不能委託」這原則上，我們既不能把主權委託給國民大會，沒有主權的國民大會，更不能把人民的主權委託給中國國民黨全國代表大會；沒有人們主權的國民黨，全國代表大會，便不能把人民的主權，委託給黨的執行委員。若然，如今約法上行使主權的團體在哪裡？「中央統治權」若係治權，那麼，代行治權的黨不能產生行使治權的政府。換言之，根據約法第二條，「民國主權屬於國民全體」的規定，只有國民全體，行使主權的時候，才能產生政府。約法中人民沒有行使主權的機會，全體國民，不能產生他們自己的政府，試問，「民國主權，屬於國民主體」作何解釋？

二或者有人要認約法三十條所指的選舉，罷免，創議，複決，為人民行使主權的規定，這些。他們認定是人民產生政府的方法。三十條所規定的四種政權，是對中央政府而言的，抑係對縣政府言的，這點，約法上沒有規定的明文，根據建國大綱（查看大綱第十條及二十四條），當然是指縣政府言的。若然，在中央政府方面。人民依然不能行使政權。當然，主權依然不在人民，姑假定（為討論而假定）三十條的規定是對中央政府言的，試問已產生和監督國民政府的政權，由「國民政府訓導之」，直等於國民政府選舉國民政府，國民政府罷免國民政府。再一步，根據如今的約法，訓政期中，政府是國民黨產生的政府。立法是國民黨主持的立法，若然，人民即能選舉，何選何舉？人民既能罷免，何罷何免？創治者從何創治？複決者何所複決？

上面這段文字，是指出這次約法，只有「主權在民」的虛文，沒有人民行使主權的實質。人民不能行使的主權。本身就無主權的價值。約法上這種辦法，不治而為之，是政治理論上殘缺不全的錯誤；之而為之，是政治道德上欲蓋彌

彰的手段。這我們對約法不滿意的第一點。

（二）

約法上次要的功用，是規定人民的權利與義務。在這點上，我們首先要討論的是人民的福利與法律關係這問題。五月十日上海《時事新報》社論欄中有這樣幾句話：

「約法草案計八章八十二條，『依法』、『以法律』云云，凡四十一見，即平均每二條之中，必稱法律一次，但何者為法律乎？於約法絕無所據。」

其實「依法」「以法律」這些規定，在約法第二章關於權利條文中，更為周密。全章關於權利的共十九條（六條一二五條），除第六，第十一，二十二條外，其餘一切條文都有「依法律」「不以法律」字樣。每個條文中，加上這樣的規定，條文的實質，不是積極的受限制，就是消極的別取消。照約法的表面說，如今人們有言論的自由，有出版的自由，有集會的自由，有結社的自由，有通信，通電，居住，遷徙的自由，有一切一切的自由。究其實質，言論自由，「依法律得停止或限制之」，出版自由，「依法律得停止或限制之」，集會自由「依法律得停止或限制之」結社自由「依法律得停止或限制之」一切一切的自由「依法律都得停止或限制之」，左手與之，右手取之，這是戲法，這是掩眼法，這是國民黨腳快手靈的幻術。

這裡又使我們舊事重提的來討論「法律以外無自由」一句陳語（參看拙著《告壓迫言論自由者》）。

在一年前，我曾這樣說過：

「法律以外無自由」

這句欺人的話。單單說「自由」兩字，是空乏無意義的。具體的舉出某種自由來就是說某事已成特權，政府的法律在某事方面不得干涉。同時我又這樣說過：

「普通人民言論自由的保障載在憲法上的，先例是美國。」

美國憲法的修正案第一條原文如下：

「國會不得制定法律，規定宗教或禁止人民信教自由，或取締人民的言論，印刷，集會及請願之自由。」

（Congress shall make no law respecting an establisbment of religion, or prohibiting the free exercise there of or abribging the freedom of speech or of Press of the right of the people peaceably to assemble, and to peition the government for redress of grievance.）

這是很明白的，言論自由，是指不受法律干涉的自由。是指國會不得制定法規，取締人民的言論而言。

我們應明白，「停止或限制」他人言論自由的，哪一次不是依據法律？從前北京的治安警察法，固政府之法律也，如今南京的危害民國緊急治罪法，固政府之法律也，其他所謂的戒嚴法，出版法，一切一切，固法律也。根據這些法律來檢查新聞。停寄報紙，封閉書店，槍殺「作家」誰能說他不是「依法」的行為！依據這種理論，如今約法上的自由，都不算自由。約法上的權利，都不算權利。

絕對的自由——不受法律限制的自由——這不是不通的理論。比利時憲法第十八條出版自由的本規定如下：

「Art18. The press is free; no cencorship shall ever be established; on security shall be exacted of writers, publishers, or printers.」

約法第十一條，「人民有信仰宗教之自由」，這又是絕對自由的實例。倘使我輩在是一條上，加上「非依法律，不得停止或限制」，這又是何嘗不是冠冕堂皇的條文？試問，經此修改，宗教的自由，存在與否？以此類推，我們就可看出約法上人民權利章的實質了。

我們固然承認，西方有許多憲法，在自由上亦每每拿「依法」這字樣來限制。同時我們更應承認，在先進的法治國家，他們法律的產生是怎樣的審慎，又怎樣的周密？如？今中國的立法權在什麼人手裡？解釋約法的權，又在什麼人手裡？在這種情形地下，所以說約法上的自由，不算自由；約法上的權利，不算權利。

我輩對權利章的批評，尚不知此。我輩要約法，我輩要約法來保障人權，我們所知的人權，是在我們中國今日環境裡有切身利害關係的一切人權而言的。在這條件上，人民權利章又有級重要的遺漏。試問，人民可以有宗教信仰之自由，何以不可有政治信仰之自由？約法保障宗教信仰之自由，何以不保障政治信仰之自由？西方憲法，規定保障宗教信仰之自由，自有宗教的歷史做背景。以今日中國情形論。則政治信仰的保障，較宗教信仰的保障，重要千萬倍。信仰，姑無論是政治的或宗教，的，其為個人精神生活上重要條件實無疑義。如今一般領袖們在宗教上可以離開中國的孔老夫子，去祈禱耶穌基督，小民在政治上何以不可離開孫中山先生去信仰別的政治思想家？強儒教徒做禮拜，強基督徒做祖先，精神痛苦，固為相等。宗教信仰，政治信仰，易地皆然。

再進一步，約法規定人們有納稅的義務，何以不會定人民有監督財政的權力？請國民黨中的政法學家指出來，在世界比較人名國家中（俄國在內），有什麼國家，人民只有負擔賦稅的義務，沒有規定賦稅，審查用途的權利？「沒有代議的權利，沒有賦稅」這是政治理論上，早已承認的原則。約法上關於這類的規定在什麼地方（約法第七十條「國家之歲出歲入，由國民政府編訂預算決算公佈之」，這種規定，不能算是人民監督財政的權利，這種預算結算，不算法律上的預算決算，這一切本刊已指陳過，可算權利章重要的遺漏

我們對權利章的批評，尚不知此。約法第九條「人民除現役軍人外，非依法律，不受軍事審判」，這是條文的不

通。法治最重要的原則是維持司法獨立。司法獨立上重要的原則是：（一）非司法人員，不得執行司法職務，（二）人民在任何情形下不受國家司法制度以外特殊法庭——例如宗教法庭，軍事法庭等的審判。軍人受軍事法庭的審判，這是軍人的紀律問題，並非軍事法庭執行司法權的實例。

大膽說一句，在這裡條文上（第九條）整個暴露約法起草人的不懂法治的真義。據我們所知道的管理軍人的紀律，英文為Militory Law；戒嚴時期的軍法，英文為Martial Law。二者完全為兩件事。第九條，所謂的「軍事審判」為「軍人紀律」（Militory）抑為「軍法」（Martial Law），假使是前者，普通人民無論在什麼情形底下，不應受「軍人紀律」（Militory Law）的管轄。若是後者，似又用不著「現役軍人外」的規定。「現役軍人」他的行動，在平時亦係向普通法律負責，不向「軍法」（Martial Law）負責。軍人應守紀律，等於學校學生應守校規。軍人學生在國民的地位，一切行動，都向國家普通法律負責，約法說，「人民除現役軍人外非依法律，不受軍事審判」等於說「人民除學生外，非依法律，不受學校校規管理」，這是同樣的錯誤，在這種分析之下，第九條的文字在法律上是不通的。

姑假定約法起草者的用意，「軍事審判」是指「軍法」（Martial Law）（等於法國的etat de siege）。換言之，第九條的用意，是「依法律，軍事法庭，可以代替普通法庭」（Military tribune takes place of the ordinary court）。果爾，我們又可以分兩點來討論。第一，英國法治的程度是比較的進步。英國在無論什麼時期．軍事法庭（Military tribune）不可以代替普通法院。這是英國司法獨立上重要的特徵。這是我們應採取的原則。第二，中國今日人民生命上最大的危險，就在「軍法從事，就地正法」這幾個字上。如今國民緊急治罪法，對所謂反革命者，規定可以用軍事審判，已經給武人「軍法從事」的習慣上，添上法律的口實。如今約法的第九條，依法律人民可受軍事審判，是為武人「軍法從事」加上法律的保衛，此其罪惡，又不止文字不通而已。

我們對約法上人民權利章所批評者，尚不在此。約法第六條，中華民國國民，無論男女種族宗教階級之區別，在法律上一律平等。這種規定，我們是贊成的。不止贊成，這是我們的要求。然而，在約法上「一律平等」的實質又在哪裡？法律上一律平等的解釋，有狹義與廣義的。狹義的，指人民在司法上受同樣的待遇，受同樣的法庭審判，受同樣的法律制裁。廣義的，人民在國家政治上負同樣的義務，享同樣的權力，試問，約法三十條規定國民黨人代行中央統治權，非國民黨人為被治階級，這是法律上一律平等嗎？試問，約法八十五條規定約法解釋權由國民黨中央執行委員會行使之，全國人共守的約法，國中一部分人有解釋的特權，這是法律上一律平等嗎？

法治唯一的條件沒有人處超越法律以外的地位。英國，諺語說皇帝是法律的來源。又說「皇帝不做錯事」（king can do on wrong）。然而英皇帝沒有解釋憲法權。解釋憲法權在國會，在全體人民。這是說全體制定的法律，全體應遵守。只有全體能解釋。這就是沒有人住在超越法律以上的地位的意思。如今，中國的約法，由國民黨來解釋，國民黨是超越法律以外。試問這是法律上「一律平等」？

（三）

約法第三個功用是規定政府的組織及其職權的範圍。在這方面，我們對訓政約法不滿之點，較前幾端為尤甚。五月十三日，約法通過後，民會代表湖北某君談約法四大特色，他指出的第二特色是：

「此次約法，詳於政府的工作，而略與政府的組織。目的在確定政府工作的範圍，並使政府的組織，適應政治的進展。」（見三十日《申報》）

此君所認為約法的特色。即我輩所認定這次發約的缺點。政府的工作，適應因時制宜：國家的組織，不能朝令夕改。詳於工作，是不應詳而詳；略於組織，是不應略而略。

國民黨人鄙視三權分立的理論為不滿足，於是創五權分立的學說，分權說的優點，就是國家治權，不專屬於一個人或一個機關，平等機關，分享治權，互為裁制，互相監督，相鋪而行，相依為命。這就是美國所謂的「裁制與平衡」的學說（Check and Blance）。姑無論為中國的內閣制美國的總統制，瑞士的委員制，姑無論它們是不是分權，這些國家絕對沒有一個人或一個團體掌握國家立法，司法，行政三權的事實，根據如今的約法，國民政府委員會掌握一切的治權。名義上雖有所謂五權，實際上只有一權。實際上只有委員會的全權。同時依據法約國民政府委員會設主席一人。主席「公佈法律，發佈命令」（見七十五條）主席推薦各院院長及各部會長（七十四條）主席對內對外，代表國民政府，

（七十三條）。委員會的地位而論，他們的權力，遠在英國的內閣以上。英國的內閣。法律上就沒有約法中（六十七，六十八，六十九，七十條）所給與國民政府的權權力。同時英國內閣受國會的監督，如今，中國的國民政府委員會，權力上以包羅萬象，法律上又絕無監督機關。（最少，約法上沒有規定）。委員會已經萬能，主席，又為萬能委員會的萬能的領袖，如今國民政府的組織照約法的規定，只有兩個結果：成一個獨夫專制的政府或成一個多頭專制的政府（Oligarchy）。這種辦法，絕對走不上民主政治的軌道。國民黨所標榜的五權分立說，將來的結果，只能保存五權的空名，托庇在一個全權的主席或全權的委員會之下。

致五權分立說的死命的，就在約法第七十四條「院長部會長由主席推薦委員會任免」的規定。世界上任何國家（俄國的Presidium例外），它的司法和立法總有相當的獨立性。司法和立法機關的最高的官吏，部委行政領袖委派與罷免。中國約法的條文，就異於此。如今中國的立法院，司法院，實際上的地位等於英美的中央的一部，如今中國行政院的各部，地位上只不過英美部中一詞一科罷了。這種現象，就是如今所謂的五權分立。

我們對中央制度批評的地方尚不止此。在這法治的國家，制定法律權，是何等的重要？稍有近代政治常識的人，就知道西方憲法，對立法機關的產生及其職責，規定詳細周密，試問，約法上對此項重要事件，有什麼條文？約法七十五條，只說「公佈法律，發佈命令，由國民政府主席依法署名行之」同時，國民政府委員會在法律上沒有立法權。其結果，主席當然成為萬能的皇帝。成為口呼天應的皇帝。將來的結果，主席的命令就成為國家的法律：國家的法律，就是主席的命令。稍有法律知識的人，當然明白，西方各國，對行政領袖以命令制定法律的權（Ordiance Power）取締方分嚴厲。照中國約法的規定，流弊必至命令。即法律為止。其實這又是南京政府幾年來已然的現象，如今南京的立法院，等於一個法制局。重要的立法權，在委員會而不在立法院，在主席的秘書處而不在委員會，舊年取締中業事件發生的時候，主席一紙字條，文宮處一紙通告，即可取銷各院部已公佈的法案，命令即法律，法律即命令。這就是明例。

約法中不規定立法權的，附屬機關，這是法律上極大的缺點，這是法制上絕大的風險。

南京政府的立法院，不能立法，這不是我們侮辱輕視立法院的議論。在國民會議中，蔣主席政治報告中，有這樣一段報告，可以證明。報告說：

「現在一般人往往對國府五院中的立法院，以為是國家的最高立法機關，無論什麼法律案，都經由立法院通過後，才能有效，才能由政府去發佈施行，不知立法院所通過的重要法律案，更須由中政會議決定原則，一定要根據中證會議決定的原則，立法院才可通過法律案，所以中央執行委員會政治會議，才是最高的立法和政治指導機關。」

立法院不能立法，這是證據。不止如此，國民政府不能立法．這又是證據。約法上既沒有中政會議約法的規定。以往的事實．我們又可以找出證據來，證明國府公佈的法律，不全是中政會議的議案。命令即法律，這是以往常有的事實，如今的約法，依然維持這種現象。

我們儘管在法理上來批評，為現制辯護的人，一定要說，我們所舉的是英美制度的皮毛。如今，「革命的」政府，是用特殊的手段，應付特殊的境遇。他們說：他們是重政治的效能，不重政治的理論。

我們如今且捨理論來研究國民政府組織上的技能。照約法的條文，所產生的政府，在行政上，絕無效能之可言，試詳論之。

約法所規定，與現行國民政府組織法（十七年十月三日所公佈，十九年十一月十七日所修正）絕少變更。將來的政府組織，當然與現行政府無多大差別。現在政府的組織，效法蘇俄。蘇俄的政治組織在行政的技能上看來，有極大的缺點，現在政府組織的階級，大約如此：

國民黨全國代表大會——中央執委——中央政治會議——國民政府——五院——各部。

政務進行，果然要嚴格遵守這種次序，重要決議，要發動於中央政委，進一步到政治會議，進一步到國民政府委員會，再進一步，到五院，再進一步，到各部，疊床架屋，反鎖已極。實際上管理行政的是各部。中國的各部。拿他們的職務來論，等於英國的內閣，美國的國務院，瑞士的委員會。在英美瑞士等國政治上只需各部會議即可進行的等，在中國就需費近周折。英國內閣閣員最多二十二人，政務進行只須內閣本身的會議。如今談行政效能的人，尚且認其太不經濟，太不敏捷，（近來Sir Oswald Mosley的主張改良內閣組織，即為證明）•中國政府組織上有這許多的周折，在行政上的效能，更不堪問了。

其實所謂的執委，所謂的政治會議，所謂的國民政府，所謂的院長，所謂的部長，又依然是這十八尊羅漢。我們舉例來說明，蔣介石先生，是教育部長；他又是他自己的上司，行政院長；他又是他自己高一層的上司，中央政治會議的委員；他又是他自己再高一層的上司，中央行政委員；最後，他又是他自己最高主權的上司，黨員，在這種組織地下，下司對上司，是蔣介石請命蔣介石；上司對下司，是蔣介石請命蔣介石。老實不客氣，國民政府政績的失敗，政府組織的呆重不靈，實力大原因之一。然而如今約法所保持的制度，已然是這樣。

然而對中央政府組織的批評，尚不知此，約法規定國民政府，設立行政，立法，司法，考試，監察五院（七十一條）。同時又規定院長由主席提出，國民政府任免之（七十四條）。國民政府是什麼人，是中央執行委員選舉出來的國府委員（七十二條）。國府委員有什麼職務？國民政府組織法第七條說：「國民政府五院院長及副院長由國民政府委員任之。」國民政府委員依法兼任五院院長。國民政府依法任免五院院長。結果，法律上的結果，院長自任自免，自免自任了。天下制度之可以令人發笑者，有過於是者歟？然而，這依然是今日中國的約法，這依然是約法上所規定的政府。

（四）

上面我們所舉的，是約法上幾個基本問題，對約法條文，我們雅不願來吹毛求疵的推敲。

憲法上規定國家的經濟生活，這是歐戰後的新趨向。訓政時期的約法。有國民生計一章，當然這是趨時的辦法。生計章的第一條，規定「為發展國民生計，國家對於人民生產事業，應予以獎勵及保護」（第二十三條）。此種空洞的約法，于條文增加量數，于民生有何實質？姑無論國家政治如何黑暗，政府當局如何自私，對人民生產事業，絕無公開主張「不應」獎勵「不應」保護之理。

德憲第一五一條，擔保人民的生活，擔保人民適宜的生活（Guaranteed n decent standard of living），這與空洞說個「應鼓勵」，「應保護」者負責多多了。在我們看來，這總算國家在民生上負責的辦法。

法律字句貴肯定，然而約法中空洞含糊的字眼上不止字，約法說：「中央及地方，應寬等教育上必須之經費。」（五十二條）試問，何為「寬籌」何為「窄籌」？寬，寬到如何程度？窄，窄到如何程度？國家大法，豈可措詞若此，以繁衍民眾耳目？

然而我們對約法所批評的，絕不在字句。國民黨的民生主議。固以「平均地權，集中資本」相號召者也。我們亦承認要解決今日中國的政治問題，在經濟上，一定要有大刀闊斧的手勢，去實行斬釘截鐵的基本的經濟政策。為消滅共產學說的蔓延。在經濟政策上，更要有洗汙清積的具體辦法，然而，在約法上，國民黨「平均地權」的主張哪裡去了？國民黨「集中資本」的空號哪裡去了？遍讀全文，不過是幾個社會立法，獎勵私產的條文。老實說，這些不能根本不解決目前中國的經濟問題，這些亦不能叫我們小民歡欣鼓舞來佩服！

國民生計上取消了民生主義，等於政府組織上取消了五權分立。這是如今的約法。請問國民黨的主義和政綱哪裡去了？

教育上中國目前的缺點其多，然而根本的要求，是學術自由。約法上儘管有「寬籌經費」的規定，有獎勵技術的文字，有保存古跡的條文。沒有了「學術自由」，學生聽宣傳教員做牧師，國家的文明和文化是永遠不會提高的。然而，約法上，保障學術自由的規定在哪裡？

（五）

話又說回頭來了，制定約法，保障人權，這是我們三年來的主張。為著主張的約法，討論人權我們蒙了「反動」的罪名，我們受過「反動」的懲罰。如今約法出來了，我們絕不以法律內容的殘缺，把我們從前良心上的主張認做錯誤。

好法律勝於惡法律；惡法律勝於無法律。我們如今已然是這樣相信。

法律，從一方面說，亦可以看做有機的東西。它的滿美，亦要經過演進的程式。對法律的將來，我們絕對不悲觀。我們覺得走上法治的軌道，重要的條條，是守法的精神。在政治上，「智者做法，愚者守法」是傳統思想，一定要打倒的.英諺有句話：「沒有人是在法律以上。」（Nobody is abovo law）

我們對這次的約法，儘管有許多佈滿之話，然而，公開的說，約法是我們國民黨製造出來的，是國民黨的要人起草且舉手通過的。如今，我們小民就恭恭敬敬的要求兩件事：

（一）黨國的領袖們，做個守法的榜樣！

（二）國民黨的成員，做個守法的榜樣！

國民會議的開幕詞

——《新月》三卷八號

努生

國民會議開幕的時候，蔣中正先生念了一篇很長的開會詞。詞的全文，中外報紙都刊登過了。演詞中有一部分，是政治理論上比較的批判。這段議論的目的是希望「日月既出，焰火盡銷」，所以對於下列三種政治思想，加以駁斥：

（一）法西斯蒂；（二）共產主義；（三）「自由民治主義」。

（一）（二）兩個名詞，是常聽到的，第三項，「自由民治主義」，確是嶄新。「自由民治主義」，我十分慚愧的承認，前此我很少聽到過。

再進一步，演詞對所謂的「自由民治主義」的解說，同時亦使我們莫知所云。演詞說：「自由民治主義之政治理論，本以個人主義為出發點，附以天賦人權之說，持主權屬於全民之論，動以個人自由為重」。

姑假定「自由民治主義」，就是我們通常聽見的民治主義。民治主義這名詞，據我們所知道，政治學的老祖亞裡斯多德就用過。民治制度，羅馬時代就有過端倪。個人主義這些哲學名詞，可以說在十八九世紀才具體的成立。「天賦人權」的學說，普通我們認是盧梭的主張。盧梭是十八世紀的人物（一七一二～一七七八）。民治主義的政治理論。要等十八九世紀的個人主義和十八世紀的天賦人權的學說做出發點。我真莫知所云？

演詞的執筆者，或者要自為辯護，說他所攻擊的是盧梭以後的民治主義。若然，假使此公讀過盧梭的民約論，就應知道民治主義時候的盧梭，已不是個人主義者了。我更看不出來，十九世紀中葉以後。和二十世紀時候英美的民治，與「個人主義」「天賦人權」這些事說有什麼重要關係。

我們如今固不必在字眼上對演詞執筆者吹毛求疵。演詞所駁斥的是民治主義的本體。將主席主席明明白白這樣說：

「國內乃有倡英美十九世紀初葉自由民治之說以相炫者，其說至無足奇，其具體表現亦不過議會政治，不知總理在民國十三年以前，不但為力事贊助國會之人，而且迭興護法之師，播遷流離，集非常國會於粵於川，可謂勞矣，然第一屆國會之經過，無一不與人以慘痛的失望，以後自安福國會以至曹錕賄選國會，亦無一不啟人鄙視厭惡之心理，以言憲法，則自天壇憲法以至曹錕憲法，果何如者，此種經驗，國人常不能盡忘，若謂得此即可以致郅治，是何異挾此以自欺，築室道謀，將何補於緊急之時艱，況帝國主義之侵略，軍閥之叛變，共產黨挾其國際背景之軍事行動，絕非可以猶豫之心理，無謂之辯論所得而卻之者，即使主張民治高唱自由者，各據議席，任其論安言計，動引西人，亦不過非疑滿腹，眾難塞胸，今歲不征，明年不戰，使共產黨軍閥，坐大於中原也，今日舉國所要求者，為有效能的統治權之行施，以達到解除民眾痛苦的目的，而中國偉大且有光榮歷史之革命集團，厥惟國民黨」。

這裡我們謹敬告蔣主席及國民黨一般政論家者有數事：

（一）民治主義具體的表現，絕不在議會政治和憲法的形式，如今我們所爭的亦不止議會和憲法形式。民治主義的政治，最要緊的，是人人有份的政治。民治主義要議會，要人民選舉的議會，不要某人或某部分人指派的議會；民治主義要憲法，要人民自己訂定且承認的憲法，不要某人或某部分日自己制定而後強迫接受的憲法。法國拿破崙時代有議會，有憲法，德國威廉第二時代有議會有憲法，如今的俄國意國有議會有憲法，然而這一切，都不是民治政治。有議會有憲法，我們絕不承認這是有民治政治的證據。議會失敗，憲法失效，同時，要認清，更不是民治政治的罪惡。民治主義者所爭的是自治，所反對的是被治，所要求的是自己做自己的主人，所攻擊的是他人拿我們當亡國的奴隸。

（二）根據上面一點，我們更要聲明，誠如演詞所說，我們希望「有效能的統治」，但我們絕對反對「有效能的代治」。換言之「統治」要拿人們自己統治自己做原則。西方有句話：「好政府不是自治的代替」（Good government is not a aubstitution for Solf goverment）。單單在「有效能的統治」上說話。印度人不應該反對英國的統治，菲島人不應該反對美國的統治。誰敢出來說，英國人統治印度的效能不大？誰敢出來說，美國人統治菲島的成績不好？誰又敢說上海人租界地，統治的效能，不比上海的西門閘北一帶好？然而中國人依然要收回租界，要取消不平等條約。請英美日本人來打中國的共產。一定不會有「今年不征，明年不戰」的遷延，他們的效能，比國中任何集團都大。然而誰願喪心病狂來這樣主張，畢境，我還說，「好政府不是自治的代替」——自治是真正的民治。

明白了這兩點，請問，批評「民治主義」者的立腳點在哪裡？「民治主義」，誠如演詞所言，「其說至無足奇」。經過訓政以後，國民黨的目的地，不依然是民治主義？若然，將來的民治，與現在我們主張的民治相比較，其不同又在哪裡？其奇更在哪裡？

我們不主張天賦人權

——《新月》三卷八號

努生

近來有些人，或者是出於誤會。或者是故意的，硬給我們新月月刊，戴上一頂帽子，說新月的一般人是主張天賦人權的，是不可以不辯。

五月四日上海某報上，有篇「五四運動談」的文章，裡面有這樣幾句：

「……此種思想，胡適一直維持至今，完成了新月派羅隆基的一般政治論文……他們只有以法國的人權論，維持其美國式的思想……」

前不多久，有位陳君寄信給我們編輯部，信中有一段說：

「新月月刊有人說是主張天賦人權的，我想天賦人權這種學說，是我們的幾世紀前的盧梭提倡的。當時他提倡這種學說的背景是什麼？這是大家知道的，現代時代潮流轉變了，現代最風行的不是天賦人權說，已是革命民權和社會契約說，現在人民的權利不是說由天賦的，欲是說國民權利的時候了。……」

像這類批評新月的話實在很多，上面不過是偶然出來的例子罷了。

現在我很鄭重的聲明，我們從來沒有主張過天賦人權說。最少，我個人，在我的「論人權」一文裡，有這樣幾段話：

「人權是做人的那些必須的條件。人權是衣，食，住的權利，是身體安全的保障，是個人「成我至善之我」，享受個人生活上的幸福，因而達到人群完成人群可能的至善，達到最大多數享受最大幸福的目的上的條件。我的人權定義是如此。他是很平淡，很率直的。我沒有追溯十七世紀霍布斯的學說，認人權是滿足一切欲望的東西。人有許多欲望，跟本就不應該得到滿足。許多自名的大偉人有專制欲，有多妻欲，我們不能根據人權的理論，說這種欲望，應該滿足。我也沒有引證十八世紀盧騷學說，認人權是天賦的，說我們要歸真返璞，到自然的環境裡區自由發展我們的本性。我始終相信一九二九年的上海沒有再變成五百年前的原野的可能。……」

在同一篇文章裡，我又說：

「澈底說些，人權的意義，我完全以功用（Fonction）為根據。凡對於下列三點有必要的功用的，都是做人必要的條件，都是人權：（一）維持生命；（二）發展個性，培養人格；（三）達到人群最大多數的最大幸福的目的」

為免除新月一般讀者們的誤會起見，我再鄭重的說一句：

我們不主張天賦人權。

「人權」釋疑

——《新月》三卷十號

努生

上海勞動大學章淵若院長無月二十三日在民國日報發表「論人權」一文，攻擊「人權」這名詞，謂「人權」應改用「民權」。其理由，綜括起來，有三。

（一）章先生說：

「『人』象臂經之形，『天地之性』最貴者也；動物之盡也；『民』眾萌也，眾庶也九七狹義言之，『民』國家之民，國民也，人民也；就其廣義觀之，則又為人之通稱，故傳曰『厥初生民』，是民之一義，原不背人；而人之與民，則不可相混，『人』之本義，即帶天地之性，則人權之上，既不冠天賦二字，亦有天賦之精神也。」

這種攻擊，十分牽強。「民之一義，原不背人」，「人」「民」即可通用，「民」的本義，當然亦帶「天地之性」。似此，「民權」亦即天賦之權，似此，「人權」「民權」，亦有何撐？章先生論人權，以小學說文為立場，「人」字「民」字之義，引證甚博，大都出自詞源，詞源上對「民權」之解釋，如下：

「『民權』謂天賦於民之自由與獨立等權利也。古來賢哲創此說者不一，至盧騷氏之民約論出，乃大昌明（見辭源氏部氏字條）。」

辭源上的字義，可引為「人」含「天賦」意義的證據，章先生看到詞源上「民權」定義，又將何以自解？

章先生知「民」可調「萌」，而不知「萌」即為「盲」。章先生即可謂「人權」為「天賦」之權，我輩又何嘗不可牽強附會，謂「民權」為「盲人之權」。

章先生「人之本義，帶天地之性」，由是「人權之上。不冠『天賦』二字，亦有天賦精神」。將章先生言，繼而充之，則「人力」為「天賦之力」，「人工」為天賦之工，「人事」為「天賦之事」，「人道」即「天道」，「人物」即「天物」，「人為」即「天為」，「人籟」即「天籟」了！

（二）反對「人權」的人又說：

> 「西語『人』Man, Honme, Maun,有與Woman, Femme, Framm對待排擠之嫌。如曰Righta of Man, Droita de Lahomme 或Menoehen Rechte則英之Woman 法文Femme總之Frmen必盛懸懸不安以為男女有所軒輊矣。而民者，英語謂People法語謂Peuple德語謂Vollc拉丁語Populus意指有組織的群體而言，既無男女軒輊之嫌，又無一盤散沙之危」。

此其立說，更屬牽強。若謂「人」之一字，有男女軒輊的缺點，必改「人」為「民」，則國家的「人口」，應稱「民口」，學校的人數，應稱「民數」。進一步，凡有叩問章先生家庭人數者，應說「民數」，不然，章先生家庭不但有「一盤散沙之危」，且置夫人小姐輩於何地？此其說，豈不可笑？

（三）章先生說：

「殊不知人權本意，本為先國家而存在之權，非法律所賦予之權，非法律所得約束侵奪之權，此求諸洛克輩之學說；稽諸一七七六年美之獨立宣言，一七八九年法之人權宣言，即無疑義。故人權Droits de Lhomme Rights of man亦稱天賦權；Droties Natura Natural Rights，因其既非法律所賦予，乃與生俱來之物也；是則人權與天賦權，本屬一物，所無疑義也。」

章先生又說：

「考人權始意，本在限制國權，其志固可嘉，其論實至謬！徒云因人類而享有此權，實為一種純理的主觀的武斷，而無直接間接可證之事實，更未示人以客觀合理基礎之所在！此在純理思想的玄學時代，或可鼓動愚氓，播為風聲，然在科學實證之時代，則已成強弩之末，既無可證之事實，以示信於華眾，徒見其心勞日拙已耳！人權論者以為國家目的，只在保障人權，國家之所以不能侵犯人民身體，言論種種之自由者。因此種自由，未稱人格之要素，為做人之自然權。此種理論，抑何失諸空洞，主觀；與玄虛！夫人為社會的動物，不能外社會而獨存，因是社會之個體，均有其聯立之關係。國權之所以應限制，國家之所以不得任意侵犯人民之自由。乃因人民之自由，為發展人民智德體優性之所必需；而人民之所以必發展期智德體優性者，則因社會聯立關係之需要，為完成其分工合作的社會使命也。故現代人民之自由，不僅有其消極的限制，複應有其積極的限制（參看拙著近代私法學之改造，載中央大學法學季刊及拙著：狄發氏的私法革新論，近代公法學之改造，東方雜誌）此相信人權者，所應慎思明辨，徹底覺悟者也。」

倘使章先生在學說的觀點上，真有與鄙意不同的地方，不同點就在上面這兩段話，章先生全文值得我們平心靜氣討論的，亦就在這兩段話。

的確的，在政治哲學上，我是認定「人權為先國家而存在之權，非法律所賦予之權……「國家，在我看來，是人的工具；人不是國家的工具。我們要國家，是要利用這副工具來達到我們人類的某幾種目的。若然，國家是人產生出來的，人不是國家產生出來的。產生國家就是人的權。有了國家，我們又訂定國家的法律，法律又是人製造出來的，人不是法律產生出來的，製造法律又是人的權。人權先國家存在是這個意義。

國家是工具，國家是我們人類生活上許多工具上的一種工具，不是唯一的工具。因此，國家的工用是有限制的，不是包罷人類生活一切的。什麼是國家職權可發的，什麼是國家職權不可管的，這種限制，姑無論有沒有法律的訂定，姑無論承認不承認他，這種限制總是存在的。逾越這範圍，國家就發生變亂，就站腳不住。例如宗教信仰的自由。就在野蠻不長進的中國，約法還承認人民宗教信仰的自由，宗教是先國家而有的。宗教信仰是先國家而存在的。人民要國家，同時不願放棄先國家存在的宗教信仰權，給國家來管理。如今的文明國家就不能干涉人民宗教的信仰，人權先國家而存在，先法律而存在，就是這個意義。

國家不能給人民宗教自由，國家只承認人民的宗教自由；法律不能給人民的宗教自由；法律只承認人民的宗教自由，承認（Recognize）宗教自由，意即謂這種自由先國家先法律而存在了。

我們認定人權先國家先法律而存在的，意謂先承認了這些人類生活上必須的條件，而後纔談得上國家，談得上法律。我們始終沒有說過，在歷史上某個時期，人類有過完美自然的時候，那裡一切人權都具備了。人權與生俱生的來了。這裡就是我們與天賦人權說不同的地處。

國權應有限制，這已成為事實，這不是理論。國家不是人類生活上唯一的工具；做國民不是我們全部生活上一切的義務。國家這工具，有些事他擔當不了，有些事他擔當不好。宗教是生活的一部分，值就是政治的國家管不了管不好的。我們要做國民，我們更要做人，這又是我的一句老話。章先生亦承認「人為社會的動物，不能外社會而獨存……」章先生進一步就應承認社會是在國家這團體以上的。就應承認社會上人類的組織不止國家一種。因此，人的義務，要在社會上做人，不止在國家做民，因此國家的職權，不是萬能。國家承認我們在社會上做人的必須的條件，就是承認人權。

欲與章先生論列者止於此。至於章先生原文裡的黨與不覺，章先生所說的「立身之態度，處世之精神，」與討論人權問題無關者，恕不索及！

答覆葉秋原教授

羅隆基

——《新月》三卷十號

前鋒月刊六期上，葉秋原先生發表了一篇對「訓政時期約法的批評」的批評。全文近兩萬字。篇末，他提出三點，要我答覆，問題和答案如後：

（問一）什麼是美國的國務院？美國的Secretary of State中國一般的譯名是國務卿。在下不學，自愧從未曾聽見國有關美國的國務院底名稱，此不得不請教於博士者一。我不相信，博士底話是沒有來歷的，我更不相信國務院之院是國務卿之卿字底筆誤。

（答）美國的國務院是指美國的「Cabinet」，不是Secretary of State說的。Cabinet普通譯「內閣」。「內閣」這名詞，在政治學上，已成了一種制度，差不多是與總統制，委員制並列的名詞。英法的Cabinet既然稱「內閣」，為免除誤會起見，在總統制的美國的Cabinet，我就叫他國務院。美國的Secretary of state，小博士知道他是譯國務卿，我的文字裡「卿」與「院」更非誤筆，事有出人意料之外者，總統制的國家竟有Cabinet，他們有常會，副總統可以出席的。葉先生得未前聞歟？

（問二）我不相信博士將Oligarchy（寡頭政治）用成「多頭專制的政府」是沒有來歷的，由「寡」變「多」，博士一定有所根據。還請博士指教。

（答）Oligarch「多頭專制的政府」是有來歷的。Oligarchy在希臘原文的意思，是指「幾個人專權的政治」，這是與「一夫專政」對立的名詞。我的溫總理，亦很明白這樣說：如今國民政府的組織，照約法規定，只有兩個結果：成一個獨夫專制的政府，或成一個多頭專制的政府。這裡，「獨夫專制」與「多頭專制」很明顯的是對立，「多」者「複」之謂也。Monism譯成「一元」，Pluralism譯「多元」。照小博士看來，Oligarchy譯「寡頭政治」，還不如譯「多頭政治」的妥當。「寡人」「寡居」就是指一個人說的，Oligarchy絕對不是一個人的專制。「多頭政治」的譯名，是如今很普遍流行的名詞，商務印書館發行的小學生用的漢英字典，有時候靠不住的，有時候更有修改的餘地，葉先生又以為如何？

（問三）舉一例吧。美國底最高法院審判長不是行政「領袖」委派的嗎？博士說：「世界任何國家（俄國的Presidium例外），他的司法……機關的最高官吏，不為行政領袖委派……」大約，世界各國的司法最高官吏是由人民票選的，伙食自己委派的——Salf.Appointed。博士語此——不為行政領袖委派，必有根據，還請指教。

（答）葉先生錯舉例了！美國最高法院的院長，照憲法，由總統提出，徵求參院的同意後，方可委任。憲法上有這樣的限制By and with the advice and conaent of the Senate葉先生曾未之前聞欲？再進一步，葉先生讀文章，更不應斷章取義。我的原文是這樣：「世界上任何國家（俄國的Preaidium例外）他的司法和立法總有相當的獨立性。司法和立法機關的最高的官吏，不為行政領袖的委派與罷免」。「相當的獨立性」「罷免」這些字，不應該故意的勾去。

還有幾句話附及，敬希葉先生原諒。「功用」的英文是（Function）。我說「憲法或約法的『功用』是……」英文譯之為（The function of a conatituticn……」。葉先生所舉的Utilitmriam，應譯為「功利主義」，不是「功用主義」。

葉先生說：「三權分立五權憲法，所用的灌，是指職權」又說，「國家的『立法，司法，行政』猶如學校有總務，教務，庶務……」？這點，不佞不敏，又承認不懂了。葉先生長篇大論的為國民黨的政制辯護，孫中山先生的三民主義圖說應該看過。圖如下：

民權主義

政權	選舉權	罷免權	創制權	複決權	
治權	監察權	考試權	行政權	立法權	司法權

葉先生，五權到底是「治權」還是「職權」？中山先生九泉有知，一定說：「秋原同志，說話小心些罷！毋為親我者所悲，仇我者所笑也！」

總之，不佞原文與葉先生批評，均已公諸社會，誰是誰非，聽諸公論，不顧私人嘖嘖，徒喪大雅。學問上平情的討論，敢不拜受嘉言。「博士」與否，與討論問題無關，與學問的造詣，亦絕對無關。未出國門之人，學問淵博者多亦，我輩留學者均應卑躬就教，博士更愧煞矣。數年來做文章事，從未以「博士」頭沖做商標，葉先生口口聲聲不離「博士」者，敬之耶，抑護之耶？抑所謂低等複雜之作用耶？前此以往，覺「博士」云云，寶空衛不止一道。今讀葉先生文章，又令我斗膽自雄，覺「博士」真「不愧其博矣」。然此只能道於葉先生前耳！

韓退之答呂鹽山人書，有云：

「足下行天下，得此於人蓋寡，乃遂能責不足於我，此真僕所汲汲求者。議雖未中節，其不肯阿曲以事人灼灼明矣，方將坐足下三浴而三薰之，聽僕之所為，少安毋躁！」

什麼是法治

——《新月》三卷十一號

羅隆基

（一）

七月二十四日，北平的中文報紙有這樣一段新聞：

「平市整委會，頃接天津市整委會來函，稱《新月》月刊第八期，載有詆毀約法詬辱黨國之文字，亟應嚴行取締，該會經查明屬實，除函請公安局嚴予查禁，並訓令各處黨部，即屬一體查禁。以遏反動，錄鋒訓令如下：

天津市整會中字第四三九號公函內開，呈啟者，查《新月》月刊發行以來，時常披露反對本黨之言論，近於第八期中，竟載有詆毀約法，詬辱本黨之文字。跡進反動，極亟嚴行取締，以辟邪說，而正聽聞，業經敝會第十九次會議決議，查禁在案，除分函外，相應函請貴會設法查禁，以遏反動，而止謠詠，至級黨誼，等由准此，查該刊第八期中，卻有詆毀約法，詬辱本黨之文字，除函公安局予查禁外，合亟令仰該員嚴予查禁，且盡屬一體查禁，以遏反動為要，此令。」

七月二十六日，我們在上海《申報》的專電欄裡，就看見了我們北平新月分店被檢查，店夥被捕的消息。在過幾天我們得到北平的報告，知道。千多分第八期月刊被官廳沒收了。

這不幸事件發生以後，我們又小又窮的新月書店，當然受很大的損失，店夥們的被捕，更是無妄之災。然而比較的這是問題上的小枝節，我在這件事上最大的感想，是訓政時期約法的尊嚴，是中國法治的前途兩問題。

假使訓政時期的約法還有效力，並且還沒有修改的話，我的確寄到約法上有這樣兩條：

第十五條　人民有發言論及刊行著作之自由，非依法律，不得停止或限制之。

第十六條　人民之破產，非依法律，不得查封或沒收。

平津市整委員，認我們第八期月刊有「詆毀約法，詬辱黨國」的文字，所以對改期刊物，要「嚴行取締，以辟邪說，而正聽聞」。在重武不重法的中國，平津市整委員會，尊崇法律的精神，的確令我們心嚮往之，不過他們「辟邪說正聽聞」的手續。我們又這幾個懷疑：

第一、我們要問《新月》月刊的言論，新月書店的店夥，新月書店的財產，何以得不到約法上第十五第十六兩條的保障。

第二、我們要問市公安局的檢查新月書店，逮捕店夥，沒收財產，依據了什麼法律？約法上第十五條第十六條，「非依法律」四個字，作何解釋？

第三、我們要問平津市整會，他們在法律上站什麼地位？他們依據什麼法律，取得了直接分函各地，查禁人民的言論著作，並函呈公安沒收人民的財產這種權力。

平津市整委員會，認我們「詆毀約法」，所以主張查禁月刊。但是「詆毀約法」遠不如「破壞約法」罪案的重大。採違法的手段，達護法的目的。這是中國人最普遍的錯誤。中國人根本沒有明白法治是什麼一回事，這是政治改進上極大的一個危險。因此，我們用極誠懇極嚴正極恭敬的態度，來與一班「辟邪說，正觀聽」的先生們，討論「什麼是法治」這問題。

（二）

國家有了形式上白紙黑字的法律條文，這不算法治。是一個國家，姑無論它野蠻退化，它的執政者橫暴專制到什麼地步，它總有幾條法律。國家的小百姓守法奉命，這不算法治；愈在橫暴專制的國家，小百姓愈不敢不守法奉命。法治的真義，是政府守法，是政府的一舉一動，以法為準的，不憑執政者意氣上的成見為準則。

我並不特別溺愛英國的政治，然而在法治的精神上，英國的歷史鼓久，英國的程度最高，英國的成績最好，這是不容諱言的事實。

英國的憲法學者戴實（A.V.Dicey）他認定英國的法治，有三個條件。他說：

「第一，我們的意思是任何人不受懲罰，它的身體和財產不受法律上的損失，除非他確有違背法律的事實，這種事實要經過國家的普通法庭才普通合法的步驟決定的。這樣，法治是與那種以執政者行使個人的野蠻，專橫，獨裁的壓制的權力為根據的政府制度不相並列的。（In this sense the rule of law is contrasted with every system of government based on the exercise by persons in authority of wild. Arbitrary, or discretionary powers of constraint.）」

他又說：

「法治的意義，第一，是法律絕對的超越或卓越的地位與專橫的權力的效力相應。法治排出政府的專橫，特權，甚至他們的一種無限制的裁奪的威權。英吉利人受法律的統治！他只受法律的統治，我們違了法要受懲罰，但是我們絕對不能因別的緣故而受懲罰。」Itmeans, in the first place, the absolute supremaoy or predominance of regular law as opsed to the influence of arbitrary power, and excludes theexistence of arbitrariness of prerogative, or eveh wide discretionary authority on the part of government. English men are ruled by the law, and by the law alone; a men may with us be puhished for a breach of law, but he can be punished for nothing else.

我引證英國戴實這些話，並不說西洋人的一字一語，都是天經地義。做少從這些地方，我們可以瞭解什麼事法治的真意。

蔣介石先生和國民黨得一班領袖主張訂定訓政時期的約法，主張循法治的軌道來統一中國，這條路是對的，這是我們所贊同的。同時，執政的先生們，就應該認清，法治根本與執政者個人的專橫獨斷的權力是不相並立。

這裡，我們又拿這次北平新月書店的事來做說明例子，（這事或者不值小題大做，然而我們相信法治的人，絲毫不能放過）自從訓政時期約法公佈以後，人民的身體，財產，言論，出版，著作的自由，都受法律的保護。果爾，我們月刊上的言論，是否「詆毀約法」，是否「詬辱本黨」，是否「邪說」，是否「反動」，這一切都是法律問題。這一切罪案，都要循法律的軌道來決定，這一些都不是「天津市整會第十九次常會」可以判斷的，天津市整會判定我們是「詆毀」，是「詬辱」，是「邪說」，是「反動」，在法律上說，這是他們越職侵權，這是專橫，這是獨裁，這就是違背法治的原則。這是破壞約法。

天津市整會果然認我們是「詆毀」，是「詬辱」，是「邪說」，是「反動」，他們要維持法紀，他們法律上正當的手續是向國家普通國家的法庭起訴。沒有經過法庭的判斷，津市整會的通信查禁，平市整會的奉信執行，在法律上，是越職，是侵權，是專橫，是獨裁，是違背法治的原則，是破壞約法。

沒有經過法庭的判斷，這次北平公安局的檢查我們的書店，沒收我們的月刊，逮捕我們的店員，是法律上站腳不住的事情。這是越職，這是侵權，這是專橫，這是獨裁，這是違背法治的原則，公安局雖然有平市整委會的公函作根據，我們應明白在判斷人民的罪案上，在剝奪人民的身體，破產，言論的自由上，「公函」不是法律的判詞。豈止市整會的公函，在這種問題上下能發生效力。就是蔣總司令，張副司令的公函，在法律上，亦不能發生這種法律上的效力。

倘使約法公佈以後，總副司令以公函禁止人民的言論，檢查人民的書店，逮捕書店的店員，沒收書店的財產，在法律上，這亦是越職，是侵權，是專橫，是獨裁，是違背法律的原則。這是破壞約法。

法治的重要原則，是法律站在最高的地位。政府的官員和普通的人民都站在平等守法的地位。我們不認識總司令副司令的個人，我們只認識法律，我們犯了法，他們只有採法律上正當的步驟，可以用法律來裁制我們；政府的官史犯了法，我們亦可以採法律上正當的步驟，用法律裁制官史。這才是法治。

美國憲法上有「法律的正當手續」（Due Process of Law）名詞，這是美國人民身體，財產及一切自由上最大的保障，是美國法治的基礎。「法律上正當手續」這名詞的功用，就在限制政府官吏，在人民的權利上，一切越職，侵權，專橫，獨裁的行動，的確的，要執政者這一類的行動，有了約束，才有法律行使職權的餘地，才有法治的可言。

張三殺人劫貨，張三是犯法，李四執張三而殺之，李四依然是犯法。張三沒有犯李四的法（法是國家的），李四非執法之吏，這是我們主張法治的人，應根本明白的。「法律上正當的手續」這種限制，如今訓政時期約法上的「非依法律」的規定，是給張三犯罪者正當的保護，是給李四越職侵權者的限制。所以如今我們自為辯護的，不是「詆毀約法」，「詬辱本黨」，「邪說」，「反動」這些名詞，我們所爭的是在一個有法律的國家，這些罪案，應怎樣來檢舉，來判斷，來懲罰。我們所談的是法治的原則，我們所爭的是法治的精神。

這裡，我們要特別的聲明，我絕對不是為我們書店的小事來抱什麼委屈，我們更不是借題發揮的來指責政府。世界的歷史，就告訴我們，法治上的障礙，總在有權力有地位者的專橫獨裁。擅用權力，是人類普遍的弱點。法治演進的程式，就在一步一步提高法律的地位，縮小有權力有地位的人的特權。英國的歷史、從亨利第一（Henry the First）起，八百年來，都是縮小皇帝和執政者的特權，提高法律的地位的一個演進的歷史。到了如今，名義上皇帝萬能，實際上皇帝無能（有人說King can do no wrong, nor can he do right）。到了主權的國會，代替了主權在君主，法治的原則才算真實成立了，主權在國會。就是立法機關處最高的地位；立法機關處最高的地位，就是法律處最高的地位的意義。

十八世紀渥塔爾Voltairo他頌揚英國的政治，攻擊法國的政治，他的主旨，並不認定當時英國的法律遠過法國，他認定英國是法在人上，法國是人在法上。法律的完缺優劣是個問題，執政者守法的精神又是一問題。國家的有權力有有特殊地位的人，可以憑他的喜怒好惡，不經法定手續，操人民身體，財產，言論等自由之權，這是天下極危險的事。後來法國的革命，他們所爭的不止是法，是政府的執政者守法的精神。在法這方面，法國在第三次革命以前，憲法都有了許多了，守法的精神，政府守法的精神，是晚近才有的。

所以說法治的真義，是政府守法的精神，是政府一舉一動以法為準則的精神。

（三）

進一步，國家有特殊階級特殊地位的人具備了守法的精神，這固然是走上了法治軌道的初步，然而人民有否法治的實質，又另為問題。這裡，我們爭人權爭法治的人，又要請黨國的領袖們注意：在保障人民的權利上，形式上一紙約法，空空的承認人民身體，財產，言論思想這類的自由是不夠的，要達到法治的目的，目前中國的問題，是保障人民權利上一切細則的管理。

約法上人民權利義務章（第二章）上最要緊的詞句即在「依法律」「非依法律」這類的規定。約法上所謂的權利與義務是原則，此間所謂的「法律」是原則施行上的細則。人民的身體，財產，思想言論一類的自由，有沒有保障，又完全以這些細則的完缺為轉移。

研究政治法律的人，大概都承認，英國法治出人頭地的地方，不在原則的樹立，而在對各個原則，它有縝密周到的施行的細則。承認人民的權利是一件事，防止人民權利的被侵犯，侵犯後補救的方法，又為一件事。前者是憲法的責任；後者是普通司法制度的責任。英國法治的長處，就在「防止侵犯」與「侵犯後補救的方法」這兩點。

戴實亦說過：

「美國的政治家，關於憲法上承認了的人民的權利，他們所設備的法律上保障的方法，真表現了他們不可比擬的靈巧。」

換言之，美國法治特點，不全在成文憲法承認人民權利那些原則，美國政治家在施行原則那些細則上的設備，是同樣的重要。

中國目前的重要缺點，有了白紙黑字的約法，約法上空空的有了承認人民權利的原文，至於如何防止人民權利的被犯侵，複犯後如何補救，幾兒乎一無所設備。

上面這段話，沒有事實來證明，又好像是憑空「詆毀」一般。如今我們又借北平新月書店的事做個小例子。津市整委會要查禁的月刊是第八期。第八期上所謂「詆毀約法」的文章，是對訓政時期約法的批評。文章的作者有該文簽名負責的人在。這件事法律上的責任，當然在簽名做文章的人。在政府沒有明文查禁第八期月刊以前，分店的夥計，發賣月刊，絕對沒有違犯什麼法律。

如今我們姑承認津市整會有司法上查禁人民出版物的權利，平公安局有根據平整委會檢查書店，逮捕人員的職責。然而在執行這種司法的職務上，他們應確切守法律的範圍，他們絕不能越法律的範圍以至牽連無辜。

然而當日事實的真相，又確與此相反。北平逮捕的兩人，有位姓蕭的先生，既非文章的作者，又非書店的夥計，他是買書訪友的過客。他的被捕，法律的問題就發生了。

第一，我們要問，當日公安局檢查新月書店的時候，有沒有拘票？沒有拘票，當日逮捕兩人，這是執行職務者越職侵權，這是違法。若有拘票，拘票上自有被拘者的姓名。何以牽涉到風馬牛不相及的簫君？拘票上若沒有蕭君的姓名，這種逮捕，是執行逮捕者越權犯法。

當日檢查書店逮捕店夥的情形，我們住在上海的人，並非目見，詳情不甚清楚。所以我們不願隨意揣測。這裡我們有英國類似的案件，或可供研究法治者的參考。

在一七六三年的時候，英國有種刊物叫《北不列顛》（The North Brilon），當時有某部的秘書武德（Wood）帶著員警和幾個公務人員，打毀了衛克斯（Wilkeg）先生的住家去檢查抄查刊物，逮捕編輯。他們帶的公文上面這樣說：「嚴格搜查大逆不道的北不列顛刊物的編輯，印刷，出版人員。他們這班人或他們中任何人，若被搜得，即行逮捕並將刊物沒收。」

衛克斯認這次的搜查為違法，於是在法庭起訴，後來得了一千鎊的賠償損失費。

法官的判詞，大意說：

「被告認為他『有查票』，檢查《北不列顛》報。檢查票上既沒有注明被捕者的姓氏和沒收的東西的詳單，當然逮捕和沒收上向機行事的權力在我們執行的人員了』。假使被告這種理論可以成立，假使某部有委令公務人員在檢查逮捕上向機行事的權力，那麼人人的生命和財產發生危險了。人民的自由，完全消滅了！」

一七六五年的時候，《北不列顛》刊物又有一個案件，可以供我們參考。當時總長赫理法克斯（Lord Halifax）因《北不列顛》的言論，下令逮捕印刷員，拘票上沒有注明應捕者的姓氏。結果誤捕印刷工人理渠。理渠因誤捕，提起訴訟，他得賠償損失費四百鎊。法官的判詞說：

「這種不詳確的拘票，並無成案可查。……發拘票的官吏，應詳細注明被拘人的姓名，不應給拘捕人自由取決的權利。『向例如此』這句話不能引來做法律上的理由。『向例』要成為法律，一定要普通的『向例』……並且這樣壞的『向例』，更不能因他是『向例』，就給他法律上的根據……」

一七六五年，還有一個相類似的案件。原告恩提克當時被政府認為有煽惑的言論。根據某部長（Secretsry of Stato）的拘票，國家的公務人員檢查了恩提克的住所，沒收了他的書籍及著作。原告認此項檢查與沒收為越職侵權，向法庭提起訴訟，原告得賠償損失費三百鎊。

法官說：

「總長，他是皇帝的私人任用的行政官吏，他並沒有司法官吏的職權。……樞密院（Privy Council）的任何人員，沒有拘捕檢查的權力。這案的檢查票為違法。」

在上面我們舉來供參考的案件裡，我們看出來，在法律上發拘票檢查票的權，隸屬國家一定的機關，這種權力並不是任何人任何機關可以應用的。拘票檢查有一定法律上的方式，不是任意可以應用的。人民受了違法的拘票檢查票的侵害，有法律補救的方法，有應得的賠償。

在這些案件上，我們可以看出來，在法治上了軌道的國家，他們不只重視人民權利上那些原則，他們在保障人民權利上有審慎周祥的細則，這些就是如今中國的缺點。

這些問題，的確不是小節。我認為這裡二十年來中國不能走上法治軌道的癥結。中國一班執政者的習慣，法律條文自為法律條文；個人行動自為個人行動。要人的字條，官吏的電話，團體的公函，隨時可以發生司法上的效力，黨部衙門，軍警機關，隨時可以自動執行司法職權。在人民方面，如今亦找不著安分守法的原則，只有聽天由命的活路。橫禍之來，儼同觸電氣，遭雷打，染時疫一樣的意外，偶然被劫，不知其所求，幸而被免，不知其所然。

我們主張人權法治的人，相信中國要根本大法，承認人民的權利，同時我們要司法制度上一切細則，防止人民權利的被侵害，並且補救人民在權利上無辜而受的損失。

（四）

法治是要執政者有守法的精神，法治是要執法者對犯法者，有依法辦理的步驟。第三，我們同時又希望，如今的當局，明瞭「犯法」這兩字的意義。

簡單說些，如今我要討論「詆毀約法」是不是罪案，「躋近反動」成不成判詞。

假定津市整委會一班委員們是法官，市整會本身是法庭，如今我要向這個法庭和一班法官們抗議，「詆毀約法」的確不能算我們的罪案。

這裡我們不必重事牽涉言論自由的原則。即以法治的本身論，我們亦信「法而不議，則法之所不至者必廢」的原則。中國幾千年專制政治的往史，以我們所知，只有違法的罰刑，絕少講法的禁例。荀子曾這樣說過：

「隆禮至法，則國有常……纂論公察，則民不疑。」

法律本來不是絕對完滿的東西。有議論才可修正；有批評才有進步。議論批評，自然包括是非長短的意見。然議論法律與違犯法律，純然兩事。舉例來說罷中國法令，禁止多妻蓄婢，我輩僅可從學說上討論多妻蓄婢法的長短，只要本人不娶妝妾，不蓄婢，我固依然安分守法的良民。在議論上雖然攻擊法律，與一班名公貴人妻妾盈門奴婢滿室者不可同日語了。這就是講法與違法的分別。在討論法律上，言者無罪，問者當戒，我認為這是很對的原則。

這裡我們又可引外國的近例，做個參考。美國在一七八七年通過聯邦憲法。費城Phili dalphier散會後，憲法的優劣成為當時政治家爭論的焦點。像亨利（Patriok Henry）和亞當斯（Samuel Adams）這幾個人是非難攻擊憲法的領袖，他們的確是「詆毀憲法」的。試問，「詆毀憲法」是他們的罪惡嗎？

我們再舉個近點的例子罷。美國憲法第十八條關於禁酒的修正案。從一九一九年到現在，哪一天不在被攻擊，被指摘，被詈罵中。「詆毀憲法」的文字，遍地皆是；「詆毀憲法」的人民，成千成萬。試問，攻擊禁酒案是犯法嗎？

其實，擴而充之，哪一個研究政治法制的人，不討論現在的法令？哪一個政府禁得住人民對法律的批評？

「詆毀約法」，犯了什麼禁令，違了什麼法律？這是我們要向查禁我們月刊的人領教的。

其實，平心而論，討論約法就是我們重視約法，重視法治的表示。如今訓政時期的約法，不怕人民的攻擊詆毀，就怕人民的不睬不理。就在黨國的領袖們中，大膽說一句，有幾個是費過氣力，對約法做過研究討論的工夫的？到了憲法宣傳周的時候，到了偉人們演講的時候，臨時抱佛腳的讀約法原文，這雖然是笑話，這亦是實情。我們的贊仰，是研究過的贊仰；我們的詆毀，是研究過的詆毀。我們是個堅信惡法律勝於無法律的人，最少。我是懇望約法不成廢紙，我希望約法發生它的效用。把約法看成廢紙，把約法當做其文，這些人就算是黨國的領袖。依然是約法的仇人，法治的仇人。肯詆毀約法的，是法治的信徒，這是擁護法律的人應認清楚的。

現在我又進一步來討論「跡近反動」這四個字。「反動」在今日的中國，是極普通流行的名詞，是極容易得到的罪案。同時又是極無確切定義的名詞和罪案。以法言法，現在法律上關於「反動」字句的定義在哪裡？法律上果無「反動」的罰條，懲罰反動的根據在哪裡？這是法治上應注意的一點。

「跡近反動」的「近」字，可否成為法律上的字眼，這又為值得注意的字眼。這裡，我又記起秦檜「莫須有」的故事來了。秦檜陷害岳飛，說岳飛與張憲書，雖不明，其事莫須有。韓世忠說，「莫須有三字何以服天下」。如今津市整委會的「近」字，又何嘗不類於「莫須有」？法律上的界限，毫釐之差，千里之別，犯法者，在法律條文上必有於禁的事實，苟未干禁，就不違法，此問絕對無「近」與不「近」的分別。如今津平市整會，竟以「跡近」兩字判獄，竟以「跡近」兩字，檢查人民的書店，逮捕書店的店員，沒收書店的刊物。此種「跡近」的判詞，何以服天下？

「反動」，既無法律上的定義；「跡近」，又不成法律上的範圍。巧詞誣陷，任意牽涉，這是中國目前普通的現象，這是中國人民身體，財產，言論思想上絕大的危險，這一切的確是中國走上法治軌道的障礙！

（五）

我這篇文章，總結起來，有三層意思：

1. 法治的真義是執政者的守法。是縮小執政者的特權，提高法律的地位。是執政者與人民住平等守法的地位，他們一舉一動，要以法律為準則。
2. 法治的重要條件，不止在國家的基本大法上承認人民權利上一切的原則，而在原則施行上，要有審慎周祥的細則。法治要注重「法定的手續」。

3. 在法治的國家，一切罪案，要法律上有詳確的的定義，肯定的範圍。

最後，我要懇切地聲明，我這篇文章的動機，是解釋法治的意義，不是為我們新月書店爭什麼是非。新月書店的故事是偶爾的順便的例子。因為執政者不明法治的真義，人民所受的無辜的損失，所受比新月分店更大更重的損失，不可勝舉。如今當局趨重法治的意志，是我們所崇敬的。然而只有這個意志是不夠的。一定要知道什麼是治法，他們的意志才有實現的希望。

一百四十多年前，美國討論憲法最激烈的時候，亨美頓（Hamilton）、麥迪森（Madison）、佶（Jay）三個人發表了許多文章，後來成了聯邦論文集。亨美頓作的第一篇裡，有幾句話大意如下：

> 「我很明白，假使我概括一切的認對方的都是別有所圖，別有野心的見解，那是卑鄙。『公正無私』這幾個字叫我承認，反對的人或者亦是為光明磊落的心志所驅使。……的確的，世界上有這許多並且有這些有力量的原因，使我們在判斷上添一種成見。所以許多時候，在社會的重大問題上，在對與不對的兩方面，都有聰明與正直的人……還有一點可以令我們留心的，我們並不能這樣確切的認定，我們主張真理的人，與對方相較，我們一定是受了更高尚的信條的影響。個人的志向，貪吝，私人的仇恨，黨派的成見，並且還有許多比這些遠卑下的動機，很可以轉移一些主張或反對一個問題的人。假使不是這些顧慮，叫我們要存中和體諒的態度，那種政黨上不肯容忍的精神，更不知偏袒到什麼地步了。因為在政治上和在宗教上一樣，希望用火與刀去造就信徒，是同等的無稽。宗教上和政治上的異端，都不是壓迫懲罰可以整治的。」

我們很誠懇地希望如今以「辟邪說已聽聞」自負的人們，三復斯言。

附

上面這篇文稿草成後，作者在報紙上又無意中讀到一段奇聞。這是濟南朱淑德王維鈞的案件。這案的內幕，姑置不問。據報紙傳說韓主席和韓主席夫人曾親自審理朱氏的老媽，審理後韓夫人並賞老媽洋三拾元。這種辦法在人情上說，或是韓主席和夫人關懷民事，仁德可風的地方，在法治上說，是韓主席和夫人越職侵權，例不可開的實證。附錄在此，證明中國司法上的情形，是無奇不有。主席的夫人，可以干涉司法，嘗何法律之可言，法治之可言。

告日本國民和中國的當局

——《新月》三卷十二號

羅隆基

（一）

如今我們向日本高談正義，公道，東亞和平，國際公法，這些在日本人方面是不入耳之言。日本武力侵佔東三省，是由來已久的計畫，他們目前毅然決然來實行這個計畫，在正義，公道，東亞各平，國際公法這些可以攻擊他們的名詞上，當然考慮過了。揣測他們的命意，只要他們預定的計畫，可以得到最後的成功，上面這種攻擊，日本可以不必顧慮的。如今我們要向日本國民忠告的，就在曬侵略主義上預定計劃的成敗，和日本進行這個計畫，向世界人類應負怎樣的一個責任。

所謂的預定計劃，我們都知道，是指田中所擬定「積極政策」說的。在這個政策上，是應該注意的，是他的目的。在計畫書的原文裡，田中這樣說：

「惟欲征服支那，必先征服滿蒙；如欲征服世界，必先征服支那。」

這兩句話表面上的邏輯是對的。假如征服不了支那，假使征服不了世界，將來日本的命運又怎樣？這種疑問，田中和一班參預擬定計劃的人，不知道思索過沒有？現時日本的國民和一切有遠見的政治家，又不知道思索過沒有？

我是個中國人。有「五千年的文化，五萬萬的人口，四百萬方里的土地」的國家，就不至亡國，這種假定，我是不敢迷信。然而在征服中國和世界這問題亦有幾點，應該顧慮，日本有遠見的國民和政治家，或者與我同意。乾脆痛快說罷，中國失掉了如今的滿蒙東三省，在土地上，在人口上，依然不失為一個大國，中國依然是大有可為。土耳其就是個實例。在著一個領袖，土耳其又復興起來了。再說這一點，一八六六年前的德意志，一八七〇年前的義大利，何常不受強鄰奧法的宰割，何常不是口頭上有名稱，是圖上無實質的國家？結果又怎樣？

一個暫時強盛的國家，乘鄰國暫時的虛弱，進佔弱國一部分的土地，認定結果可以永遠征服弱國的民族，這各假定，歷史的事實證明給我們，有許多時候是根本的錯誤。我不是對中國的前途作無聊的樂觀。我覺得任憑日本國力怎樣偉大，在二十年內日本完完全全的消滅中國，是絕不可能的事。若然，如今日本彙兵東三省，不過是將來中日生死戰爭的一個挑戰而已。用個譬喻，例如一盤象棋，如今日本偷偷的吃了中國一個車屍了。全域勝負，尚待將來。日本人壓迫愈甚，中國人激刺愈深，日本人侮辱愈大，中國人仇恨愈切。如今中國的青年，思想上偏重民族主義；身體上注意軍事訓練，這與未統一以前的德國意國的青年同一氣象。這一切都是中國人將來與日本人決一生死的準備。目前談中日戰爭，日本人知道，我們亦平心靜氣的承認，結局是中國失敗。將來的中日戰爭——事實迫我們承認絕不可免的一場惡戰——中國或者要做當年殲除外寇的德意兩國了。今後的十年或二十年中，中日雙方當然都聚精會神做將來大戰的工作。這時期中，雙方的國力當然都要耗費在無意義的犧牲上。然而田中積極政策的總帳，要到那次戰爭時，總可以清算。

稍為顧念人類文明和文化的人，當然不主張人與人要永遠在互相殘殺的漩渦裡圖生存。田中的積極政策，就引日本人到那個漩渦裡去。他的國運，或者就是這個漩渦裡遭滅頂之禍。這點，我逐利一班稍具眼光，稍有遠見的日本國民和政治家，應該顧慮的。

退一步，我們做個中國人方面極不幸的預料，我們假定將來的中日戰爭，中國失敗，日本勝利。若然，中國成了印度，菲島，全部中國成了日本的殖民地。這裡，我們又希望日本留心觀察二十世紀帝國廣義侵略上的總成績和新趨勢。英國人的印度，美國人的菲島，在政治上不是成功，在經濟上更不合算。印度，菲島的獨立自治，我們認定是世界進化上必然的結果，遲早不過是時間問題。印度，菲島，在目前英，美的政治上是極難應付的問題。有長期歷史的殖民地，因近世民族觀念發達的緣故，處處成了動搖的局面，以區區三島的日本，希望在政治上征服統治一個有四千年文化背景的中國，當然是以蛇吞象一類的野心。經濟，本然是帝國主義都一個重要的動機。在民族主義發達的今日，事實又告訴我們，同情的合作互動，較武力的征服壓迫，在經濟發展的前途上，順利得多。美國的貨物，推銷有菲島，遠不如在加拿大，英國在加拿大的貿易地位，反遠不如美國。「貿易跟著國旗走」，如今已說明是不可靠的信條。帝國主義者可以持武力侵佔弱者的土地，不能用槍炮邀約弱者的同情，經濟上消極的抵抗，已成弱國慣用對付強敵的武器。日本如今的舉動，實際上又是為英美貨物在中國招攬生意；為日本貨物在東亞趕走主顧。這又是日本有眼光有智誠的國民和政治家應顧慮的一點。

田中的政策公開的拿征服世界做目標。積極政策的原文裡，公開的主張征服印度，南洋、中亞細亞。又公開的說，「將來欲制支那，必以打倒美國勢力為先決問題。」這些，在我看來。日本是直捷爽快的在向世界挑戰。這裡，日本軍閥和帝國主義式的政治家，他們的膽略和氣魄，的確可以自豪一時。如今希望英美為正義，公道，和平，國際法這套名詞，出來代中國抱不平，我們知道這是中國外交人物的迷夢，是絕不可能的事實。不過到了英美和日本利害衝突的關頭，那時候就沒有中國人乞哀求憐的呼喚，英美會與日本相周旋，這又為必然的事實。那時候中國成了塞爾維亞，日本是大戰前的德國，戰爭上雙方的損失，姑不具論，不過目前德國經濟上的困苦，政治上的顛連，以及百年內德人子孫孫受的無辜的連累，很可以做目前日本的殷鑒。在二十世紀的今日，一個國家，憑武力可以吞滅另一個民族，根本是逆潮求進的夢想，說某個國家，憑藉武力可以征服世界，或者造成個幾千年前羅馬帝國的局面，更是妄念。在我看起來，日本的軍閥和帝國主義的政治家，只圖目前一時的快意，著著在為將來的日本造厄運，為日本的子孫挖墳墓。日本人民，倘真盲從他們的軍閥和帝國主義式的政治家，走上武力征服世界的歧途，他們的浩劫，就在最近的將來。這對是日本有智識有眼光的國民和政治家應顧慮的一點。

在一九三一年的今日，日本還有禍在眉睫的一件大事，應該顧慮。這就是共產主義在東亞的發展。在外表上，共產勢力在中國較在日本，更為猖獗，固為事實。然而在青年思想上，共產的潛勢力，在日本不比在中國為小。共產者的命運，與如今日本帝國主義式的軍閥和本家是不相並存的。一班軍閥和資本家，乘與外侵的時候，或有禍起蕭牆之危。同時，日本在這時會，進兵滿蒙，實間接為中國的共產作聲援。如今，中國人青年界裡，已有這樣的呼聲「與其歸日，寧願附俄。」中國共產的成功，固為中國之禍，亦非日本之禍。俄國如今已乘機興起。中日鷸蚌之爭，共產漁人之利，一旦東亞全部赤化，覆巢之下，必有完卵！這又是日本有智有眼光的國民和政治家應顧慮的一點。

這裡，我完全平心靜氣，為日本國運民命的前途著想。正義，公道，和平，法律這一些高調，完全抹煞。然而我們始終覺得所謂田中的積極政策是沒有世界眼光，現代知識的計畫。日本的國民和政治家，把國家的命運，完全交付給軍閥去支配，這或者是日本積極自殺的一條道路。

「優勝劣敗，適者生存」，當然，在半開化的今日，依然是不可避免的事實。假如人類自己承認與其他禽獸不同，假使自己要拿「文明」兩字，來標榜自己是超越了元始時代的思想，人與人自相殘殺的野蠻行為，總應該減低到極小限制。人與人總應該本合作互助的精神，去增進彼此共同的幸福。羅馬的法律，猶太的宗教，德國的科學，法國的美術，英國的政治制度，美國的工業組織，這些是人類幸福上建設的積極的貢獻。殺人打仗的舉動，弱肉強食的行為，總是人類的蟊賊，文明的叛徒。日本民族，果然要以黃種的領袖自命，果然要與白人爭個高低，果然要在世界上站個地位，就應該在人類文明和文化的提高上，去發展他們的積極政策。乘鄰人的內亂，白晝行劫；風友邦的天災，落井下石，如今日本的行為，的確是人類道德上一個永不磨滅的汙點。是人類全體的一個恥辱！

（二）

上面一段文字是為日本人設身處地借箸一籌的話。現在我們回轉頭來，為自己的生存，為中國的命運，做一個通盤的打算。我個人認定這次瀋陽事件中國人的外交當局和軍事當局有罪不容赦的錯誤。

第一，沒有國際政治智識，看不清二十年前後國際政治的趨勢的人，根本就不應該外交上尸位素餐，貽誤國家。要做個外交家，對國家二十年外交的應付發展，總有個通盤計畫。至於陪宴公使領事，接納洋員通譯，這是人人可為的雜務，這不是外交家的專職。以中日關係而論，一九一九年二十一條事件發生以後，日本在外交上處心積慮的野心，就昭然若揭。中國外交上定計決策，應在此時。如今的外交當局，或者可以把前此的外交責任卸委於北京政府。濟南事件，負執行樽俎的責任的，又何常不是今日的南京政府。對那時的外交，縱不引咎自責，亦當臥薪嚐膽。然而政府當局和主持外交者，宴樂如故，昏憒如故。田中的積極政策，訂定於民國十六年，在五年前的今日，自命為外交人才者，就應預想到民國二十年的今日。然而主持外交者，宴樂如故，昏憒如故。即以最近瀋陽事件而論，日本進兵的野心，在十二月前固已成為公開的祕密。萬寶山案，中村事件，不過日人故意製造的機會耳。然而主持外交者，宴樂如故，昏憒如故。在九月十八日以前的數日，日本動員出兵消息，已遍載東西洋報紙，主持外交者向國民不開有任何警報，向國際不見有任何佈置。國難已作，於是強為解釋，巧詞彌縫，宴樂如故。昏憒如故。十八日事件發生以後，國人平地霹靂，震驚失色，這時候外交當局自應負外交上觀察錯誤，坐失機宜的責任，然而當局者強詞掩飾，巧詞彌縫，依然而故。以身以外交當局的人員，庸不知國際聯盟，是何種機關，國際公道，是何種標語？在公開的演說上，依然發表這樣自欺欺人的談話：

「吾人深信國際會為主張國際公道，並維持世界和平之機關，故已將詳情電達日內瓦本國代表，想聯會方面，當能處理此事，年來國際對兩國糾紛，均會處理，如巴拉圭與玻利維亞，波蘭與立陶宛，希臘與保加利亞，咸有相當之處理，如國際間是非尚未泯滅，對此次日軍之侵略，與我之不抵抗而大規模受攻擊，世界當能更予以正當之評判，吾人又深信前年簽訂凱洛克非戰公約，確能保障和平，排除武力，故亦已向該公約之各簽字國，告知此事，該約如確為各簽字國所擁護者。當知現在東省為日軍所造成之情勢，與非戰公約之規定，實係背道而馳，必能根據此約，立即令其恢復原狀也。」

即以我輩閉門不問國事的書生，亦知國際聯盟是帝國主義者操持的機關，亦知國聯在國際爭端上充其量是雙方規勸的和事老，亦知美利堅政府非急公好義的□手，亦知凱洛克條約非世界和平的保障。然而中國外交當局，竟視這一切為外交上唯一的法寶，國命上唯一的福星。善詞如故，巧言如故，宴樂如故，昏憒如故。

到了今日（二十八），國際已拒絕調停，日本尚在進兵的時候，報上登載外交當局的談話，依然只有這個辦法：「對於最近日軍之積極以炸彈機槍攻擊北□路火車事，予信世界文明各國，自亦當表示驚訝也。」試問「世界文明各國，自亦當表示驚訝也。」此與滿蒙的命運，有何關係，與國家的命運，又有何關係？譬如棋局，敵人看十步八步，中國的外交當局，一籌莫展。對手車馬齊進，中國的外交當局，坐以待斃。

平時中國的外交當局，總以「革命外交」四字相標榜。革命外交的內容如何，革命外交的方略何如，國人從沒有機會問其究竟。直到此刻國民還用「革命外交」四字相呼號，當局還用「革命外交」四字來搪塞。到底何謂「革命」，所革何命？我們依然莫知所云。我輩書生所見，今日的急務，不是革命外交，是向外交當局的革命！如今昏憒宴樂的外交當局，應立刻辭職謝罪。如今腐敗殘缺的外交機關，應立刻改組，這是我對於目前外交上的一點意見。

第二，畏死逃敵，喪地辱國的軍人，同時應與外交當局引咎卻去職，謝罪國人。勇於私鬥，怯於公憤，軍人，是中國二十年來的罪孽。以養兵兩百萬的國家，一旦敵軍入寇，直入無人之境。此種數目，固不得據為確實，中國當地軍隊，數倍日兵，自無疑義。結果，依然是繳械投降，失城喪地。最堪痛心者，傳說日人入潘陽的時候，敵軍只三百人，中國數百兵士，拱手投降。軍人未盡天職，主將不忠國難，此為顯明事實。乃一班溺職失事的軍人，尤復高談鎮靜，掩飾怯弱；侈言退讓，苟延殘喘，此其罪孽，容尚可赦？

在中國國防上，軍人不盡天職，不忠國難，幾已為相沿成俗的習慣。早年濟南事件，不戰而退，已開其端，這次吉遭難，繳械投降，又成惡例。本月二十日，日軍已占奉天，國家堂堂海陸軍副司令尚在報章上發表這樣的談話：

「已電令東北各軍，嚴禁持槍械出營，避免與日軍衝突，以維中日邦交。」

強盜入室，門前將士與盜徒揖讓論交，委屈求饒，此共失職，此其敗事，尚何掩飾之可能？中國武人，其在國內，果真有退讓的風尚，鎮靜的涵養者，似又當別論。在內爭上一班武人。跋扈暴烈，不可一世。一遇外寇，則伈伈俔俔，搖尾乞憐，此其沾辱國體，貽誤國事，容尚可赦？

以我輩推測，當年濟南，今日東三省事變，除中國軍人外，任何其他國家軍隊處同樣境遇，天下人都知日本為恃強行劫，中國人在自衛上，戰與不戰，毫不足影響事件的是非。國際間果有正義公道，直總在我，若無正義公道，退與戰同一劫運。退為怯弱，戰為英烈，戰又勝於退。不戰而退，事後用「退讓」「鎮靜」，自為掩飾，更為國外有識者所恥笑了。我輩書生見識，此種勇於私鬥，怯於公憤的軍人，不加裁制懲罰，國防永無振作改革希望。此輩不去，國末已，這是我對於軍事上點意見。

（三）

責備今日的政府當局，在今日局勢底下，不是救國抗日的應急的策略，反是以暴露自己的弱點，我相當承認這種說素。下面的文字，我就放棄「責備」，來提我私人應付國難的主張。

對日本方面，我主張立即斷絕國交，動員備戰。

這種主張，一定有人認我與我一班中小學青年血旺的學生，同樣稚氣。我主戰的理由如下：

1. 反對戰爭的人，根本認定中國目前絕對無戰之可能。這點，我有同樣的認識。不過我認為戰固敗，不戰亦等於敗。同是一敗，戰而敗，勝過不戰而敗。中國人的國家觀念，的確是麻木不仁。國恥上不是沒有刺激，不過一切都已司空見慣。人民在國恥上受了刺激的反動。如今已成了機械性質的動作。一有國難，第一步是學生的開會，於是把課。於是演講，於是請願。第二步，是社會工商階級的響應，於是開會，於是宣言，於是召集群眾大會，於是舉行遊行示威，於是貼抵制仇貨的標語，於是發經濟絕交的傳單。第三步，是名人流要的鬥起，於是向列強通電，主持公道，於是向國聯呼籲，惡求公判。第四步，是政府黨局向人民與敵國的委蛇，於是對人民加告誡，對敵國作退讓。第五步，告結束。學生除一二人斷指血書傷口未愈者外，一切痛苦都成過去，工商人物，主持抵制仇貨的當事，從此收入更加豐富，要人名流的洋文函電，國內外報紙，刊登已逼，政府暗中向敵人的交涉事物亦已辦妥，不久，一切又恢復原狀，等待新的刺激起來，舊戲重排了。這五幕的新戲通常叫「愛國運動」。這種戲劇，已失盡刺激人民的效力。更有一班偷生苟活的國民。他們早以為認滿蒙東三省非中國所能保持，他們認滿蒙東三省的得失實無足輕重。因此如今，我認為非有大打擊不足以引起更大的覺悟。我希望中國有一八七〇年德國兵臨巴黎的故事，使全國受更重大的打擊，有更重大的損失，而後或有比較耐久性的興奮的希望。我的主張，是苦肉計，然而我認為這苦肉計是中國必要的興奮藥品。

2. 為解決今中日的軍閥問題，對外宣戰，亦是一條好計。如今國內的士官，保定，黃埔出來的一班偉人，平時是目空一切，氣焰萬丈。每有內亂，他們的通電，他們的宣言，他們的恒寶，他們的威武，總令我們小民膽戰心驚。毛大的一件事，他們就動員令，他們就討伐令，他們拉夫扣軍，他們派兵遣將，於是戰溝數十里，於是士卒幾十萬，於是開火，於是血戰，於是雙方告捷，擒敵幾千，殺敵幾萬，於是彼此凱旋，小兵受犒，大將升官，我們覺得這般對外講禮讓。持鎮靜的將軍們，他們應該去向外敵小試其技，應該勸河伯如海，看看失眠。養兵兩百萬，用在此一朝，果然戰勝，使世界認識我們的武力，不幸戰敗，使軍閥明白自己的地位，這兩百萬陸軍，不求根本改造，中國前進，總無生機，這又是苦肉計。這苦肉計，我們認為與中國軍事的革新是有益無損的。

3.為洗刷今日中國的內政，對外宣戰，亦是一條好計，歐戰發生以後，歐洲各國的政治制度，都有革新的組織。他們的政府機關，都趨於科學化，都增加了能率，當年的俄國的政制最腐敗，俄國首先是把德國的行政最良善，德國處處勝人。老實不客氣，中國如今的政制，重疊複雜，附贅懸疣，差不多不像二十世紀國家的政府。因政黨關係，政府的組織平常不許指摘，不受批評的。一旦于日本接觸一定全形畢露，殘缺全出。到此境遇，或者有徹底清洗，重新再造的可能，這又是割疤剖骨的手術，這是蠻幹，這種蠻幹是有益無損的。進一步，如今一班持鎮靜論調的人，口頭上呼號「舉國一致」，政權上依然「一黨治國」。南北的當局，藉口和平會議，依然在分贓內哄：各地黨員，假名指導民眾，依然在橫行霸道，他們是在醉生夢死，得過且過；他們還願「寧贈外寶，不與家奴。」不有驚天覆地的掀動，不足以徹底解決黨爭，不足以根本推翻黨治，他們要鎮靜，希冀國亡黨存，我們主戰爭，不惜同歸一盡。這是破釜沉舟，然而這破釜沉舟是黨治逼迫出來的，這破釜沉舟是我們死裡逃生的一條路。

我相信有許多人認這些是不「鎮靜」的思想。鎮靜論者，他們反對戰爭的立場子是訴諸國聯裁判，是呼籲國際和平，如今國聯主張，強列態度，都已明顯了。「鎮靜」論者，何以為？與其坐以待斃，不如戰而後斃。這是我的主張。執政的黨局，絕不能認無辦法即是辦法。老成持重的鎮靜者，請指出比此更有優勝的道路來！在我個人看來，走投無路，背城借一，即是道路。天助自助者。只有上月為正義，公道，和平犧牲者，才有享受正義，公道，和平的機會，中國的古訓，殺身成仁，捨生取義，這就是我主戰的理由。戰是必敗的，不戰亦敗。戰而敗，勝於不戰而敗，一九一四年歐戰中的比利時對德宣戰，是我們如今的好榜樣。

反對戰爭的人，認中國今日只可備戰，不能應戰。在我看來，今日宣戰，即為他日備戰。只有今日的敗仗，能激起他年的勝仗。二十一條件時代，政府和國人慷慨激昂，倡首備戰：戰爭的準備何在？濟南事件，政府和國人慷慨激昂，倡言備戰，戰爭的準備何在？政府因循，民心何安，事過境遷，一切仍舊。今不宣戰，永不能戰，斷肢保身，開刀全命，這是我在為不可戰的形勢下主戰的理由。

（四）

戰，固不能解決今日的中日問題，然而我上文早已認定了，中日問題的最後清帳，就在今日。我的主戰，命意在催人民自身的鞭策，催當局根本的覺悟，及此準備，以待清帳之機會耳。要將來外交和戰爭的勝利，必先求內政的改革，因此提出我在內政上的主張。

內政上整理的先決條件，是國民黨取消黨治。

取消黨治，這是我三年來始終一貫的主張。反對黨治的理由，先後在我的文字裡發表過。在今日局勢底下，我的主張更加了強有力的佐證。兄弟鬩牆，外侮其入，這是幾年來民黨黨爭上過去的錯誤。「一致對外」這是如今黨內外舉國人民不謀而合的呼聲。

本月二十日中執委員致粵方要人的電報裡，有這樣一條：

「除危害民族生存之亦匪必須根本割除而外，必須一心一德，鞏固國家基礎，充實政府實力。」

這是國民黨人政治思想解放第一次的表示。在日前局勢下，這種表示，我認為是取得「一致對外」的正當的步驟。

二十三日，立法，監察兩院聯席會議議決事項中，又有這樣一條：

「徵集全國人才，組織賢能政府。」

黨中自有人才，人才不限一黨，這是國民黨人應承認的事實。因此我更希望主張賢能政府的人，明顯的出來主張取消黨治。

凡以國家為前提的人，對執委和聯席會議的主張，自然是絕對的敬佩，極端的歡迎，不過昨日報章上又有京市黨部請查辦立法監察聯席會議決案的消息，似此，黨部中堅持「一黨專政」者，尚大有人在，因此我們又願就目前的形勢，來解釋取消黨治的利益。

一致對外，自然是對全體國民說的，不是指一黨說的。國民黨黨員，充其量不過二十萬人。二十萬人在四萬國民中，算得什麼一個零頭？在國事危急的時候，國民黨人化除意見，通力合作，自然是正當的辦法。若謂這種「化除意見，通力合作的」範圍，只限國於民黨，在國內的政治上，仍有黨於非黨的界限，結果對外的實力，仍然是萬分薄弱。

在我看來，如今社會上一班奔走愛國運動的人，在「一致對外」四字上，亦未認清楚他的內容。他們把廣東和南京的合作得看這樣的重要，把國民精神上的團結，看得這樣的輕談。他們覺得實力派和實力派攜手了，全國就一致了。他們覺得汪精衛先生，胡漢民先生，蔣介石先生，意見調和了，他們都在南京做官了，天下事就可以迎刃而解。我個人認定「一致對外」四字，絕不如是單純。汪，胡，蔣三個要人，為國民黨的團結計，當然希望他們的攜手。我更希望國民黨的領袖們，暫時犧牲他們政治上的成見，來與全體國民攜手。來造成全國人民精神上團結的局面。

黨治，開誠布公的說，是目前國民精神團結上一個大障礙。「黨國」這兩個字，在人民的國家觀念上，發生了一個幾大的隔膜。普遍人民的心裡，以為國事既不許我們非黨員的人們來過問，我們就直至不問了。如今國家問題發生，民氣不如前此的熱烈，民情不如前此的激昂，就是這緣故。「讓他們去。」「看他們辦，」這就是如今國民的態度。要消滅人民在國事上這種袖手旁觀的心理，非根本取消黨治不可。

幾年來黨治的歷史，在成績上果足以滿足人民的希望，則今日國民黨仍以單獨擔負國事的資格，號召國人，此種號召，或可取得人民的信用。不幸，黨治的成績，不但不能滿人民的希望，即黨員本身的希望，亦不能滿足。幾年的黨治，在內政上是幾年連綿不斷的黨爭，在外交上，濟案，中俄案，和這次的東三省案，又是相繼的失敗。如今國民黨在過去的黨治的歷史上，可以拿什麼成績來取得人民的景仰，來維持人民的信用？說句苛刻的話，如今的黨治，在內政上以黨治國，是以黨亂國；在外交上以黨治國，是以黨亡國。然而成事不說，既往不咎，過去的算過去了。只要國民黨肯開放黨禁，解放思想，我們一班小民，我們一班以國為的小民，總願犧牲一切政見，來與國民黨合作。

同時，我們更應該清楚，要國民熱心國事，實際上一定要使國民有參與國事的機會，要國民有瞭解國事的因緣。所謂「參與」和「瞭解」。並不止於看報紙，讀宣言的範圍，人民要有與實際政治接觸的機會。如今的國事，完全在黨的手裡。人民縱有愛國的熱情，仍缺乏國事上詳盡的知識。在這點上，要人民有一致對外的實力，非取消黨治不可。

這裡，取消黨治，我們並不是主張排擠國民黨在政治上的勢力，我們相信，國事乃國家全體人民的國事，國黨乃國家全體人民的國黨，國家的責任，應由體國民擔任。這裡，我們為國民黨設身處地想著，亦應如此。國人共擔國事。國亡了，是國人全體的責任，國民黨一黨單獨負擔責任，國亡了，是國民黨萬世莫贖的罪孽。

（五）

取消黨治，進一步的工作，是組織全國大聯合的超黨派生的政府。這點，我們的主張，與立法監察院的議決案是大同小異的。

我們贊成徵集全國人才，組織賢能政府。

這種辦法，外國又的確有先例可尋。英國是政黨政治最純正的國家。在他的歷史上，混合內閣的經驗最少。然每遇國家危難的時候，各黨總犧牲黨員，共襄國事？一九一五年的大戰內閣，目前三黨混合內閣。即為前例。

我們這裡要請如今的當局，把眼光放開，要認清我們所謂的人才，不是一黨的人才，不限於南京廣東的人才，我們希望一個代表國內各方面政治意見的人才政府出現。只有這樣的政府，總能得到國民精神上的團結，應付如今的局面。

要產生這樣的一個政府，我希望如今的政府當局，立即召集一個全國的救國會議。黨的四全大會，盡可以開，這是黨人解決黨事的機關。我們要個國人解決國事的代表會議。我們希望在這種救國會議裡，產生能應付國難的賢能政府。

這種會議在召集上，並非不可能，一八七〇年，德軍已抵達巴黎，法國人民依然可以辦選舉，依然可以開國會，依然可以生產他們的國防政府，如今中國的時局，雖然危機，較之一八七零年的法國，安寧多多了。所問的是黨局取消黨治解除黨禁的誠意而已！

政府的改組，我們的主張，不止於人員的更換，我們認為政制的革新，同樣的重要。在立國上，我們主張要成立人民，人民選舉出來的真正代表民意的機關。這裡，我們注目的不是立國，而是收集各方的代表，鎔化各種的政治意見，使國事越於平定。同時，這種機關，可以監督政府在外交上的行動，討論政府在外交上的方策和條約。姑無論與日本戰與不戰，議和，訂約的事，是解決中日問題上將來必經的步驟。沒有這種心意代表的機關，在中日議和訂約上，將來政府興與榮，一定發生持續不斷的紛爭，紛爭繼續不斷的突衝，這種民眾，過於疲勞；在政府，過於牽制。

在行政上，我們認定如今的政府，要根本的除洗刷。現世的行政，組織上要看學化，要商業化。這些，我們有專業來研究。最少，立法監察聯席會議提出來的幾點，我們是贊成的。他們是：

（一）無須現任武人，兼管政治。

（二）確定政權治權行使之分際，行政人員不許兼職。

（三）財政公開，厲行預算決算及主計審計制度。

我們主張取消黨治，絕對不限於中央政府改組的一點。我們覺得一切地方黨部操縱政治的局面，應嚴行改革。中央政治，固然應採賢能政治為目標，地方政治，亦應以賢能政治為目標。這樣才可以達到政治上徹底刷新的目的。

在解除黨禁上，我們極端的贊成立法監察兩院的主張：

「廣開官路，勤求民隱。」

在國事危急存亡的時候，我們絕不願拿「官論自由」做幌子，來與當局為難。防民之口，甚至防川，民憤無所宣洩，在這內災外寇交迫的時會，很容易逼成群眾暴動的革命，這是目前國命上極不能經受的打擊。這是一班黨員極應顧慮的隱憂。

國民黨黨員，當然是國民的一分子。取消黨治以後，當然可以與民眾站在平等的地位，用合作的手段，來參加如今一切的愛國運動。一切的黨部，倘然要利用特殊的權力，自命有特殊的認識，要來操縱包辦愛國運動，在這個時期中，這是絕大危險的思想。這種忠告，是否採納，當然又聽諸黨員們自己的聰明與判斷。

我們小民，如今的憂憤是國難，如今的對手是日本。內政上一切的政治主張，可以暫時擱置，一切的政治意見，可以暫時犧牲。我們嚴正的聲明：如今的當局，果有「一致對外」的誠心，我們是準備了一切，來追隨他們前進。我們更嚴正的忠告當局：

只有取消黨治，是「一致對外」的誠心的表示。

論中國的共產——為共產問題忠告國民黨

羅隆基

一、解放思想，重自由不重「統一」

二、改革政體，以民治代替「黨治」

（一）

對共產主義的理論，贊成與否，這不在要討論的範圍以內。（參看本刊三卷一期）如今我們當頭的問題是：共產黨在中國能否成功？

許多年前，梁任公先生在《北平晨報》上發表過一篇關於共產的文章，他的大意是中國「無產可共」所以不能提倡共產。直到如今，社會上許多樂觀派的人物，依然拿「無產可共」四個字，斷定中國共產黨的失敗。湘鄂贛的共產，已成遍地荊棘的局面，黃河以北的人民，還這樣樂觀的說：「中國北部像陝甘魯豫這種省份，永遠不會有共產成功的機會。我們北方是『無產可共』，所以不能共產」。這種話是對共產主義理論上根本的誤會。共產黨所主張的是根本打破私有財產制，是生產工具公有。中國雖窮，私有財產制存在一天，生產工具私有制存在一天，土地私有一天，在這點上，共產主義者就有文章可做。共產主義者在中國就有發展的可能！

揣「無產可共」四字的命意，大約指中國現在的生產力太低，經濟能力落後而言。於是又有「中國經濟問題在生產，不在分配」這議論。「不在分配」云云，大約指「無生產的貨物可分」說的。其實，有生產的工具可共，無生產的貨物可分，這就是中國目前經濟上絕大的危機，這就是共產黨可以在中國發展的原因，這或者就是中國共產黨將來可以成功的理由。

以全世界的情形論，美國是比較富足的國家，人民平均的財力，比任何國家的人民更高。共產黨在美國發展的機會，比任何國家更小。美國是有生產的工具可共，同時是有生產的貨物可分。做到了「有生產的貨物可分」人民就可以放鬆「有生產的工具可共」一點。經濟問題真正的癥結，不在人民產的多寡，而在人民產的有無。愈到「無產可共」的地位，愈有共產發生的危險，愈在民窮財盡的國家，愈有共產成功的希望。這是討論中國共產問題者，應首先認清的一點。

共產主義者革命的目標是經濟；他們革命著手的步驟，依然先在政治。共產黨人說，國家在經濟上是有產者壓迫無產的工具；在政治上是少數壓迫者保障他們的地位的一種威力。他們這樣說：

> 「近代國家根本就沒有實現他所標榜的理想的可能。一個團體，他的目的是少數壓迫多數，是壓迫者制服被壓迫者，就不能希望這樣的團體來保障公道，自由，平等。現代的國家是阻礙國家本身所標榜的目的實現的一種力量。唯一達到國家所標榜的目的的方法，是享受不著國家利益的這班人，把國家這工具搶過來。」

共產黨在中國能不能成功，就看在國家的政治上，他們上面這種攻擊，有沒有切實的佐證。在如今黨治的招牌底下，誰能夠出來否認，國家是做了少數人的工具，誰更能出來辯正如今的國家不是保障少數者特殊權利的威力？

對一個國家的政治，用不著從小節上去挑他的黑暗腐敗的內幕，我們要看他立腳的基本原則。什麼時候，國家一部份人獨佔了政治上特殊的優越地位，使大多數的人民，在政治上成了被治的奴隸，這樣的社會，就有了階級。這樣的政治，就給階級戰爭者，一個口實。共產黨的革命，無產的打倒有產的，是最終的目的；無權的打倒有權的，是著手的手段。民窮財盡的中國，或者「無產可共」，一黨專制的中國，的確「有權可分」，這是中國共產黨在革命策略上，很可利用的民眾心理，這或者就是中國共產黨可以成功的理由。

總括起來，我認為中國目前促成共產成功的主要原因，最緊要的是兩點：（一）經濟上的貧窮；（二）政治上的專制。經濟上，「無產可共」，就是民不聊生；政治上「有權可分」，就是民不安命。到了人民的生命關頭，革命總是要暴發的，掛什麼招牌，打什麼旗子，這是毫不相干的問題。

赤色帝國主義的侵略，第三國際的協助，俄人的陰謀，羅布的勢力，這些是討論共產問題者應附帶注意的東西，然而這些，不是共產黨在中國可以成功的真實理由。

（二）

如今中國經濟政治的環境，為共產主義者準備了這樣好的機會，這是上文認共產革命有成功可能的論據。共產黨是否真能利用這種環境，成就他們革命的目的，似又當另為分析。

把中國造成共產主義者理想中的社會——絕對無階級的社會，各盡所能，各取所需的理想的社會，——這是共產黨真正的成功。這種成功，蘇維埃的成績，還距離太遠。起馬克斯列寧於九泉，有沒有方法，使人類社會，臻此盛境，實為疑問。這當然不是本文所謂共產黨在中國可能的成功。

共產黨成為支配政局的勢力，中國共產黨取得共產黨在今日俄國同樣的政治地位，做到俄國共產黨同樣的成績，中國共產黨是否有這樣樂觀的前途，這是本文要繼續討論的問題。

第一，共產黨本身的人才問題。我絕對不這樣輕視中國的共產黨，認一切相信共產的人，都是殺人放火的土匪。裏面的確有具備犧牲精神和組織能力的領袖。然而這是少數的少數。就在這少數的少數中間，有沒有像列寧，杜諾斯基，史達林這類有幾十年革命的訓練的人物，另為問題。進一步，共產黨如今已有所謂取消派，史達林派內部分裂的現象。一旦取得政治地位，領袖們是派中有派，蹈今日國民黨自相殘殺的故轍，又為問題。根本改造一個社會，像中國這樣複雜的社會，同時在改造的手段上要運用迪克特託的組織，領袖人物，是必具的要素。國民黨有幾十年的歷史，如今艱難困苦的局面，依然是缺少偉大的領袖。共產黨裏，有破壞的勇氣，有建設的才具，可以指揮號召全黨的領袖在那裏？姑假定共產黨有了領袖，建設上的幹部人才，又成問題。目前共產黨所謂的幹部人才，大部份是中小學的青年男女學生。這些青年男女，做宣傳，喊口號，甚而至於攻城掠地，殺人放火，有他們的勇氣。打倒一個舊的國家，建設一個新的社會，一班中小學的學生一定是「心有餘而力不足」的。中小學的學生，如今就是國民黨裏中下級的幹部，國民黨如今黨務上政治上的缺點，將來一定照樣表現於共產黨中下級的幹部。共產黨所謂的下級人員，公開的說，大部分是市井的流氓，鄉村的土匪。在如今快刀砍頭，快槍殺人的革命過程中，當然是豪爽痛快無往不利。一旦要安定起來，流氓，土匪，怎樣來位置，怎樣來叫他們「各盡其能」，怎樣能限他們「各取所需」，共產黨本身恐有窮於應付的日子了。憑藉流氓，土匪，來謀共產革命，一定有可放而不可收的結局。這是共產黨前途可顧慮的一點。

第二，中國的國際問題。國家，共產黨亦承認，不是絕對可以獨立的。所以共產黨要主張世界革命。換言之，共產在某個國家的成功，有賴於共產革命在其他各國進展的形勢。國際形勢這問題，在中國比從前的俄國更為複雜。共產黨在中國革命的對象，第一步是中國的資本家，第二步是外國在華的資本家。中國共產黨或者可以打倒本國的資本家，而外國在華的資本家，可否動其毫末，是又成為大問題。到了中國共產直接與外國資本家衝鋒的時候，俄國的協助，是否足恃，英美法日的共產革命未成功以前，他們肯否坐視中國的共產黨做「沒收外國資本家的企業和銀行」的工作，這一切都是問題。結果，中國的內部，流氓共產；中國的商部，洋人共管，流氓共產，洋人共管，這又是共產前途可顧慮的一點。

有人認定殺人放火，是中國共產黨將來失敗的原因，革命就是殺人放火的勾當，又何必獨責共產黨。有人認定中國的農業社會，是阻礙中國共產黨將來成功的原因，農業社會，並沒有阻礙俄國蘇維埃的成立。這兩點在研究共產問題上，可以考慮，然而這是次要的問題。

（三）

中國經濟政治的環境，給共產黨革命運動上種種的便利。共產黨本身的人才和中國在國際上複雜的地位，又令我輩懷疑共產黨在中國，有支配政局的可能。設不幸，中國共產主義，不能完全成功，中國共產革命不能立時消滅，中國前途，成如何局面，這又值得我們的討論。

（1）經濟上破產。說中國經濟尚未破產，是十分客氣的措詞，如今的政府，公債接濟，典常度日，鴉片公賣，飲酖止渴。軍閥苛捐雜稅，是竭澤而漁；土匪明搶暗劫，是涸澈求泉。這一切都是國家經濟破產了的現象。如今，城市工商凋疲，鄉村田地荒蕪。如今市民歇店失業。村居家破人亡。如今人民食宿的供給，趕不上英美的貓狗，人民生活的安全，抵不上西洋的家畜。這不是經濟破產是什麼？這是實況，這用不著統計來證明。在這種千鈞一髮的時機，姑無論我們私人在政治上的信仰如何，立場如何，我們總希望如今已成事實的政府有法維持他的地位。他們有法恢復和平，安定秩序，保障私產，維持民生，使小民在九死一生的危機中得一出路。假使共產黨繼續蔓延下去，既不能完全的成功，又不能立刻的消滅，在國共兩黨軍事相持的局面下，於是私產更為破壞，民生更難維持。兵事愈多，人民愈窮，人民愈窮，土匪愈起，土匪愈起，社會愈亂，社會愈亂，人民更窮，……畢境，窮，亂，亂，窮，成為絕無休止的循環圈，在這循環圈中，國家經濟，比今日而愈下，直到真正破產而止。

（2）政治上亡國。我們相信民主政治的人，很誠意的認定國民黨的一黨專制，不能把中國的政治引上常軌。共產黨一旦得勢，政治上，「黨治」的方式，自然是一邱之貉。在我們愛護自由，崇敬平等，堅信民主政治的人，對國共兩黨的黨治，最少是一視同仁，無所偏愛。然在今日的中國，在今日無和平，無秩序，無安全的國家，有政府總比無政府聊勝一著。使不幸共產黨繼續蔓延，既不能完全成功。又不能立時消滅，已成的政府，不克維持，無形的政府，遍地林立，國家不求崩潰，亦必崩潰。此不過指中央政府說的。國民黨共產黨相持愈久，地方政治，愈趨紊亂。拿湘鄂贛的情形來說，地方政治，無論在國民黨或共產黨統治之下不是市儈專政，在共產黨統治之下的就是流氓擅權，當然，這不是國共兩黨本來的政策，然而這是他們軍事相持的局面上必然的結果。國民黨與共產黨的政治，都有「黨治」的成見，地方上一班稍有智識，稍有資望而政見與國共不同的人民，不為「資本階級」罪名的株連，就遭「土豪劣紳」招牌的誣陷，殺戮逃亡，幾已近盡。剩下一班市儈流氓，他們政見上朝秦暮楚，政績上行險僥倖。這種境況愈延長，地方政治愈險惡，地方政治愈險惡，人民愈紛擾，畢竟政治上又走入絕無休止的循環圈，直到真正亡國而止。

（四）

假使中國的共產運動，真能做到蘇俄的成績，這或者是中國日暮窮途中的一條出路。上面的分析，我們又懷疑他能臻此盛境。國共相持的結果，在我們看來，只有：（1）經濟的破產。（2）政治的亡國。

在今日中國的狀況下，為中國人民求生路計，自然只有希望國民黨剿共及早成功。諺所謂「兩惡相權取其輕」即此意耳。然而國民黨剿共工作的成敗，有待於他們的策略。在討論國民黨剿共策略以前，我們希望他們認清他們在如今共產主義的發展上，所負的責任；希望他們承認前此的錯誤，改弦易轍，而後在對付共產問題上，纔有得到適當的策略之可能。

國民黨對如今中國的共禍，所負的責任最少有這幾點：

第一，國民黨宣傳共產黨的主義。共產黨在目前有今日的地位，共產主義在一般青年的頭腦裏，這樣的時髦新鮮。誰亦不能否認這是孫中山先生，汪精衛先生，以及許多國民黨領袖們幫助的功勞。

中山先生在他的〈民生主義〉第一講裏，說「我現在就用民生兩個字來講外國近百十年來所發生的一個大問題。

這個問題，就是社會問題。故民生主義，就是社會主義。又名共產主義……」

在《中山全書》裏，像這類的話，還可以發現許多。這些，直到如今，依然是天經地義，不可指摘的聖經。

孫中山先生的死，遺囑上還這樣說：

「必須喚起民眾，及聯合世界上以平等待我之民族，共同奮鬥。……」

這裏「聯合世界以平等待我之民族」就是聯俄容共的最後叮嚀。這種遺囑，直到如今，依然是與基督教裏禱告文一樣的神聖。

汪精衛先生幫助共產主義宣傳的力量，更是人所共知的事實。汪陳聯名的宣言，第一句就是「國民黨共產黨同志們」這樣親熱的口吻。最後，他這樣說：

「國共兩黨同志們！我們強大的敵人，不但想以武力對待我們，並且想以流言離間我們，以達以赤制赤之計。我們應該站在革命的觀點上，立即拋棄相互間的懷疑，不聽信任何謠言，相互尊重。事事開誠協商進行，……萬端各自省察，勿至為親者所悲，仇者所快，則中國幸甚。兩黨幸甚……」

汪先生如今僅管洗刷共產的嫌疑，當年代共產主義播散的種子，如今都一粒一粒的生長發育起來了。

如今黨國要人戴季陶先生，常年在廣東何常沒有「人民是火車，鮑羅廷先生是火車頭，火車要跟著火車頭跑」的妙喻？

如今身臨前敵與「赤匪」不共生死的領袖人物當年出師此伐，何嘗沒有聽第三國際指揮的宣言當年何嘗沒有五體投地的拜倒蘇維埃，卑躬屈膝的恭維鮑羅庭。種瓜得瓜，種豆得豆，莫恨遍地是荊棘，只怨當年亂播種。

最冤屈的是一班無知被誤的青年。容共則招之以來，清共則處之以死。「民生主義，即共產主義」，依然是今日神聖不可侵犯的黨義，依然是考試必須，學校必讀的課本。共產主義的發展，共產勢力的蔓延，誰為為之，孰令致之？

第二，國民黨採用共產黨的制度。如今國民黨他的黨的組織，他的「黨治」的策略，他的由黨而產生出來的政府，那一項，不是師法共產黨，抄襲共產黨，整個的模仿共產黨？

十三年一月國民黨第一次全國代表大會，孫中山先生就這樣說：

> 「十三年以來，我們的革命的智識進步，有了許多方法，旁邊又有俄國的好榜樣……那種革命，當然像俄國一樣……」

在另一次會裏，他又說：

> 「現尚有一事，可為我們模範，即俄國完全以黨治國……」

孫中山先生看中了共產黨這個模範，於是就照樣改組了國民黨，照共產黨的原則，訂定了《建國大綱》。根據總理遺教，如今又產此了「黨高於一切」、「黨代表大會行使中央統治權」的政府。

嚴格說起來，如今黨的制度，如今黨治的制度，在形式上，在精神上，在運用上，與俄國的蘇維埃制度比起來，不同在那裏？

「楚王愛細腰，宮中多餓死。」上有好焉者，下必有甚焉。官家可以放火，百姓自可點燈。共產主義在中國的發展，共產勢力在中國的蔓延，誰為為之，孰令致之？

第三，國民黨協助共產黨實際的工作。先知先覺的遺教，為共產主義作宣傳，後知後覺的組織，為共產制度造實例。同時國民黨下級黨員的一切工作，又直接間接的為共產勢力實際造機會。聯俄容共時代的事實，姑不具論。即以如今的局面說，中央政治的缺陋，遠不及地方政治的殘暴，這點就在中央一班領袖們亦屢屢公開不諱的承認。在我們小民看來，二十年前吃洋教的教民，三五年來辦民黨的黨員，是一樣的天威神聖的人物。如今，黨衙門威福森嚴。黨老爺氣勢喧嚇。一班青年，中小學畢業以後，一成黨員，便登龍門。主席身分，委員資格，名片上銜掛幾「長」，職份上事兼幾「差」。於是乎窮殺「反動」，亂捉「叛逆」，結果，黨衙門威權愈高，黨主義威權愈低，黨老爺聲望愈大，黨主義聲望愈小。天怒人怨，眾叛親離，時日曷喪，及爾偕亡，在這分際，共產黨利用人民心理，利用國民黨的弱點，乘機以進了。國民黨對共產黨的主義及制度，態度如此，下級黨員在黨務與政治上的成績又如彼，共產主義的發展，共產勢力的蔓延，誰為為之，孰令致之？

（五）

明瞭了國民黨在共產革命上所負的責任，我們纔可以談基本解決中國共產問題的方法。

五十師大兵，五十萬人馬，主席出征，總長臨敵，猛將如雲，謀臣如雨，國民黨對剿共總算慎重其事了。在我們看來，湘鄂贛軍事的勝利，與中國共產問題根本的解決，完全為兩件事。湘鄂贛的紅軍，不過潰癰決堤的表現，毒的癥結，水的根源，另有所在。舉例來說罷，青年思想的左傾，紅色刊物的增加，學校做共產領袖的訓練所，書店做共產思想的媒介物，這是政府的飛機炸彈手槍快砲所不能搖動其毫末的。在我們看來，頭痛醫頭，腳痛醫腳的剿共辦法，縱有暫時的或局部的效力，終久是疲於奔命的。

在我們看起來，果然要根本解決中國的共產問題，應該從這幾步著手：

（一）思想的解放。思想上，第一步，國民黨要修正他的黨義。國民黨人要平心靜氣的承認，先知先覺的遺教，許多地方是受了當時環境的支配。「民生主義，即共產主義」這類的話是環境支配了立場的證例。這種遺教，特別是拿來做「黨化教育」的課本的遺教，一方面可以供對方的利用，一方面可以起青年的誤會。這是後知後覺們應及早開誠布公修改的地方。第二步，我們主張思想的自由。稍微明白一點文化歷史的人，就應該承認，思想是愈求統一，愈不統一的。只有公開的發揮，比較的研究，平情的討論，纔能得到真理。壓迫對方的思想，其實是代對方做宣傳；偶像本身的主義，其實分為本身造殭尸，求諸往例，無一或謬。如今中國教育方面的情形，大約如此：三民主義是官家的《五經》《四書》，共產刊物是禁品的《西廂》《紅樓》。愈要青年必修的，愈是乾枯無味；愈防青年偷看的，愈是祕中求寶。同時，社會科學要三民主義化，文藝美術要三民主義化，於是學校教授先生們採明哲保身的格言，守危言行順的策略，成為無思想無主見的流聲機。照字講書，按月領薪，這就是他們的職務。在國民黨的本身，又有所謂黨義教師者流。大部分是智識上無根底，黨政上無地位的人物。一場考試，一張證書，而後課堂上解經典，大學裏充教師。在求智慾正強的青年，這一班學術上無地位，思想上無主見的牧師們自然得不著敬仰。共產主義者，於是乘時而起。刊物上美女圖做封面，書藉裏唯物論充實質，利用時機，迎合心理，以石投水，以風掃葉，無往而不利了。這種現象，就是如今黨化教育，思想統一的真實情形。在如今教育上，所謂的思想，公家演講的是三民主義，暗中宣傳的是共產主義，實際所摧殘的是三民共產以外，學術上一切的真理。學術上所受的壓迫的影響，尤為次要。以必修的《五經》《四書》，與禁行的《紅樓》《西廂》相對敵，結果，張生寶玉成了青年的口頭語，仲尼孟軻是陳腐的人物了。這是講黨化教育，用黨化教育壓迫思想者應根本顧慮之一點。

照我們的眼光看來，世界上防止反動的方法，只有以思想代替思想的一條路。在這點上，英國的往事，可供我們的借鑑。馬克斯是在倫頓以老以死的，他的資本論就在倫頓博物院圖書館裏寫的。以理推測，英國人受共產學說的影響，一定較其他國家更強。歷史上的事實，十九世際中葉及末年，英國的共產運動，亦確有端倪。後來費賓學會（Fabian Society）這班學者們起來，他們就英國的情形，做實際的研究，創造他們所謂的費賓社會主義。他們研究有得，用公開討論的方法，平情批評的態度，公諸社會。費賓社會主義起來，共產主義自行退落。我們覺得這種剿共劃共的策略，是最根本最敏捷最聰明的方法。這就是我們所謂的以思想代替思想的方法。假使當年英國執政的保守和自由兩黨，認他們的主義是神聖，認他們的政策是萬能，實行所謂「黨化教育」，所謂「思想統一」，如今英國的共產政府，或已在蘇俄以前建設起來了。

我們很早就忠告今日的當道過。最危險的思想，是想壓迫敵人的思想，思想上最大的危險，是思想沒有人來壓迫。壓迫對方思想的人，到頭把自己的思想造成殭尸，把自己的思想暴露弱點，把自己的思想，表示愚笨。被人壓迫的思想，思想本身添了刺激性，添了引誘力，添了磨練，添了考驗。英國的公園裏，人民可以公開的演講打倒君主，直到如今，喬治第五依然是皇帝；俄國的國會裏，人民不可自由主張民主政治，到了如今，共產政府畢竟執政權。這種明顯的往事，這種確切的教訓，這樣簡單的榜樣，如今的人，都不能看得清楚明白，如今的人還在盲人瞎馬的做思想統一的工作。這真令人悲感無量。這就是我們所謂的思想的解放。

（二）政制的改革。政治上，第一步，要取消一黨專制。誠知道這是冒大不韙的提議。然而我十分誠懇的希望如今的當道來研究，容受，並採納我們這種主張。「一黨專制」，「以黨治國」，國民黨本身，亦應該開誠布公的來承認，這是共產黨的制度。以黨治國，一黨專制，本身的缺點，他本身與民主政治自相矛盾的地方，我們一再指陳過，這裏我們不事重複。在抵制共產黨上，維持黨治，是增加了許多障礙。以黨治國，果然是營救中國的辦法，國民黨是後進，共產黨成了先覺了。若然，如今國民黨反對共產的立場在那裏？國民黨倘攻擊共產黨「不要國家」，共產黨亦可以攻擊國民黨主張「世界大同」；國民黨倘攻擊共產黨「沒收私產」，共產黨亦可以攻擊國民黨「平均地權」。實際上，共產黨還可以說，蘇維埃並沒有打毀國家（中山先生的演講裏，極力稱讚蘇俄講民族主義呢！）並沒有完全取消私有財產。國民黨倘攻擊共產黨殺人放火的戰略，共產黨亦可以說，閻馮戰爭，死傷三十萬，坵墟千萬家。這裏，我們不是來為共黨辯護。我覺得我們與共產分歧的，就是「民治」與「黨治」。國民黨實行黨治，國民黨就取消了反共的立場，增加了共產黨的口實。取消一黨專制的利益，尚不止此。僅管政府發宣言，領袖做文章，要全國人一致反共，黨治下人民的心理總覺得國是黨的。國是黨的，國是共產黨的，國是國民黨的，於我們這些享不到政權，問不了政治的人民，有什麼分別？橫豎我們是亡國的流民，失權的奴隸，黨的代表大會，我們是過問不了，國的統治大權，我們是干預不著。這樣，我們又何親何疏，何厚何薄？這是剷共上極大的障礙，然而這是許多小民真實的心理。（楊杏佛先生是近大聲疾呼要人民不要漠視共禍要全國大團結共赴國難，就沒有看到這一點）

我們在剷共上主張取消黨治的理由，尚不止此。全國國民中，在共產問題上固亦有深憂國事，畏懼共禍的人民。這些人民，在如今黨治底下，又絕對無積極加入剷共工作的機會。如今，政權是獨擅了，政治機關是獨佔了。非國民黨的人民，一有組織，即為反動，一有團結。即成叛逆。一班黨外反共人民，熱心的，束手無策；悲觀的，坐以待斃。這又是解決共產問題上，極大的危險，極應顧慮的問題。

我們主張取消黨治的理由，尚不止此。政治心理上，每每有擁乙倒甲，以洩憤怒，快意一時的現象。如今的黨治，我們敢開誠布公的說，反對的人，實佔多數。思想壓迫，民情堵滯，走頭無路的時候，發生「與爾偕亡」、「同歸一盡」之想。結果，人民不希望共產黨的成功，他們卻切望國民黨的失敗。這又是今日人民漠視共禍之主要原因之一。果能取消黨治，消滅政治上的階級，保障政治上的平等，民情得一歸宿，思想得一疏導，政府成了人民的政府，國家成了人民的國家，不求團結，人民自團結了。這又是解決共產問題上應注意之一點也。

我們主張取消黨治的理由，尚不止此。共產主義的發展，共產勢力的蔓延，國民黨政治成績的失敗，下級黨員的失德，應負責任，這是上文指正出來的。政治失敗，黨員失德，我們認為這是一黨專制自然的結果，在一黨專制底下，人民沒有組織和言論的自由，人民沒有監督指摘當局及黨員的機會。獨裁政治的結果，自然是專政者的腐化。政治日趨腐化，人民日趨叛離，這就是如今共產發展的機會。這又是解決共產問題者應注意的一點。

總結起來，我們認為解決今日中國的共產問題，只有根本做到這兩點：

（一）解放思想，重自由不重「統一」；（二）改革政抬，以民治代替「黨治」。這兩點做到了，思想上青年有了歸宿，政治上民怨有了平洩，以後，政治可以上軌道，經濟可以謀發展。這些初步條件。做到了共產學說根本在中國站足不住了。共產黨不剿自滅了。

這兩步做不到，僅管討共軍著著勝利，湘鄂贛澈底肅清，然而，餘毒未盡，病根仍存，共產黨黨中國，總是：

「野火燒不盡
春風吹又生！」

孫中山先生論自由

梁實秋

一、民國十三年以前擁護自由

孫中山先生革命的動機是由於外戰失敗，清廷昏弱，民生凋敝。他最初的政治活動是加入興中會（一八九二年），興中會的主張是「以和平手段，漸進方怯，請願於朝廷，俾倡行新政；其最要者，則在改行立憲政體，以代專制及腐敗的政治。」孫先生這時候對於這種穩健派立憲派的主張是「深表同情」的，所以他加入了興中會。這時候孫先生對於清廷政治是極度的不滿，他所不滿的地方很多，其中有幾項特別值得我們現在的注意：

（一）「無論為朝廷之事，為國民之事，甚至為地方之事，百姓均無發言或與聞之權。」這就是說，人民沒有言論自由，和參政權。

（二）「士人束髮受書後，所誦習者，不外四書五經，及其箋註之文字，然其中有不合於奉令承教一味服從之義者則任意刪節，或曲為解說，以養成其盲從之性，學者如此，平民可知。」這就是說，人民沒有思想自由。（見「倫敦被難記」）

由此可知孫先生最初的政治活動，至少其一部分的意義，是對於當時思想言論不自由之一種反抗。孫先生這時候採用的手段是和平的，「偏重於請願上書等方法」。一直到一八九四年中日之戰以後，他纔改用了激烈的革命手段。但是孫先生對於「自由」一向是擁護的。在一九〇四年孫先生作「中國問題真解決」一篇文章，列舉滿清政府罪狀，其中第六條，便是「禁止言論自由」。可見孫先生當年是醉心「自由」的。

同盟會的成立在一九〇五年。這時候孫先生革命的目標略有一點改變。「興中會宣言」裏會章第二條規定宗旨是「聯絡中外有志華人，講求富強之學，以振興中華。」「同盟會宣言」的口胳便不同了。宣言開宗明義的說，「滌二百六十年之腥膻，復四千年之祖國，謀四萬萬人之福祉。」簡言之，孫先生這時候革命目標在於推翻滿清，所謂「殄除胡虜」者是也。所以興中會時代的革命不過是愛國運動，一致對外；同盟會時代的革命，則是對內的，要光復漢族的天下。

不過若說同盟會完全是種族革命運動，那也不合事實。「同盟會宣言」裏明白的說：

「前代革命，如有明及太平天國，祗以驅除光復自任，此外無所轉移；我等今日與前代殊，——於驅除韃虜，恢復中華之外，國體民生，尚當變更，雖經緯萬端，要其一貫之精神，則為自由平等博愛。」

從這一年起，說們纔看出孫先生明明白白的一方面要推翻滿清，一方面要變更國體。尤可注意者，是孫先生提出了「自由平等博愛」的口號。

辛亥革命之後，孫先生被推為中華民國臨時大總統，他的「就職宣言」的序文裏還有這樣的一句話：「廓清專制，鞏衛自由」。同時「布告各友邦書」裏還大書特書：「易君主政體以共和，此非吾人徒逞一朝之憤也，天賦自由，縈想已夙」。這「天賦自由縈想已夙」八個字，便足以證明孫先生到了民國元年的時候，一面從事於實際的革命運動，一面並不曾拋棄「自由」的觀念。

自從民國元年以後，孫先生所領導之革命運動常常陷於窘境，對付袁世凱，一次護法，二次護法，對付陸榮廷，對付陳炯明，煞費苦心。黨內黨外，危機四迫，這時候我們只看見孫先生拚命奮鬥。不常聽見孫先生擁護自由的言論了。但是有時在他的演說詞裏我們還可偶然聽到他的擁護自由的話，例如，民國十年十二月九日在桂林學界歡迎會演講，他說：

> 「中國兩千多年以前，都有很好的文化，……為甚麼近來二千多年沒有進步呢？推究這個原因，詳細的說，可分為兩項：第一項是政治上的關係，從前政府做事是很寬大的，譬如『公天下』的時候，堯把天下讓到舜，舜把天下讓到禹，政府把天下的政權都可以讓到別人，其餘對於人民的事情，該是何等寬宏大量呢。就是『家天下』的時候，湯武革命，順乎天應乎人，弔民伐罪，也都是求人民的幸福，所以人民便能夠自由去發展思想，便有思想去求文化的進步，到了後來，政府一天專制一天，不是焚書坑儒，便是興文字獄，想種種方法去束縛人民的思想，人民那裏能夠自由去求文化的進步呢？第二項是古今人求進步的方法不同，二三千年前求進步的方法，專靠實行。……到了後來，不是好讀書不求甚解，便是述而不作，坐而論道，把古人言行的文字，死讀死記，另外來解釋一次，或把古人的解釋，再來解釋一次，你一解釋過去，我一解釋過來，好像炒陳飯一樣，怎麼能夠有進步呢？」

從這一段文章看起來，孫先生還是贊成思想自由，反對盲從附和。孫中山先生擁護自由的態度，始終不變，一直等到民國十三年，國民黨容納共產黨，全部改組，孫先生的態度為之一變，這是極可注意的一件事。所以我們研究孫先生關於自由的議論，不能不分為兩截來討論，十三年以前是一個階段，十三年以後是一個階段。這個階段不分清，我們不能明瞭孫先生的真態度。

二、民國十三年以後之反對自由

民國十三年三月十六日孫中山先生作民權主義第二講，這一篇演講詞完全是發揮他對於自由的解釋，並且這解釋是他前此所未發表過的。

孫先生首先承認「歐美兩三百年來人民所奮鬥的所競爭的，沒有別的東西，就是為自由」。但是孫先生接者又說，「我們革命黨向來主張三民主義去革命，而不主張以革命去爭自由」。這個態度真奇怪極了，和民國十三年以前的議論完全不同了。民國元年時所謂「天賦自由縈想已夙」的話，完全取消了！孫先生為什麼在這時候「不主張以革命去爭自由」呢？我把這一篇演講讀了不知多少遍，只能發現一個理由，這理由便是：「中國人的自由，老早是很充分了」。中國人的自由已經充分，當然用不著再爭。

何以見得「中國人的自由老早是很充分」呢？孫先生沒有舉出事實來證明，先舉了一個妙譬：

> 「外國人說中國是一片散沙，究竟一片散沙的意思是甚麼呢？就是個個有自由，和人人有自由，人人把自己的自由擴充到很大，所以成了一片散沙。」

「一片散沙論」證明了「中國人的自由老早是很充分」。孫先生認定自由就是和「放蕩不羈」這個名詞相彷彿，「中國人的自由太多」，所以弄成一片散沙，所以不能抵抗列強侵略。

從歷史上觀察，孫先生也認為中國人的自由很充分了。孫先生說：

> 「外國人不識中國歷史，不知道中國人民自古以來都有很充分的自由，這自是難怪，至於中國學生，而竟忘卻了『日出而作，日入而息，鑿井而飲，耕田而食，帝力於我何有哉』這個先民的自由歌，卻是大可怪

的事！由這個自由歌看起來，便知中國自古以來。雖無自由之名，而確有自由之實，且極其充分，不必再去多求了。」

又說：

「中國自秦朝專制直接對於人民，誹謗者族，偶語者棄市，遂至促亡，以後歷朝政治，大都對於人民取寬大態度。」

又說：

「中國人因為自由過於充分，便不去理會。」

又說：

「中國人用不著自由，但是學生還要宣傳自由，真可謂不識時務了。」

這就是孫中山先生從研究中國歷史而得到的結論。中國人「自古以來」就有「自由之實」，現在當然不必再爭；歐洲人可以爭自由，因為他們沒有自由，——「歐洲由羅馬亡後到兩三百年以前，君主的專制是很進步的，所以人民所受的痛苦，也是很厲害的，人民是很難忍受的，當時人民受那種痛苦，不自由的地方極多，最大的是思想不自由，言論不自由，行動不自由」。孫先生認定中國「自古以來」（除了秦以外）自由很充分，人民有思想自由，言論自由，行動自由，所以現在「不主張以革命爭自由」。

孫先生並不是完全反對自由，這是要看清楚的，他是主張「打破各人的自由，結成很堅固的團體」。自從民國十三年以後，孫先生特別的在團結上用功夫，他說：

「在今天自由這個名詞究竟要怎麼樣應用呢？如果用到個人，就成一片散沙，萬不可再用到個人上去，要用到國家上去，個人不可太過自由，國家要得完全自由。」

三、我的解釋

綜觀孫中山先生對於自由的態度，十三年以前是贊成爭自由的，十三年以後是反對爭個人自由的。為什麼在十三年上孫先生的態度發生這樣大的突變呢？我以為有兩個解釋。

第一，是由於受了國內革命失敗的教訓。他在民權主義第二講裏說：

「中國人現在因為自由太多，發生自由的毛病，不但是學校內的學生是這樣，就是我們革命黨裏頭也有這種毛病，所以從前推倒滿清之後，至今無法建設民國，就是錯用了自由之過也。我們革命黨從前被袁世凱打敗，亦是為這個道理。當民國二年，袁世凱大借外債，不經國會通過，又殺宋教仁，做種種事來破壞民國，我當時催促各省馬上去討袁，但因為我們同黨之內，大家都是講自由，沒有團體……。」

孫先生把歷年革命不得成功的緣故，完全寫在自由的賬上。所以痛恨自由，認定了個人自由與團體是水火不相容的東西。要鞏固團體，便要部下絕對服從命令，便要各人犧牲個人的自由。

第二，是受了俄國共產黨的理論的影響。自從十三年容共以後，國民黨到處受了共產黨理論的潛移默化，至今未能澄清。孫先生在他的三民主義裏屢次聲明民生主義即是共產主義，在許多地方已無心中為共產主義宣傳。民國十三年十一月三日，，孫先生在黃埔軍官學校演講，他說：

「民國十三年來革命不能成功，就是由於平等自由的思想，衝破了政治團體。……大家都是為個人爭自由平等，不為團體爭自由平等。……俄國七年前的革命便澈底成功，這個原因，是在甚麼地方呢？簡而言之，俄國近來革命之所以成功的道理，就是由於打消無政府的主張，把極端平等自由的學說，完全消滅。因為俄國有這種主張，所以他們近來革命的效果，比較美國法國一百多年以前革命之效力，還要宏大，成績還要圓滿。他們之所以能夠有這種美滿成績的原因，就是由於俄國出了一個革命聖人，這個聖人便是大家所知道的列寧，他組織了一個革命黨，主張要革命黨有自由，不要革命黨員有自由，各位革命黨員都贊成他的主張，便把各位個人的自由，都貢獻到黨內，絕對服從革命黨的命令。……俄國的這種革命方法，就是我們的好模範。」

這是孫先生公開承認要模倣俄國共產黨的理論，不過在上面這一段演說詞裏他是為黃埔軍官說教，在三民主義演講詞裏，他便向全國人民說法了。

四、我的批評

孫中山先生的議論有極可欽佩的地方，例如喚醒民眾鞏固團體的主張，在這一點上我們就是把他當做「革命聖人」也不算過分。但是談到自由一方面，可批評的地方不是沒有。三民主義自序裏說：

「尚望同志讀者本此基礎，觸類引申，匡補闕遺，更正條理，使成為一完善之書，以作為宣傳之課本。」

這就是作者歡迎批評的意思。所以我就大膽的於敘述孫先生的議論完畢以後，附帶著說說我的批評。

第一，個人自由與團體自由並不是絕對不相容的。中國人一片散沙，並不見得完全是由於「中國人的自由很充分」。這道理很明顯，試看歐美革命後爭得自由，何以又不曾有一片散沙的現象呢？中國人之缺乏團結力的原故，另有政治的經濟的社會的地理的歷史的種族的解釋，決不能隨隨便便的都算做「自由」的罪惡。

第二，中國人的自由是不是已經充分，是個疑問。從中國歷史上看，中國人從前還比較的有一點消極的思想自由，但是身體自由言論自由便談不到。中國人民如今所享受的自由，還不如歐洲二百年前的狀況！孫中山先生生時，全國人民享到了什麼自由，民國十幾年來人民所享的自由和滿清時代有什麼分別？孫先生逝世後到現在，人民的自由又何曾增加？批評政治的報紙雜誌隨時有被禁止取締的危險，人民隨時有被黨部行政機關及軍隊逮捕的危險，人民隨時有被拉去強充軍役的危險，人民的住房有隨時被軍隊侵佔的危險，人民隨時有被非法徵稅的危險，……那裏談得到自由？在中國真有自由的，只有做皇帝的，做總統的，做主席的，做委員的，以及軍長師長旅長，他們有徵稅的自由，發公債的自由，拘捕人民的自由，包辦言論的自由，隨時打仗的自由，自由真是充分極了！可是中國人民有什麼自由呢？

第三，一個革命黨對於黨內要施行嚴格的紀律，使成為集團的力量，這是很對的，但這個革命黨握到政權時是否可以對待黨員的手段來對待人民，這又是一個疑問。人民要求的是思想自由言論自由身體自由，在不得已的時候人民固然可以犧牲他的生命財產，貢獻給國家，但是如何平時就先定下一條原則強迫人民犧牲他們的自由呢？並且各人自由犧牲之後，不一定就有團體自由，十個奴隸加起來不是一個自由人。小民把思想言論身體的自由完全犧牲掉，怎見得就能抵抗列強侵略呢？

我的意見是，中國人民一方面亟須鞏固團體，如孫中山先生所主張；一方面還是要爭自由的，思想自由言論自由身體自由，都不能放棄的。俄國式的暴政：還是歐美式的自由，這真一個途歧。願國人深長思之。

十九年，二月，十八日作。

民會選舉原來如此

努生

上海市國民會議代表選舉的選民冊，在四月十二日，已審查公布。其結果如下：

（一）農會團體七，會員人數三二五六，審查合格人數三一五五，按截至三月底止，未及正式成立者，有十一處，（二）工會團體四九，會員人數三四二八七，審寶合格人數三四二一一，按改組後工會員人數在十五萬人以上，多有組織尚未完全，不及造冊及放棄者（三）商會團體一，會員人數三九三，審查合格人數三八六，（四）大學團體一四，會員人數八六四〇，審查合格人數五四三九，（五）教育會團體七，會員人數一六一〇，審查合格人數一四二〇，（六）自由職業團體二，會員人數一四零七，審查合格人數一三九一，按新聞記者聯合會放棄，合計體體八十，人數四五一三八。

在這個選名冊未公布以前，我總以為上海是中國全國的大商埠。如今纔知道我是錯了。上海商人有選舉資格的，據選舉事務所的公布，是三九三人。審查合格的，是三六六人。而農民審查合格的是三一五五人。農業選民比商業選民幾幾乎多了十倍。這樣，上海農業的規模，比商業的規模，最少要大十倍。

原來上海是個大農場！原來如此！

上海大學團體，會員人數八千六百四十人。審查合格的五千四百三十九人。大學裏教員和學生，資格被審查掉的是三二〇九人。大學裏不夠國民資格的人數這樣的多，這的確是國家前途的隱憂。有人說，這三二〇九人是因為反動嫌疑而落選。報紙上既沒有登載這班人失卻選民資格的理由，這說我們只好存疑。不過上海的大學，果然有這許多反動，危險更大。有人說，這是未立案的大學的員生，說或近之。

原來，在光華大學教書讀書的是國民，在約翰大學教書讀書的不算是國民！原來如此！

我的鄰居，是個很體面的人家。父親是前清的翰林，做過大官。如今退休養老。他的大兒子，懂幾國文字。國文亦有根底，他的著作很多。是文壇上享盛名的人物。第二個兒子，德國留學生，如今在上海某大洋行做電機工程師。第三個兒子，是商業專科畢業的，如今在上海為漢口某大商店坐莊。老先生的第二個媳婦是女子大學畢業的，如今在上海某女中做校長。老先生的老弟，今年五十多了。做過三十年的老農夫。如今亦在上海休息。老先生的第四位弟弟，是日本留學生，是退位的軍官。據說武漢革命時，為革命軍作戰受了重傷。如今殘廢在家。靠譯書謀生。老先生還有位姪兒，據說是中國某大學畢業，後來在美國西北大學得了碩士。如今在青年會任要職。這一家，士，農，工，商，兵，都有了。只沒有一個黨員。據說，他們還在江灣有許多田產，每年向國家擔負的賦稅，數目亦不小。不過這次國民會議的選舉他們沒有一個人有選舉權。國家的事，沒有他們的份。

原來。這就是如今中國的選舉，原來如此。

上海人口的詳細數目，我是不知道。有人說，如今有百萬以上。假定一百萬罷。百萬人中，有選舉資格的為四萬六千零七人。寬算一點，是百分之五。上海是中國比較開化的區域有選民資格的人數的比例，應較他處為高。上海，是首都的鄰城：政府耳目所及，是通商的口岸，外人觀瞻所及。選舉自然亦得比較認真一些。就在這選民較多，辦理認真的選區，選民的數目，不過百分之五罷了。內地及有戰事區域的選舉更可知了。假定國民大會是真能解決國事的，百人的事，亦只五個人有推選代表的機會……一百人的事，讓五個人推代表去代他們解決。

原來，大家的事，大家來解決，就是這個意義！原來如此！

我們走那條路

胡適

緣起

我們幾個朋友在這一兩年之中常常聚談中國的問題，各人隨他的專門研究，選定一個問題，提出論文，供大家的討論。去年我們討論的總題是「中國的現狀」，討論的文字也有在《新月》上發表的。如潘光旦先生的〈論才丁兩旺〉（《新月》二卷四號），如羅隆基先生的〈論人權〉（《新月》二卷五號），都是用討論的文字改作的。

今年我們討論的總題是「我們怎樣解決中國的問題？」分了許多子目，如政治，經濟，教育，等等，由各人分任。但在分配題目的時候，就有人提議說：「在討論分題之前，我們應該先想想我們對於這些各個問題有沒有一個根本的態度。究竟我們用什麼態度來看中國的問題？」幾位朋友都贊成有這一篇概括的引論，並且推我提出這篇引論。

這篇文字是四月十二夜提出討論的。當晚討論的興趣的濃厚鼓勵我把這篇文字發表出來，供全國人的討論批評。以後別位朋友討論政治、經濟等等各個問題的文字也會陸續發表。

十九，四，十三胡適

我們今日要想研究怎樣解決中國的許多問題，不可不先審查我們對於這些問題根本上抱著什麼態度。這個根本態度的決定，便是我們走的方向的決定。古人說得好：

今夫盲者行於道，人謂之左則左，謂之右則右。遇君子則得其平易，遇小人則蹈於溝壑。（《淮南・泛論

訓》，文字依《意林》引）

這正是我們中國人今日的狀態。我們平日都不肯澈底想想究竟我們要一個怎樣的社會國家，也不肯澈底想想究竟我們應該走那一條路才能達到我們的目的地。事到臨頭，人家叫我們向左走，我們便撐著旗，喊著向左走；人家叫我們向右走，我們也便撐著旗，喊著向右走。如果我們的領導者是真真睜開眼睛看過世界的人，如果他們確是睜著眼睛領導我們，那麼，我們也許可以跟著他們走上平陽大路上去。但是，萬一我們的領導者也都是瞎子，也在那兒被別人牽著鼻子走，那麼，我們真有「盲人騎瞎馬，夜半臨深池」的大危險了。

我們不願意被一群瞎子牽著鼻子走的人，在這個時候應該睜開眼睛看看面前有幾個岔路，看看那一條路引我們到那兒去，看看我們自己可以並且應該走那一條路。

我們的觀察和判斷自然難保沒有錯誤，但我們深信自覺的探路總勝於閉了眼睛讓人牽著鼻子走。我們並且希望公開的討論我們自己探路的結果可以使我們得著更正確的途徑。

在我們探路之前，應該先決定我們要到什麼地方去，——我們的目的地。這個問題是我們的先決問題，因為如果我們不想到那兒去，又何必探路呢？

現時對於這個目的地，至少有這三種說法：

（1）中國國民黨的總理孫中山說，國民革命的「目的在於求中國之自由平等」。

（2）中國青年黨（國家主義者）說，國家主義的運動「就是要國家能夠獨立，人民能夠自由，而在國際上能夠站得住的種種運動」。

（3）中國共產黨現在分化之後，理論頗不一致；但我們除去他們內部的所謂史達林——托洛斯基之爭，可以說他們還有一個共同目的地，就是「鞏固蘇聯無產階級專政，擁護中國無產階級革命」。

我們現在的任務不在討論這三個目的地，因為這種討論徒然引起無益的意氣，而且不是一千零一夜打得了的筆墨官司。

我們的任務只在於充分用我們的知識，客觀的觀察中國今日的實際需要，決定我們的目標。我們第一要問，我們要剷除的是什麼？這是消極的目標。第二要問，我們要建立的是什麼？這是積極的目標。

我們要剷除打倒的是什麼？我們的答案是：

我們要打倒五個大仇敵：

第一大敵是貧窮。

第二大敵是疾病。

第三大敵是愚昧。

第四大敵是貪汙。

第五大敵是擾亂。

這五大仇敵之中，資本主義不在內，因為我們還沒有資格談資本主義。資產階級也不在內，因為我們至多有幾個小富人，那有資產階級？封建勢力也不在內，因為封建制度早已在二千年前崩壞了。帝國主義也不在內，因為帝國主義不能侵害那五鬼不入之國。帝國主義為什麼不能侵害美國和日本？為什麼偏愛光顧我們的國家？豈不是因為我們受了這五大惡魔的毀壞，遂沒有抵抗的能力了嗎？故即為抵抗帝國主義起見，也應該先剷除這五大敵人。

這五大敵人是不用我們詳細證明的。余天休先生曾說中國人口百分之九十五在貧窮線以下。張振之先生（《目前中國社會的病態》）估計貧民數目占全國人口三分之一以上。張先生引四川李敬穆先生的話，說：依據甘布林，狄麥爾，以及北京的成府，安徽的湖邊村的調查，中國窮人總數當占全國人口百分之五十（李先生假定一家最低生活費為一三〇元至一六〇元，凡一家庭每年收入在這數目以下，便是窮人）。近來所得社會調查的結果，如李景漢先生《北平郊外之鄉村家庭》等書所報告，都可以證明李敬穆先生的估計是大體不錯的。有些地方的窮人竟在百分之七十三以上（李景漢調查北平郊外掛甲屯的結果），或竟至百分之八十二以上（民十一華洋義賑會調查結果）。這就離余天休先生的估計不遠了。這是我們的第一大敵。

疾病是我們種弱的大原因。瘟疫的殺人，肺結核花柳病的殺人滅族，這都是看得見的。還有許多不明白殺人而勢力可以毀滅全村，可以衰弱全種的疾病，如瘧疾便是最危險又最普遍的一種。近年有科學家說希臘之亡是由於瘧疾，羅馬的衰亡也由於瘧疾。這話我們聽了也許不相信。但我們在中國內地眼見整個的村莊漸漸被瘧疾毀為荊棘地，眼見害瘧疾的人家一兩代之後人丁絕滅，眼見有些地方竟認瘧疾為與生俱來不可避免的病痛（我們徽州人叫它做「胎瘧」，說人人都得害一次的！），我們不得不承認瘧疾的可怕甚於肺結核，甚于花柳，甚於鴉片。在別的國家，瘧疾是可以致死的，故人人知道它可怕。中國人受瘧疾的侵害太久了，養成了一點抵抗力，可以苟延生命，不致於立死，故人都不覺其可怕。其實正因為它殺人不見血，滅族不留痕，故格外可怕。我們沒有人口統計，但世界學者近年都主張中國人口減少而不見增加。我們稍稍觀察內地的人口減少的狀態，不能不承認此說的真確。張振之先生在他的《中國社會的病態》裡，引了一些最近的各地統計，無一處不是死亡率超過出生率的。例如：

廣州市十七年五月到八月每週死亡超過出生平均為六十人。

廣州市十七年八月到十一月每週死亡超過出生平均六十七人。

南京市十七年一月到十一月平均每月多死二百七十一人，每週平均多死六十二人。

不但城市如此，內地人口減少的速度也很可怕。我在三十年之中就親見家鄉許多人家絕嗣衰滅。疾病瘟疫橫行無忌，醫藥不講究，公共衛生不講究，那有死亡不超過出生的道理？這是我們的第二大敵。

愚昧是更不須我們證明的了。我們號稱五千年的文明古國，而沒有一個三十年的大學（北京大學去年十二月滿三十一年，聖約翰去年十二月滿五十年，都是連初期幼稚時代計算在內）。在今日的世界，那有一個沒有大學的國家可以競爭生存的？至於每日費一百萬元養兵的國家，而沒有錢辦普及教育，這更是國家的自殺了。因為愚昧，故生產力低微，故政治力薄弱，故知識不夠救貧救災救荒救病，故缺乏專家，故至今日國家的統治還在沒有知識學問的軍人政客手裡。這是我們的第三大敵。

貪汙是我們這個民族的最大特色。不但國家公開「捐官」曾成為制度，不但二十五年沒有考試任官制度之下的貪汙風氣更盛行，這個惡習慣其實已成了各種社會的普遍習慣，正如亨丁頓說的：

> 中國人生活裡有一件最惹厭的事，就是有一種特殊的貪小利行為，文言叫做「染指」，俗語叫做「揩油」。上而至於軍官的克扣軍糧，地方官吏的刮地皮，庶務買辦的賺錢，下而至於家裡老媽子的「揩油」，都是同性質的行為。

這是我們的第四大敵。

擾亂也是最大的仇敵。太平天國之亂毀壞了南方的精華區域，六七十年不能恢復。近二十年中，紛亂不絕，整個的西北是差不多完全毀了，東南西南的各省也都成了殘破之區，土匪世界。美國生物學者卓爾登（David Starr Jordan）曾說，日本所以能革新強盛，全靠維新以前有了二百五十年不斷的和平，積養了民族的精力，才能夠發憤振作。我們眼見這二十年內戰的結果，貧窮是更甚了，疾病死亡是更多了，教育是更破產了，——避兵避匪逃荒逃死還來不及，那能辦教育？——租稅是有些省分預徵到民國一百多年的了，貪汙是更明目張膽的了。（《中國評論週報》本年一月三十日社論說，民國成立以來，官吏貪汙更甚於從前。）然而還有無數人天天努力製造內亂！這是我們的第五個大仇敵。

以上略述我們認為應該打倒的五大仇敵。毀滅這五鬼，便是同時建立我們的新國家。我們要建立的是什麼？

我們要建立一個治安的，普遍繁榮的，文明的，現代的統一國家。

「治安的」包括良好的法律政治，長期的和平，最低限度的衛生行政。「普遍繁榮的」包括安定的生活，發達的工商業，便利安全的交通，公道的經濟制度，公共的救濟事業。「文明的」包括普遍的義務教育，健全的中等教育，高深的大學教育，以及文化各方面的提高與普及。「現代的」總括一切適應現代環境需要的政治制度，司法制度，經濟制度，教育制度，衛生行政，學術研究，文化設備等等。

這是我們的目的地。我們深信：決沒有一個「治安的，普遍繁榮的，文明的，現代的統一國家」而不能在國際上享受獨立，自由，平等的地位的。我們不看見那大戰後破產而完全解除軍備的德國在戰敗後八年被世界列國恭迎入國際聯盟，並且特別為她設一個長期理事名額嗎？

目的地既定，我們才可以問：我們應該用什麼法子，走那一條路，才可以走到那目的地呢？

我們一開始便得解決一個歧路的問題：還是取革命的路呢？還是走演進（evolution）的路呢？還是另有第三條路呢？——這是我們的根本態度和方法的問題。

革命和演進本是相對的，比較的，而不是絕對相反的。順著自然變化的程式，如瓜熟蒂自落，如九月胎足而產嬰兒，這是演進。在演進的某一階段上，加上人功的促進，產生急驟的變化；因為變化來的急驟，表面上好像打斷了歷史上的連續性，故叫做革命。其實革命也都有歷史演進的背景，都有歷史的基礎。如歐洲的「宗教革命」，其實已有了無數次的宗教革新運動作歷史的前鋒，如中古晚期的唯名論（Nominalism）的思想，如十三世紀以後的文藝復興的潮流，如弗浪西斯派的和平的改革，如威克立夫（Wyclif）和赫司（Huss）等人的比較急進的改革，如各國的君主權力的擴大，這都是十六世紀的宗教革命的歷史背景。火藥都埋好了，路得等人點著火線，於是革命爆發了。故路得等人的宗教革新運動可以叫做革命，也未嘗不可以說是歷史演進的一個階段。

又如所謂「工業革命」，更顯出歷史逐漸演進的痕跡，而不是急驟的革命。基本的機械知識，在十六世紀已漸漸發明瞭；十六世紀已有專講機器的書了，十七世紀已是物理的科學很發達的時代了，故十八世紀後半的機器生產方法，其實只是幾百年逐漸積聚的知識與經驗的結果。不過瓦特（Watt）的蒸汽機出世以後，機器的動力根本不同了，表面上便呈現一個驟變的現象，故我們叫這個時代做工業革命時代。其實生產方法的革新，前面可以數到十五六世紀，後面一直到我們今日還在不斷的演進。

政治史上所謂「革命」，也都是不斷的歷史演進的結果。美國的獨立，法國的大革命，俄國的一九一七的兩次革命，都有很長的歷史背景。莫斯科的「革命博物館」把俄國大革命的歷史一直追溯到三四百年前的農民暴動，便是這個道理。中國近年的革命至少也可以從明末敘起。

所以革命和演進只有一個程度上的差異，並不是絕對不相同的兩件事。變化急進了，便叫做革命；變化漸進，而歷史上的持續性不呈露中斷的現狀，便叫做演進。但在方法上，革命往往多含一點自覺的努力，而歷史演進往往多是不知不覺的自然變化。因為這方法上的不同，在結果上也有兩種不同：第一，無意的自然演變是很遲慢的，是很不經濟的，而自覺的人功促進往往可以縮短改革的時間。第二，自然演進的結果往往留下許多久已失其功用的舊制度和舊勢力，而自覺的革命往往能多剷除一些陳腐的東西。在這兩點上，自覺的革命都優於不自覺的演進。

但革命的根本方法在於用人功促進一種變化，而所謂「人功」有和平與暴力的不同。宣傳鼓吹，組織與運動，使少數人的主張逐漸成為多數人的主張，或由立法，或由選舉競爭，使新的主張能替代舊的制度，這是和平的人功促進。而在未上政治軌道的國家，舊的勢力濫用壓力摧殘新的勢力，反對的意見沒有法律的保障，故革新運動往往不能用和平的方法公開活動，往往不能不走上武力解決的路上去。武力鬥爭的風氣既開，而人民的能力不夠收拾已紛亂的局勢，於是一亂再亂，能發而不能收，能破壞而不能建設，能擾亂而不能安寧，如中美洲的墨西哥，如今日的中國，皆是最明顯的例子。

武力暴動不過是革命方法的一種，而在紛亂的中國卻成了革命的唯一方法，於是你打我叫做革命，我打你也叫做革命。打敗的人只圖準備武力再來革命。打勝的人也只能時時準備武力防止別人用武力來革命。這一邊剛打平，又得招兵購械，籌款設計，準備那一邊來革命了。他們主持勝利的局面，最怕別人來革命，故自稱為「革命的」，而反對的人都叫做「反革命」。然而孔夫子正名的方法終不能叫人不革命；而終日憑藉武力提防革命也終不能消除革命。於是人人自居於革命，而革命永遠是「尚未成功」，而一切興利除弊的改革都擱起不做不辦。於是「革命」便完全失掉用人功促進改革的原意了。

我們認為今日所謂「革命」，真所謂「天下多少罪惡假汝之名以行」。用武力來替代武力，用這一班軍人來推倒那一班軍人，用這一種盲目勢力來替代那一種盲目勢力，這算不得真革命。至少這種革命是沒有多大意義的，沒有多大價值的。結果只是兵化為匪，匪化為兵，兵又化為匪，造成一個兵匪世界而已。于國家有何利益？于人民有何利益？

就是那些號稱有主張的革命者，喊來喊去，也只是抓住幾個抽象名詞在那裡變戲法。有一班人天天對我們說：「中國革命的對象是封建階級。」又有一班人天天說：「中國革命的對象是封建勢力。」我們孤陋寡聞的人，就不知道今日中國有些什麼封建階級和封建勢力。我們研究這些高喊打倒封建勢力的先生們的著作言論，也尋不著一個明瞭清楚的指示。一位教育革命的鼓吹家在民國十八年二月二十日出版的《教育雜誌》（二十一卷二號二頁）上說：

> 中國秦以前，完全為一封建時代。自黃帝歷堯、舜、禹、湯，以至周武王，為封建之完成期。自周平王東遷，歷春秋戰國以至秦始皇，為封建之破壞期。統一之中國，即於此封建制度之成毀過程中完全產出。（原注：封建之形勢早已破壞，而封建之勢力至今猶存。）

但是隔了兩個月，這位教育家把他聽說的話完全忘記了，便又在四月二十日出版的《教育雜誌》（同卷四號二頁）上說：

> 中國在秦以前，為統一的專制一尊的封建國家成長之時代。……到秦始皇時，……統一的專制一尊的封建國家才完全確立。（原注：列爵封土的制度，到這時候，當然改變了許多。然國家仍可以稱為「封建的」者，因「封建的」三字並非單指列爵封土之制而言。凡一國由中央劃分行政區域，設為種種制度，位置許多地方官吏；地方官吏更一方面負責維持地方次序，另一方面吸收地方一部分經濟的利益，以維持中央之存在。平民於此，無說話之餘地。凡此等等，都可以代表「封建的」三字之一部分的精神。）

兩個月之前，封建制度到秦始皇時破壞了；兩個月之後，封建國家又在秦始皇時才完全確立！然而《教育雜誌》的編者與讀者都毫不感覺矛盾。這位作者本人也毫不感覺矛盾。他把中央集權制度叫做封建國家，《教育雜誌》的編者與讀者也毫不覺得奇怪荒謬。為什麼呢？因為這些名詞本來只是口頭筆下的玩意兒，愛變什麼戲法就變什麼戲法，本來大可不必認真，所以作者可以信口開河，讀者也由他信口開河。

那麼，這個革命的對象——封建勢力——究竟是什麼東西呢？去年《大公報》上登著一位天津市黨部的某先生的演說，說封建勢力是軍閥，是官僚，是留學生。去年某省黨部提出一個剷除封建勢力的計畫，裡面所舉的封建勢力包括一切把持包辦以及含有佔有性的東西，故祠堂，同鄉會，同學會都是封建勢力。然而現代的把持包辦最含有佔有性的政黨卻不在內。所以我們直到今天還不明白究竟什麼東西是封建勢力。前幾天我們看見中國共產黨中的「反對派」王阿榮、陳獨秀等八十一人的《我們的政治意見書》，其中有這麼一段：

> 我們以為：說中國現在還是封建社會和封建勢力的統治，把資產階級的反動性及一切反動行為都歸到封建，這不但是說夢話，不但是對於資產階級的幻想，簡直是有意的為資產階級當辯護士！其實在經濟上，中國封建制度之崩壞，土地權歸了自由地主與自由農民，政權歸了國家，比歐洲任何國家都早。……土地早已是一種個人私有的資本而不是封建的領地，地主已資本家化，城市及鄉村所遺留一些封建式的剝削，乃是資本主義襲用舊的剝削方法；至於城市鄉村各種落後的現象，乃是生產停滯，農村人口過剩，資本主義落後國共有的現象，也並不是封建產物。（頁十六—十七）

封建先生地下有知，應該叩頭感謝陳獨秀先生等八十一位裁判官宣告無罪的判決書。但獨秀先生們一面判決了封建制度的無罪，一面又捉來了一個替死鬼，叫做資產階級，硬定他為革命的對象。然而同時他們又告訴我們，中國「生產停滯，人口過剩，資本主義落後」，本國的銀行資本不過在一萬五千萬元以上。在一個四萬萬人的國家裡，止有一萬五千萬元的銀行資本，資產階級只好在顯微鏡底下去尋了，這個革命的對象也就夠可憐了，不如索性開恩也宣告無罪，放他去罷。

以上所說，不過是要指出今日所謂有主義的革命，大都是向壁虛造一些革命的對象，然後高喊打倒那個自造的革命對象；好像捉妖的道士，先造出狐狸精山魈木怪等等名目，然後畫符念咒用桃木寶劍去捉妖。妖怪是收進葫蘆去了，然而床上的病人仍舊在那兒呻吟痛苦。

我們都是不滿意於現狀的人，我們都反對那懶惰的「聽其自然」的心理。然而我們仔細觀察中國的實際需要和中國在世界的地位，我們也不能不反對現在所謂「革命」的方法。我們很誠懇地宣言：中國今日需要的，不是那用暴力專制而製造革命的革命，也不是那用暴力推翻暴力的革命，也不是那懸空捏造革命對象因而用來鼓吹革命的革命。在這一點上，我們寧可不避「反革命」之名，而不能主張這種種革命。因為這種種革命都只能浪費精力，煽動盲動殘忍的劣根性，擾亂社會國家的安寧，種下相殘害相屠殺的根苗，而對於我們的真正敵人，反讓他們逍遙自在，氣焰更凶，而對於我們所應該建立的國家，反越走越遠。

我們的真正敵人是貧窮，是疾病，是愚昧，是貪污，是擾亂。這五大惡魔是我們革命的真正對象，而他們都不是用暴力的革命所能打倒的。打倒這五大敵人的真革命只有一條路，就是認清了我們的敵人，認清了我們的問題，集合全國的人才智力，充分採用世界的科學知識與方法，一步一步的作自覺的改革，在自覺的指導之下一點一滴的收不斷的改革之全功。不斷的改革收功之日，即是我們的目的地達到之時。

這個根本態度和方法，不是懶惰的自然演進，也不是盲目的暴力革命，也不是盲目的口號標語式的革命，只是用自覺的努力作不斷的改革。

這個方法是很艱難的，但是我們不承認別有簡單容易的方法。這個方法是很迂緩的，但是我們不知道有更快捷的路子。我們知道，喊口號貼標語不是更快捷的路子。我們知道，機關槍對打不是更快捷的路子。我們知道，暴動與屠殺不是更快捷的路子。然而我們又知道，用自覺的努力來指導改革，來促進變化，也許是最快捷的路子，也許人家需要幾百年逐漸演進的改革，我們能在幾十年中完全實現。

最要緊的一點是我們要用自覺的改革來替代盲動的所謂「革命」。怎麼叫做盲動的行為呢？不認清目的，是盲動；不顧手段的結果，是盲動；不分別大小輕重的先後程式，也是盲動。我們隨便舉幾個例：如組織工人，不為他們謀利益，卻用他們作擾亂的器具，便是盲動。又如人力車夫的生計改善，似乎應該從管理車廠車行，減低每日的車租入手；車租減兩角三角，車夫便每日實收兩角三角的利益。然而今日辦工運的人卻去組織人力車夫工會，煽動他們去打毀汽車電車，如去年杭州、北平的慘劇，這便是盲動。又如一個號稱革命的政府，成立了兩三年，不肯建立監察制度，不肯施行考試制度，不肯實行預算審計制度，卻想用政府黨部的力量去禁止人民過舊曆年，這也是盲動。至於懸想一個意義不曾弄明白的封建階級作革命對象，或把一切我們自己不能脫卸的罪過卻歸到洋鬼子身上，這也都是盲動。

怎麼叫做自覺的改革呢？認清問題，認清問題裡面的疑難所在，這是自覺。立說必有事實的根據；創議必先細細想出這個提議應該發生什麼結果，而我們必須對於這些結果負責任：這是自覺。替社會國家想出路，這是何等重大的責任！這不是我們個人出風頭的事，也不是我們個人發牢騷的事，這是「一言可以興邦，一言可以喪邦」的事，我們豈可不兢兢業業的去思想？懷著這重大的責任心，必須竭力排除我們的成見和私意，必須充分尊重事實和證據，必須充分虛懷採納一切可以供參考比較暗示的材料，必須時時刻刻提醒自己說我們的任務是要為社會國家尋一條最可行而又最完美的辦法：這叫做自覺。

十九，四，十

附編一

右翼對胡適的圍剿

胡適之揩揩眼鏡

胡適之揩揩眼鏡[1]

佚名

（近視眼同志稿）

胡適之君最近在《新月》第二卷第二號上，做了一篇《人權與約法》。我們好久不聽見胡適之作政論了，即使他有一兩篇文章，也是輕描淡寫，卻沒有像這篇《人權與約法》那樣氣吼吼地。其實胡適之的眼鏡，恐怕已經糊塗得好久了，到如今他方揩揩眼鏡（他的這篇文章中，有「揩揩眼鏡」之句）。大概他一向埋頭於所謂整理國故，把眼睛弄昏花，連眼鏡也糊裡糊塗。再不然，胡先生的近視眼只怕近來又加深了幾度，我勸他還是另配一副，單揩揩也無益。然而在這個年頭兒（這句在新文化書中學來的），胡適之還敢做那篇文章，我們不能不佩服他有點膽氣。也有人說，胡適之沒有做官，所以他還要揩揩眼鏡；要是胡適之和許多從前喜發議論現今做了委員的一班同志一樣的已經做了官，那眼鏡也只好一任它去霧裡看花，不必揩也並且不敢揩了。胡聖人敢回答我一句話嗎？

1 這原是一則剪報，眉上有「民國十八年六月六日第三版」、但無報名。——編者

爭自由與胡適的胡說

依然

資產階級的學者胡適之博士，近在《新月》二卷二號上做了一篇文章，題目是《人權與約法》，意思是「在這個人權被剝奪幾乎沒有絲毫餘剩的時候」，很不好過。他眼見安徽大學有一個學長，因為語言上挺撞了蔣主席，遂被拘禁了多天，唐山駐軍隨意拘禁拷打商人，釀成罷市風潮。他有一次因為看了陳德徵提出大會的「嚴厲處置反革命分子案」，忍不住了，乃寫了一封信給司法部長王寵惠，問他「在世界法制史上，不知在那一世紀那一個文明民族曾經有這樣一種辦法？」並且將這信送給通訊社發表，但是結果竟被檢查新聞的人扣去了。他於是「不知道一個公民為什麼不可以負責發表對於國家問題的討論？」他並且問：「我們對於這種無理的干涉，有什麼保障呢？」「人權在那裡？法治在那裡？」他對於這些問題又自作解答道：「在今日如果真要保障人權，如果真要確立法治的基礎，第一件應該制定一個中華民國的憲法。至少，至少，也應該制定所謂訓政時期的約法」。最後，他更呼出兩個口號：「快快制定約法以確定法治基礎！快快制定約法以保障人權！」

胡適之是個不明大勢的人。他以前因為昧於世界大勢，所以說中國沒有被帝國主義侵略的事。現在又因為昧於本國情形，所以僅僅發出這種柔弱的呼聲。人家明明抬出「黨治」兩字做招牌，他卻亂七八糟說了許多「法治」。咄咄，難道胡適之的眼睛瞎了，耳朵聾了不成？他說：現在沒有自由了！不錯，民眾是一點自自都沒有了。集會結社言論出版罷工[著]書的自由不用說，就是紀念國恥也是以反動分子論罪的了。現在的民眾，簡直[從]來沒有過這樣受罪的生活。然而，中國真的一點自自也沒有了嗎？不！看吧，地主有調田加租的自自，資本家有增加生產（就是增加工作時間，減少工資）及停閉工廠的自由，土豪劣紳有任意魚肉農民的自由，貪官汙吏有抽捐抽稅的自由，長衫同志有翻雲覆雨創造殺人理論的自由，武裝同志有破臉打仗，拉夫封船，燒山血洗，開機關槍掃射民眾的自由，帝國主義者有隨便殺戮中國人的自由，國民政府有賣國的自由，這不是他們的自由是什麼？你說他們沒有法，這就是他們的法，你說現在沒有人權，是的，可是他們有的是口權。什麼自由和法權，並不是沒有，只是我們窮苦的人們沒有罷了。胡適之不曾分開來說，以為他們也可以拿自由法權給我們，所以他起先雖然憤憤不平，結果只好跪地求饒了。老實告訴你罷，現時固然沒有約法，但是，假使由他們定出來，也絕不會于民眾有利的（于胡適之這一等人或者是有利的）。我們革命的民眾絕不會向統治者要求頒佈什麼約法，請他們保障什麼人權，我們只有向著敵人猛攻，以取得我們的法，我們的權，和我們的自由！胡適之的口號與要求，無裨於實際，只有幫助統治者緩和民眾鬥爭的作用。我們必須排斥這種哀求敵人投機的理論。胡適之！你如果真心要爭取自由，就必須振作從前你所提倡的「努力」和「幹，幹，幹！」的精神，準備肉搏衝鋒，否則，還是去考你的證罷！

原是一則剪報，剪自一九二九年六月六日《白話三日刊》。——編者

匕首

德徵

小子識淺，生平只知有三民主義，只知有總理及其遺教，只知有黨。小子比不得博士先生，懂得好人政府，懂得好人政府底約法。小子終以為黨的制法的機關，黨不是誣陷好人為壞蛋的集團。小子認為黨治國之時，只有總理底遺教，是國家底根本法；違反總理遺教者，即為反革命，即為反法；反革命和反法，均當治罪。有人疑我為梁山泊裡的朋友嗎？我卻要說他是沉湎於洋八股之中的外國宋儒！（德徵）

可憐的陳德徵

陳局長的匕首

佚名

胡適之發表了一篇《民權與約法》。其實是平凡的主張，因為裡面有幾句話觸犯了陳德徵局長，所以陳局長就在《民國日報》上還他一匕首。據說他很淺薄，眼中只認得「先總理」，先總理的話就是約法。凡與先總理的話違背的，就是反革命，就要嚴加懲辦，此外不知道還有什麼民權與約法。（原文大意是如此，我是得之傳聞，不知確否，因為我向來就不看《民國日報》，如有錯誤的地方，在此向陳局長謝罪。）陳局長這一點，自然還是客氣又客氣之至，並沒有下令封禁反動的《新月》刊，也沒有呈請通緝反革命的胡適之，也（怕不久就都會來的罷。）真算十二分的天恩浩蕩了。至於先總理所曾說過的，民還應該有許多權的話，不知陳局長對之意下如何？我們此時自也不便質問。我只把這段匕首摘要記在這裡，以為日後草麻油請宴中下酒之一助。

均見《自由》第一期。

無題

佚名

本來自民國改為黨國以來，[1]共和政體早已滅亡。蔣中正今日之做黨皇帝和日後之做皇帝，在我們小民眼中看起

[1] 原係粘附的剪報，此前缺，——編者

來，本來都沒有什麼大差別。不過人們都是顧面子的。今日好歹說還有「中華民國」這塊招牌存在，雖然國旗已經改變，但是國體還沒有人敢明目張膽說要變更，所謂「一黨專制」，所謂「訓政」，他們也還自己承認是一種過渡的局面。我們小百姓癡心妄想，還在希望「訓政」可以早早完結，快快將「憲政」時期給我們弄出來，至少也要像某先生一樣，向黨國諸公要求御賜一種「欽定的約法」。但是如果事實上證明瞭「黨國」有變為「帝國」可能的時候，那時一切希望就會打銷，那時節人民的心理會為成如何？黨國諸公都是過來人，請自己想一想。

但是有人說：「喂，朋友，你們要求『憲政』嗎？你們要求『民權與約法』嗎？那麼趕快禱祝蔣皇帝早日登極罷，『憲政』正是帝王登極的一種最好的禮物啊！不見袁世凱在改變國體之前，已經允許了『立憲』嗎？不見連年號都改成『洪憲』嗎？目下的訓政不知訓到何年何月為止，大約非等大典籌備的消息出來是沒有希望了。好在民眾已切盼真龍天子的出現，來了一個大皇帝，取消了一批下級黨部的黨狗黨蟲們，至少這個算盤也還打得過來。」他這種意見，我們不便表示什麼贊否，只好恭恭敬敬將他錄下來。

愛自由的朋友們，信仰全民政治、真心擁護共和。

佚名

本市三區第三次全區代表大會議決案

本市三區第三次全區代表大會議決案[1]。

胡亂言論荒謬請教部撤職，請中央嚴厲制止學閥活動。

1 此係粘附的剪報，胡適只從原報中剪取了相關部分，無報名和日期。——編者嚴厲防止反動分子之活動，建議對赤俄臨時方針三項共計重要案件四十項。

本市第三區黨部前日召集該區第三次全區代表大會。開會情形，已志昨報。所有議決案件，業經大會秘書處整理完竣，共計四十件，茲探錄如下：

丁、臨進動議：十二、呈請市執委會轉呈中央，嚴厲制止學閥之活動案。決議，通過。十三、呈請市執委會轉呈中央，諮請國民政府，治飭教育部，將中國公學校長胡適撤職懲處案。決議，通過。

呈請撤懲中國公學校長胡適

佚名

本市執委會第四十七次常會呈請撤懲中國公學校長胡適並開除蘇民政廳長繆斌黨籍[1]。監督編遣公債七千萬元用途組織第三屆黨義教師檢委會。

上海特別市執行委員會於昨日（二十四日）上午十時開第四十七次常會。到執委：陳德徵、吳開先、范爭波、潘公展、湯德民、童行白、施公猛、鄧通偉。列席監委：朱應鵬、王延松。候補執委：侯大椿、楊清源、陶百川。主席：范爭波，紀錄：黃之栻。行禮如儀。茲將討論事項及臨時動議摘要錄下：

討論事項：（一）三區黨部呈，為屬區第三次代表大會決議，建議中央確定對俄方針三點，請核轉案。議決，推陳德徵同志審查。（二）三區黨部呈，為屬區第三次代表大會決議，請轉呈中央諮國府令教育部將中國公學校長胡適撤職懲處，祈核轉案。議決，歷舉事實，附加意見，轉呈中央。

1 此係粘附的剪報，胡適只從原報中剪取了相關部分，無報名和日期。——編者

胡適之最近幾篇文章

滄波

胡適之最近在《新月》雜誌刊佈幾篇文章，曰《人權與約法》，曰《知難行亦不易》，曰《我們什麼時候才可有憲法》。胡氏之文既出，名滿天下（國內外報紙紛紛傳載），謗亦隨之。近頃流行文字之受社會注意者，殆莫胡氏上述各文若也。社會能知注意言論，其事本可讚許。蓋足以為社會進步之導師者，惟公明之言論；足以促起社會向前之波動者，亦惟社會對言論之注意。故社會對於各種蜂起之言論，其態度若僅止於注意或研究，斯言論可盡其用，而社會得蒙其庥。過此以往，若但逞個人之愛憎而為抑揚之根據，舉之可使升天，抑之可使入淵，情感之蔽既不可免，而估量鑒定之力頓失其公平根據，事物之認識既不清澈，而應付之方策亦遂散亂而不自知矣。故社會對於一種言論，首當定其應守之態度，尤應認識言論之性質。言論之性質既已認明，則對於言論應守之態度自易確定矣。

吾所最不解者，乃今日社會對胡氏文字之態度也。今日社會對胡文之態度，譽之者曰，是空谷之足音，警世之晨鐘；毀之者曰，包藏禍心，圖謀不軌者也。胡氏之文刊佈未及一月，而鼓噪之聲，洋溢全境。以吾所見，胡氏所言，自其言論之內容觀之，則十八世紀以來之老生常談，絕無新奇可喜之論，亦並無驚世駭俗者在也。英儒戴雪嘗論思想之流行，謂自思想流行之史實言之，一思想之發達而抵於風靡一世，其過程中必遇兩種障礙，其一為反某種思想之逆流，其一為橫斷某種思想之旁流。一種思想經此二物之砥礪，積久必稍變其原形而漸達于成功。所謂反某種思想之逆流者，其流蓋傳自最近過去之中心思想，深入于社會中年或老年之人心，而絕未沾染于青年腦際之思想也。此種逆流之活動，常以一種新思想初盛時為最烈，其活動之為無可免之事實，而其活動之結果，至多僅能延緩新思想之進行，而絕不能危害新思想之本身。此數者既已明瞭，則自命新思想之信徒，于反新思想之逆流，既不必畏懼，更無所用其倉皇。胡氏之文多言事實，涉及純粹之理論者甚少，其文字本身與文字之動機，實已平淡至於極度，絕無聲罪致討之價值，亦更無明正典刑之必要也。

至若黨政府對於言論之態度，吾人早可于孫先生遺教中窺見其崖略。孫先生言必稱王道，而對內政綱中尤規定人民集會結社言論之自由，在革命之時期如是，在統治之時期當亦如是。中國國民黨之所以特異於俄意之鮑雪維克與法西斯蒂者，即在於此。中國國民黨之政府與黨員，絕不排斥善意之批評，更不拒絕根據事實之批評，想無得而否認者。不過批評之對象有限制，批評之動機須鑒別，此則為任何憲政國家所共懸之厲禁。「批評者必自限於批評範圍之內，不以批評為個人毀譽之面具，不以排斥他人之故而利用其批評，使自陷於不公平或不審慎之攻訐」，此凡為一切批評者所應守之信條。「凡用文字或語言指摘政府而含有騷動之意者，為犯罪之行為。所謂騷動之意者，即其意思之性質，足以激起對皇室、政府、國會或教會之惡感與輕視是也」。此凡批評政府者所應不忘者也。于人不反對胡氏之真言，而于胡氏出語之態度，根據憲政最發達英國之法律及信條，乃不能無遺憾。英人至今於惡意攻訐依法設立之教會者，尚為犯罪，其理由蓋以此種行為足以毀傷人類之感覺。故凡於政府之一切批評，除直陳事實及希望以外，絕不能附帶任何意氣之語。胡氏文中「紈絝子弟可以辦交通，頑固書生可以辦考試，當火頭出身的可以辦一省的財政，舊式的官僚可以管一國的衛生。」「只看見袞袞諸公時時打架，時地下野出洋而已……」「然而蔣介石先生，以至於許多長衫同志和小同志，生平不曾夢見共和政體是什麼樣子……」其批評政府之處，似不能無此起人民對於政府惡感或輕視之影響。根據王道精神，或亦言者無罪，而聽者以訛傳訛，胡氏能保證其無流弊耶？吾人于胡氏近作之感想，一為絕無驚奇之價值，一為思想轉換中應有之現象；而最後則黨黨與政府絕不排拒胡氏之直言，而于胡氏出言之態度必覺其有改良之餘地，蓋此為憲政國家人民所首自養成之先決條件，而尤盼樂道憲政如胡氏者三致意也。

贊美的聖經

擁護胡適博士

何來

《新月》據說是幾位詩人詞客合編的新文藝刊物，同時他們自己也宣稱是「純而又純」、絕不帶有政治臭味的東西。《新月》我們真贊成它有「清高」的力量。

曾琦從前該打屁股，因為他亂放淆人聞聽的謬論，現在我想該輪到胡適博士了！因為四月二十日國民政府下了一道保障人權的命令以，我們的博士胡適就「悲天憫人」的大發慈悲，引證了許多事情，大寫其「白話文」、大發其「公民的牢騷」！（原文見《新月》二卷二號）

博士的論文，《新月》真是迎之不暇，拜之不及！——當然不管它是什麼東西。二卷四號的《新月》，又有博士的東西出來了。這一次比較更有精彩，更有力量。真好，不愧博士的胡適！頭一篇就是他的《我們什麼時候才可有憲法？》接著還有什麼《知難，行亦不易》、《人權與約法的討論》，真好，當它「白話文」看。

「批評人家，實現自己」，博士真聰明，他居然也學會了這個法門！

當然哪，《新月》交了「發財運」了！打屁股……管它呢！看吧：「胡先生在本期特撰《人權與約法》一文，痛論現在中國人民沒有法律的保障，不能享受應得自由，根據事實用嚴謹的態度，大無畏的精神，向國人進一個誠摯的忠告，在這人權被剝奪幾乎沒有絲毫剩餘的時候，胡先生這篇文章應是我們民眾所不可不讀的了。」

怎麼樣？都很聰明！

好末！聰明弄在一起，正是「到市三信」！打屁股？……管它呢！

「今日最大的危險是當國的人不明白他們幹的事是一件絕大繁難的事。以一班沒有現代學術訓練的人，統治一個沒有現代物質基礎的大國家，天下的事有比這個更繁難的嗎？要把這件大事辦的好，沒有別的法子，只有充分請教專家，充分運用科學。然而『行易』之說可以作一班不學無術的軍人政客護身符！此說不修正，專家政治絕不會實現。（句加密陰處，原文如此，不敢大膽瞎加。——《知難，行亦不易》的末段。）

真的，不是博士這麼說，我們大家都還蒙在鼓裡。先知先覺！有意思！有意思！……

「請教專家」？不錯，我來捧你！我來捧你！國民政府真糊塗，怎麼不先來請教博士？糊塗！糊塗！

「此說不修正，專家政治絕不會實現」。是的，是的！中山先生的學說可以不是了，用你博士的！用你博士的！再要開全國代表大會的時候，我們都來通過一個議決案，請你做總理！好嗎？……打屁股？不，不！……

不實現博士的學說，專家政治不會實現。你是政治專家的第一流人物！擁護你，我們都擁護你！……擁護你去打屁股！

我來謳歌：

胡適與新月，屁股蹶兩蹶；曾琦過去了，算你是人傑！

胡適之的反動與迷夢

和尚

久鑽在故紙堆裡的胡適之先生，最近忽然冷鍋子裡爆出熱粟子地大唱其法治的論調。他的意思是即使在訓政時期，中國也應該要有一個根本大法（憲法），使政府的各機關不得逾越他們的法定許可權，使他們不得侵犯人民的權利。又說「先知先覺」的政府諸公必須自己先用憲法法來訓練自己，裁制自己，然後可以希望訓練國民走上共和的大道。這種論調，在黨的立場上是反動，在現實的事實上卻是一種迷夢。

總理在十三年改組本黨，確立了黨義、黨綱、才開始領導民眾的國民革命，亦因為有這一個有組織、有紀律、有主義的建立在民眾的基礎上的集團的緣故，才能成功。

黨治法治之爭，在胡先生提出之前早已有人討論過了。照理論說，黨是負著民眾的使命而革命的，黨的主義也就是民眾的意旨。黨治下的政府有的是黨定的許可權，黨治下的官吏受的是黨的裁制一樣是不得逾越，一樣是不得跋扈；黨治下的人民也有的是黨定的權利，一樣有保障，一樣不得侵犯；與法治之不同者，黨治不過是法治的一時期的練習和試驗而已。所以建國大綱廿二條云，憲法草案當本於建國大綱及訓政憲法政兩時期之成績，由立法院議訂，隨時宣傳於民眾，以備到時採擇施行。憲法草案既須本諸建國大綱而再加上訓憲兩時期之成績，則憲法之訂立自不能在訓政時期，而黨治與法治之根本精神之一貫，也可證明瞭。

誠如胡先生說……口口聲聲說訓政，而自己所為旨不足為訓，小民愚豈易欺哉？他們只看見袞袞諸公的時時入醫院而已，他們只看見袞袞諸公司出洋而已，他們只看見宣傳部「打倒某某」而已，他們只看見反日會人員的站籠而已。這些現象卻不能歸罪於黨治，而原因在於黨的力量的衰落與不健全，官僚武人不受黨的裁制，不守黨的紀律，人民也就失了他們的保障。即使現在立刻制定憲法，也不能逃出這許多而已而已的惡勢力的。

我不是說總理手定的一切計畫都無可批評的，惟胡先生對黨的念觀未免太薄弱了，太不能瞭解而認識清楚了。而這種反動的來源，也就成為很可注意的一種問題。這種錯覺的發生，是不是因為黨治下的民眾不能享受到真正黨治的權利而起來的一種謬誤的觀念？但是，在黨治的進修已經失掉信用的袞袞諸公，我們也就不能對他於將來法治時候發生什麼希望。所以胡先生的言論的反動，也是迷夢，最後來勝利，最後的努力，還在我們青年負起這個責任。

中公校長胡適反動有據

佚名

市黨部決議請中央拿辦[1]

侮辱本黨總理，詆毀本黨主義，背叛國民政府，陰謀煽惑民眾。——第四八次執委常會之議決。

上海特別市執行委員會於昨（二十八日）上午十時開第四八次常會，到執委范爭波、施公猛、湯德民、鄧通偉、童行白、潘公展、陳德徵、列席監委王延松、朱應鵬、侯補執委員吳伯匡、楊清源、陶百行、侯大椿。主席范爭波。行禮如儀。茲將討論事項及臨時動議摘錄如下：

臨時動議：五、宣傳部提，中國公學校長胡適，公然侮辱本黨總理，並詆毀本黨主義，背叛政府，煽惑民眾，應請中央轉令國府，嚴予懲辦案。決議，呈請中央。

1 這原是粘附的一則剪報，胡適註腳：「《工商新聞》副刊『禮拜』二十七期。」——編者

市執委議懲胡適

老神

胡適之之長中國公學也，力主造成一思想自由言論自由之最高學府。不徒在其主張尚未完成之時，而以《人權與約法》、《知難行亦不易》數文，為上海市執委會指為公然侮辱本黨總理，並詆毀本黨主義，加以背叛政府、煽惑民眾之罪，呈請中央轉令國府嚴予懲辦。胡氏欲自由而不能自由，其理想中所擬造成之思想言論自由之學府，同時亦受鉗制之影響，幾有欲自由而不能自由之慨。

今日黨治下所特有之象徵[1]，但強以一純粹之學者就事實而發抒所見，立即加以「背叛」、「煽惑」諸名詞而入人於罪，誠開自有文字以來未有之創例。然而吾人亦可因胡氏之懲辦而得一教訓，即自今以往，對黨無論其措施若何，對黨員不論其舉止乖張，惟有昧去本心，竭力恭維。總理主義不論其是否合乎時代趨勢，雖千百年亦不能加以置喙。應為唯唯諾諾之順民，不應為非非否否之逆民，否則莫須有之罪，即可加諸於身，而無能倖免。

中公之有今日，胡氏之力為多，而楊亮功、丁穀音、高一涵輩亦與有力。但嫉妬中公者，僅以目標萃胡氏一人。始則蜚言中傷，繼則挑撥離間。幸胡氏不為浮語所動，楊、丁、高輩亦不為所動，宵小者計乃無所得逞，然而固無日不思有以中傷之也。於是《人權與約法》等論文一出，胡氏終不免於吃眼前之虧。

1 胡適旁批：「順者昌逆者亡。」——編者

平市百餘黨員請查辦前善後會議委員胡適[1]

佚名

【北平快信】自胡適在上海發表《人權與約法》等論文後，平市黨員多認為議論牽強，有意詆毀主義。黨員黃汝翼等，已向黨部請求中央嚴加懲處，附議者已達百餘人。其向上級黨部建議原文大意如下：

查前段祺瑞政府時代之善後會議委員、在民國時代向遜清廢帝宣統行跪拜禮並稱呼溥儀為皇上、藉提倡新文化運動招牌冀達其獵取富貴功名目的之胡適，近在上海出版之反動刊物《新月》上，先後發表《人權與約法》、《知難行亦不易》、《我們什麼時候才能憲法》各文，侮辱總理，詆毀主義，其造論牽強，見解謬妄之處，雖【已】經中央各報痛加駁斥。當此各反動派伺機活動，共產黨文藝政策高唱入雲之時，該胡適原為一喪行文人，其背景如何，吾人雖不得而知，然其冀圖解我共信，搖我黨基之企謀，固已昭然若揭。若不從嚴懲處，勢必貽患無窮等語。該呈文由第六區黨部轉呈市黨部矣。

津市黨委請懲辦胡適

佚名

【本報十一天津電】天津市黨務整理委員劉不同提議，胡適詆毀總理學說，請中央懲辦。已通過，並電中央。[2]

1 此是第二則，無報名和日期。——編者

2 此是第三則，無報名和日期。此後又附《再論知難行易的根本問題——再駁胡適的〈知難行亦不易〉，並駁〈我們什麼時候才可有憲法〉》一文

關於胡適之最近之胡說[1]

玉菱

國府之保障人權命令，本身不少忽略之點。故某派之出版物，曾據以為攻擊之材料。而胡適之亦有《人權與約法》之作，為不客氣之指謫。胡以不黨之學者自居，而社會亦以是稱之。故「胡說」一出，遂大得社會之同情，尤其知識階級，大為稱快。國內外之刊物，皆紛紛為之介紹。最近，胡復發表其《人權與約法之討論》、《我們什麼時候才有憲法》，對於黨國根本問題，加嚴重之批評，足為當局反省之助。而且《知難，行亦不易》一篇，且欲進而推翻孫先生（行易知難）學說。但以記者觀之，胡說誠可為孫說之補充，卻未足搖動孫先生發見之價值。而孫先生四十年奔走救國之苦心，及實際經驗之結論，記者尤以為在目前浮流于弱水三千之中國果欲達到自由平等之彼岸，孫先生所宣導者，不愧為最正確之羅盤，最便捷之航線。果能切實循依，收效自易。而胡亦自承認「自易知難」之信仰，已有若干顯著之功能。至今縱國民之飄流顛頓，人懷載胥及溺之深憂，則是駕駛者之責而不能歸其過於孫先生。此理本甚淺，如招商局新華海新康之沉沒，豈能謂為羅盤針與航圖之錯誤所致。然以自號為孫先生唯一之繼承者猶不免有此顢預，則胡之懷懷乎行不易，蓋亦懲前毖後，補編救弊應有之義。故記者對胡說，除其反對孫說及反對國民黨兩點外，大概表相當的同情，尤希望當局平心靜氣，痛自檢省：三年以來，專政獨裁，果有幾何能符于孫先生之理想，使老百姓稍享革命之福？而嚴刑酷法及「反革命」一詞之濫用，實不足以盡塞反對者之口，維持政權。若嚴刑酷法可以盡塞反對者之口，維持政權，則秦始皇之焚書坑儒，即真可傳之萬世，而愛新覺羅與北洋軍閥之黨獄，亦可鞏固其反動之地位。今事實所昭示於吾人者，猶不足打破槍桿子崇拜，聯即國家之迷夢乎？抑記者尚有欲為胡進一逆耳之言者，則在今日現狀之下，常易發生極

的剪報，作者張振之。該文原載一九二九年九月五、六、七日《民國日報》，此處從略。——編者

1 此是第五則，胡適旁注：「《光報》第三期。」——編者

端厭惡黨之心理，已無可諱言。而國民黨之外，有大組織者為共產黨與國家主義派。共產黨吾人可信胡斷不致受其愚，惟國家主義派最近之活躍，拉攏舊軍閥，拉攏舊官僚、拉攏舊名流，而成立所謂共和大同盟，積極從事於推翻國民黨，詆毀孫先生之工作，胡果能不受其催眠乎？卿本佳人，奈何作賊？吾人觀于章士釗之狺狺為段執政走狗，吳稚暉又搖搖擺擺為大觀園之劉老老，學者名流晚節，可為深慨！況胡於陳炯明背叛孫先生之際，段祺瑞開善後會議之時，似嘗與眉來眼去，結成露水姻緣。則今之墜歡重拾，亦屬人情之常，是胡之不黨云者，恐不過一進掩眼法，而背後之老闆，固甚面目猙獰。且胡徒為消極的抨擊現狀與渴望憲法，此外更無具體之主張，即憲法為何種之憲法，亦無明白之表示。豈仍是「好人政府」之那一套乎？年來所謂「好人」者，大都已一一自己宣佈破產，其信用亦等於破產銀行之紙幣。即胡自身，亦嘗致低折風潮若干次，元氣今尚未復，未能十足通用也。興言及此，不暇為好人哀，為中國民族之前途，實抱無限之哀也。悠悠蒼天，此何人哉！

蘇省黨部呈請中央緝辦無聊文人胡適

佚名

江蘇省黨部於前日（十三日）下午二時開第四十七次執委會。出席委員：倪弼、祁錫勇、滕固、葛建時、周傑人、顧子揚。列席者：周厚鈞、王建今、周紹、左其鵬。主席：滕固。紀錄：陳潤棠。開會如儀。甲、報告事：請轉呈中央撤職嚴辦案。決議，照轉呈。七、顧委員予揚提議：無聊文人胡適，最近在《新月》上發表之《人權與約法》、《知難行亦不易》等文，詆毀總理，應由本會呈請中央緝辦，請公決案。議決，通過。（下略）

有憲法才能訓政嗎[1]

無任

在中國國民革命進行當中，帝國主義者很憤怒的說，中國國民黨是過激的東西。同時，封建軍閥也恐慌著說，中國國民黨是要赤化中國了。帝國主義者和軍閥同樣的反對中國國民黨，我們知道的。因為中國國民黨要推翻帝國主義和封建軍閥在中國的統治，才引起他們的不安。中國國民黨和他們立於對敵的地位，他們不能不用詛咒的態度來反對中國國民黨。現在的時期，中國國民黨統一了中國，紊亂的中國政治漸次入了軌道，已在國民革命實行訓政的資產階級都高呼著，中國國民黨獨裁，中國國民黨專政。他們反對中國國民黨的意義和帝國主義軍閥是一樣的。

最近胡適發表他的文章，反對中國國民黨的理論，頗值得我們注意的，不用說胡先生有他的立場。他的觀念，是代表現在中國一班士大夫階級（？）來反對中國國民黨的。在胡先生過去的主張，是要建立「好人政府」，仍是切望著堯舜文武禹湯式的聖君賢相而治天下的。所以，於國民黨的訓政時期特別高呼著：「要有憲法才能訓政」。他忽略了社會的進化和革命的原則，過作無病呻吟的生活，在我們看起來，自然不足奇怪的。中國七大夫的人們？多得很，江亢虎先生還是忍耐著，在報紙上特別聲明，要在憲政時期，才來做他的政治活動，然而胡先生卻是著急的說，要有憲法才能訓政。他確是太多閒工夫了，他在廬山為了什麼塔做四千餘言的大文章，他對於這一加對於國民黨的文章大概也當作在廬山做的文章一樣的看待罷。

帝國主義和軍閥反對中國國民黨，在他們的立場是對的，因為帝國主義和軍閥是和國民黨不能並立的，然而勝利的歸於誰呢？這是在黑格兒的哲學「合理者存在，不合理者滅亡」裡面已證明。在國民黨的立場，是革命的立場，現在中國的社會進化的途向，只有在三民主義的途徑上走，三民主義的黨——中國國民黨，就有領導中國革命的必要。中國國民黨

1 這是粘附的一則剪報，無報名和日期。——編者

的專政，本身毫無掩飾的，我們的口號「以黨治國，以黨建國，以黨專政」毫無疑義的宣佈出來。因為中國國民黨負了領導中國國民革命的責任，當然要盡這個責任而完成其使命，在訓政時期，就是以黨治國，以黨專政的時期，在革命的立場上，在革命的理論上，絲毫用不著客氣的；除非國民黨放棄了革命的責任，才能放棄以黨治國以黨專政的主張。

在革命者看來非常明白的，在革命的時期，敵人是非常多的，革命的權力不能消滅反革命的勢力，革命是失敗的，在訓政的時期，反革命的力量能不能來反攻，是看黨的力量通常能消滅反革命的勢力，所以黨的專政是革命的手段和策略，是不變的原則。

在另一方面的意義，黨的專政，絕不是如暴君臨下民的專制，在黨的專政，就是統治的政治權力，不能落於敵人手裡，要由黨的力量掌握政權而訓導人民在革命的主義——三民主義的途徑走去，國民和人民才能達到生存的目的。

在胡先生確是太過崇拜「天賦人權」的信念了。我們遠看一點，在歐美的虛偽民權，對於人民有什麼利益。胡先生到了歐美，並看見坐汽車住洋房的人們生活享受愉快，他們有了民權，才能國富兵強，炮艦駛到中國如入無人之境，而沒有看見工廠裡面做資本家奴隸的工人和殖民地裡而被壓迫的人民的狀況。他們國家裡的民權，是為特殊階級所占了，痛苦的民眾們那能占定絲毫的利益。美洲的民主政治這樣的虛偽，在胡先生見解，似乎沒有感覺得到的。

胡先生的汽車救國的主張不夠，還是要把歐美式的民權搬到中國來嘗試嗎？

在現在的時候國民黨並不是不尊重民權，我們所說的民權，是要全體民眾利益為前提，以整個民族的利益為前提。國民黨要合民眾有完全的民權，就要使人民經過訓練，才不會把民權送給土豪劣紳貪官汙吏手裡，所以才有訓政，訓政的方法來保障民權，比胡先生所說用憲法來保障民權強固得多了。

法律是什麼？我現在雖然不也下一個肯定的定義；然而可以在社會演進裡面找出他的來源。法律就是社會進化過程中，為統治者一種權力。法律的產生，是由社會生活方式而表現一種規則。所以最高的憲法而至於各種法律，都是表現統治者的權威。我們來看，歐美各國的帝國主義有他的憲法，蘇俄虛偽共產主義國家，義大利法西斯蒂國家都有他們的憲法，憲法的名詞固然是一樣，因為他掌政權的階級不同，因此他的憲法的本質也就差得很遠了。歐美各國的憲法是保障資本家的利益，蘇俄的憲法是剝奪資本家的利益，歐美的憲法有人民的自由——虛偽的自由——而蘇俄義大利的憲法，要共產黨和棒喝團才有他的自由。所以法律都是束縛人民的工具。但是我們中國需要什麼憲法呢？我們就要看我們中國革命的途向來決定統治者是什麼階級。我們都曉得，中國國民革命，是為解放中國的民眾為最高目的，是為全中國的民族的利益為目的，所以統治中國的是全中國的民眾，不是某一個階級統治中國，我們的憲法即是保障全中國人民的法律。我們需要這樣的憲法，同時就要使人民能夠遵守這樣的憲法，就要經過訓政時期來訓練民眾。憲法所賦與人民的權利，才不會落於革命的敵人手裡。

現在對於中國政治若果站在客觀上去觀察，誰都不能否認現在中國的情形，必須有三民主義的黨去統治，並且依舊革命的程式上必經過訓政的時期，以黨專政而國家的政治入於軌道，才能實現民有民治民享的國家。假使站在帝國主義軍閥和一班所謂士大夫的立場去看現在的政治施設，自然覺得，國民黨的專政是殘暴的行為。這就在國民黨的革命者都能瞭解對方的用意，本身不會有絲損失，凡是一個革命黨的本身，固然可以給他人批評，尤其是對敵人的批評是不能避免的，無論批評怎樣的冷酷，要站在革命的立場上面觀察事實。我們相信，中國的統治，是需要國民黨的統治，救中國的主義，是需要三民主義。我們只有依照一種方針進行。

這樣不能的文章，也要登在黨報上丟醜！

今天（九，一二）《民國日報》也有同題的「社論」，署名「髦公」，全抄此文，略改幾個字。卑鄙可笑。

嚴懲豎儒胡適

佚名

【青島通訊】青市指委會，以胡適在《新月》雜誌上發表《知難行亦不易》、《人權與約法》、《我們什麼時候才可以有憲法》三文，對於總理學說，多有誣衊及攻擊之處，特呈中央，請予嚴懲，以免搖動革命信仰。原呈如下：呈為胡適著文詆毀總理，請予嚴懲，以維信仰事。竊查胡適在《新月》雜誌發表《知難行亦不易》、《人權與約法》、《我們什麼時候才可以有憲法》三文，對於總理知難行易學說及建國大綱，多有攻擊誣衊之處。竊以知難行易學說，為維繫革命信仰之中心，建國大綱及實現三民主義之基礎。既本黨生命所寄託，亦民眾幸福之所在。方今本黨甫經統治全國，正總理遺教推行之時，實不容有稍事懷疑，致根本搖動革命信仰，而影響黨國初基。豎儒胡適，研究系餘孽，乃敢妄肆鼓簧，殊屬荒謬絕倫。若不嚴於懲處，何以維革命信仰，而安黨國。為此備文呈請，懇飭地方行政機關，迅將胡適逮捕解京，予以嚴懲，庶足為誣衊總理學說者戒。

國府令飭教部警告胡適[1]

佚名

【本報南京電】國府二十五日令行政院。為令遵事。案准中央訓練部函開，奉中央常務委員會交下上海特別市招待委員會呈，內稱胡適近年來，凡發言論，每多荒謬，請予嚴懲。查胡適年來言論，確有不合。最近《新月》雜誌發表《人權與約法》、《我們什麼時候才可以有憲法》及《知難行亦不易》等篇，不諳社會實際情況，誤解本黨黨義及總理學說，並溢出討論範圍，放言空論。本黨黨義博大精深，自不厭黨內外人士反覆研究探討，以期有所申明。惟胡適身為大學校長，不但誤解黨義，且逾越學術研究範圍，任意攻擊，其影響所及，既失大學校長尊嚴，並易使社會缺乏定見之人民，對黨政生不良印象，自不能不加以糾正，以昭警戒。為此擬請貴府轉飭教育部，對胡適言論不合之處，加以警告；並希通飭全國各大學校長，切實督率教職員，詳細精研本黨黨義，以免再有與此類似之謬誤發生等因。准此，著該院轉飭教育部遵照辦理。

1　本日日記僅附此則及下則剪報，均無報名和日期。——編者

事由：「該校長言論不合，奉令警告」

教育部訓令

為令飭事：奉行政院第三二七六號訓令開：案奉國民政府訓令，內開：案准中央執行委員會訓練部函開：

徑啟者，頃奉中央常會交下上海特別市執行委員會來呈一件，內稱：

案據職會屬第三區黨部呈稱：「查屬區第三次全區代表大會決議案呈稱（？）市執行委員會轉呈中央，諮請國民政府令飭教育部將中國公學校長胡適撤職懲處案，附具理由：

胡適藉五四運動宣導新學之名，博得一般青年隨聲附和，迄今十餘年來，非惟思想沒有進境，抑且以頭及之頑舊，迷惑青年。新過充任中國公學校長，對於學生社會政治運動多所阻撓，實屬行為反動，應將該胡適撤職懲處，以利青運。等因，合亟繕呈鈞會，祈罕核轉呈」，等情前來。

查胡適近年以來刊發言論，每多悖謬，如刊載《新月》雜誌之《人權與約法》、《知難行亦不易》、《我們什麼時候才可以有憲法》等等，大都陳腐荒怪，而往往語侵個人，任情指摘，足以此起人民對於政府惡感或輕視之影響。夫以胡適如是之悖謬，乃任之為國立（？）學校之校長，其訓育所被，尤多陷於腐舊荒怪之途。為政府計，為學校計，胡適殊不能使之再長中國公學。而為糾繩學者發言計，又不能不予以相當之懲處。該會所請，不為無見，北經職會第四十七次常會議決，准予轉呈在案，理合備文呈稱（？）鈞會，祈鑒核施行「等因。

查胡適年來言論確有不合，如最近《新月》雜誌發表之《人權與約法》、《我們什麼時候才可以有憲法》及《知難行亦不易》等篇，不諳國內社會實際情況，誤解本黨黨義及總理學說，並溢出討論範圍，放言空論。按本黨黨義博大精深，自不厭黨內外人士反覆研究探討，以期有所引申發明。惟胡適身居大學校長，不但誤解黨義，且逾越學術研究範圍，任意攻擊，其影響所及，既失大學校長尊嚴，並易使社會缺乏定見之人民，對黨政生不良印象，自不能不加以糾正，以昭警戒。為此擬請貴府轉飭教育部對於中國公學校長胡適言論不合之處，加以警告，並通飭全國各大學校長切實督率教職員詳細精研本黨黨義，以免再有與此類似之謬誤見解發生。事關黨義，至希查核辦理為荷。等由，准此，自應照辦，除函複外，合行令仰該院轉飭教育部分別遵照辦理。等因，奉此，合行令仰該部即便分別遵照辦理，此令。

等因，合行令仰該校長知照。此令。

中國民國十八年十月四日　部長

評胡適之的《我們走那條路》[1]

某生者

胡適之先生在二卷十號《新月》月刊發表一篇大文《我們走那條路？》，他的大意分為兩段，第一段他說：「我們要打倒五個大仇敵：第一大敵是貧窮，第二大敵是疾病，第三大敵是愚昧，第四大敵是貪汙，第五大敵是擾亂。」第二段他說：「我們要建立一個治安的，普遍繁榮的，文明的，現代的統一國家。」

胡適之先生說的話，其實都是老生常談，並沒有什麼新鮮。但是他的話雖然沒有多少可駁難的地方，卻有極須加以補充的地方。例如：

（一）貧窮、疾病、愚昧、貪汙、擾亂，固然是我們的大敵，該馬上打倒。可惜胡先生只看見長在中國人身上的五種疾病，而忘卻了中國人頭頂上生的一個毒瘡。這個最致命的毒瘡是蔣介石及其所代表的國民黨與南京政府。有一個蔣介石囊刮民財，買大華飯店，我就不曉得你胡適之怎樣可以去打倒貧窮。有一個蔣介石敷衍軍閥，請了一些不相干的鄉下人來衛生部，我就不曉得你胡適之怎樣可以去打倒疾病。有一個蔣介石養了一般迂腐秀才，大做黨八股，興辦什麼三民主義的教育，我就不曉得你胡適之怎樣可以打倒愚昧。有

1　原是粘附的剪報，無報名和日期。——編者

一個蔣介石用舅爺做財政部長，聯襟做工商部長，外甥做鐵道部長，姻叔做外交部長，我就不曉得你胡適之怎樣可以打倒貪汙。有一個蔣介石鎮日價招兵買馬，大批的聘請德國軍事顧問，購買毒瓦斯，我就不知你胡適之怎樣可以打倒擾亂。所以我覺得於五大敵之外，有加上第六大敵之必要，第六大敵便是蔣介石及其所代表的國民黨與國民政府。這第六大敵是目前最迫切的敵人，這一個毒瘡不赽挖了去，身體的五癆七傷也休想能有治療的一天了。

（二）胡先生積極目標是在建立國家，不曉得胡先生想到沒有，共產黨是堅決反對國家的。共產黨人是主張「工人無祖國」和「世界革命」的。國民黨也有大同主義的色彩，有人還講過什麼「三民主義國際」的話。所以胡先生雖然好像絕口不談主義，而實際上已是默認國家主義的必要。

胡適之先生大概是可以代表一部分的智識階級的穩健思想。但是真有智識的人，若肯稍微過細思索，恐怕就不能以胡先生的緩進的態度為滿足，要更進一步，在國家主義的旗幟之下，來一方面從事政治革命，以打倒蔣介石及其勢力，一方面抵禦共產主義的謬說，以維持中國的獨立。

論《人權論集》後胡說博士可以休矣[1]

陳九皋

誰不曉得胡適之是「新青年時代」文學革命的健將？誰不曉得有適之是中國哲學大綱的著作者？誰不曉得胡適之是與反革命的研究系丁文江（即孫傳芳的劊子手淞滬督辦）有密切的關係？又誰不曉得胡適之是吳淞中國公學校

[1] 原是粘附的剪報，標題中第一個「論」字，似當為「讀」字。無報名與日期。——編者

長？……啊啊！闊哉博士，榮哉博士！小子在此要高呼「博士萬歲」矣！然而，想不到我們這個「吾家博士」近來昏聵到如此地步，日趨下流，以至奇文疊出，真是前無古人，名下無虛士！

他挨了幾頓罵，便老氣橫秋的跳出來「上帝我們尚且以可批評，何況國民黨與孫中山？」（《人權論集》頁一）的混亂籠統的狂叫了一下子！實在到今天止，我，至少我個人對胡博士已經絕望了，好像那家的一個青年躲在棺材裡蓋身蓋頭一般的絕望了！

有人曾忠告他一番，希冀他恢復「新青年時代」的博士；不料「以大學校長的身分，頂括括的博士銜頭，加上中國新文化運動自居的金牌子」現在的他，已經無可救藥了！

胡說博士，真應以杖叩其脛矣！

我最近費四角打九折的代價，買了一本胡適之、梁實秋和羅隆基三人合著的《人權論集》，在開卷第一頁印著胡博士的小序，知道「這幾篇文章討論的是中國今日人人應該討論的一個問題，——人權問題」。他在他的小序裡還說：「周櫟園書影裡有一則很有意味的故事：昔有鸚鵡飛集陀山，山中大火，鸚鵡遙見，入水濡羽，飛而灑之。天神言：『爾雖有志意，何足云也？』對曰：『嘗僑居是山，不忍見耳。』今日正是大火的時候，我們骨頭燒成灰終究是中國人，實在不忍袖手旁觀，我們明知小小的翅膀上滴下的水點未必能救火，我們不過盡我們的一點微弱的力量，減少良心上的一點譴責而已」。

讀來「今日正是大火的時候，我們骨頭燒成灰了」。啊，真是滑天下之大稽，今日正是大火，到底什麼火？幾時燒起來的？恕我小子沒有博士的聰明，千思萬想不得其解，請博士有以語我。

「救國」，誰沒有那個念頭，還要等到博士來提出！博士論文式的小序裡頭說：「終竟是中國人，實在不忍袖手旁觀，我們明知小小的翅膀上滴下的水點未必能救火，我們不過盡我們的一點微弱的力量，減少良心上的一點譴責而已」。博士，假使你以為瘋狗般的料罵算救國，而減少良心上的一點譴責的，那你不知四萬萬同胞的譴責比你自己譴責還要可怕嗎？

老實說，胡說博士，像你們自認學者、名人、有佳作妙評的先生們，你們最好還是不要談什麼「人權問題」，你還沒有配得上談「人權問題」呢！

我本想逐篇看完這本書的，然而我覺得費了寶貴的春光去看這書是太不值得了。同時不也鼓起我些味的勇氣，所以我就再往前翻看目錄。

目錄上有幾篇胡說博士的，什麼《人權與約法》啦，《我們什麼時候才有憲法》啦，《新文化運動與國民黨》啦，《名教》啦，和……啦，我在《新月》刊上早已看過，駁他的文章，也在《民國日報》、《中央日報》上有人發表過，現在無用我於多此一舉。

頭昏眼花，我是無力看下去了，只得不再拜讀其餘兩位先生的高論了，也不再批評他們的奇見妙評了。我這有頭無尾的批評，（實在愧不敢當「批評」兩字），就請當它是「妄評」吧！

今天讀罷了《人權論集》的小序，使我一肚子氣，無從發作，管他媽的，權且叫胡說博士過來，教訓他一頓，出出我心中的惡氣！

寫得有些手酸，就此完結罷。[1]

三，十五，蘇州（雜感）（龍章）

1 此後原附四則剪報：（一）上海「五州」慘案被害烈士家屬會和律師為有人冒領撫恤款訴訟事，致《時事新報》函；（二）英文剪報，題為《庚款計畫》，主要內容為：二月二十六日，英國外交大臣亞瑟．亨德森先生在議會下院說，英國政府已就庚子賠款返還問題和中國政府談判。中國政府于一九二五年成立顧問委員會，就此問題提出一份報告。兩國外交部長已經達成協議草案。本文介紹了顧問委員會報告的大致內容。（三）英文剪報，題為《囚犯自殺激起反對酷刑的情緒》，主要內容為：據倫敦二月五日報導，最近，倫敦一家監獄發生的慘案激起英國人民的強烈抗議，反對使用中世紀審判方式來懲罰犯人。（四）英文剪報，標題為《景教遺教》。這是H.A.T致《字林西報》主筆的信，落款時間為一九三〇年三月十二日。主要內容為：該報曾報導過F．W．霍媽的情況，美聯社稱他在中國發現了景教的遺跡，作者在信中提供了一些關於霍姆的材料，與該報的報導有所不同。以上四則剪報均從略。——編者

談所謂「言論自由」

胡漢民

言論自由，是民主國家人民的基本權利，為任何人所不能剝奪的；但是所謂自由，必須在法律範圍內。換言之，必須在國家民族的利益範圍以內，如果超越這個範圍，那是放任，不是自由。我們認放任為自由，則我們中國人的自由，早已為歐洲人所不及了，所以，總理說：

我們的革命目標，是和歐洲的革命目的相反。歐洲從前因為太沒有自由，所以革命要爭取自由；我們是因為自由太多，沒有團結，沒有抵抗力，成為一處散沙。

接著，總理並警戒我們說：

因為是一片散沙，所以受外國帝國主義的侵略，受列強經濟商戰的壓迫，我們現在便不能抵抗；要將來能夠抵抗外國的壓迫，就要打破各人的自由，結成堅固的團體，像把士敏土參加到散沙裡面，結成一塊堅固的石頭一樣。

可知這種危害國家民族利益的放任式的自由，中國過去實在已經太充分了。今日中國所要求的自由，不是這種放任式的自由，而是國家民族的自由，換句話說：我們自由的精神，要用到為國家民族爭自由的上面去，更要以不妨害國家民族之自由為範圍。因為只有國家民族，才是自由的源泉，舍國家民族的自由，而別尋所謂個人的自由，我們可以斷然地說是一種重大的錯誤。

事實是很明顯的，處於次殖民地的中國民族，帝國主義的侵略，已經剝奪了我們整個中華民族的自主權！在這種情形之下，試問我們個人還有什麼自由可言！除了遵照總理遺囑，於最短期內廢除一切不早等條約，解除帝國主義的羈絆以外，我們確信已再沒有自由可述了。這個道理，是全黨同志，乃至全國同胞所共同承認，沒有疑義的。可是最近見到中國有一位切求自由的所謂哲學博士，在倫敦《泰晤士報》上發表一篇長長的論文，認為廢除不平等條約不是中國急切的要求，於是《泰晤士報》的編者便在題下注著說：「下面是中國一位著名學者的論文，他的主張，自然可以代表中國知識階級的意見，可見中國政府要求廢除不平等條約，我們盡有辭可以答覆之。」當我們正在苦心孤詣向帝國主義者交涉廢約的時候，而我們中國的所謂著名學者，卻會來此一著，加多一切帝國主義者的藉口，以稽遲我們自由平等的求到！在他個人，無論是想藉此取得帝國主義者的贊助和榮寵，或發揮他「遇見溥儀稱皇上」的自由，然而影響所及，究竟又如何呢？此其居心之險惡，行為之卑劣，真可以「不與共中國」了。

羅蘭夫人說：「自由自由，天下幾多罪惡，假汝名以行」。我們看到上面的事實，更加證實了這句話的真確性。這些所謂著名的學者，每以爭言論自由為標榜，並豎起了所謂「人權」「憲法」等牌號，他以為現在要求真正的言論自由，並達到保障人權的目的，非用英文與外國人打交道不可了。於是在外國報紙上，大發其十分荒謬的言論，希望一切帝國主義者，加緊其對於中國的侵略，繼續維護其在中國已得的特權。照此看來，還不如爽爽快快的入英國籍，做英國人，言論可以自由，人權也得以保障了。吳稚暉先生說：「在久亂之世，而欲求一日之安者，決當立一偶像標準，無人敢叛，方能相安一時」。又說：「否則人各一理由，根本原則不立，任何代價，亦不能獲得和平也」。這幾句話，是吳先生為對求和平而說的，其實要求得所謂自由，甚至要保障什麼十八世紀的人權，又何能外此！

對於隨便什麼事，先要拿所謂學者的態度去研究，原不是一件壞事；但要明瞭：要我們研究的，是一件事，而不須研究務須招待的，又是一件事；即使務須執行的事，也要把它研究一番，也必須純粹拿「中國」學者的態度來研究，才不至上帝國主義的大當，做帝國主義的工具！至於廢除不平等條約，乃是總理的遺教，全國人民一致的要求，只有執行，更無所用其研究的了。在過去的什麼國際會議中，我們中國常常拿什麼問題去供他們研究，這科是笑話！即以撤銷領事裁判權收回租界來說，我們的主權是要完整的，外國人在中國，不能管中國的法律如何、監獄如何，必須受中國法庭的管轄，有什麼研究可言！我們所要研究的，是人類應該講公理，不尚強權，何以我們海外的華僑，被帝國主義者的殖民地政府橫加壓迫呢？一切弱小民族，如台番等等，又何以被帝國主義者侵略殘殺呢？……這些問題，我們研究清楚之後，便要馬上想法來救濟和扶助，這才是我們的責任，才是所謂學者的態度。如果以國家已經決定的政策，舉國一致的要求，再去研究，甚至想什麼方法來中傷這個政策的進行，那簡直是受人穿鼻，為虎作倀，以此而為學者，這所謂學者的價值究竟又何在呢？

總而言之，任何自由，都各有各的限制的。所謂言論自由，如英國、法國等憲政國家，應該算自由到極底了，然而事實又不然。記得英國有一個官吏辭職，某報不察，誤載「辭職」為「失職」，一字之誤，這個官吏竟大大的發（？）怒，向法庭控告，要求賠償名譽損失，結果報館竟破費了幾萬金。再如法國當歐戰時，一位財政部長死了，某報記載了財長夫人的閒事，這夫人便和報館交涉，結果竟把報館記者打死了，鬧到法庭上，財長夫人以為開槍是自衛的行動，不能稱做有罪，這個案也終於不能了結。可知報紙之所謂言論自由，也不是無的放矢，隨便可以亂來的。尤其可笑的，民元二年兄弟在廣東，有一個報批評兄弟說：「這個人本來什麼事都行，只有鴉片煙的癮太大，未免太自棄了。」兄弟看了，卻沒有如英國某官吏這樣到法庭去和它涉訟，不過覺得可笑而已！因為第一，兄弟生平，早上從不過五點鐘起身，試問這樣早起的人，能抽大煙麼？其次，兄弟在廣東事情之繁，凡相知的，都十分明白，甚至天未明就要批答函牘，或見客人；到廁所，還要看書報，或想做文章，試問這樣忙的人，又會抽大煙麼？兄弟雖從來不願與這種無聊的報館計較，並且常勸軍政界的同志不必理論，但是此類的言論自由，先已自滅其價值，而隨口造謠，遇著認真一些的人，訴之法律，便不得了了，這是好講言論自由的人，所要認清的。

我們十二分希望中國輿論界真能代表人民的意思，但起指導政府監督政府的仔肩；因為從輿論的有力與否，可以看出一個民族的文野，而政府的本身，又是時時需要輿論的指導和監督的。不過同時輿論界對於發表的言論，必須負荷政治的道德的責任，換言之，必須完全在民族的利益範圍以內，至於甘心做帝國主義的走狗，以國家民族為犧牲的，那簡直是喪心病狂者流，自不值我們來齒及了。（完了）

全國教育會議日刊第一三號（一七年五月二九日是），檢得舊稿，存之。

胡適致蔣夢麟

夢麟部長先生：

十月四日的「該校長言論不合，奉令警告」的部令，已讀過了。

這件事完全是我胡適個人的事，我做了三篇文章，用的是我自己的姓名，與中國公學何干？你為什麼「令中國公學」？該令殊屬不合，故將原件退還。

又該令文中引了六件公文，其中我的罪名殊不一致，我看了完全不懂得此令用意何在。究竟我是為了言論「悖謬」應受警告呢？還是僅僅為了言論「不合」呢？還是為了「頭腦之頑舊」「思想沒有進境」呢？還是為了「放言空論」呢？還是為了「語侵個人」呢？（即為「空論」，則不得為「語侵個人」；既為「語侵個人」，則不得為「空論」。）若云「誤解黨義」，則應指出誤在那一點；若云「語侵個人」，則應指出我的文字得罪了什麼人。貴部下次來文，千萬明白指示。若下次來文仍是這樣含糊籠統，則不得謂為「警告」，更不得謂為「糾正」，我只好依舊退還貴部。

又該令文所引文件中有別字二處，又誤稱我為「國立學校之校長」一處，皆應校改。

胡適

十八，十，七

好大膽的月刊——竟敢詆毀約法，要查禁你了

《益世報》

平市整委會，頃接天津市整委會來函，稱《新月》月刊第八期，載有詆毀約法，詬辱黨國之文字，亟應嚴行取締。該會經查明屬實，除函請公安局嚴予查禁外，並訓令各區黨部飭屬一體查禁，以遏反動。茲錄訓令如次：天津市整委會中字第四三九號公函內開，徑啟者：查《新月》月刊發行以來，時常披露反對本黨之言論，近於第八期中，竟載有詆毀約法，詬辱本黨之文字，跡近反動，亟應嚴行取締，以辟邪說，而正聽聞。業經敝會第十九次會議決議，查禁在案。除分函外，相應函請貴會設法查禁，以遏反動，而止謠諑，至紉黨誼，等由。准此，查該刊第八期中確有詆毀約法詬辱本黨之文字，除函公安局嚴予查禁外，合即令仰該員厲予查禁，並飭屬一體查禁，以遏反動為要，此令。[1]

1 據胡適注，原載於《益世報》一九三一年七月二十四日——編者注。

附編二

左翼對新月的批評

新月社批評家的任務[1]

魯迅

新月社中的批評家[2]，是很憎惡嘲罵的，但只嘲罵一種人，是做嘲罵文章者。新月社中的批評家，是很不以不滿於現狀的人為然的，但只不滿於一種現狀，是現在竟有不滿於現狀者。

這大約就是「即以其人之道，還治其人之身」[3]，揮淚以維持治安的意思。

譬如，殺人，是不行的。但殺掉「殺人犯」的人，雖然同是殺人，又誰能說他錯？打人，也不行的。但大老爺要打鬥毆犯人的屁股時，皂隸來一五一十的要，難道也算犯罪麼？新月社批評家雖然也有嘲罵，也有不滿，而獨能超然於嘲罵和不滿的罪惡之外者，我以為就是這一個道理。

但老例，劊子手和皂隸既然做了這樣維持治安的任務，在社會上自然要得到幾分的敬畏，甚至於還不妨隨意說幾句話，在小百姓面前顯顯威風，只要不大妨害治安，長官向來也就裝作不知道了。

現在新月社的批評家這樣盡力地維持了治安，所要的卻不過是「思想自由」[4]，想想而已，絕不實現的思想。而不料遇到了另一種維持治安法[5]，竟連想也不准想了。從此以後，恐怕要不滿於兩種現狀了罷。

---

1 本篇最初發表於一九三〇年一月一日《萌芽月刊》第一卷第一期。

2 新月社中的批評家 指梁實秋。他在《新月》月刊第二卷第五號（一九二九年七月）發表的《論批評的態度》中，提倡「『嚴正』的批評」，攻擊「幽默而諷刺的文章」是「粗糙叫囂的文字」，指責「對於現狀不滿」的人只是「說幾句尖酸刻薄的俏皮話」。

3 「即以其人之道，還治其人之身」語出《中庸》宋代朱熹注。

4 「思想自由」新月派當時曾提倡「思想自由」。如梁實秋在《新月》月刊第二卷第三號（一九二九年五月）《論思想統一》中說：「我們反對思想統一，我們要求思想自由」。

5 別一種維持治安法 指國民黨的思想統制。當時新月派要求的「思想自由」也得不到允許，例如胡適在一九二九年《新月》月刊上先後發表《人權與約法》、《知難、行亦不易》等文，國民黨當局認為他「批評黨義」、「污辱總理」，曾議決由教育部對胡適加以「警戒」。

「硬譯」與「文學的階級性」[1]

魯迅

（一）

聽說《新月》月刊團體[2]裡的人們在說，現在銷路好起來了。這大概是真的，以我似的交際極少的人，也在兩個年輕朋友的手裡見過第二卷第六七號的合本。順便一翻，是爭「言論自由」的文字[3]和小說居多。近尾巴處，則有梁實秋先生的一篇《論魯迅先生的「硬譯」》，以為「近於死譯」。[4]而「死譯之風也斷不可長」，就引了我的三段譯文，以及在《文藝與批評》[5]的後記裡所說：「但因為譯者的能力不夠，和中國文本來的缺點，譯完一看，晦澀，甚而至於

---

1 本篇最初發表於一九三〇年三月上海《萌芽月刊》第一卷第三期。

2 《新月》月刊團體，指新月社。

3 爭「言論自由」的文字，指《新月》月刊第二卷第六、七號合刊（一九二九年九月）上刊載的胡適的《新文化運動與國民黨》、羅隆基的《告壓迫自由言論者》和編者的《敬告讀者》等。後者以同人的名義說：「我們都信仰『思想自由』，我們都主張『言論出版自由』，我們都保持『容忍』的態度（除了『不容忍』的態度是我們所不能容忍以外），我們都喜歡穩健的合乎理性的學說。」

4 梁秋實，參看本卷第九十三頁注（二）。他在《新月》第二卷第六、七號合刊發表的《論魯迅先生的「硬譯」》中說：「曲譯誠然要不得，因為對於原文太不忠實，把精華譯成糟粕，但是一本書斷斷不會從頭至尾的完全曲譯，一頁上就是發現幾處曲譯的地方，究竟還有沒有曲譯的地方；並且部分的曲譯即使是錯誤，究竟也還給你一個錯誤，這個錯誤也許真是害人無窮的，而你讀的時候究竟還落個爽快。死譯就不同了：死譯一定是從頭至尾的死譯，讀了等於不讀，枉費時間精力。況且曲譯的毛病的同時絕不會犯死譯的毛病，而死譯者卻有時正不妨同時是曲譯。所以我以為，曲譯固是我們深惡痛絕的，然而死譯之風也斷不可長。」

5 《文藝於批評》魯迅翻譯的蘇聯文藝批評家盧那察爾斯基的論文集。一九二九年十月上海水沫書店出版。

難解之處也真多；倘將仂句[1]拆下來呢，又失了原來的語氣。在我，是除了還是這樣的硬譯之外，只有束手這一條路了，所餘的惟一的希望，只在讀者還肯硬著頭皮看下去而已」這些話，細心地在字旁加上圓圈，還在「硬譯」兩字旁邊加上套圈，於是「嚴正」地下了「批評」道：「我們『硬著頭皮看下去』了，但是無所得。『硬譯』和『死譯』有什麼分別呢？」

新月社的聲明[2]中，雖說並無什麼組織，在論文裡，也似乎痛惡無產階級式的「組織」，「集團」這些話，但其實是有組織的，至少，關於政治的論文，這一本裡都互相「照應」；關於文藝，則這一篇是登在上面的同一批評家所作的《文學是有階級性的嗎？》的餘波。在那一篇裡有一段說：「……但是不幸得很，沒有一本這類的書能被我看懂。……最使我感得困難的是文字，……簡直讀起來比天書還難。……現在還沒有一個中國人，用中國人所能看得懂的文字，寫一篇文章告訴我們無產文學的理論究竟是怎麼一回事。」字旁也有圈圈，怕排印麻煩，恕不照畫了。總之，梁先生自認是一切中國人的代表，這些書既為自己所不懂，也就是為一切中國人所不懂，應該在中國斷絕其生命，於是出示曰：「此風斷不可長」云。

別的「天書」譯著者的意見我不能代表，從我個人來看，則事情是不會這樣簡單的。第一，梁先生自以為「硬著頭皮看下去」了，但究竟硬了沒有，是否能夠，還是一個問題。以硬自居了，而實則其軟如棉，正是新月社的一種特色。第二，梁先生雖自來代表一切中國人了，但究竟是否全國中的最優秀者，也是一個問題。這問題從《文學是有階級性的嗎？》這篇文章裡，便可以解釋。Proletary[3]這字不必譯音，大可譯義，是有理可說的。但這位批評家卻道：「其實翻翻字典，這個字的涵義並不見得體面，據《韋白斯特大字典》[4]，Proletary 的意思就是：A citizen of the lowest class

---

1 仂句，語法術語，指一個大句子中的小句子，現多稱作「主謂詞組」。

2 新月社的聲明，指《新月》創刊號（一九二八年三月）所載《新月的態度》。其中說：「我們這幾個朋友，沒有什麼組織除了這本月刊本身，沒有什麼結合除了在文藝和學術上的努力，沒有什麼除了一致除了幾個共同的理想。」

3 Proletary用於：無產者。下文的「普羅列塔利亞」是英語Proletariat的音譯，即無產階級。

4 《韋白斯特大字典》，美國諾•韋白斯特（一七五八—一八四三）編輯的一部分大型英語詞典，一八二八年初版。下面英文的意思是：無產者是

who served the state not with property,but only by having children。……普羅列塔利亞是國家裡只會生孩子的階級！（至少在羅馬時代是如此）」其實正無須來爭這「體面」，大約略有常識者，總不至於以現在為羅馬時代，將現在的無產者都看作羅馬人的。這正如將Chemie譯作「舍密學」[1]，讀者必不和埃及的「煉金術」混同，對於「梁」先生所作的文章，也絕不會去考查語源，誤解為「獨木小橋」竟會動筆一樣。連「翻翻字典」（《韋白斯特大字典》！）也還是「無所得」，一切中國人未必全是如此的罷。

（二）

但於我最覺得有興味的，是上節所引的梁先生的文字裡，有兩處都用著一個「我們」，頗有些「多數」和「集團」氣味了。自然，作者雖然單獨執筆，抴類則絕不只一人，用「我們」來說話，是不錯的，也令人看起來較有力量，又不至於一人雙肩負責。然而，當「思想不能統一」時，「言論應該自由」時，正如梁先生的批評資本制度一般，也有一種「弊病」就是，既有「我們」便有我們以外的「他們」，於是新月社的「我們」雖以為我的「死譯之風斷不可長」了，卻另有讀了並不「無所得」的讀者存在，而我的「硬譯」，就還在「他們」之間生存，和「死澤」還有一些區別。

我也就是新月社的「他們」之一，因為我的譯作和梁先生所需的條件，是全都不一樣的。

那一篇《論硬譯》的開頭論誤碼譯勝於死譯說：「一部書斷斷不會完全曲譯……部分的曲譯即使是錯誤，究竟也還給你一個錯誤，這個錯誤也許真是害人無窮的，而你讀的時候究竟還落個爽快。」末兩句大可以加上夾圈，但我卻從來不幹這樣的勾當。我的譯作，本不在博讀者的「爽快」，卻往往給以不舒服，甚而至於使人氣悶，憎惡，憤恨。讀了會「落個爽快」的東西，自有新月社的人們的譯著在：余志摩先生的詩，沈從文凌叔華[2]先生的小說，陳西瀅（既陳

最低I階級的公明，他們不是以財產而只是以生孩子為國家服務。

1 「舍密學」即化學。舍密室德語Chemie的音譯，來源於希臘語Chemeia，意為「煉金術」。

2 沈從文（一九〇二—一九八八）湖南鳳凰人，作家。凌叔華（一九〇〇—一九九〇），廣東番禺人，小說家。他們當時經常在《新月》上發表小

源）先生的閒話[1]，梁實秋先生的批評，潘光旦先生的優生學[2]，還有白璧德先生的人文主義[3]。

所以，梁先生後文說：「這樣的書，就如同看地圖一般，要伸著手指來尋找句法的線索位置」這些話，在我也就覺得廢話，雖說猶如不說了。是的，由我說來，要看「這樣的書」就如同看地圖一樣，要伸著手指來找尋「句法的線索位置」的。看地圖雖然沒有看《楊妃出浴圖》或《歲寒三友圖》那麼「爽快」，甚而至於還須伸著手指（其實這恐怕梁先生自己如此罷了，看慣地圖的人，是只用眼睛就可以的），但地圖並不是死圖；所以「硬譯」即使有同一之勞，照例子也就和「死譯」有了些「什麼區別」。識得ABCD者自以為新學家，仍舊和化學議程式無關，會打算盤的自以為數學家，看起筆算的演草來還是無所得。現在的世間，原不是一為學者，便與一切事都會有緣的。

然而梁先生有實例在，舉了我三段的譯文，雖然明知道「也許因為沒有上下文的緣故，意思不能十分明瞭」。在《文學是有階級性的嗎？》這篇文章中，也用了類假手面，舉出兩首譯詩[4]來，總評道：「也許偉大的無產文學還沒有出現，那麼我願意等著，等著，等著。」這些方法，誠然是很「爽快」的，但我可以就在這一本《新月》月刊裡的創作——是創作呀！——《搬家》第八頁上，舉出一段文字來——

說。後面提到的《搬家》，是凌叔華寫的短篇小說。

1 閒話，指陳西瀅在《現代評論》「閒話」專欄上發表的文章，他後來結集為《西瀅閒話》，一九二八年三月新月書店出版。

2 潘光旦（一八九九－一九六七），江蘇寶山（今屬上海市）人，社會學家，新月社成員。他曾根據一些官紳家族的家譜來解釋遺傳，宣傳優學，著有《明清兩代嘉興的望族》等書優生學是英國遺傳學家哥爾登在1883年推出的「改良人種」的學說。他認為人或人種在生理和智力上的差別是由遺傳決定的。

3 白璧德，參看本卷第九十三頁注（四）。梁秋實在《新月》上經常介紹白璧德的人文主義理論，並將吳宓等人譯的白璧德的論文編成《白璧德與人文主義》一書，於一九二九年一月由新月書店出版。

4 兩首譯詩，指郭沫若譯的蘇聯馬林霍夫的《十月》（見一九二九年上海光華書局出版的《新俄詩集》），和蘇汶的蘇聯撒莫比特尼克的《給一新同志》（見一九二九年水沫書店出版的波格丹諾夫《新藝術論》中的《無產階級詩歌》）。

「小雞有耳朵沒有？」

「我沒看見過小雞長耳朵的。」

「它怎樣聽見我叫它呢？」她想到前天四婆告訴她的耳朵是管聽東西，眼是管看東西的。

「這個蛋是白雞黑雞？」枝兒見四婆沒答她，站起來摸著蛋子又問。

「現在看不出來，等孵出小雞才知道。」

「婉兒姊說小雞會變大雞，這些小雞也會變大雞麼？」

「好好的餵它就會長大了，像這個雞買來時還沒有這樣大吧？」

也夠了，「文字」是懂得的，也無須伸出手指來尋線索，但我不「等著」了，以為就這一段看，是既不「爽快」，而且和不創作是很少區別的。

臨末，梁先生還有一個詰問：

「中國文和外國文是不同的，……翻譯之難即在這個地方。假如兩種中的方法句法詞法完全一樣，那麼翻譯還成為一件工作嗎？……我們不妨把句法變換一下，以使讀者能懂為第一要義，因為『硬著頭皮』不是一件愉快的事，並且『硬譯』也不見得能保存『原來的精悍的語氣』。假如『硬譯』而還能保存『原來的精悍的語氣』，那真是一件奇跡，還能說中國文是有『缺點』嗎？」我倒不見得如此之愚，要尋求和中國文相同的外國文，或者希望「兩種文中的文法句法詞法完全一樣」。我但以為文法繁複的國語，較易於翻譯外國文，語系相近的，也較易於翻譯，而且也是一種工作。荷蘭翻德國，俄國翻波蘭，能說這和並不工作沒有什麼區別麼？日本語和歐美很「不同」，但他們逐漸添加了新句法，比起古文來，更宜於翻譯而不失原來的精悍的語氣，開初自然是須「找尋句法的線索位置」，很給了一些人不「愉快」的，但經找尋和習慣，現在已經同化，成為己有了。中國的文法，比日本的古文還要不完備，然而也曾有些變遷，例如

《史》《漢》不同於《書經》[1]，現在的白話文又不同于《史》《漢》；有添造，例如唐譯佛經，元譯上諭，[2]當時很有些「文法句法詞法」是生造的，一經慣用，便不必伸出手指，就懂得了。現在又來了「外國文」，許多句子，即也須新造，——說得壞點，就是硬造。據我的經驗，這樣譯來，較之化為幾句，更能保存原來的精悍的語氣，但因為有待於新造，所以原先的中國文是有缺點的。有什麼「奇跡」，幹什麼「嗎」呢？但有待於「伸出手指」，「硬著頭皮」，于有些人自然「不是一件愉快的事」。不過我是本不想將「爽快」或「愉快」來獻給那些諸公的，只要還有若干的讀者能夠有所得，梁實秋先生「們」的苦樂以及無所得，實在「於我如浮雲」[3]。

但梁先生又有本不必求助於無產文學理論，而仍然很不了了的地方，例如他說，「魯迅先生前些年翻譯的文學，例如廚川白村[4]的《苦悶的象徵》，還不是令人看不懂的東西，但是最近翻譯的書似乎改變風格了。」只要有些常識的人就知道：「中國文和外國文是不同的」、但同是一種外國文，因為作者各人的做法，而「風格」和「句法的線索位置」也可以很不同。句子可繁可簡，名詞可常可專，絕不會一種外國文，易解的程度就都一式。我的譯《苦悶的象徵》，也和現在一樣，是按板規逐句，甚而至於逐字譯的，然而梁實秋先生居然以為還能看懂者，乃是原文原是易解的緣故，也因為梁實秋先生是中國新的批評家了的緣故，也因為其中硬造的句法，是比較也看慣了的緣故。若在三家村

1 《史》指《史記》，西漢司馬遷著。《漢》，指《漢書》，東漢班固著。《書經》，即《尚書》，是中國上古歷史文件和部分追述古代事蹟的著作的彙編。

2 唐譯佛經，元譯上諭，中國自東漢時起，即開始了佛經的翻譯工作，到唐代有了新的發展，其中著名的是玄奘主持譯出的佛經七十五部，一三三五卷。元朝統治者曾強制規定詔令、奏章和官府文書都必須使用蒙文，而附以漢文的譯文。唐代和元代這類翻譯都為直譯，保存了原文的一些語法結構，有的詞還用漢語音譯，對當時及後來的漢語詞彙和語法，都產生過不小的影響。

3 「於我如浮雲」語出《論語．述而》：「不義而富且貴，於我如浮雲。」

4 廚川白村（一八八〇－一九二三），日本文藝評論家。著有文藝論文集《出了象牙之塔》和《苦悶的象徵》等。

裡，專讀《古文觀止》[1]的學者們，看起來又何嘗不比「天書」還難呢。

（三）

但是，這回的「比天書還難」的無產文學理論的譯本們，卻給了梁先生不小的影響。看不懂了，會有影響，雖然好像滑稽，然而是真的，這位批評家在《文學是有階級性的嗎？》裡說：「我現在批評所謂無產文學理論，也只能根據我所能瞭解的一點材料而已。」[2]這就是說：因此而對於這理論的知識，極不完全了。

但對於這罪過，我們（包含一切「天書」譯者在內，故曰「們」）也只能負一部分的責任，一部分是要作者自己的糊塗或懶惰來負的。「什麼盧那卡爾斯基，蒲力汗諾夫」的書我不知道，若夫「婆格達諾夫之類」的三篇論文[3]和托羅茲基的半部《文學與革命》[4]，則確有英文譯本的了。英國沒有「魯迅先生」，譯文定該非常易角。梁先生對於偉大的無產文學的產生，曾經顯示其「等著，等著，等著」的耐心和勇氣，這回對於理論，何不也等一下子，尋來看了再說呢。不知其有而不求曰糊塗，知其有而不求曰懶惰，如果單是默坐，這樣也許是「爽快」的，然而開起口來，卻很容易

1 《古文觀止》，清代康熙年間吳楚材、吳調侯選編的古文讀本。收入先秦到明代的散文二二二篇。

2 梁秋實這段話的原文如下：「無產階級文學理論方面的書翻成中文的我已經看了約十種了，專門宣傳這種東西的雜誌，我也看了兩三種。我是想盡我的力量去懂他們的意思，但是不幸的很，沒有一本這類的書能被我看得懂。內容深奧，也許是；那麼便是我的學歷不夠。但是這一類的宣傳書，如什麼盧那卡爾斯基、蒲力汗諾夫，婆格達諾夫之類，最使我感到困惑的是文字。其文法之艱澀，句法之繁複，簡直讀起來比讀天書還難。宣傳無產文學理論的書而竟這樣令人難懂，恐怕連宣傳品的資格都欠缺，現在還沒有一個中國人，用中國人所能看懂的文字，寫一篇文章告訴我們無產文學的理論究竟是怎麼一回事。我現在批評所謂無產文學理論，也只能根據我所能瞭解的一點點的材料而已。」

3 婆格達諾夫（A.A.Bornahob，一八七三－一九二八），通譯波格丹諾夫，蘇聯哲學家。曾一度加入布爾什維克，1918年提出「無產階級文化」的主張。他的《無產階級詩歌》、《無產階級藝術的批評》、《宗教、藝術與馬克思主義》等三篇論文曾譯為英文，載英國倫敦《勞動月刊》，後由蘇汶譯成中文，加上畫室譯的《「無產者文化」宣言》，輯為《新藝術論》，於一九二九年由水沫書店出版。

4 托羅茲基，即托洛茨基。他的《文學與革命》，曾於一九二五年美國紐約國際出版社出版英文版，後由李霽野、韋素園譯成中文，於一九二八年二月由北京未名社出版。

咽進冷氣去了。

例如就是那篇《文學是有階級性的嗎？》的高文，結論是並無階級性。要抹殺階級性，我以為最乾淨的是吳稚暉[1]先生的「什麼馬克斯牛克斯」以及什麼先生的「世界上並沒有階級這東西」的學說。那麼，就萬喙息響，天下太平。但梁先生卻中了一些「什麼馬克斯」毒了，先承認了現在許多地方是資產制度，在這制度之下則有無產者。不過這「無產者本來並沒有階級的自覺。是幾個過於富同情心而又態度褊激的領袖把這個階級觀念傳授了給他們」，[2]要促起他們的聯合，激發他們爭鬥的欲念產。不錯，但我以為傳授者應該並非由於同情，卻因了改造世界的思想。況且「本無其物」的東西，是無從自覺，無從激發的，會自覺，能激發，足見那是原有的東西。原有的東丁，就遮掩不久，即如格里萊阿[3]說地體運動，達爾文[4]說生物進化，當初何嘗不或者幾被宗教家燒死，或者大受保守者攻擊呢，然而現在人們對於兩說，並不為奇者，就因為地體終於在運動，生物確也在進化的緣故。承認其有而要掩飾為無，非有絕技是不行的。

但梁先生自有消除鬥爭的辦法，以為如盧梭所說：「資產是文明的基礎」，[5]「所以攻擊資產制度，即是反抗文明」，「一個無產者假如他是有出息的，只消辛辛苦苦誠誠實實的工作一生，多少必定可以得到相當的資產。這才是正

---

1 吳稚暉（一八六五－一九五三），名敬恒，江蘇武進人，早年參加同盟會，後任國民黨監察委員、中央政治會議委員等職。這裡所引的他的言論，見於一九二七年五月他給汪精衛的信。

2 梁實秋這段話，見於《文學是有階級性的嗎？》一文：「無產者本來並沒有階級的自覺。是幾個過於富同情心而又態度偏激的領袖把這個階級觀念傳授了給他們。階級的觀念是要促起無產者的聯合，是要激發無產者的爭鬥的欲念。一個無產者假如他是有出息的，只消辛辛苦苦誠誠實實的工作一生，多少必定可以得到相當的資產。這才是正當的生活爭鬥的手段。但是無產者聯合起來之後，他們是一個階級了，他們要有組織了，他們是一個集團了，於是他們便不循常軌的一躍而奪取政治財權，一躍而為統治階級。他們是要報復！他們唯一的報復工具就是考了人多勢眾！『多數』、『群眾』、『集團』這就是無產階級的暴動的武器。」

3 格里萊阿（G.Galileo，一五六四－一六四二）通譯伽俐略，義大利物理學家、天文學家。一六三二年他發表《關於兩種世界體系對話》，反對教會信奉的托勒密的地球中心說，證實和發展了哥白尼的地球圍繞太陽旋轉的「日心說」，為此於一六三三年被羅馬教廷宗教裁判所判罪，軟禁終身。

4 達爾文（C.R.Darwin，一八〇九－一八八二），英國生物學家，進化論的奠基者。他在一八五九年出版的《物種起源》一書中，提出以自然選擇為基礎的進化學說，摧毀了各種唯心主義的神造論、目的論和物種不變論，給宗教神學以沉重打擊。為此曾受到教權派和巴黎科學院的排斥和歧視。

5 盧梭，又譯盧騷。他提倡人權平等學說，認為私有制是社會不平等的根源，但他不主張消滅私有制，只希望通過法律來限制財富的大量集中。

當的生活鬥爭的手段。」我想，盧梭去今雖已百五十年，但當不至於以為過去未來的文明，都以資產為基礎。（但倘說以經濟關係為基礎，那自然是對的。）希臘印度，都有文明，而繁盛時俱非在資產社會，他大概是知道的；倘不知道，那也是他的錯誤。至於無產者應該「辛辛苦苦」爬上有產階級去的「正當」的方法，則是中國有錢的老太爺高興時候，教導窮工人的古訓，在實際上，現今正在「辛辛苦苦誠誠實實」想爬上一級去的「無產者」也還多。然而這是還沒有人「把這個階級觀念傳授了給他們」的時候。一經傳授，他們可就不肯一個一個的來爬了，誠如梁先生所說，「他們是一個階級了，他們要有組織了，他們是一個集團了。於是他們便不循常軌的一躍而奪取政權財權，一躍而為統治階級。」但可還有想「辛辛苦苦誠誠實實工作一生，多少必定可以得到相當的資產」的「無產者」呢？自然還有的。然而他要算是「尚未發財的有產者」了。梁先生的忠告，將為無產者所嘔吐了，將只好和老太爺去互相贊賞而已了。

那麼，此後如何呢？梁先生以為是不足慮的。因為「這種革命的現象不能是永久的，經過自然進化之後，優勝劣敗的定律又要證明瞭還是聰明才力過人的人占優越的地位，無產者仍是無產者」。但無產階級大概也知道「反文明的勢力早晚要被文明的勢力所征服」，所以「要建立所謂『無產階級文化』，……這裡面包括文藝學術」[1]。

自此以後，這才入了文藝批評的本題。

---

1 「資產是文明的基礎」見於他一七五五年為《法蘭西百科全書》所寫的《論政治經濟學》，譯文應為「財產是文明社會的真正基礎」。梁實秋歪曲引用盧俊這句話所發的議論，見於《文學是有積極性的嗎？》。

這些話也見於《文學是有階級性的嗎？》：「無產階級的暴動的主因是經濟的。舊日統治階級的腐敗，政府的無能，真的領袖的缺乏，也培促成無產階級的起來的原由。這種革命的現象不能是永久的，經過自然進化之後，優勝劣敗的定律又要證明瞭，還是聰明才力過人的人占尤越的位置，無產者仍是無產者。文明依然是要進行的。無產階級大概也知道這一點，也知道單靠了目前經濟的滿足並不能永久的擔保這個階級的勝利。反文明的勢力早晚還是要被文明的勢力所征服的。所以無產階級近來于商呼『打倒資本家』之外又有了新的工作，他們要建立所謂『無產階級的文化』或『普羅列塔利職的文化』，這裡面包括文學藝術。」

（四）

梁先生首先以為無產者文學理論的錯誤，是「在把階級的束縛加在文學上面」，因為一個資本家和一個勞動者，有不同的地方，但還有相同的地方，「他們的人性（這兩字原本有套圈）並沒有兩樣」，例如都有喜怒哀樂。都有戀愛（但所「說的是戀愛的本身，不是戀愛的方式」），「文學就是表現這最基本的人性的藝術」[1]。這些話是矛盾而空虛的。既然文明以資產為基礎，窮人以竭力爬上去為「有出息」，那麼，爬上是人生的要諦，富翁乃人類的至尊。文學也只要表現資產階級就夠了，又何必如此「過於富同情心」，一併包括「劣敗」的無產者？況且「人性」的「本身」，又怎樣表現的呢？譬如原質或雜質的化學底性質，有化合力。物理學底性質有硬度，要顯示這力和度數，是須用兩種物質來表現的，倘說要不用物質而顯示化合力和硬度的單單「本身」，無此妙法；但一用物質，這現象即又因物質而不同。文學不借人，也無以表示「性」，一用人，而且還在階級社會裡，即斷不能免掉所屬的階級性，無需加以「束縛」，實乃出於必然。自然，「喜怒哀樂，人之情也」。然而窮人絕無開交易所折本的懊惱，煤油大王那會知道北京檢煤渣老婆子身受的酸辛，饑區的災民，大約總不去種蘭花，像闊人的老太爺一樣，賈府上的焦大，也不愛林妹妹的。「汽笛呀！」「列寧呀！」固然並不就是無產文學，然而「一切東西呀！」「一切人呀！」「可喜的事來了，人喜

---

1 這些話也見於《文學是有階級性的嗎？》：「文學的國土是最寬泛的，在根本上和在理論上沒有國界，更沒有階級的界限。一個資本家和一個勞動者，他們的不同的地方是有的，遺傳不同，教育不同，經濟的環境不同，因之生活狀態也不同，但是他們還有同的地方。他們的人性並沒有兩樣，他們都感到生老病死的無常，他們都有愛的要求，他們都有憐憫與恐怖的情緒，他們都有倫常的觀念，他們都企求身心的偷快。文學就是表現這最基本的人性的藝術。無產階級的生活的苦痛固然值得描寫，但是這苦痛如其真是深刻的必定不是屬於一階級的。人生現象有許多方面都是超於階級的。例如，戀愛（我說的是戀愛的本身，不是戀愛的方式）的表現，可有階級的分別嗎？例如，歌詠山水花草的美麗，可有階級的分別嗎？沒有的。如其文學只是生活現象的外表的描寫，那麼，我們可以承認文學是有階級性的，我們也可以瞭解無產文學是有它的理論根據；但是文學不是這樣膚淺的東兩，文學是從人心中最深處發出來的聲音，如其『煙囪呀！』『汽笛呀！』『機輪呀！』『列寧呀！』便是無產文學，那麼無產文學就用不著什麼理論，由它自生自滅罷。我以為把文學的題材限於一個階級的生活現象的範圍之內，實在是把文學看得太膚淺太狹隘了。」

了呀！」也不是表現「人性」的「本身」的文學。倘以表現最普通的人性的文學為至高，則表現最普遍的動物性——營養，呼吸，運動，生殖——的文學，或者除去「運動」。表現生物性的文學，必當更在其上。倘說，因為我們是人，所以以表現人性為限，那麼、無產者就因為是無產階級，所以要做無產文學。

其次，梁先生說作者的階級，和作品無關[1]。托爾斯泰出身貴族，而同情於貧民，然而並不主張階級汗爭；[2]馬克斯並非無產階級中的人物；終身窮芳的約翰孫博士，志行吐屬，過於貴族。[3]所以估量文學，當看作品本身，不能連累到作者的階級和身分。這些例子，也全不足以證明文學的無階級性的。托爾斯奈正因為出身貴族，舊性蕩滌不盡，所以只同情於貧民而不主張階級鬥爭。馬克斯原先誠非無產階級中的人物，但也並無文學作品，我們不能懸擬他如果動筆，所表現的一定是不用方式的戀愛本身。至於約翰孫博士終身窮苦，而志行吐屬，過於王侯者，我卻實在不明白那緣故，因為我不知道英國文學和他的傳記。也許、他原想「辛辛苦苦誠誠實實的工作一生，多少必定可以得到相當的資產」，然後再爬上貴族階級去，不料終於「劣敗」，連相當的資產也積不起來，所以只落得擺空架子，「爽快」了罷。

其次，梁先生說，「好的作品永遠是少數人的專利品，大多數永遠是蠢的，永遠是和文學無緣」，但鑒賞力之有無卻和階級無幹。因為「鑒賞文學也是天生的一種福氣」，就是，雖在無產階級裡，也會有這「天生的一種福氣」的人。[4]由我推論起來，則只要有這一種「福氣」的人，雖窮得不能受教育，至於一字不識，也可以賞鑒《新月》月刊，

---

1 梁實秋在《文學是有階級性的嗎？》一文中說：「文學家就是一個比別人感情豐富感覺敏銳想像發達藝術完美的人。他是屬於資產階級或無產階級，這於他的作品有什麼關係？托爾斯泰是出身貴族，但是他對於平民的同情真可說是無限量的，然而他並不主張階級鬥爭；許多人奉為神明的馬克斯，他自己並不是什麼無產階級中的人物；終身窮苦的約翰孫博士，他的志行高潔吐屬文雅比貴族還有過無不及。我們估量文學的性質與價值，是只就文學作品本身立論，不能連累到作者的階級和身分。」

2 托爾斯泰，指列夫·托爾斯泰。他出身于貴族地主家庭。他的作品無情地揭露沙皇制度和資本主義勢力的種種罪惡，同時又宣揚道德的自我完善和「不用暴力抵抗邪惡」。

3 約翰孫（S.Johnson，一七〇九—一七八四），英國作家、文學批評家。出身于書商家庭，早年靠賣文為生。後因獨力編撰第一部《英語辭典》，受到皇室的賞識，被授予政府年金。從此成了「名流」，進入上層社會。

4 這裡所引也見《文學是有階級性的嗎？》，原文說：「好的作品永遠是少數人的專利品，大多數永遠是蠢的永遠是與文學無緣的。不過鑒賞力之

來作「人性」和文藝「本身」原無階級性的證據。但梁光生也知道天生這一種福氣的無產者一定不多，所以另定一種東西（文藝？）來給他們看，「例如什麼通俗的戲劇，電影。偵探小說之類」，因為「一般勞工勞農需要娛樂，也許需要少量的藝術的娛樂」的緣故，這樣看來，好像交學確因階級而不同了，但這是因鑒賞力之高低而定的，這種力量的修養和經濟無關，乃是上帝之聽賜——「福氣」。所以文學家要自由創造，既不該為皇室貴族所雇用，也不該受無產階級所威脅，去做謳功頌德的文章。這是本錯的。但在我們所見的無產文學理論中，也並未見過有誰說或一階級的文學家，不該受皇室貴族的雇用，卻該受無產階級的威脅，去做謳功頌德的文章，不過說，文學有階級性，在階級社會中，文學家雖自以為「自由」，自以為超了階級，而無意識底地，也終受本階級的階級意識所支配，那些創作，並非別階級的文化罷了。例如梁先生的這篇文章，原意是在取消文學上的階級性，張揚真理的、但以資產為文明的祖宗，指窮人為劣敗的渣滓，只要一瞥。就知道是資產家的鬥爭的「武器」，——不，「文章」了。無產文學理論家以主張「全人類」「超階級」的文學理論為幫助有產階級的東西，這裡就給了一個極分明的例證。至於成仿吾先生似的「他們一定勝利的，所以我們去指導安慰他們去」。說出「去了」之後，便來「打發」自己們以外的「他們」那樣的無產文學家，那不消說，是也和梁先生一樣地對於無產文學的理論，未免有「以意為之」的錯誤的。

又其次，梁先生最痛恨的是無產文學理論家以文藝為鬥爭的武器，就是當作宣傳品。他「不反對幣任何人利用文學來達到另外的目的」，但「不能承認宣傳式的文字便是文學」。[1]我以為這是自擾之談。據我所看過的那些理論，都

有無卻不與階級相干，貴族資本家盡有不知文學為何物者，無產的人也盡有能賞鑒文學者。創造文學固是天才，鑒賞文學也是天生的一種福氣。所以文學的價值決不能以讀者數目多寡而定。一般勞工勞農需要娛樂，也許需要少量的藝術的娛樂，例如什麼通俗的戲劇，電影，偵探小說，之類。為大多數人讀的文學必是逢迎群眾的，必是俯就的，必是淺薄的；所以我們不該責令文學家來做這種的投機買賣。……皇室貴族雇用一班無聊文人來做謳功頌德的詩文，我們覺得討厭，因為這種文學是虛偽的假造的；但是在無產階級威脅之下便做對於無產階級謳功頌德的文學，還不是一樣的虛偽討厭？文學家只知道聚精會神的創作，……誰能廣解他，誰便是他的知音，不拘他是屬於那一階級。文學是屬於全人類的。」

1 這裡所引也見《文學是有階級性的嗎？》，原文說：「無產文學理論家時常告訴我們，文藝是他們的鬥爭的『武器』。把文學當作『武器』！這意思很明白，就是說把文學當做宣傳品，當做一種階級鬥爭的工具。我們不反對任何人利用文學來達到另外的目的，這與文學本身無害的，但是我們不能承認宣傳式的文字便是文學。」

不過說凡文藝必有所宣傳，並沒有誰主張只要宣傳式的文字便是文學。誠然，前年以來，中國確曾有許多詩歌小說，填進口號和標語去，自以為就是無產文學。但那是因為內容和形式。都沒有無產氣，不用口號和標語，硬無從表示其「新興」的緣故，實際上也並非無產文學。今年，有名的「無產義學底批評家」錢杏邨先生在《拓荒者》上還在引盧那卡爾斯基的話，以為他推重大眾能解的文學，足見用口號標語之無可厚非，來給那些「革命文學」辯護。[1]但我覺得那也和梁實秋先生一樣，是有意的或無意的曲解。盧那卡爾斯基所謂大眾能解的東西，當是指托爾斯泰做了分給農民的小本子那樣的文體，工農一看便會了然的語法，歌調，詼諧。只要看臺明・培特尼（Demian Bednii）[2]曾因詩歌得到赤旗章，而他的詩中並不用標語和口號，便可明白了。

最後，梁先生要看貨色。這不錯的，是最切實的辨法；但吵兩首譯詩算是在示眾、是不對的。《新月》上就曾有《論翻譯之難》[3]，何況所譯的文是詩。就我所見的而論，盧那卡爾斯基的《被解放的唐吉訶德》，法兌耶夫的《潰

1 錢杏邨（一九〇〇－一九七七）筆名阿英，安徽蕪湖人，文學家，太陽社主要成員。他在《拓荒者》第一期（一九三〇年一月）《中國新興文學中的幾個具體的問題》中說：「這種文學（按指標語口號式的文學），雖然在各方面都很幼稚，但有時它是足以鼓動大眾的。魯那卡爾斯基（Lunacharsky）說，『能夠將複雜的，尊貴的社會的內容，用了使千百萬人也都感動的強有力的藝術的單純，表現出來的作家，願于他有光榮罷。即使靠了比較的單純的比較的初步的內容也好，能夠使這幾百萬的大眾感動的作家，願于他有光榮罷。對於這樣的作家，馬克斯主義批評家應該非常之高地評價。』（《關於科學的文藝批評之任務的提要》）為布爾喬亞所侮蔑著的『口號標語文學』，在一方面，我們不能不承認它的幼稚，在另一方面，我們是不得不予以相當的估價的。」《拓荒者》，文藝月刊，蔣光慈編輯。一九三〇年一月在上海創刊，「左聯」成立後為「左聯」刊物之一，同年五月第四、五期合刊出版後被國民黨查禁。

2 台明・培特尼（Д.Бедный，一八八三－一九四五），通譯傑米揚・別德內依，蘇聯詩人。在蘇聯國內戰爭時期，他曾寫了不少歌頌革命、諷刺敵人的政治鼓動詩。一九二三年四月全俄中央執行委員會主席團曾授予他紅旗勳章（即赤旗章）。

3 《論翻譯之難》，指胡適的《論翻譯》一文，載《新月》第一卷第十一期（一九二九年一月），其中有「翻譯是一件艱難的事，誰都不免有錯誤」的話。

滅》[1]。格拉特珂夫的《水門汀》[2]，在中國這十一年中，就並無可以和這些相比的作品。這是指「新月社」一流的蒙資產文明的餘蔭，而且衷心在擁護它的作家而言。于號稱無產作家的作品中，我也舉不出相當的成績。但錢杏邨先生也曾辯護，說新興階級，于文學的本領當然幼稚而單純，向他們立刻要求好作品，是「布爾喬亞」的惡意。[3]。這話為農工而說。是極不錯的。這樣的無理要求，恰如使他們凍餓了好久，倒怪他們為什麼沒有富翁那麼肥胖一樣。但中國的作者，現在卻實在並無剛剛放下鋤斧柄子的人，大多數都是進過學校的智識者，有些還是早已有名的文人，莫非克服了自己的小資產階級意識之後，就連先前的文學本領也隨著消失了麼？不會的。俄國的老作家亞歷舍・托爾斷泰和威壘賽耶火，普理希文，[4]至今都還有好作品。中國的有口號而無隨同的實證者。我想，那病根並不在「以文藝為階級鬥爭的武器」，而在「借階級鬥爭為文藝的武器」，在「無產者文學」這旗幟之下，聚集了不少的忽翻筋牛的人，試看去年的新書廣告，幾乎沒有一本不是革命文學，批評家又但將辯護當作「清算」，就是，請文學坐在「階級鬥爭」的掩護之下，於是文學自己倒不必著力，因而于文學和鬥爭兩方一而都少關係了。

但中國目前的一時現象，當然毫不足作無產文學之新興的反證的。梁先生也知道，所以他臨床讓步說，「假如無產階級革命家一定要把他的宣傳文學喚做無產文學，那總算是一種新興文學，總算是文學國土裡的新收穫，用不著高呼打倒資產的文學來爭奪文學的領域，因為文學的領域太大了，新的東兩總有它的位置的。[5]但這好像「中日親善，同存

---

1 法兌耶夫（А.А.Фадеев，一九〇一—一九五六）通譯法捷耶夫，蘇聯作家。著有長篇小說《毀滅》、《青年近衛軍》等。《毀滅》曾由魯迅譯成中文，從一九三〇年一月起在《萌芽月刊》上連載，題為《潰滅》；一九三一年以「三閒書屋」名義出版單行本，改題為《毀滅》。

2 格拉特珂夫（Ф.В.Гладков，一八八三—一九五八）蘇聯小說家。《水門汀》，又譯《士敏土》，通譯《水泥》，是他描寫蘇聯經濟復興的長篇小說。

3 「布爾喬亞」的惡意，錢杏邨在《中國新興文學中的幾個具體的問題》中，說魯迅、茅盾等對「口號標語文學」的批評，是「中國的布爾喬亞的作家」對「普羅列塔利亞文壇」的「惡意的嘲笑」。布林喬業，法語bourgeoisie的音譯，即資產階級。

4 亞歷舍・托爾斯泰（А.Н.Толстой，一八八三—一九四五）、威壘賽耶夫（В.В.ВересаеВ，一八六七—一九四五）、普理希文（М.М.ГIрицвии，一八七三—一九五四）都是在十月革命前即已成名，革命後仍繼續創作活動的作家。

5 這些話，也見於《文學是有階級性的嗎？》

共榮」之說，從羽毛未豐的無產者看來，是一種欺騙。願意這樣的「無產文學者」，現在恐怕實在也有的罷，不過這是梁先生所謂「有出息」的要爬上資產階級去的「無產者」一流，他的作品是窮秀才未中狀元時傾的牢騷，從開手到爬上以及以後，都絕不是無產文學。無產者文學是為了以自己們之力，來解放本階級並及一切階級而鬥爭的一翼，所要的是全般，不是一角的地位。就拿文藝批評界來比方罷，假如在「人性」的「藝術之宮」[1]（這須從成仿吾先生處租來暫用）裡，向南面擺兩把虎皮交椅，請梁實秋錢杏邨兩位先生並排坐下，一個右執「新月」，一個左執「太陽」[2]，那情形真是「勞資」媲美了。

（五）

到這裡，又可以談到我的「硬譯」去了。

推想起來。這是很應該跟著發生的問題：無產文學既然重在宣傳，宣傳必須多數能懂，那麼，你這些「硬譯」而難懂的理論「天書」，究竟為什麼而譯的呢？不是等於不譯麼？

我的回答，是：為了我自己。和幾個以無產文學批評家自居的人，和一部分不圖「爽快」，不怕艱難，多少要明白一些這理論的讀者。

從前年以來，對於我個人的攻擊是多極了，每一種刊物上，大抵總要看見「魯迅」的名字，而作者的口吻，則粗粗一看，大抵好像革命文學家。但我看了幾篇，競逐漸覺得廢話太多了。解剖刀既不中腠理，子彈所擊之處，也不是致命傷。例如我所屬的階級罷，就至今還未判定，忽說小資產階級，忽說「布爾喬亞」，有時還升為「封建餘孽」，而且

1 「藝術之宮」成仿吾在《創造》季刊第二卷第二期（一九二四年一月）《〈吶喊〉的評論》中說：魯迅的歷史小說《不周山》（後改名為《補天》）「雖然也還有不能令人滿足的地方」，卻是表示作者「要進而人純文藝的宮庭」的「傑作」。

2 「太陽」隱指蔣光慈、錢杏邨等組織的文學團體太陽社。

又等於猩猩[1]（見《創造月刊》上的「東京通信」）；有一回則罵到牙齒的顏色。在這樣的社會裡，有封建餘孽出風頭，是十分可能的，但封建餘孽就是猩猩，卻在任何「唯物史觀」上都沒有說明，也找不出牙齒色黃。即有害於無產階級革命的論據。我於是想，可供參考的這樣的理論，是太少了，所以大家有些糊塗。對下敵人，解剖，咬嚼。現在是在所不免的，不過有一本解剖學，有一本烹飪法，依法辦理，則構造味道，總還可以較為清楚，有味。人往往以神話中的Prometheus[2]比革命者，以為竊火給人，雖遭天帝之虐待不悔，其博大堅忍正相同。我從別國裡竊得火來，本意卻在煮自己的肉的，以為倘能味道較好，庶幾在咬嚼者那一面也得到較多的好處，我也不枉費了身軀：出發點全是個人主義，並且還夾雜著小市民性的奢華，以及慢慢地摸出解剖刀來，反而刺進解剖者的心臟裡去的「報復」。梁先生說「他們要報復！」其實豈只「他們」，這樣的人在「封建餘孽」中也很有的。然而，我也願意於社會上有些用處，看客所見的結果仍是火和光。這樣，首先開手的就是《文藝政策》[3]，因為其中含有各派的議論。

鄭伯奇先生現在是開書鋪，[4]印Hauptmann和Gregory夫人[5]的劇本了，那時他還是革命文學家，便在所編的《文藝生活》[6]上，笑我的翻譯這書，是不甘沒落，而可惜被別人著了先鞭。翻一本書便會浮起，做革命文學家真太容易

1 「猩猩」之說，見《創造月刊》第二卷第一期（一九二八年八月）杜荃（郭沫若）的《文藝戰線上的封建餘孽》一文，其中說魯迅過去和陳西瀅、長虹的論戰「是猩猩和猩猩戰」。

2 Prometheus普羅米修士，希臘神話中造福人類的神。相傳他從主神宙斯那裡偷了火種給人類，受到宙斯的懲罰，被釘在高加索山的岩石上，讓神鷹啄食他的肝臟。

3 《文藝政策》，魯迅一九二八年翻譯的關於蘇聯文藝政策的文件彙集，內容包括《關於對文藝的黨的政策》（一九二四年五月俄共〔布〕中央召開的關於文藝政策討論會的記錄）、《觀念形態戰線和文學》（一九二五年一月第一次無產階級作家大會的決議）和《關於文藝領域上的黨的政策》（一九二五年六月俄共〔布〕中央的決議）三個部分。係根據日本外村史郎和藏原惟人輯譯的日文本轉譯，曾連載於《奔流》月刊，一九三〇年六月由水沫書店出版，列為魯迅、馮雪峰主編的《科學的藝術論叢書》之一。

4 鄭伯奇（一八九五—一九七九）陝西長安人，作家，創造社成員。當時他在上海開設文獻書房。

5 Hauptmann霍普特曼（一八六二—一九四六），德國劇作家。Gregory夫人，格列高里夫人（一八五二—一九三二），愛爾蘭劇作家。

6 《文藝生活》創造社後期的文藝週刊，鄭伯奇編輯，一九二八年十二月在上海創刊，共出四期。

了，我並不這樣想。有一種小報，則說我的譯《藝術論》是「投降」。[1]是的，投降的事，為世上所常有。但其時成仿吾元帥早已爬出日本的溫泉，住進巴黎的旅館了，在這裡又向誰去輸誠呢。今年，說法又兩樣了，在《拓荒者》和《現代小說》上。都說是「方向轉換」。[2]我看見日本的有些雜誌中，曾將這四字加在先前的新感覺派片岡鐵兵[3]上，算是一個好名詞。其實，這些紛紜之談，也還是只看名目，連想也不肯想的老病。譯一本關於無產文學的書，是不足以證明方向的，倘有曲譯，倒反足以為害。我的譯書，就也要獻給這些速斷的無產文學批評家，因為他們是有不貪「爽快」，耐苦來研究這些理論的義務的。

但我自信並無故意的曲譯，打著我所不佩服的批評家的傷處了的時候我就笑一笑，打著我的傷處了的時候我就忍疼，卻絕不肯有所增減，這也是始終「硬譯」的一個原因。自然，世間總會有較好的翻譯者，能夠譯成既不曲，也不「硬」或「死」的文章的，那時我的譯本當然就被淘汰，我就只要來填這從「無有」到「較好」的空間罷了。

然而世間紙張還多，每一文社的人數缺少，志大力薄，寫不完所有的紙張。於是一社中的職司克敵助友，掃蕩異類的批評家，看見別人來塗寫紙張了，喟然興歎，不勝其搖頭頓足之苦。上海的《申報》上，至於稱社會科學的翻譯者為「阿狗阿貓」[4]，其憤憤有如此。在「中國新興文學的地位，早為讀者所共知」的蔣光Z先生，曾往日本東京養病，

1 所謂「投降」之說，見於一九二九年八月十九日上海小報《真報》所載尚文的《魯迅與北新書局決裂》一文，其中說魯迅在被創造社「批判」之後，「今年也提起筆來翻過一本革命藝術論，表示投降的意味。」

2 「方向轉換」《拓荒者》第一期（一九三〇年一月）所載錢杏邨《中國新興文學中的幾個具體的問題》中說：「……就是現在『在轉換中』的魯迅吧，也寫過『文筆的拙劣不如報紙的新聞』（見第五卷「語絲」）這一類的諷刺。」《現代小說》第三卷第三期（一九二九年十二月）所載剛果倫的《一九二九年中國文壇的回顧》中也說：「魯迅給我們的只是他轉換了方向以後的關於普羅文藝的譯品。」

3 片岡鐵兵（一八九四－一九四四）日本作家。他曾在一九二四年創辦《文藝時代》雜誌，從事「新感覺派」文藝運動，一九二八年後一度轉向進步的文藝陣營。

4 「阿狗阿貓」，一九三〇年一月八日《申報．藝術界》（國民黨官員朱應鵬主編）「餘話」欄刊載陳潔的《社會科學書籍的瘟疫》一文，攻擊馬列主義理論的翻譯和傳播，說「阿貓也來一本社會科學的理論，阿狗也來一本社會科學大綱，馴至阿貓阿狗聯合起來弄社會科學大全，這樣，雜亂胡糟的社會科學書籍就發瘟了。」同月十六日該刊又發衣偶然的《創作數種》，其中也有類似的話：「看了阿貓阿狗都譯著連自己都攪不明白

看見藏原惟人[1]，談到日本有許多翻譯太壞，簡直比原文還難讀……他就笑了起來，說：「……那中國的翻譯界更要莫名其妙了，進來中國有許多書籍都是譯自日文的，如果日本人將歐洲人那一國的作品帶點錯誤和刪改，從日文譯到中國去，試問這作品豈不是要變了一般相貌麼？……」[2]（見《拓荒著》）也就是深不滿於翻譯，尤其是重譯的表示。不過梁先生還舉出書名和處，蔣先生卻只嫣然一笑，掃蕩無餘，真是普遍的遠了。藏原惟人是從俄文直接翻譯過許多文藝理論和小說的，於我個人就極有裨益。我希望中國也有一兩個這樣的誠實的俄文翻譯著者，陸續譯出好書來，不僅自罵一聲「混蛋」就算盡了革命文學家的責任。

然而現在呢，這些東西，梁實秋先生是不譯的，稱人為「阿狗阿貓」的偉人也不譯，學過俄文的蔣先生原是最為適宜的了，可惜養病之後，指出了一本《一周間》[3]，而日本則早已有了兩種的譯本。中國曾經大談達爾文，大談尼采，到歐戰時候，則大罵了他們一通，但達爾文的著作的譯本，至今只有一種，[4]尼采的則只有半部，[5]學英德文的學者及文豪都不暇顧及，或不屑顧及，拉倒了。所以暫時之間，恐怕還只好任人笑罵，仍從日文來重譯，或者取一本原文，比照了日譯本來直譯罷。我還想這樣做，並且希望更多有這樣做的人，來填一填徹底高談重的空虛，因為我們不能像蔣先生那樣的「好笑起來」，也不該如梁先生的「等著，等著，等著」了。

的社會科學書，我們的確相信現在是社會科學時代了。」

1 藏原惟人（一九〇二－一九九一）日本文藝汗論家、政治家。

2 蔣光慈的這些話，見他在《拓荒者》第一期（一九三〇年一月）發表的《東京之旅》。

3 《一周間》以蘇聯國內戰爭為題材的中篇小說，蘇聯裡別進斯基作，蔣光慈譯。一九三〇年一月上海北新書局出版。

4 達爾文的學術著作，當時中國只有馬君武譯的《物種原始》（即《物種起源》一種），一九二〇年上海中華書局出版。

5 尼采的著作，當時中國只有郭沫若譯的《查拉圖司屈拉鈔》的第一部，一九二八年六月創造社出版部出版。

（六）

我在開頭曾有「以硬自居了，而實則其軟如棉，正是新月社的一種特色」這些話，到這裡還應該簡短的補充幾句，就作為本篇的收場。

《新月》一出世，就主張「嚴正態度」[1]，但於罵人則罵之，譏人則譏之。這並不錯，正是「即以其人之道，還治其人之身」，雖然也是一種「報復」，而非為了自己。到二卷六七號合本的廣告上，還說「我們都保持『容忍』的態度（除了『不容忍』的態度是我們所不能容忍以外），我們都喜歡聞見的合乎理性的學說」。上兩句也不錯，「以眼還眼，以牙還牙」，和開初仍然一貫，然而從這條大路走下去，一定要遇到「以暴抗暴力」，這和新月社諸君所喜歡的「穩健」也不能相容了。

這一回，新月社的「左右言論」遭了壓迫，照老辦法，是必須對於壓迫者，也加於壓迫的，但《新月》上所顯示的反應，卻是一篇《告壓迫言論自由者》[2]，先引對方的黨義，次引外國的法律，終引東西史例，以見凡壓迫自由者，往往臻於毀滅：是一番替對方設想的警告。

所以，新月社的「嚴正態度」，「以眼還眼」法，歸根結蒂，是專施之力量相類，或力量較小的人的，倘給有力者打腫了眼，就要破例，只舉手掩住自己的臉，叫一聲「小心你自己的眼睛！」

1 「嚴正態度」指新月社在《新月》第一卷第一號（一九二八年三月）發刊辭《新月的態度》中所表示的態度。他們提出所謂「健康」和「尊嚴」的「兩大原則」，認為當時一切進步的和革命的文藝，都是和他們「所標舉的兩大原則——健康與尊嚴——不相容的」。在該刊第二卷第六、七期合刊（一九二九年九月）的《敬告讀者》中，又說「我們的立論的態度希望能做到嚴正的地步」。

2 《告壓迫言論自由者》羅隆基作，載《新月》第二卷第六、七期合刊（一九二九年九月）。

好政府主義[1]

魯迅

梁實秋尤生這回在《新月》的「零星」上，也贊成「不滿於現狀」[2]了，但他以為「現在有智識的人（尤其是夙來有『前驅者』『權威』『先進』的徽號的人），他們的責任不僅僅是冷譏熱嘲地發表一點『不滿於現狀』的雜感而已，他們應該更進一步的誠誠懇懇地去求一個積極醫治『現狀』的藥方」。

為什麼呢？因為有病就須下藥，「三民主義是一副藥，——梁先生說，——共產主義也是一副藥，國家主義[3]也是一副藥，無政府主義[4]也是一副藥，好政府主義也是一副藥」，現在你「把所有的藥方都褒貶得一文不值，都挖苦得不留餘地，……這可是什麼心理呢？」

這種心理，實在是應該責難的。但在實際上，我卻還未曾見過這樣的雜感，譬如說，同一作者，而以為三民主義者是違背了英美的自由，共產主義者又收受我國的盧布，國家主義太狹，無政府主義又太空……。所以梁先生的「零星」，是將他所見的雜感的罪狀誇大了。

其實是，指摘一種主義的理由的缺點，或因此而生的弊病，雖是並非某一主義者，原也無所不可的。有如被壓榨

1 本篇最初發表於一九三〇年五月《萌芽月刊》第一卷第五期。

2 這裡所說的「不滿於現狀」和以下所引的梁實秋的話，都見於《新月》第二卷第八期（一九二九年十月）《「不滿於現狀」，便怎樣呢？》一文。

3 國家主義，十九世紀開始在歐洲流行的一種資產階級民族主義思想。它抹殺國家的階級本質，以「國家至上」的口號欺騙人民服從統治階級的利益；宣傳「民族優越論」，鼓吹擴張主義，並用「保衛祖國」的名義鼓動侵略戰爭。中國的國家主義派在一九二三年成立「中國國家主義青年團」，後改為「中國青年黨」。一九二四年創辦《醒獅週報》，故又稱「醒獅派」。主要代表人物有曾琦、李璜、左舜生、陳啟天等。

4 無政府主義，十九世紀上半期開始流行的一種小資產階級思潮。主張個人「絕對自由」，認為一切權力是「屠殺人類智慧與心靈」的罪惡，國家是產生罪惡的根源，反對一切權威和任何形式的國家。主要代表人物有施蒂納、蒲魯東、巴枯寧、克魯泡特金等。「五四」前後，中國的無政府主義者曾組織「民聲社」、「進化社」等小團體，出版刊物和小冊子宣揚這種思想。

得痛了，就要叫喊，原不必在想出更好的主義之前，就定要咬住牙關。但自然，能有更好的主張，便更成一個樣子。

不過我以為梁先生所謙遜地放作末尾的「好政府主義」，卻還得更謙遜地放在例外的，因為自三民主義以至無政府主義，無論它性質的寒濕如何，所開的究竟還是藥名，如石膏，肉桂之類，——至於服後的利弊，那是另一個問題。獨有「好政府主義」這「一副藥」，他在藥方上所開的卻不是藥名，而是「好藥料」三個大字，以及一些嘮嘮叨叨的名醫架子的「主張」。不錯，准也不能說醫病應該用壞藥料，但這張藥方，是不必醫生才配搖頭，誰也會將他「褒貶得一文不值」（「褒」是「稱贊」之意，用在這裡，不但「不通」，也證明瞭不識「褒」字，但這是梁先生的原文，所以姑仍其舊）的。

倘這醫生羞惱成怒，喝道「你嘲笑我的好藥料主義，就開出你的藥方來！」那就更是大可笑的「現狀」之一，即使並不根據什麼主義，也會生出雜感來的。雜感之無窮無盡，正因為這樣的「現狀」太多的緣故。

一九三〇，四，十七

知難行難[1]

魯迅

中國向來的老例，做皇帝做牢靠和做倒楣的時候，總要和文人學士扳一下子相好。做牢靠的時候是「偃武修文」[2]，粉飾粉飾；做倒楣的時候是又以為他們真有「治國平天下」[3]的大道，再問問看，要說得直白一點，就是見於

1 本篇最初發表於一九三一年十二月十一日《十字街頭》第一期，署名佩韋。

2 「偃武修文」語出《尚書・武成》：周武王伐商歸來，「乃偃武修文，歸馬於華山之陽，放牛于桃林之野」，以示不再用武力。

3 「治國平天下」語出《禮記・大學》：「國治而後天下平。」

《紅樓夢》上的所謂「病篤亂投醫」了。

當「宣統皇帝」遜位遜到坐得無聊的時候，我們的胡適之博士曾經盡過這樣的任務。[1]見過以後，也奇怪，人們不知怎的先問他們怎樣的稱呼，博士曰：

「他叫我先生，我叫他皇上。」

那時似乎並小談什麼國家大計，因為這「皇上」後來不過做了幾首打油白話詩，終於無聊，而且還落得一個趕出金鑾殿。現在可要闊了，聽說想到東三省再去做皇帝呢。[2]而在上海，又以「蔣召見胡適之丁文江[3]」聞：

「南京專電：丁文江，胡適，來京謁蔣，此來系奉蔣召，對大局有所垂詢。……」（十月十四日《申報》。）

現在沒有人問他怎樣的稱呼。

為什麼呢？因為是知道的，這回是「我稱他主席……」！

---

1 一九一二年一月一日南京臨時政府成立後，清帝溥儀（宣統）於二月二十日被迫宣告退位；但按當時訂立的優待皇室條件，仍留居故宮。關於胡適見溥儀的事，見《努力週報》第十二期（一九二二年七月）所載胡適的《宣統與胡適》一文。其中說：「陽曆五月十七日清室宣統皇帝打電話來邀我進宮去談談。當時約定了五月十三日（陰曆端午前一日）去看他。三十日上午，他派了一個太監來我家中接我，我們從神武門進宮，在養心殿見著清帝，我對他行了鞠躬禮，他請我坐，我就坐了。……他稱我『先生』，我稱他『皇上』。我們談的大概都是文學的事，……他說他很贊成白話，他做舊詩，近來也試作新詩。」

2 溥儀於一九二四年馮玉祥的國民軍進駐北京後，即被趕出清宮，搬進天津日本租界。一九三一年九一八事變後，日本帝國主義利用他作傀儡，於十一月間把他從天津送往東北；一九三二年三月偽「滿洲國」成立時，他充當「執政」，一九三四年三月改稱「康德皇帝」。

3 丁文江（一八八七－一九三六），字在君，江蘇泰興人，地質學家。曾作北京大學教授、中國地質學會會長等職。一九二一年與胡適同辦《努力週報》，提倡「好人政府」。一九二六年曾受孫傳芳任命為淞滬商埠總辦。

安徽大學校長劉文典教授，因為不稱「主席」而關了好多天，好容易才交保出外，[1]老同鄉，舊同事，博士當然是知道的，所以，「我稱他主席」！

也沒有人問他「垂詢」些什麼。

為什麼呢？因為這也是知道的，是「大局」。而且這「大局」也並無「國民黨專政」和「英國式自由」的爭論的麻煩，也沒有「知難行易」和「知易行難」的爭論[2]的麻煩，所以，博士就出來了。

「新月派」的羅隆基[3]博士曰：「根本改組政府，……容納全國各項人才代表各種政見的政府，……政治的意見，是可以犧牲的，是應該犧牲的。」（《瀋陽事件》。）

代表各種政見的人才，組成政府，又犧牲掉政治的意見，這種「政府」實在是神妙極了。但「知難行易」竟「垂詢」於「知難，行亦不易」，倒也是一個先兆。

1 劉文典（一八八九－一九五八）字叔雅，安徽合肥人。早年參加同盟會。曾任北京大學、清華大學教授、安徽大學文學院院長兼預科主任等職。一九二八年十一月二十九日，他因安徽大學學潮被蔣介石召見時，被蔣以「出言頂撞」的罪名交警察局關押，至十二月七日得以保釋。

2 「知難行易」是孫中山提倡的一種學說，見於他一九一八年所寫的《孫文學說》之中。這一學說認為「行先知後」、「不知亦能行」，批評當時革命黨人中的畏難退縮思想；但也誇大了所謂「先知先覺」者的個人作用。後來蔣介石等人利用這一學說作為他們背叛革命的行為的哲學論據。《新月》第二卷第四號（一九二九年六月）轉載了胡適所作的題為《知難，行亦不易》一文，批評「知難行易」學說，提出所謂「專家政治」的主張，要蔣介石政府「充分請教專家」，聲言「此說（按指『知難行易』）不修正，專家政治決不會實現」。

3 羅隆基（一八九七－一九六五）字努生，江西安福人，新月派重要成員。曾留學美國。他寫的《瀋陽事件》，是評論九一八事變的小冊子，一九三一年九月良友圖書公司出版。

王道詩話[1]

魯迅、瞿秋白

「人權論」[2]是從鸚鵡開頭的。據說古時候有一隻高飛遠走的鸚哥兒，偶然又經過自己的山林，看見那裡大火，它就用翅膀蘸著些水灑在這山上；人家說它那一點兒水怎麼救得熄這樣的大火，它說：「我總算在這裡住過的，現在不得不盡點兒心。」（事出《櫟園書影》[3]，見胡適[4]《人權論集》序所引。）鸚鵡會救火，人權可以粉飾一下反動的統治。這是不會沒有報酬的。胡博士到長沙去演講一次，何將軍[5]就送了五千元程儀。價錢不算小，這「叫做」實驗主義[6]。

1 本篇最初發表於一九三三年三月六日《申報・自由談》，署名幹。

2 「人權論」指《人權論集》。該書主要彙集胡適、羅隆基，梁實秋等人一九二九年間在《新月》雜誌上發表的談人權問題的文章，一九三〇年二月上海新月書店出版，胡適作序。

3 《櫟園書影》即《因樹屋書影》。明末清初周櫟園著。該書卷二中說：「昔有鸚鵡飛集陀山，因山中大火，鸚鵡遙見，入水濡羽，飛而灑之。天神言：『爾雖有志意，何足云也？』對曰：『嘗僑居是山，不忍見耳。』天神嘉感，即為滅火。」這原是一個印度寓言，屢見於漢譯佛經中。按周櫟園（一六一二－一六七二），名亮工，河南祥符（今開封）人。

4 胡適（一八九一－一九六二）字適之，安徽績溪人。一九二七年曾得美國哥倫比亞大學博士學位。他早年留學美國，一九一七年回國任北京大學教授。「五四」時期，他是新文化運動的代表人物之一。後曾任國民黨政府駐美國大使等職。一九四九年四月去美國，後病死於臺灣。

5 何將軍，指何鍵（一八八七－一九五六），湖南醴陵人，國民黨軍閥。當時任湖南省政府主席。一九三二年十二月胡適應何鍵之邀到長沙作《我們應走的路》等講演，據傳胡適日記載，何送他「路費」四百元。

6 實驗主義，又稱實用主義、工具主義，近代美國的一個哲學派別。認為思想、意識不是客現世界的反映，而是人根據自身的需要提出的「假設」和使用的「工具」，能「兌現價值」和「有用」就是真理，強調通過個人的活動實驗自己的「假設」和「工具」的價值和效用。主要代表人物有杜威等。胡適是杜威的學生，一九一九年在北京連續講演宣傳實驗主義。在一九二一年寫的《杜威先生與中國》一文中，說杜威的哲學方法「總名叫做『實驗主義』」。

但是，這火怎麼救，在「人權論」時期（一九二九－三〇年）還不十分明白，五千元一次的零賣價格做出來之後，就不同了。最近（今年二月二十一日）《字林西報》[1]登載胡博士的談話說：

「任何一個政府都應當有保護自己而鎮壓那些危害自己的運動的權利，固然，政治犯也和其他罪犯一樣，應當得著法律的保障和合法的審判……」

這就清楚得多了！這不是在說「政府權」了麼？自然，博士的頭腦並不簡單，他不至於只說：「一隻手拿著寶劍，一隻手拿著經典！」如什麼主義之類。他是說還應當拿著法律。

中國的幫忙文人，總有這一套秘訣，說什麼王道，仁政。你看孟夫子多麼幽默，他教你離得殺豬的地方遠遠的，嘴裡吃得著肉，心裡還保持著不忍人之心[2]，又有了仁義道德的名目。不但騙人，還騙了自己，真所謂心安理得，實惠無窮。

詩曰：

文化班頭博士銜，人權拋卻說王權，
朝廷自古多屠戮，此理今憑實驗傳。
人權王道兩翻新，為感君恩奏聖明，
虐政何妨援律例，殺人如草不聞聲。

---

1 《字林西報》（「North China Dairy News」）英國人在上海辦的英文日報，由字林洋行出版。一八六四年7月一日創刊，一九五一年三月三十一日停刊。

2 離得殺豬的地方遠遠的見《孟廣・梁惠王（上）》：「君子之于禽獸也，見其生，不忍見其死；聞其聲，不忍食其肉，是以君子遠庖廚也。」不忍人之心，見《孟子．公孫醜（上）》：「人皆有不忍人之心。先王有不忍人之心，斯有不忍人之政矣。」

先生熟讀聖賢書，君子由來道不孤，
千古同心有孟子，也教肉食遠庖廚。
能言鶴鵡毒於蛇，滴水微功漫自誇，
好向侯門賣廉恥，五千一擲未為奢。

三月五日

言論自由的界限[1]

魯迅

看《紅樓夢》[2]，覺得賈府上是言論頗不自由的地方。焦大以奴才的身分，仗著酒醉，從主子罵起，直到別的一切奴才，說只有兩個石獅子乾淨。結果怎樣呢？結果是主子深惡，奴才統痛嫉，給他塞了一嘴馬糞。

其實是，焦大的罵，並非要打到賈府，倒是要賈府好，不過說主奴如此，賈府就要弄不下去罷了。然而得到的報酬是馬糞。所以這焦大，實在是賈府的屈原[3]，假使他能做文章，我想，恐怕也會有一篇《離騷》之類。

1 本篇最初發表於一九三三年四月二十二日《申報・自由談》，署名何家幹。

2 《紅樓夢》長篇小說。清代曹雪芹著。通行本為一百二十回，後四十回一般認為是高鶚續作。焦大是小說中賈家的一個忠實的老僕，他酒醉罵人被塞馬糞事見該書第七回。只有兩個石獅子乾淨的話，見第六十回，係另一人物柳湘蓮所說。

3 屈原（約前三四〇－約前二七八）名平，字原，又字靈均，楚國郢（在今湖北江陵）人，戰國後期楚國詩人。楚懷王時官至左徒，由於他的政治主張不見容於貴族集團而屢遭迫害，後被頃襄王放逐到沅、湘流域，憤而作長詩《離騷》，以抒發其憤激心情和追求理想的決心。

三年前的新月社[1]諸君子，不幸和焦大有了相類的境遇。他們引經典據，對於黨國有了一點微詞，雖然引起的大抵是英國經典，但何嘗有絲毫不利於黨國的惡意，不過說：「老爺，人家的衣服多麼乾淨，您老人家的可有些兒髒，應該洗它一洗」罷了。不料「荃不察余之中情兮」[2]，來了一嘴的馬糞：國報同聲致討，連《新月》雜誌也遭殃。但新月社究竟是文人學士的團體，這時就也來了一大堆引據三民主義，辨明心跡的「離騷經」。現在好了，吐出馬糞，換塞甜頭，有的顧問，有的教授，有的秘書，有的大學院長，言論自由，《新月》也滿是所謂「為文藝的文藝」了。

這就是文人學士究竟比不識字的奴才聰明，黨國究竟比賈府高明，現在究竟比乾隆時候光明：三明主義。

然而竟還有人在嚷著要求言論自由。世界上沒有這許多甜頭，我想，該是明白的罷，這誤解，大約是在沒有悟到現在的言論自由，只以能夠表示主任的寬宏大度的說些「老爺，你的衣服……」為限，而還想說開去。

這是斷乎不幸的。前一種，是和《新月》受難時代不同，現在好像已經有的了，這《自由談》也就是一個證據，雖然有時還有幾位拿著馬糞，前來探頭探腦的英雄。至於想說開去，那就足以破壞言論自由的保障。要知道現在雖比先前光明，但也比先前利害，一說去，是連性命都要送掉的。即使有了言論自由的明令，也千萬大意不得。這我是親眼見過好幾回的，非「賣老」也，不自覺其做奴才之君子，幸想一想而垂鑒焉。

四月十七日

1 新月社，文學和政治性團體，約於一九二三年三月在北京成立，主要成員有胡適、徐志摩、陳源、梁實秋、羅隆基等。該社取名於印度詩人泰戈爾的《新月集》，曾以詩社名義于一九二六年夏在北京《晨報副刊》出過《詩刊》（週刊）。一九二七年在上海創辦新月書店，一九二八年三月出版綜合性的《新月》月刊。一九二九年他們曾在《新月》上發表談人權、約法等問題的文章，批評國民黨「獨裁」，引證英、美各國法規，提出解決中國政治問題的意見。但文章發表後，國民黨報刊紛紛著文攻擊，說他們「言論實屬反動」，國民黨中央議決由教育部對胡適加以「警誡」，《新月》月刊第二卷第四期曾遭扣留。他們繼而研讀「國民黨的經典」，著文引據「黨義」以辨明心跡，終於得到蔣介石的賞識。

2 「荃不察餘之中情」語出屈原《離騷》：「荃不察余之中情兮，反信讒而齌怒。」

中國人權派的真面目

瞿秋白

一九三一年十一月十日

一、中國人權派的「反對」國民黨和政府

中國國民黨的專制統治之下，現在有一個所謂「人權派」[1]。這些自稱為「人權運動者」的大學教授胡適之、羅隆基[2]等，在一九二九年寫了好些篇文章，說了好些俏皮話，搭出了「反對政府派」的架子。那位羅隆基博士並且曾經被捕過一次──當然立刻就被保釋了，被捕而又保釋之後，做了一篇「感想」，說了一大泡憤慨的話。最近，五月五日的國民會議開過了，所謂訓政時期的約法也頒佈了──這本是一九二九年人權派的要求，那時胡適之說過：「我們的口號是：快快制定約法，以確定法制基礎！快快制定約法，以保障人權！」論理，人權派可以滿足了。中國的人權運動大功告成了！然而不然，國民黨的這種滑稽到萬分的約法，太欺騙不了人民──人權派是知道的，因此，他們有發表了一次傳單表示反對那個約法。總之，他們的「反對政府派」（Copposition）的架子，還沒有拆掉。

現在中國的政治是異乎尋常的黑暗，豪紳地主資產階級的統治是露骨，民眾一點兒自由也沒有，一點兒「人權」也沒有，有的只是挨打、挨殺的「權利」，和餓死、凍死、淹死、燒死……的「自由」。地主資本家自己，在國際帝國主義的支配之下，自然而然的，必然的分成許多種式的集團派別互相競爭和搶奪，演成軍閥混戰。工人階級、農民群眾

1 人權派，又稱民權派。

2 羅隆基（一八九八—一九六五），字努生，江西安福人。曾任清華大學、南開大學等教授、《新月》雜誌主編、北京《晨報》社長等職。一九三一年與張君勱等組織再生社，次年改組為中國國家社會黨。抗戰時期參與組織中國民主政團同盟，從事抗日民主運動。

和一切勞動民眾，正在不斷的反抗和鬥爭；那不統一的散亂的中國地主資本家的階級統治，正在肢肢節節的瓦解，這裡許多脆弱的地方就已經拆了台——豪紳地主資本家的統治推翻了，政權到了當地工農群眾的代表會（蘇維埃）手裡。總之，目前的形勢對於整個的帝國主義和中國統治階級，實在是太沒有樂觀的根據。因此，不但民眾方面，一般的反抗情緒天天在那裡高漲，不但小資產階級的分子正在走投無路的徘徊動搖，不滿意，就是剝削階級內部也就有很多的裂痕，互相的埋怨著，你說我是「赤禍」的罪魁，我說你是「造災」的能手。一般的景象，是個剝削階級手忙腳亂的樣子。於是「人權派」的一些敲邊鼓的議論和俏皮的文章，自然會有點兒的銷路。甚至於情緒是革命的一些人，讀了人權派罵政府的話，也覺得痛快，俏皮。

因此我們得問一問：「人權派為什麼反對政府和國民黨呢？」

二、「反革命大競賽」之中人權派的新鮮旗幟

中國人權派反對國民黨和政府的原因，說起來很有趣，——是為著國民黨不會反共，是為著國民黨反共還不徹底，是為著國民黨快要不能夠保障豪紳地主資產階級的統治了。中國的人權派表面上反對摧殘人權，要求保障自由，實際上卻並不是反對什麼國民黨，並不是反對什麼壓迫和剝削，而是反對共產黨，反對國民黨壓迫剝削的不得法——這是人權拍的真面目。最近（《新月》雜誌[1]第三卷第十期），羅隆基發表了一篇大文，叫做《論中國共產——為共產問題忠告國民黨》，這篇文章就把人權派的真面目完完全全的暴露出來了。

羅大人（Sir Lo Longki）不是被捕過麼？人權派胡適之等等不是被國民黨政府「警誡」過麼？他這篇文章難道是為著要表明態度，刷洗自己的「共產嫌疑」而做的？不是！不是！假使我們這樣說，未免太小看了羅大人們了。這有他們人權派的政治良心——階級良心使他們做的。他們的反對共產並不是從這篇文章開始的，他們的反對工農民眾是他們的

[1] 《新月》雜誌，一九二八年由胡適、羅隆基、徐志摩、梁實秋等在上海創辦，一九三三年停刊。

階級立場。

中國自從一九二七年革命失敗之後，工農民眾的革命運動不久又開始發展，到現在蘇維埃區域的出現、擴大，紅軍的進展……共產黨影響的日益增高，在一般的經濟危機深入的背景之上，實在使整個的統治階級感覺到死亡的危險一天天的接近。於是乎剝削階級的內部出現日益緊張的「反革命競賽」

「反革命競賽」是什麼？就是統治階級和剝削階級之中的每一個集團、每一個派別、每一批走狗，都爭先恐後的表示只有他自己才是反對共產，消滅「赤禍」的能手，都在力竭聲嘶拔劍弩張的聲討其他各派「勾結」、「幫助」、「引起」共產的罪名。對付共產本領，早已成為誰應當統治的最主要的考試題目。一切種種反革命派在對付共產的問題上進行著極熱鬧的大競賽：

孫傳芳[1]、吳佩孚、張作霖、張宗昌[2]等卻曾經聲明他們是反赤最早。

西山會議派[3]機會要說他們「自始即反對國民黨之改組」，「首揭國民黨的反共旗幟」。

蔣介石戴季陶派說，沒有我們的三月二十政變[4]和四月十二上海的屠殺，國民黨早已斷送於共產黨之手。

汪精衛、張發奎[5]派說，鎮壓廣州暴動之功應歸我有，而且現在再改組國民黨，實行「民主主義勢力」的大集中，方能根本消滅共產。

鄧演達、譚平山[6]派說，我們反對第三國際干涉中國和束縛中國革命，同時拋棄已經不是欺人的國民黨旗幟，而

1 孫傳芳（一八四四—一九三五），字馨遠，山東曆城人。直系軍閥後期首領。

2 張宗昌（一八八一—一九三二），山東掖縣人。山東地方軍閥，先後投靠直系、奉系軍閥。

3 一九二五年十一月，國民黨執行委員會和檢查委員會中的鄒魯、謝持、張繼、林森、居正、葉楚傖等十餘人在北京西山碧雲寺召開所謂國民黨第四次執監委聯席會議，反對共產黨，反對蘇聯，反對孫中山制定的三大政策。這批人當時被稱為西山會議派，是國民黨內部一個極右派。

4 三月二十政變，指一九二六年三月二十日蔣介石製造的打擊和排斥共產黨人的中山艦事件。

5 張發奎（一八九六—一九八〇），字向華，廣東始興人。大革命時期曾任國民革命軍第四軍軍長、第二方面軍總指揮等職。一九三〇年參加汪精衛的反蔣活動。一九三一年同李宗仁、陳濟棠在廣州成立國民政府。寧粵統一後，隨汪精衛到南京，當選為國民黨中央監察委員。

6 譚平山（一八八六—一九五六），原名鳴謙，廣東高明（今高鶴）人。早期廣東共產主義小組的負責人。在中國共產黨第三、四、五次全國代表

樹立第三個「民眾」的政黨[1]，共產自會消滅於無形。

托洛斯基陳獨秀派實際也是說，列寧馬克思思想的影響已在深入民眾，故必須假借「列寧馬克思主義」之名，來反對共產國際和共產黨，然後共產才會真正消滅。

這個熱鬧的反革命大競賽裡面，每一派都開出一張藥方來，當做消滅共產的萬應靈藥。現在人權派的羅隆基大人，就把他們的藥方整理起來清清楚楚的寫了一篇文章。自然，人權派的這些藥名早就已經說過，現在不過是綜合起來罷了。因此人權派參加反革命大競賽的旗幟也就格外鮮明瞭。

三、人權派替地主資本家想著的「出路」

中國人權派對於地主資本家和帝國主義在中國的統治，也和其他的剝削階級的派別一樣，抱著非常之悲觀的態度。他們說：經濟上……「兵事愈多，人民愈窮，人民愈窮，土匪愈起，土匪愈起，社會愈亂，社會愈亂，人民愈窮……畢竟，窮亂，亂窮，……直到真正破產為止」，政治上……「已成的政府，不克維持，無形的政府，遍地林立，國家不求崩潰，亦必崩潰……稍有資望……的人民……殺戮逃亡，幾已近盡。剩下一般市儈流氓，他們政見上朝秦暮楚，政績上行險僥倖。……地方政治癒惡化，人民愈紛擾，畢竟政治上……立刻真正亡國而止。」「總之，國共相持的結果，在我們看來，亦有：（一）經濟上的破產，（二）政治上的亡國」。這都是說「假使共產黨繼續蔓延下去，既不能完全成功，又不能立刻消滅」的話。如果假定共產黨能夠成功，「成為支配政局的勢力」，那又怎麼樣呢？據他的意

大會上當選為中央委員。第一次國內革命戰爭時期，歷任中國國民黨中央執行委員會常務委員、中央組織部長、農民部長和武漢國民政府委員等職。曾參加南昌起義，任革命委員會主席團成員。以後脫離中國共產黨，參加組織中國國民黨臨時行動委員會（即第三黨）。抗日戰爭時期，反對蔣介石的賣國獨裁政策。一九四五年發起組織三民主義同志聯合會，一九四八年參加組織中國國民黨革命委員會。建國後任中央人民政府委員等職。

1 第三個「民眾」的政黨，指鄧演達領導的第三黨。

思，中國工農只能夠打倒中國的資本家，而外國的資本家，可否動其毫末，是又成為大問題，她以為「英、美、法、日的共產革命未成功以前」，中國工農只能夠在內地得到勝利，在大商埠上洋人要來共管。所以「結果，中國的內部，流氓共產；中國的商埠，洋人共管」。「洋人共管，流氓共產」這是共產黨勝利後的局面，照他看來，自然這亦是破產亡國。再假定蔣介石討共勝利，肅清了「紅匪」，那時又怎麼樣？他說：「儘管討共軍得到勝利，湘、鄂、贛徹底肅清，然而餘毒未盡，病根仍存，共產黨在中國，總是：「野火燒不盡，春風吹又生！」

這樣：（一）如果共產黨的蘇維埃運動繼續蔓延，又不能成功，結果是「破產亡國」；（二）如果共產黨的蘇維埃運動「居然」成功，結果是「洋人共管，流氓共產」；（三）如果共產黨的蘇維埃運動「幸而」徹底肅清，結果，這僅僅是暫時的，始終又要有「共產」發生——仍舊是老套。可憐啊可憐！中國的紳士，中國的資本家，中國的一切大人老爺，竟這樣的命苦嗎？

羅大人說：——不要緊，不要緊，我有絕絕妙的方法。這個救命方法是什麼？——就是第一，「在今日中國的狀況下，為中國人求生路計，自然只有希望國民黨剿共及早成功。古諺所謂『兩惡相權取其輕』即此意耳。然而國民黨剿共工作的成敗，有待於他們的策略。」因此，必須有第二個方法，就是：「（一）解放思想，重自由不重統一；（二）改革政治，以民治代替黨治……這兩點做到了……共產黨不剿自滅了。」

這裡，羅大人自己說的清楚得很，不用代他再加說明：——人權派的所謂人權，其最主要的用處是在消滅共產。人權派的立場，整個兒就是忠告國民黨說：要替帝國主義及中國地主資本家消滅共產，就必須採取我們人權派的主張；我們人權派主張的「自由」絕不是平民群眾自己得到什麼自由，我們人權派所主張的「自治」也絕不是什麼真正的平民群眾的民權主義，這「自由」和「自治」都不過是豪紳資產階級壓迫剝削工農的更有效力的工具——比國民黨的統治來得更加有效力！這就是人權派在反革命大競賽之中的旗幟。

謝謝你，羅大人！謝謝你們，人權派！你把「自由」和「自治」的真面目這樣顯露的標明出來，我們工農群眾真是少吃幾碗迷魂湯，不勝感激之至！

可是，中國國民黨對於這些人權派，卻不給他們以充分的發展可能。人權派這樣忠心耿耿的替國民黨上條陳，出計策，替地主資本家想出「剿滅共產」的辦法，而國民黨對他們，還是沒有好臉色給他們看，所以人權派要大呼小叫，痛哭流涕長歎息的說經濟上破產，政治上亡國……這真是「孤臣孽子」的「椎心泣血」。所以大家不要聽見他們說什麼「思想壓迫，民情堵滯，走投無路的時候，發生與爾偕忘同歸一盡之想」，就以為人權派怎麼大膽的用革命來恐嚇國民黨。不是的，不是的。人權派絕不革命，誓死以反革命，而且是自命為最會反革命，真正能夠消滅革命的專家呢！

四、人權派贊助屠殺的「聰明」方法

總之，中國人權派的立場，根本上是和國民黨完全相同的。他們的所以反對國民黨和政府，原來是只因為「國民黨採用共產黨的制度」。他們說：「如今國民黨的組織，他的黨治的策略，他的由黨而產生出來的政府，那一項，不是師法共產黨，抄襲共產黨，整個的模仿共產黨？」所以如果國民黨放棄這些「師法」共產黨的帝反個，人權派一定不但不反對他，而且要竭力擁護他。人權派的所以反對國民黨，絕不是因為國民黨的政治是代表地主資本家的帝國主義走狗的政治，絕不是因為國民黨的政治是壓迫和剝削工農民眾的政治，而只是因為國民黨的「採用共產黨制度」。

究竟公民黨的黨治是不是採用共產黨制度，我們以下再說。

這裡首先要弄清楚的，就是人權派和國民黨的分別，絕不是根本的政治立場上的分別，而只是他們自己所說的策略上的分別。什麼策略呢？他們自己也已經說得清清楚楚，就是「剿共工作……的策略」。

那麼，這策略上的分別，是否是國民黨主張用屠殺方法，人權派反對用屠殺方法呢？絕不是的！國民黨主張用屠殺方法，人權派亦馨香而禱祝屠殺的成功——羅大人的文章裡有這麼一段：

「五十師大兵，五十萬人馬，主席出征，總長臨敵，猛將如雲，謀臣如雨，國民黨對剿共，總算慎重其事了。」

這幾句文章，已經是對仗工整，聲調鏗鏘，值得搖頭晃尾的高聲朗誦幾遍，以表示人權派頌揚國民黨的大殺人，大放火，大大摧殘蹂躪真正的自由和民治的情調。何況羅大人還直說「只有希望國民黨剿共及早成功」！因此，我們斷定人權派絕對不反對國民黨的屠殺政策，絕對贊成國民黨的槍炮、飛機、炸彈、瓦斯等等……的一切殺人方法，認為這些不但不違背「自由」和「民治」，而且還有所不及。人權派的反對國民黨是反對他除屠殺政策之外，不會更精細的進行反革命的欺蒙人民的宣傳政策。所以人權派和國民黨的分別，所謂策略上的分別，只在於這一點。「分別」是有些「分別」，可是這個「分別」正式忠心耿耿的人權派，不辭勞怨，不避艱險的對與國民黨的直諫，這正是人權派勢力幫助國民黨屠殺民眾的地方！

五、人權派所有的一些兒有限的常識

在有些問題上看來，中國人權派的確比中國國民黨要聰明些，的確比國民黨要有常識些，固然這點小聰明和小常識是有限的。比如，人權派對於共產黨的力量和在群眾之間的影響，就有點兒小識見。

國民黨和一般肥頭胖腦的豪紳，常常說「中國無產可共」，而人權派知道這是沒有常識的蠢話。人權派知道「共產黨所主張的是根本打破私有財產制，是生產工具公有制，中國雖窮，私有財產制存在一天，生產工具私有制存在一天，土地私有一天……共產黨之在中國就有發展的可能」！因此，人權派警告國民黨和豪紳資產階級，教他們不要自欺欺人，糊裡糊塗的說什麼「無產可共」的寬慰的話，教他們不要放心大膽，而要警醒起來，更聰明些更精細些進行更徹底的反共鬥爭。

國民黨只知道造謠污蔑說共產黨殺人放火，說什麼在蘇維埃區域已經「實行共產」，人權派可知道這也是糊塗昏蛋自己給自己當上的蠢話。人權派知道：國民黨「專制的中國，的確『有權可分』，這是中國共產黨在革命策略上很可利用的民眾心理，這或者就是中國共產黨可以成功的理由」！這裡，人權派瞭解到現在的蘇維埃運動，的確是中國統治階級的很大的危險。蘇維埃運動時工農群眾自己起來拿到政權，這是工農民眾要解除壓迫和剝削的政治鬥爭，這是大多數「民眾心理」——政治覺悟上的領導方針。國民黨如果不瞭解這一點，放任民眾心理的「共產化」，懂得要為著蘇維埃而鬥爭——為著工人、農民、士兵以及城市貧民自己選出代表來組織自己的政府而鬥爭，那麼，這是中國豪紳資產階級的最大危險。無論你用多麼怪誕的「共匪殺人放火，挖心肝，吃肚腸……」等等的笨宣傳，也嚇不退民眾的「蘇維埃化」。因此，人權派為國民黨著想，為豪紳地主資產階級著想，提醒這一點，勸他們早些實行所謂「自由」和「民治」，挽回這種「民眾心理」的發展，還可以實際上更鞏固的保障豪紳地主資產階級的政權，保障帝國主義的對華統治。

六、人權派用「共產嫌疑」恐嚇國民黨

人權派反對國民黨的黨治，不過是因為這個原因，不過是因為要挽回中國地主資本家統治的崩潰，不過是因為要消滅工農革命。

所以人權派眼光裡的國民黨罪狀，只是：「（一）國民黨宣傳共產黨的主義（孫文說的『民生主義就是社會主義又名共產主義』）；（二）國民黨採用共產黨的制度（孫文的『以黨治國』）；（三）國民黨協助共產黨實際工作（黨衙門威權愈高，黨主義威權愈低，黨老爺聲望愈大，黨主義聲望愈小。天怒人怨，眾叛親離，時日曷喪，及爾偕亡，在這之際，共產黨利用人民心理，利用國民黨弱點，乘機以進了）。」

這種議論，在豪紳地主資本家看來，或者也可以算人權派在反革命大競賽中可以博得錦標的手段。可是，在我們看來，簡直是不值一笑。中國現在有好些地主資本家看見國民黨不能夠保障他們的利益和統治，看見國民黨的反革命勢力一天天的動搖，的確會這樣抱怨國民黨。這就是人權派的階級背景。但是，在工農民眾看來，羅大人的這種議論，不過是更加暴露人權派苦心孤詣的替國民黨出計策保障國民黨主義的威權和聲望，更加暴露人權派苦心孤詣的替地主資本家出主意保障他們的統治罷了。

我們已經說過：人權派的小聰明和小常識也只有限。這裡就已經看得出來了。孫文說民生主義又名共產主義，這正是孫文德老奸巨猾。他想偷天換日的把共產主義換成一個不痛不癢的孔孟仁政的民生主義。無產階級的共產主義和孫

文的民生主義，就沒有一點相同的地方。羅大人說因為國民黨的主義有這樣的解釋，所以播下現在「共禍」的種子。這真是羅大人老爺式的見解。事實上，工農民眾只有瞭解一分國民黨的主義不是共產主義而是剝削主義，他們才有一分革命。凡是現在熱烈參加革命鬥爭的人，沒有一個不是這樣。

再則，羅大人說，國民黨的「以黨治國」是學共產黨的榜樣，這尤其是天大的笑話。國民黨的「以黨治國」，冒充著模仿俄國，也是孫文、蔣介石的狡猾。民眾的羨慕俄國無產階級和農民真正得到解放，這種覺悟十年以來一天天的增長，使得國民黨很早就搶著說：我們國民黨也學俄國辦法，他們想這樣欺騙民眾。其實，共產黨絕對不主張以黨治國！俄國的蘇維埃政府是各級蘇維埃選舉出來，從市區和村鎮一直到中央政府，都是工人農民——總之，一切不剝削別人勞動的人民，真正普遍的參加選舉而選出來的，絕對沒有黨的機關指定政府的事！

至於說國民黨幫助共產黨的實際工作，那麼，這是羅大人們真正痛心疾首的事！國民黨的政治史太不巧妙了，一天天的更加激起工農的革命。可是，這是歷史的必然，沒有辦法，國民黨的腐化政治，只有蘇維埃革命能夠推翻他。

共產黨的黨員，在俄國不但沒有任何的特權，而且多負很多的義務，並且多加一重黨所給他的責任。舉一件極小的事來說：俄國一切非共產黨員，不論是政府機關或其他社會團體的職員，可以拿到的薪水，是不受什麼限制的；黨員，就有一種「黨員的最高限度。」——以前是二百五十盧布，現在是三百盧布。所以黨員無論兼職有多少，至多只有這一點收入，即「升官」也無從發財的。這為什麼可能呢？因為共產黨是無產階級的政黨，每一個黨員都是為著無產階級的利益而工作，無產階級是為著全人類的利益——創造將來的無階級的各盡所能，各取所需的社會而鬥爭。而國民黨的黨員。在中國卻是老爺，是大人，可以是封建諸侯，也可以是市井流氓，可以是資本家，也可以是資本家的走狗。國民黨的黨員替天行道——替帝國主義和豪紳資本家執行政權，一方面壓迫工農，別方面表演帝國主義豪紳資本家之間的互相爭奪——互相爭奪在工農身上榨出來的血汗。這些階級，中國的豪紳地主資本家，在歷史的道路上已經一天天的走近他們的死期，所以自然而然只有這些狼吞虎噬，姦淫擄掠，貪汙卑鄙的代表——國民黨黨員。所以國民黨，為著要保證好深資本家之中的某一些集團榨取工農血汗的特權，只能夠實行所謂「以黨治國」。誰借假得著國民黨機關和政府機關的名義，誰就可以多剝削一些；誰借假不著，誰就只能夠少剝削些。這是「以黨治國」的真詮。

羅大人：如果你願意知道為什麼國民黨的「以黨治國」會發生在中國，我還可以告訴你另外一個理由。這就是你自己說的中國的「貧窮」。換句話說，就是中國豪紳資本家的「貧窮」。他們愈「窮」，就愈要互相爭奪，愈要互相爭奪，就愈要憑藉所謂國民黨的「以黨治國」。他們沒有英美資本主義初興時代的餘裕，「可以規規矩矩」的在「自由」的市場上實行「自由貿易」的競爭，可以在國會式的「老牌民治主義」的政治舞臺上實行「自由政見」的競爭。

因此，你羅大人的苦心，永世也行不通。你羅大人羅博士，很迷信英美國的憲政學說——不流血的帶著白手套的人權運動。可惜你羅博士投胎投晚了二三百年，又投錯了三四萬里！你現在在中國來用「共產嫌疑」恐嚇國民黨，要他放棄黨治，實行你的所謂「民治」，也不中用了。

七、人權派用「共產足以召共管」來嚇人

中國現在的政治經濟狀況，很明顯的表示著一種趨勢，就是：如果蘇維埃運動暫時不能夠成功，那麼，中國只有日益殖民地化——亡國破產，而只有蘇維埃運動的勝利能夠救中國，只有蘇維埃運動戰勝國民黨，消滅國民黨的統治，消滅一切種種形式的豪紳地主資產階級的獨裁，而建立工農民權的獨裁，才能夠把中國從帝國主義壓迫統治之下解放出來。蘇維埃運動，就是把全國的政權交給工農兵代表會議（蘇維埃），從市區和村鎮起，由當地的工人、農民、紅軍，其他不剝削別人勞動的人，不論男女，一概絕對平等的參加選舉，選舉出來的代表會議就是當地的政府，這些市區、村鎮、城市、省份的各級蘇維埃，再選出代表來，召集全中國蘇維埃的代表大會，就是全國最高的主權機關，他的中央執行委員會就是中央政府。只有政權完全歸在這種蘇維埃手裡，只有這種真正工農民眾的政權實行沒收地主階級的土地，重新平均分配土地，沒收外國資本家的一切企業，實行真正保護勞動的工廠法、勞動法——八小時工作制等等，並且嚴厲處置怠工破壞生產的中國資本家，一直到沒收他們的企業……只有這樣，方才能夠把中國從經濟危機和破產之中救出來。地主資本家在中國現在也鬧「窮」，可是「窮」的只是在帝國主義侵略之下日益破產的一些地主資本家。他們雖然「窮」，自然還有因為他們的「窮」而大大發財的少數大地主、大資本家、大軍閥、大官僚、大「黨老爺」。他們雖然

「窮」，他們還是要剝削工農，而且他們愈是「窮」，他們愈加要加重剝削工農。工農對於他們不能夠比對手大地主大資本家有什麼特別優待，所以他們的地位是十分「為難」。所以你們這班「窮」的地主資本家要想早些「脫離苦海」，只能夠等著「永生西天極樂世界」！總之，只有消滅中國的封建餘孽，消滅中國的土地私有，引導中國走上消滅資本主義的道路，才能夠解決中國的經濟危機。

羅大人懷疑著中國共產黨是不是能夠「動搖外國在華資本家的毫末」。中國的工人階級現在領導著農民戰爭，將來工人階級在城市的大暴動，他的勝利的發展必然要取消帝國主義在中國的一切特權，什麼領事裁判權等等，必然要沒收外國資本家的企業和銀行。這是沒有疑問的。羅大人畢竟是紳士，常識有也有限，他自然很懷疑中國工農有這樣大的力量。他這種人根本不會相信群眾的力量。但是，我們只要舉一件歷史上的事實：漢口的英租界怎麼收回的呢[1]？這不是什麼陳友仁[2]的革命外交。這是武漢工人的群眾力量，這是當時南部中國幾千萬農民革命鬥爭的力量。這還是在四不像的國民黨左派政權時期。將來蘇維埃的武漢、蘇維埃的上海，那更不必說，帝國主義的力量固然是非常之雄厚，飛機大炮比現在國民黨的軍隊自然還要強十倍百倍。但是，中國幾萬萬勞動民眾的真正動員一定可以戰勝他們。中國的革命不用等待英、日、法、美國內無產階級先行革命；中國的革命民眾至少也可以直接在帝國主義到中國來的軍隊裡面發生革命的影響。俄國蘇維埃政府初初成立的幾年，有過十八路的戰線，抵擋過英、美、法、日、波蘭等等幾乎全世界的帝國主義國家。那時，英、美、法、日等國家的革命也沒有起來。可是，俄國蘇維埃政府始終戰勝了這些外國的反革命進攻，以及國內的白黨。為什麼？因為有真正群眾的力量。何況中國最近的革命，正在世界經濟危機爆發，歐戰後的資本

1 一九二七年一月三日，武漢工人、學生機會慶祝北伐戰爭勝利，在英租界附近集會的群眾遭英水兵襲擊，死傷數十人。一月五日，武漢市民在中國共產黨的領導下，舉行數十萬人參加大示威，示威群眾驅逐英國巡捕，收回了英租界。一月六日，九江工人也收回了英租界。二月一九日，英國被迫與武漢國民政府簽訂協定，將漢口、九江的英租界交還中國。

2 陳友仁（一八七八－一九四四），廣東順德人。一九二四年任孫中山秘書，一九二七年任武漢國民政府外交部長。七一五反革命政變後，赴歐洲遊歷，一九三〇年回國，任廣州反蔣派國民政府的外交委員會主席，一九三二年任南京國民政府外交部長，因主張抗日，被迫辭職。一九三三年參加福建事變，失敗後赴法。

主義的相對穩定已經大大的動搖的時候，各國的革命運動，——無產階級的革命勢力至少可以對於帝國主義的進攻中國革命加以牽制。

羅大人當然不瞭解，也不願意瞭解這些，他這是以「共產適足以召共管」來嚇人。前清時候的保皇黨[1]，如梁啟超[2]之流，早就用過「共和適足以召瓜分」的話嚇過人。這些改良主義、自由主義的大人先生，企圖預防革命消滅革命的手段，也只有這一點兒。羅大人始終沒有在梁啟超的技倆之外，想出什麼多大的新鮮花樣。

八、人權派原來也用「流氓土匪」的口實反對真正的民權

再則，羅大人不但反對共產黨的「黨治」，而且以為中國共產黨的領袖人才和幹部人才根本不能掌握政權。共產黨絕對反對所謂黨治，這我們已經在上文說過。至於領袖人才和幹部人才的問題，也不像羅大人所說的那麼簡單。蘇維埃的制度之下，共產黨將要是政治人才的學校，許多工人和勞動者能夠得到共產黨的政治領導和訓練，在鬥爭的過程之中學習管理國家的能力。大人先聲明自然是看輕工農，以為他們之中不能夠有什麼領袖人才和幹部人才。可是俄國革命的經驗，以及中國蘇維埃區域現在已有的一些兒小小的經驗，已經完全打破了大人先生們的成見。一九一四、一五年以前，俄國的紳士和資本家，夢裡也沒有想到現在俄國工人之中會產生這許多的人才。那時，除掉「地底下的」黨人之外，很少有人知道列寧等等。就是到了一九一起——一八年，還有許多白黨天天咒罵布爾什維克這些德國偵探、刑事犯、流氓、無賴……說他們的政權至多只有六星期。但是事實是怎麼樣呢?!

1 保皇黨，即保皇會，全稱為「保救大清皇帝會」，亦稱中國維新會。一八九九年創立，康有為任會長，以保救光緒、反對慈禧和抵制革命為宗旨。一九〇七年改名為憲政會。

2 梁啟超（一八七三－一九二九），號任公，廣東新會人。近代著名資產階級改良主義者。戊戌變法時的重要活動家。變法失敗後逃往日本，先後主編《清議報》、《新民叢報》，積極宣傳西方思想文化，曾與同盟會的機關報《民報》論戰，反對民主革命。辛亥革命後組織進步黨，該黨後改為研究系。

自然，還有一層更重要的，就是羅大人的所謂人才，所謂領袖，所謂幹部，另是一種解釋。他自然只有紳士的眼光。他說：「目前共產黨所謂的幹部人才，大部分是中小學的青年男女學生……共產黨的所謂下級人員，公開的說，大部分是市井的流氓，鄉村的土匪。」羅大人自己首先向國民黨提出警告說：「我們絕對不能這樣輕視中國共產黨，認一切相信共產的人，都是殺人放火的土匪。」這是他對國民黨的忠心，教國民黨不要輕敵。但是，他說了幾句之後，仍舊是「流氓土匪」的濫調。在大人先生的眼光裡面，下等人的工農兵士，究竟那一個不是流氓土匪呢?! 我們知道，羅大人是個西洋留學的博士，博學多能，不至於抄襲人家的文章。但是，有一件湊巧得很的事實：俄國二月革命[1]之後有一軍官說過一篇話，簡直像羅大人這種議論的俄文譯本，我現在也不必再把他「重新」譯成中國文。我們很知道羅大人不致于抄襲成文，同時，我們也很知道羅大人的階級立場使他自然而然的說出和俄國白黨軍官同樣的詞句。

總之，主張「民治」的羅大人，等到碰見真正大多數人的民權主義，勞動民眾的民權主義，鎮壓豪紳資產階級反革命的民權主義，他就自然而然的說：這是流氓土匪的「快刀砍頭快槍殺人」。他不願意知道：現在建設著社會主義的蘇聯，現在五年計劃的成績震驚著全世界的蘇聯，當初正是他所稱謂「流氓土匪」的人才創立起來的。羅大人，請你看看蘇聯當初的「中小學生，流氓土匪」現在幹的是什麼樣的建設事業，至少要比你們這班博士教授們高明幾千萬倍呢?!

九、人權派的理想原來如此！

那麼，羅大人的所謂「民治」究竟是什麼樣的民治呢?

這種「民治」是為著鏟共的利益的——這在上文已經說過。詳細點來說明，就是：

（一）可以保持國民黨的皇位——羅大人說：「英國的公園裡，人民可以公開演講打倒君主，直到如今，喬治第

1 二月革命，指俄國第二次資產階級民主革命。一九一七年二月（俄曆），彼得格勒的工人舉行罷工，反對沙皇專制。在布爾什維克領導下，罷工很快轉為起義，全國回應，推翻了沙皇專制制度。革命後，成立了工兵代表蘇維埃，資產階級則在小資產階級妥協支持下成立臨時政府，形成兩個政權並存的局面。

五[1]「依然是皇帝」，所以，照此推論下去，就是如果國民黨准許所謂「思想自由」，這正可以使國民黨經過二百年「依然還是皇帝」。

（二）可以使共產主義自行退落——羅大人說：「十九世紀中葉及末年，英國的共產運動，也確有端倪！？後來費賓學會這班學者們出來……創造所謂費賓社會主義[2]……共產主義自行退落。我們覺得這種剿共鏟共的策略是最根本，最聰明，最敏捷的方法」。

（三）可以取消民眾爭取政權的「口實」——羅大人說，國民黨一黨專政，所以人民要求政權，所謂「有權可分」，如果說是「民治」——取消一黨專政，就可以說，一切民眾都有政權了，不用爭取蘇維埃政權，這更加鞏固了「國民黨反共的立場」，消滅「共產黨的口實」。

（四）可以增加「人民」積極加入鏟共的機會——羅大人說，現在「一班黨外的反共人民，熱心的束手無策，悲觀的坐以待斃」，如果說是「民治」，所謂「人民」——豪紳資本家一定還要更加積極，組織團體，大大的參加鏟共。

（五）可以團結「人民」擁護國民黨的勝利——羅大人說：如今「人民不希望共產黨的成功，他們卻切望國民黨的失敗」。為什麼？因為是黨治。如果取消黨治，「人民」不至於切望國民黨的失敗了，就不期待國民黨以外的另外一個同是地主資本家的勢力來鏟共了，而能夠團結在國民黨的周圍，切望並且幫國民黨鏟共成功了！

（六）可以鞏固地主資本家的統治——羅大人說：「黨治」獨裁的結果，「自然是專政者腐化，政治日趨腐化，人民日趨叛離，這就是如今共產黨發展的機會」。如果取消黨治，把現在的地主資本家統治改良改良，就可以使他穩定而鞏固了！

1 喬治第五（George V，一八六五—一九三六），愛德華七世的次子，原在海軍服役，一九一〇年繼父位為英國國王。

2 費賓學會，即費邊社（Fabian），一八八四年在倫敦成立，以古羅馬統帥費邊•馬克沁的名字命名。所謂費邊社會主義，原是英國一種資產階級改良主義思潮，由費邊社領導人韋伯夫婦、肖伯納等人創立。

請看，羅大人說得多麼清楚：每一條都是替國民黨打算，為國民黨設想。羅大人的所謂「自由」和「民治」的目的是在保持國民黨——帝國主義走狗地主資本家的統治。

這種「民治」和自由的內容也就可想而知了。這不過是英美式的憲政，國會制度。照羅大人的口氣，美國是一個理想的國家了：「美國是比較富足的國家，人民平均的財力，比任何國家的人民更高。共產黨在美國發展機會，比任何國家更小。」人權派的大人先生們甚至於說美國差不多每家都有汽車（見《新月》雜誌某期）。

這真是海外奇談了。美國「人民」平均的財力，比任何國家更高；美國人民的自由比任何國家更大？政治上美國的「平等自由」，我們只要看一看辛克萊[1]、哥爾德[2]的小說就可以知道了：美國工人過的是何等慘酷的生活，何等的不自由，何等的不平等！這些文學家是美國人，他們知道美國社會的深切，至少比中國人權派的幾個美國留學生勝過一千倍。美國家家都有汽車的海外奇談，只好去騙小孩子！

同時，我們知道目前的世界經濟的事實：全世界經濟恐慌日益發展，而蘇聯五年經濟建設計畫有長足的進步。蘇聯不但沒有一個失業工人，而且感到工人的缺少，而美國最近的官場報告，尚且說美國有七百萬的失業工人，加上沒有登記的失業工人，只做半工的失業工人，季候工人的失業工人，總數至少在一千萬以上！這些失業工人的生活是困苦到極點。這裡我們就可以看見：所謂最理想的「民治自由」國家的成績是怎樣，而蘇維埃國家的成績又是怎樣！

人權派的大人先生們，你們的「理想」不過如此！你們的理想，充其量不過是資本主義的「民治」——國會制度，帶上一層民選的假面具的資產階級獨裁，更聰明更敏捷的剝削勞動者的政治制度。你們現在的實際作用，只是幫助國民黨的屠殺政策，忠告國民黨在屠殺之後還必須實行「民治」、「自由」的欺騙。你們還嫌國民黨摧殘工農的自由，剝奪工農民眾的人權，太不徹底！你們說：「青年思想的左傾，紅色刊物的增加，學校做共產領袖的訓練所，書店做共產思

1 辛克萊（Upton Beall Sinclair，一八七八—一九六八），美國作家。所寫長篇小說《屠宰場》，描寫了資本主義大工業壓榨工人的情景，並揭露了芝加哥屠宰場的不衛生情況，引起美國社會的極大關注。

2 哥爾德（Michael Gold，一八九四—一九六一），美國共產黨黨員、工人作家，進步刊物《新群眾》雜誌主編。著有劇本《節日》、《戰鬥之歌》和自傳體小說《沒有錢的猶太人》。

想的媒介，這是政府的飛機、炸彈、手槍、大炮所不能動搖其毫末的。」言外之意，實在是不勝惋惜之至。所以要你們這些所謂「反共政府派」大呼小叫，鞠躬盡瘁的上這麼一大套「剿共鏟共最根本，最聰明，最敏捷的方法」的條陳！人權派的真面目實在暴露得清清楚楚的了。因此實行無情的反人權派的鬥爭，應該是中國工農革命民眾在整個蘇維埃革命運動中重要任務之一。

原載一九三一年十一月十日《布爾什維克》第四卷第九期
署名：秋白

出賣靈魂的秘訣

魯迅、瞿秋白

幾年前，胡適博士曾經玩過一套「五鬼鬧中華」的把戲，那是說：這世界上並無所謂帝國主義之類在侵略中國，倒是中國自己該著「貧窮」，「愚昧」……等五個鬼，鬧得大家不安寧。現在，胡適博士又發現了第六個鬼，叫做仇恨。這個鬼不但鬧中華，而且禍延友邦，鬧到東京去了。因此，胡適博士對症發藥，預備向「日本朋友」上條陳。

據博士說：「日本軍閥在中國暴行所造成之仇恨，到今日已頗難消除」，「而日本絕不能用暴力征服中國」（見報載胡適之的最近談話，下同）。這是值得憂慮的：難道真的沒有方法征服中國麼？不，法子是有的。「九世之仇，百年之友，均在覺悟不覺悟之關係頭上」，——「日本只有一個方法可以征服中國，即懸崖勒馬，澈底停止侵略中國，反過來征服中國民族的心。」

這據說是「征服中國的唯一方法」。不錯，古代的儒教軍師，總說「以德服人者王，其心誠服也」。胡適博士不愧為日本帝國主義的軍師。但是，從中國小百姓方面說來，這卻是出賣靈魂的唯一秘訣。中國小百姓實在「愚昧」，原不懂得自己的「民族性」，所以他們一向會仇恨。如果日本陛下大發慈悲，居然採用胡博士的條陳，那麼，所謂「忠孝仁愛信義和平」的中國固有文化，就可以恢復：——因為日本不用暴力而用軟功的王道，中國民族就不至於再生仇恨，因為沒有仇恨，自然更不抵抗，因為更不抵抗，自然就更和平，更叫孝……中國的肉體固然買到了，中國的靈魂也被征服了。

可惜的是這「唯一方法」的實行，完全要靠日本陛下的覺悟。如果不覺悟，那又怎麼辦？胡博士回答道：「到無可奈何之時，真的接受一種恥辱的城下之盟」好了。那真是無可奈何的呵——因為那時候「仇恨鬼」是不肯走的，這始終是中國民族性的污點，即為日本計，也非萬全之道。

因此，胡博士準備出席太平洋會議，再去「忠告」一次他的日本朋友：征服中國並不是沒有法子的，請接受我們出賣的靈魂罷，何況這並不難，所謂「澈底停止侵略」，原只要執行「公平的」李頓報告——仇恨自然就消除了！

三月二十二日[1]

[1] 瞿秋白一九三三年三月二十二日作，魯迅改定。「何家幹」之名發表於同月二十六《申報》副刊《自由談》。——編者注

後記／《新月》政論始末

1. 引子：「此情可待成追憶」

一九六一年八月的一個下午，《往事並不如煙》的作者章詒和（時年十九歲）來到北京東黃城根附近的迺茲府胡同十二號，這是一座不算大的四合院，院子裡只住著一個人，他就是章詒和父親章伯鈞的對手、同時也是一九五七年反右運動中「章羅同盟」的二號人物羅隆基。幾十年後，章詒和在這篇專寫羅隆基的《一片青山了此身》中提到她對這個四合院的感受：「環顧四周，只有電扇發出的聲響。他這個家，安靜得有些過分。」就是在這個終日闃寂的院落裡，年過六旬的羅隆基和不到二十歲的「小愚」（章詒和的小名）有過這樣一段交談：

> 羅隆基知道我是學文的，他的話題就從學文開始。問我：「現在文科教材裡面，有沒有現代文學史？」又問：「在現代文學史裡面，有沒有新月派？」再問：「新月派裡面，有沒有羅隆基？」
>
> 我一時不知該如何回答。因為我學戲劇文學，不開現代文學史課，而在我自己所讀的現代文學史裡，新月派宗旨已不是從「那纖弱的一彎分明暗示著、懷抱著未來的圓滿」，給「社會思想增加一些體魄，為時代生命添厚一些光輝」的文學流派。官方認定的文學史上，說新月派在政治上是既反對國民黨、又與共產黨作對的第三種力量的代表，並因為受到魯迅的批判而處於受審的歷史地位。
>
> 羅隆基見我回答不出提問，便給我上起課來：「小愚，羅伯伯要告訴你，新月派的人都是很有才華的，像徐志摩，梁實秋，胡適，沈從文，梁遇春。我們不是一個固定的團體，不過是常有幾人，聚餐而已。在一起的時候，講究有個好環境；吃飯的時候，愛挑個好廚子。我們的文風各有不同，你羅伯伯專寫

政論，對時政盡情批評，幾十篇寫下來，被人叫做新月政論三劍客，另二人一個是胡適，一個叫梁實秋，都去了臺灣。可惜現在新月派被否定，羅伯伯被打倒，你讀不到我的文章了。」

……………

這已是三十多年後的時光了，說這話的羅隆基滿含歷史的感喟，不知道當時年輕的小愚能聽懂幾分，也不知道小愚是否知道，在她的羅伯伯極簡略的講述中，所帶出來的卻是現代史上中國自由主義知識份子極為重要的一頁，不屬於羅隆基個人，它還屬於羅隆基提及的胡適和梁實秋，當然更屬於那個時代。只是，隨著歷史季風的轉向，它早已被時代的風沙掩埋。只是它不甘飄零，在當事人的記憶深處，還頑強地呈現自己。

記憶是歷史承傳的一種方式，但歷史僅僅是一種個人記憶或私人記憶，則不免讓人生歎。把歷史的還給歷史，讓個人記憶變成一種「集體記憶」，尤其是知識份子的集體記憶——當這個記憶中的歷史在某種意義上又是一種歷史的延續時——似乎就更有必要了。

2. 背景：從國民黨「訓政」說起

時光退回到民國十八年即西元一九二九，這是國民黨統一中國後「訓政」開始的第一個年頭。題目所謂的「人權論戰」，即「新月」知識份子與國民黨訓政體制的交鋒。這一交鋒，發生於國民黨執政伊始，它由此拉開二十世紀中國知識份子和執政黨之間齟齬、抗爭、批判乃至被打壓的第一幕。

依然是羅隆基，他在一九二九年底一篇批判國民黨的文章《告壓迫言論自由者》中，這樣開頭：

「目前留心國事的人，大概把視線都集中在西北與東南兩方面，都認為這些自相殘殺的內戰，是中國目前極重要的事端，都認這些內戰有極可注意的價值。其實，百年後的讀史者，翻到民國十八年這幾頁史的時候，尋得著一條綱目，提到這些自相殘殺的事件否，仍為問題。我預料後人在民國十八年的歷史上，除了俄人侵入滿洲這奇辱極恥外，定還可以尋得這樣一段故事」。[1]

這是一段什麼樣的「故事」呢？

「十八年時有胡適其人，做了《知難，行亦不易》，《人權與約法》一類的文章，批評黨義，觸犯黨諱，被黨員認為侮辱總理，大逆不道，有反革命罪。黨政府的中央執行委員會議決由教育部向胡適加以警戒。同時中央執行委員會於十月二十一日常會通過《全國各級學校教職員研究黨義條例》八條，通令全國各級教職員，對於黨義，『平均每日至少須有半小時之自修研究』」（引同上）

羅隆基的「故事」畢竟是粗陳梗概，但他還是道出了一九二九這段歷史故事的雙方衝突。衝突的雙方，一方是胡適，一方是國民黨的中央執行委員會。很明顯，這是一個不成比例的懸殊，儘管胡適依託的是《新月》雜誌以及雜誌中的同仁羅隆基和梁實秋，但對方卻是一個龐大的執政體制。也就是說，三幾「新月」文人，或者說三幾有著歐美留學背景的自由知識份子向有其俄蘇背景的國民黨政權提出批評，批評對方以「黨治」的名義侵害「人權」。這樣的批判，非僅二十世紀第一次；而且批判本身觸及一個世紀以來萬象病變的「病灶」所在，故此，這「第一次」的意義顯得深遠。

「人權論戰」發生在上海的《新月》雜誌上，是由胡適挑頭、羅隆基和梁實秋緊隨而上的。《新月》雜誌創刊於一九二八年三月十日，由「新月書店」出版。這個雜誌的主要成員除上述羅隆基提到的外，還有潘光旦、葉公超、余上沉、饒孟侃、邵洵美等，這些都是地地道道的文人，就像雜誌是一份地地道道的文藝性雜誌一樣。然而時間不過一年，這份在二十世紀文學史上享有盛名的文學雜誌突然不甘文學，出現了與文學本不相干的文字，它就是胡適的《人權與約法》。隨著這篇文章的出現，該雜誌迅速政論化，儘管沒有完全離開文學，但卻不可自抑地走上了政治批判的道路。這甚至連它的主辦者當時都意想不到。那麼，是一種什麼力量推動著這份雜誌、推動著這個雜誌中的胡適、羅隆基、梁實

1 羅隆基《告壓迫言論自由者》，轉引《胡適文集》卷五，第五六四頁，北京：北京大學出版社，一九九八年。

秋在他們所鍾愛的文學和文化之外，惹來這本和自己並不相干的政論風潮呢？

這卻要從國民黨的「訓政」理論說起。

國民黨「訓政」理論來自孫中山。孫中山早在一九〇六年制定「革命方略」時，就把革命從發生到完成劃分為三個階段。在一九二三年的《中國革命史》中，孫中山將自己的這一思想作了如下表述：

「余之革命方略，規定革命進行之時期為三：第一為軍政時期，第二為訓政時期，第三為憲政時期。第一為破壞時期，在此時期內，施行軍法，以革命軍打破滿洲之專制，掃除官僚之腐敗，改革風俗之惡習等。第二為過渡時期，在此時期內，施行約法（非現行者），建設地方自治，促進民權發達，以一縣為自治單位，每縣於敵兵驅除戰事停止之日，立頒佈約法，以規定人民之權利義務與革命政府之統治權。……第三為建設完成時期，在此時期施以憲政，此時一縣之自治團體，當實行直接民權。人民對於本縣之政治，當有普通選舉之權、創制之權、複決之權、罷官之權。而對於一國政治，除選舉權之外，其餘之同等權則託付於國家（民）大會之代表以行之。此憲政時期，即建設告竣之時，而革命收功之日也。」[1]

這樣一個革命的「三段論」，從「軍政」而「訓政」而「憲政」，相應地，三個階段從「軍法之治」而「約法之治」而「憲法之治」，這不僅是孫中山對中國革命的總思考，也是國民黨執政前後的總的指導思想。

國民黨的軍政階段，最早可從一八九五年國民黨前身的「興中會」和「同盟會」算起，至一九一一年辛亥革命，終於打破了「滿洲之專制」。但，滿清垮臺軍政並未結束，用孫中山自己的話來講，辛亥之後，繼之而起的，則是「討袁之役」和「護法之役」。革命的敵人，由滿清變成了北洋軍閥。從一九一二年中華民國成立到一九二八年，國民黨又用了十七年的時間，和北洋軍閥鬥。一九二六年七月國民黨開始北伐，兩年後，東北軍閥張作霖被日本人炸死，其子張

---

[1] 孫中山《中國革命史》，《孫中山全集》卷七，第六二－六三頁，北京：中華書局，一九八五年。

學良向國民政府放下武器，自願歸附，並用國民黨的青天白日旗換下了自己的五色旗。以此為標誌，青天白日的國民黨方才在全國範圍內獲得形式上的統一。軍政階段至此結束。

從「軍政」到「訓政」，國民黨推進的日程如下：

一九二八年六月，北伐戰事基本結束之際，蔣介石提前宣告北伐完成（「東北易幟」遲為該年年底）。為削弱各派軍事力量的實力，蔣介石乃藉口實現先總理孫中山的「建國大綱」，提出「統一軍政」「實行訓政」的口號，意在裁減黃埔以外的各系兵力。

一九二八年八月，國民黨二屆五中全會在南京舉行，會議決定訓政時期遵照總理遺囑，頒佈約法，並實行「五院制」。會議特別強調軍令政令的絕對統一。

一九二八年十月，經過一番籌備，國民黨中常會通過並公佈了《中國國民黨訓政綱領》，本月十日，國民政府主席、委員在南京宣誓就職。這一宣誓意味著國民黨在全國範圍內開始執政。所執之「政」便是往後在形式上長達二十年之久（至一九四八年「行憲」為止）的「訓政」。

國民黨訓政不久，就遭到以胡適為代表的「新月」知識份子的批評。一九二九年四月十日出版的《新月》第二卷第二號上（該期雜誌實際延期出版），頭條文章就是胡適呼籲國民黨快快制定憲法的《人權與約法》，緊接著則是羅隆基批判國民黨訓政的《專家政治》。兩篇文章一改《新月》以往文學加文化的面貌，大膽切入現實政治，公開面對國民黨體制發言，而且批評的直接就是國民黨「黨國」體制本身。至此，國民黨訓政不過半年有餘，《新月》創刊也才一年又一月。

應該說，像胡適這樣的知識份子當時雖然反對戰爭，主張南北議和，因為在桌面上談判總比在戰場上兵戎相見要好。但北伐開始以後，胡適雖然人在英國，對國民黨還是持支持態度的，畢竟國民黨是要消滅各路軍閥，止息各地戰爭，走向全國統一。然而全國統一之後，國民黨的做法又讓那些有英美留學背景的知識份子大失所望。這樣一個政治格局離他們心中以英美憲政為參照的政治體制相差委實太遠，不獨如此，如果按國民黨所效仿的蘇俄黨治格局，持續下去的話，那麼，至少是言論自由的狀況，恐怕連北洋時代還不如。失望加上危機感，逼得具有政治關懷的知識份子不得不出來對國民黨訓政表明自己的態度。

國民黨訓政是一個奇怪的理論，尤其是它夾在「軍政」和「憲政」之間。本來軍政結束，可以像歐美諸國一樣，由皇權到民權，可是怎麼會額外多出一個延緩民權的「訓政」呢？孫中山自稱他的這一想法來自中國古代的一個典故「伊尹訓太甲」。一九二〇年，他在一次國民黨本部會議的演說中，劈頭就說：「『訓政』二字，我須解釋。本來政治主權是在人民，我們怎麼好包攬去作呢？」何況「這『訓政』，好像就是帝制時代用的名詞」。但，一個「但是」，孫中山就把彎子轉了過來。「須知共和國，皇帝就是人民，以五千年來被壓迫做奴隸的人民，一旦抬他作起皇帝，定然是不會作的，所以我們革命黨人應該來教訓他，如伊尹訓太甲一樣。我這個『訓』字，就是從『伊訓』上『訓』字用得來的。」[1]所謂「伊訓」是《尚書・商書》中的一篇，它記載的是商湯臣子伊尹在祭祀商湯時對繼位的太甲所說的訓辭，書中的原話是「伊尹乃明言烈祖之成德，以訓于王」。「訓」，《說文》訓為「說教也」。伊尹對太甲的說教，不外是力戒「三風十愆」之類的道德教訓。孫中山借過這個詞，把它構想為革命黨奪取政權後的一個階段，而這個階段所以置於「軍政」與「憲政」之間，蓋在於「由軍政一蹴而至憲政時期，絕不予革命政府以訓練人民之時間，又絕不予人民以養成自治能力之時間。於是第一流弊，在舊汙未由蕩滌，新治未由進行。」[2]於是，孫中山以西方民治為鵠的，又從傳統汲取資源，在「軍政」通往「憲政」的路上，橫空插了個所謂的「訓政」。而訓政的任務，是由革命黨統領政權，並對人民進行政治訓練，教導人民如何行使自己的政治權利（如選舉權、創制權、複決權、罷免權等），以為憲政作過渡。

然而，問題在於，軍政時期國家權力在「皇」（或北洋），憲政時期國家權力在「民」，而「訓政」時期國家權力卻在「黨」。

一九二八年十月三日，國民黨中常會公佈的《中國國民黨訓政綱領》（六條）如下：

（一）中華民國於訓政時期，由中國國民黨全國代表大會代表國民大會，領導國民行使政權；（二）中國國民黨

1 孫中山《在上海中國國民黨本部會議的演說》，《孫中山全集》卷五，第四〇〇—四〇一頁。

2 孫中山《中國革命史》，《孫中山全集》卷七，第六六—六七頁。

全國代表大會閉會時，以政權付託中國國民黨中央執行委員會執行之；（三）依照總理建國大綱所定選舉、罷免、創制、複決四種政權，應訓練國民逐漸推行，以立憲政之基礎；（四）治權之行政、立法、司法、考試、監察五項，付託於國民政府總攬而實行之，以立憲政時期民選政府之基礎；（五）指導監督國民政府重大國務之施行，由中國國民黨中央執行委員會政治會議行之；（六）《中華民國國民政府組織法》之修正及解釋，由中國國民黨中央執行委員會政治會議決行之。[1]

訓政六條，一言以蔽之，一切權力歸國民黨。

國家政權（包括選舉、罷免、創制、複決等權力）本來應該來自全國代表大會，可是這個代表大會卻由國民黨代表大會代表了，「黨大」取代「國大」。此所謂「以黨代國」。同樣，國家治權（包括行政、立法、司法、考試、監察等權力）看起來由國民政府統領，但，國民政府的治權卻授自於國民黨。從國民黨制定通過的《中華民國國民政府組織法》可以看出，由黨產生政府，政府對黨負責。政府一旦成立，國民黨中央執行委員會的政治會議就成了它的指導機關，並且負有直接指導的責任，此又謂「以黨治國」。在「政權」和「治權」之外，國民黨對國民政府又有「監督權」，並且對國民政府的組織還有修正權和解釋權。至此，國家層面上的所有權力資源都牢牢掌控在國民黨手中，二十世紀中國現代史上的「黨治」或「一黨專政」即此形成。

應該指出，國民黨黨治理論源於孫中山，而孫中山則取法蘇俄。一九二三年，國民黨改組前夕，孫中山說：「俄國革命六年，其成績既如此偉大；吾國革命十二年，成績無甚可述。故此後欲以黨治國，應效法俄人」。[2]不久在國民黨第一次全國代表大會上又曰：「現尚有一事，可為我們模範，即俄國完全以黨治國，比英美法之政黨握權更進一步……俄國之能成功，即因其將黨放在國上。我以為今日是一大紀念日，應重新組織，把黨放在國上。」[3]

1 轉馬尚斌等《中國國民黨史綱》第一七〇頁，瀋陽：遼寧大學出版社，一九九二年。
2 孫中山《在廣州國民黨黨務會議的講話》，《孫中山全集》卷八，第二五八頁。
3 轉羅隆基《我們要什麼樣的政治制度》，《新月》第二卷第十二號第八頁，上海：上海書店影印，一九八五年。

當孫中山把「黨放國上」之時，在邏輯上，黨也就淩駕於國法之上。所謂家有家規，國有國法。一九二九年三月，省會遷到泰安的國民黨山東省黨部有一「劃時代的壯舉」，就是在泰山頂上的「無字碑」刻字，該碑高六米、寬一米二，相傳為秦時嬴政所立，立意在焚書。國民黨已然不會焚書，但卻會大書特書，這一千多年來的無字之碑被刻上六個擘窠大字「黨權高於一切」。[1]這「一切」當然也包括一個國家的「政權」。於是問題更形嚴重。胡適充分意識到了該問題的嚴重性，他率先指出了孫本人在這個問題上的倒退。從一九〇六到一九二三，孫中山的革命三段論，都還強調「訓政」階段要「行約法之治」。然而，國民黨改組之後的一九二四年，孫中山推出了他的「建國大綱」，在這由二十四條內容構成的大綱中，訓政階段依然，但約法之事卻不提了。孫為什麼取消自己以往強調的約法？胡適用孫自己的話指出：「辛亥之役，汲汲於制定臨時約法，以為可以奠民國之基礎，而不知乃適得其反」。孫自己總結了原因，「曾不知癥結所在非由於臨時約法之未善，乃由於未經軍政、訓政兩時期，而即入於憲政也」；因此，「未經軍政訓政兩時期，臨時約法決不能發生效力」。揆諸國民黨訓政的實際情況，就其最上層而言，雖然蔣介石一度聲稱要行約法之治，但國民黨另一領袖同時又是國民黨元老的胡漢民卻堅決反對。一九二九年三月召開的國民黨三全大會上，胡漢民等人的主張獲得了大會的擁護，並且胡漢民在中央執行委員會的常委會上還主持通過了一項決議，議決「確定總理主要遺教為訓政時期中華民國最高根本法案」。胡漢民身為立法院院長，為了權力之爭，居然把遺教當作最高法，那麼，這個立法院是不是可以關門。

從孫中山的理論到國民黨實踐，一直旁觀的胡適等人終於明白，所謂「訓政」，原來不是走向歐美性質的「法治國」，而是轉向蘇俄性質的「黨治國」。黨治，這個二十世紀最新興起的一種「現代性症候」，在全球範圍內，以蘇俄為其始，中國繼其二（孫中山引進、國民黨推行……），由此蔓延整個世紀。「新月」知識份子雖然當時並沒有穿透一個世紀的目光，但他們的批判卻點中了這個世紀症候的「穴位」。由於他們的留學背景以及他們在英美習得的政治教養使得他們無論如何不能接受「法治」之上的「黨治」（甚至用「黨治」取消「法治」）；因此，一場具有世紀啟示意義

1 參見范泓《泰山無字碑：從無字到有字》，《老照片》第二十四輯，濟南：山東畫報出版社，二〇〇二年。

的「人權論戰」就勢所難免地拉開了帷幕。

3.第一階段：「此時應有一個大運動起來」

胡適的《人權與約法》發表在《新月》雜誌第二卷第二號上，寫作時間是一九二九年五月六號。這篇文章從否定的方面來說，是批判國民黨的黨國體制；從肯定的方面來說，是呼籲國民黨立法以保障人權。法與法治，是胡適留美的習得，也是他據以抗爭國民黨的出發點。這一點對胡適來說是一貫的。早在一年以前，國民黨方面的李宗仁派人來拉胡適，胡適就很明確的表達過約法的意思。這是胡適一九二八年四月二十八日的日記記載：

> ……下午王季文同吳忠信（字禮卿）、溫挺修（字堯笙、廣西人，李宗仁的總參議）來談。溫君竟是代表李宗仁來勸駕了！我告訴他們，留一兩個人獨立於政治黨派之外，也是給國家留一點元氣。若國民黨真有徵求學者幫助之意，最好還是我去年七月間為蔡先生說的『約法會議』的辦法，根據中山的《革命方略》所謂訓政時代的約法，請三四十個人（學者之外，加黨、政、軍事有經驗聲望的人）起草，為國家大政立一根本計畫以代替近年來七拼八湊的方法與組織。」[1]

然而一番交談過後，胡適失望了，日記的最後，是這樣一筆：

「他們三人似不很瞭解此意」（引同上）。

[1]《胡適日記全編》卷五，第七十－七一頁，合肥：安徽教育出版社，二〇〇一年。

但，國民黨內部並非鐵板一塊，因為孫中山的思想前後並不一致，國民黨改組以前的孫中山是強調訓政階段要約法的，而改組後的孫中山因為決意效法蘇俄，用黨治取代法治，於不知不覺中，約法之治便消失了。這樣就給軍政結束後的國民黨留下了可爭論的縫隙。當然，這樣的爭論在國民黨上層是權力之爭（如胡漢民與蔣介石），但也不排除一些國民黨有識之士真誠地希望法治。一九二八年夏，南京特別市黨部法制局局長王世杰和國民黨中央執行委員朱霽青等分別建議政府約法，因此，國民政府法制局專門提出建議，建議政府「組織中華民國暫行約法起草委員會」。胡適顯然注意到了這一動態，在他的日記中就剪貼了該建議的報紙文本，儘管他只是粘貼而未作評論。這至少說明，體制外的批判與建議和體制內的某些力量可以達成共識並形成互動。

一段時間以後，體制未見任何約法動作，卻出現了國民黨上海特別市黨部代表陳德徵向國民黨三全大會提出的一個議案，當時上海各報都登出了這個議案的專電《嚴厲處置反革命份子》，提案者認為：「查過去處置反革命份子之辦法，輒以移解法院為唯一歸宿，而普通法院因礙於法例之拘束，常忽於反革命份子之實際行動，而以事後證據不足為辭，常縱著名之反革命份子。」因此，提案者提議：「凡經省及特別市黨部書面證明為反革命份子者，法院或其他法定之受理機關應以反革命罪處分之，如不服得上訴，惟上級法院或其他上級法定之受理機關、如得中央黨部之書面證明，即當駁斥之。」[1]根據陳德徵的提案，法院成了黨的一個機構，它只需要按照黨的意志執法便行。這是「黨在法上」的一個最好的表白。

該提案發表在一九二九年三月二十六日的上海各報上，當時國民黨第三次全國代表大會正在南京舉行（一九二九年三月十八日至三月二十七日），該提案雖然最後並沒有在三全大會上提出，但它在上海各報發表，也等於替國民黨作了次公開的表態。胡適看到這則提案的當天，便忍不住提筆寫信給當時的司法院院長王寵惠，說：「先生是研究法律的專門學者，對於此種提案，不知作何感想？在世界法制史上，不知那一世紀那一個文明民族曾經有過這樣一種辦法，筆之於書，立為制度的嗎？……近日讀各報的專電，真有聞所未聞之感，中國國民黨有這樣黨員，創此新制，大足以誇耀

[1] 轉《胡適來往書信選》中冊，第五一一－五一二頁，香港：中華書局香港分局，一九八三年。

全世界了。」[1]信完後，胡適一邊寄王寵惠，一邊又把信稿給國聞通信社發表，過了幾天，國聞通信社回信，說：稿子已轉送各報，未見刊出，聞已被檢查者扣去。茲將原稿奉還。在胡適看來，這封信並沒有什麼軍事機密，自己又是親自署名，是以負責的態度討論國家問題，為什麼不可以呢？何況公開發表意見屬於言論自由，新聞檢查人的無理干涉，那麼，言論自由的權利又如何保障呢？

事隔不久，國民政府倒是頒佈了一道保障人權的命令，時為一九二九年四月二十日：

「世界各國人權均受法律之保障。當此訓政開始，法治基礎亟宜確立。凡在中華民國法權管轄之內，無論個人或團體均不得以非法行為侵害他人身體，自由，及財產。違者即依法嚴行懲辦不貸。著行政司法各院通飭一體遵照。此令。」[2]

胡適的《人權與約法》就是以這則命令開頭的，文章寫在該命令發表的半個月以後。這其間應有這樣一件事促動胡適為文，這便是他與馬君武的一次談話。據胡適日記（一九二九年四月二十六日）記載：

「馬君武先生談政治，以為此時應有一個大運動起來，明白否認一黨專政，取消現有的黨的組織，以憲法為號召，恢復民國初年的局面。

這話很有理，將來必有出此一途者。

君武又說，當日有國會時，我們只見其惡，現在回想起來，無論國會怎樣腐敗，總比沒有國會好。究竟解決於國會會場，總比解決於戰場好的多多。

1 「胡適致王寵惠」，《胡適來往書信選》中，第五一一頁。

2 轉胡適《人權與約法》，《胡適文集》卷五，第五二四頁，北京：北京大學出版社，一九九八年。

> 我為他進一解：當日袁世凱能出錢買議員，便是怕議會的一票；曹錕肯出錢買一票，也只是看重那一票。他們至少還承認那一票所代表的權力。這便是民治的起點。現在的政治才是無法無天的政治了。」[1]

在某種意義上，二十世紀是倒著走完的，還是在世紀前半段，就不止胡適一個人認為，黨國不如民初，黨國是對民初的一個倒退，畢竟北洋時代還有一個議會框架，這個框架是以歐美政治為其參照。而取代北洋的國民黨卻效法蘇俄，用黨治框架取代了議會框架，這只能是倒退。而後歷史一路下行，極權黨治又取代了威權黨治。所以二十世紀的政治等高線，就像中國大陸的地形一樣，自西而東，高開低走。然而，胡適畢竟英美出身，眼光高明，恢復民初國會，用以取代一黨專政，他和馬的看法如此一致：「此時應有一個大運動起來」。雖然並沒有有力的書證顯示胡適要掀起一場什麼運動，但，事實表明，胡馬對話後不久，這場運動就不期然而至了。固然，從發生規模上看，「人權論戰」還不是一個大運動，甚至連運動都算不上，它乃是轟動一時的政治風波。而為這場風波揭開序幕的就是胡適的《人權與約法》。

在《人權與約法》中，胡適對以上國民政府保障人權的命令有三點開評：

一，認為人權含義不明確，它雖然包括身體、自由、財產三項，但這三項都沒有明確的規定。

二，更重要的是，「命令禁止的只是『個人或團體』，而並不曾提及政府機關。……但今日我們最感痛苦的是種種政府機關或假借政府與黨部的機關侵害人民的身體自由及財產」。

三，「命令中說：『違者即依法嚴行懲辦不貸』，所謂『依法』是依什麼法？我們就不知道今日有何種法律可以保障人民的人權。」[2]

下面，胡適在文章中舉了兩個人權不得保障而都是來自官方或軍方的例子。一個是安徽大學學長劉文典，一個是唐山市某商號的經理楊潤普。劉文典因為在語言上頂撞了蔣介石，因此被蔣下令拘禁了好多天，他的家人朋友只能到處

---

1 《胡適日記全編》卷五，第四〇二—四〇三頁。

2 胡適《人權與約法》，《胡適文集》卷五，第五二四頁。

奔走求情，卻不能到法院去控告蔣。胡適認為「這是人治，不是法治」。而唐山那位楊氏商人，在沒有證據的情況下被當地駐軍指為收買槍支，遂被拷打監禁而致遍體鱗傷，於是惹動唐山市商人的罷市。對此，胡適責問「人權在那裡，法治在那裡」？

從政府侵害人權致使人權無以得到保障，胡適把問題拉到法治上。本來，保障人權的應是「法令」而非「命令」，因為命令只能針對其他對象卻無以針對它自己，問題在於發佈命令的是政府，侵害人權最多的也恰恰是它。怎麼辦？只有訴諸歐美法治。胡適呼籲：「在今日如果真要保障人權，如果真要確立法治基礎，第一件應該制定一個中華民國的憲法。至少，也應該制定所謂訓政時期的約法」。在這裡，約法具有憲法的性質，而「憲法，是人民統治政府的法」[1]——這是胡適的「新月」盟友羅隆基專門「論人權」中的話。法治即憲法政治，它「只是要政府官吏的一切行為都不得逾越法律規定的許可權」，胡適如是說。此刻，胡適擔心的不是別的，就是政府超越自己的許可權，而約法，正是對這個許可權的規定。

《人權與約法》矛頭對準的是政府，文章甫出，便激蕩起一波又一波的論潮。隔了一期，《新月》雜誌專門闢有「人權與約法」的討論。胡適寫了「編者按」：「《人權與約法》一篇文字發表以來，國內外報紙有轉載的，有翻譯的，有作專文討論的。在這四五十日之中，我收到了不少的信，表示贊成此文的主張。我們現在發表幾篇應該提出討論的通信，略加答覆……」[2]在「讀者來信」中，有人提出：「民國十三年春，國民黨改組，援俄意先例，揭櫫以黨治國。在憲法未頒以前，繼續厲行黨治，似無疑義。黨治一日存在，則全國人民不論是否黨員，對於黨義政綱，應奉為天經地義，不得稍持異議。即使約法頒佈，人民之言論出版仍須受嚴重限制。」（引同上）對此，胡適明確回答：「我們要一個『規定人民的權利義務與政府統治權』的約法，不但政府的許可權要受約法的制裁。黨的許可權也要受約法的制裁。如果黨不受約法的制裁，那就是一國之中仍有特殊階級超出法律的制裁之外，那還成『法治』嗎？（引同上）

1 羅隆基《論人權》，載《胡適文集》卷五，第五四七頁。
2 《〈人權與約法〉的討論》，《胡適文集》卷五，第五三〇頁。

孫中山的訓政理論是要國民黨對人民進行政治訓練，從而使人民會使用屬於他們的政權；然而，事實是，人民不但沒有獲得自己的政治權利，甚至連他們的人身權利都沒有保障。比較而言，政治權利是一種積極權利，屬於「民權」範疇，或稱「公權」；人身權利則是消極權利，屬於「人權」範疇，又曰「私權」。兩種權利，人權是基礎，民權是它的一個更高層次。按照權利排序，人權顯然有其優先性（可參見伯林博士關於「消極自由」和「積極自由」的論述），可是，國民黨置人權於不顧，反而高蹈地在民權上作文章。而對民權，玩得又是「將欲與之，先予取之」的遊戲。結果，人民的權利兩頭落空，什麼都沒有；而國民黨不但握有統治國家的權力，事實上還有超越法律之上任意侵害人身的權力。這樣一種狀況，應該說具有變本加厲的世紀性。胡適於自由主義學理雖然未遑深入，但他卻能在與國民黨的訓政之爭中，從底線出發，抓住「人權」做文章，並以「法權」為訴求，用以抗衡國民黨的「黨權」。這樣胡適以「人權」為紐結，把屬於那個時代乃至屬於那個世紀的問題一下子都給拎了起來，並且使「人權」這個詞在二十世紀第一次獲得廣泛注意和強烈反響。

和胡適的《人權與約法》發於《新月》二卷二期上的是羅隆基的《專家政治》。兩篇文章搭配為一組，都是面對訓政開火，也都是「人權論戰」的標誌性文章。羅隆基是一九二八年才從英國留學回上海的，回來不久就以「初出茅廬不畏虎」的姿態投入胡適發起的「人權論戰」。如果說胡適是這場論戰的領袖，羅隆基則是名副其實的主將（而當時被稱為「新月三劍客」之一的梁實秋只是裨將，他前前後後一共只貢獻了兩篇文章，其精力很快轉移到和魯迅的文學論戰上）。作為主將的羅隆基在「人權論戰」的前期多少是作為胡適的配合出現的。胡適強調用約法保障人權，羅隆基很快就有正面的呼應《論人權》。不過，這揭開論戰序幕第一輪的文章卻和胡適各有側重，它直衝國民黨治權而去，批評國民黨的「武人政治」和「分贓政治」，然後質問訓政本身，從而把政治視為一種行政，指出它需要專門的知識和專門的人才。

羅文對國民黨的質問是從孫中山的論述開始的，它是以孫中山之矛擊國民黨之盾。在孫中山那裡「政治兩個字的意思，淺而言之，政就是眾人的事，治就是管理。管理眾人的事，便是政治」。[1]這樣的管理，其實就是行政。那麼，

[1] 轉羅隆基《專家政治》，《胡適文集》卷五，第六〇二頁。

什麼樣的人才能從事這種管理呢？羅文繼續引用孫中山。孫在《民權主義》第五講裡，有過這樣的比喻：

> 「現在有錢的那些人，組織公司，開辦工廠，一定要請一位有本領的人來做總辦去管理工廠。這種總辦是專門家，就是有能的人。股東就是有權的人。工廠內的事，只有總辦能夠講話，股東不過是監督總辦罷了。現在民國的人民，便是股東，民國的總統，便是總辦。我們人民對於政府的態度，應該要把他們當作專家看。」（引同上）

國民黨把政權與治權分開，後者就是事權。羅隆基繞開政權，專指事權，提出由專家行政，這樣便在孫中山這裡找到了自己主張的合法性。然後，羅文直指國民黨武人政治和分贓政治的現實，把話題拉到了訓政上。本來，在國民黨那裡，訓政是對人民進行政治訓練，可是按照羅氏的專家政治的理念和武人政治的現實，如果要訓政，其對象就不是人民而是那些從政的武人和官吏。「誰來訓政？怎樣訓政？這又是我們急急要知道的兩個問題。文人去練兵，武人來訓政，恐怕這是同等的滑稽。倘若政治上真要訓政，那些導師，當然要請政治上的專家來擔任。士官，保定，黃埔出來的專家，他們或者可以訓軍，訓政一層，恐怕用非所學了。如今，軍事方面，國家費許多錢去請德國的軍事專家來擔任，本國的軍事專家，卻放棄他們的專門學術，來擔任政治教練，這又是學非所用了。」[1] 其中，「用非所學」和「學非所用」兩語，頗切國民黨訓政之荒謬。最後，羅文的結論是：「只有正當的選舉和公開的考試，才能產生真正的專家政治，只有專家政治，才能挽救現在的中國。」（引同上）

……………

民國十八年春（即西元一九二九年），以胡羅二文為發端，「人權論戰」在中國上海拉開序幕。《新月》自四月的二卷二號以後，一直到年底的二卷十號（實際出版日期已是一九三〇年春），每一期頭條，都由胡、羅、梁三人的

1 羅隆基《專家政治》，《胡適文集》卷五，第六〇七頁。

政論擔綱。它大致包括胡適自己的《我們什麼時候才可有憲法》《新文化運動與國民黨》，羅隆基的《論人權》《告壓迫言論自由者》和梁實秋的《論思想統一》等。該年十二月，胡適將年內發表的文章輯為一冊，名《人權論集》，交新月書店出版。該論集共收文十篇，其中梁實秋一篇，羅隆基三篇，胡適六篇外加一篇序（其中胡適的《名教》先發於一九二八年「新月」一卷五號）。如果以這本《人權論集》為標誌，那麼，從一九二九年初夏至年底，這半年多時間可視為「人權論戰」的第一階段。

4. 右的圍剿：「呈請撤懲中國公學校長胡適」

自《新月》揭載胡適的《人權與約法》之後，社會上即獲得各種各樣的反響。有朋友為胡適叫好，但更多的卻是來自作為右翼的國民黨的討伐。

還是在胡適寫作該文之前，在他日記的剪報中，就有一則「勸」他明哲保身、不要惹事的忠告。那篇文章是從劉文典被蔣介石抓捕談起的（胡適的《人權與約法》也沒有放過這件事）。劉文典是安徽人，作者同時聯想到劉的兩個安徽同鄉，一個是胡適，一個是陶行之。針對胡適，他「聽說胡先生近來實在忍不住，一定要辦一種什麼刊物來批評黨國，據我看，以胡先生的地位，還是一句話也不說，專門弄弄哲學史或文學史的好；因為說得太軟，有失胡先生的身分，只足以喪失自己的信用；說得太硬，又適足以取辱；要知道吳淞中國公學，就在蔣總司令的勢力範圍，難道不怕捉將官裡去而為劉君文典之續嗎？」[1]

胡適並沒有聽勸，兩個多月後，時為中國公學校長的他，「草成《人權與約法》一篇，送給《新月》發表。」並附注了一項理由「我總覺得丁西林的話不錯：『向來人說多一事不如少一事。今日我們應該相信少一事不如多一事。』

1 轉《胡適日記全編》卷五，第三五八頁。

此文之作也是多一事也。」[1]

此事一多，便惹來了風波。

如果說胡適是五月六日才寫此文，到《新月》發表又需一段時日，那麼，至遲到六月三日，胡適的日記中，就剪貼到兩份在報紙上攻訐自己的文字，此所謂捷如影響。以後，這類文字數量激增，很快形成圍剿之勢，大約半年多時間，僅僅是胡適日記，就留存了二十多篇（實際數量當遠不止於此）。這類文字，有嘲諷、有謾罵、有恫嚇。理由幾乎千篇一律，胡適的幾篇文章（主要指《人權與約法》《〈人權與約法〉的討論》《我們什麼時候才可有憲法？》《知難，行亦不易》）「侮辱本黨總理，詆毀本黨主義，背叛國民政府，陰謀煽惑民眾。」[2]對此，胡適態度不改，在年底《人權論集》的序言中明確回答：「我們所要建立的是批評國民黨的自由和批評孫中山的自由。上帝我們尚且可以批評，何況國民黨與孫中山。」[3]言論自由在胡適看來是「人權中的一個重要部分」（引同上），自由地批評國民黨與孫中山是自己的不能讓度的權利，此時胡適已經受到很大的壓力，但在這點上，他並不因為壓力而讓步。

在國民黨的圍剿中，出力甚勤的是上海特別市黨部主任和宣傳部長陳德徵。此人是個狂熱分子。還是該年三月公開提出《嚴厲處置反革命分子案》，結果被胡適在《人權與約法》中痛揭，因此，圍剿胡適時，他是出大力流大汗的一個。他在自己把持的《民國日報》上親自操刀，題目就叫「匕首」，直指胡適而去。文章自稱「小子」，云：「小子識淺，生平只知有三民主義，只知有總理及其遺教，只知有黨。小子比不得博士先生，懂得好人政府，懂得好人政府底約法。小子終以為黨是制法的機關，黨不是誣陷好人為壞蛋的集團。小子認以黨治國之時，只有總理遺教，是國家底根本法；違反總理遺教者，即為反革命，即為反法；反革命和反法，均當治罪……」[4]胡適當天就把這篇文章剪貼在自己的日記中，並在其後附上一句「可憐的陳德徵」。

1 《胡適日記全編》卷五，第四〇四頁。
2 轉《胡適日記全編》卷五，第四八八頁。
3 胡適《〈人權論集〉序》，《胡適文集》卷五，第五二三頁。
4 轉《胡適日記全編》卷五，第四三四頁。

在一片喧囂的圍攻聲中，有的文章也試圖從學理角度批胡適，但批得是一場糊塗。一篇題名為「有憲法才能有訓政嗎？」的文章，稱胡適是「代表現在中國一班士大夫階級（？）來反對中國國民黨的」。它公開宣稱「中國國民黨的專政，本身毫無掩飾的，我們的口號『以黨治國，以黨建國，以黨專政』毫無疑義的宣佈出來。因為中國國民黨負了領導中國國民革命的責任，當然要進這個責任而完成其使命……」，接著，文章批駁了胡適的人權論的虛偽，「在胡先生確實太過崇拜『天賦人權』的信念了。我們遠看一點，在歐美的虛偽民權，對於人民有什麼利益。胡先生到了歐美，並看見坐汽車住洋房的人們生活享受愉快，他們有了民權，才能國富兵強，炮艦駛到中國如入無人之境，而沒有看見工廠裡面做資本家奴隸的工人和殖民地裡面被壓迫的人民的狀況。他們國家裡的民權，是為特殊階級所占了，痛苦的民眾們那能占定絲毫的利益。美洲的民主政治這樣的虛偽，在胡先生見解，似乎沒有感覺得到的。」因此，它責問胡適「還是要把歐美式的民權搬到中國來嘗試嗎？」這樣的語言，雖然出自右翼的國民黨，但和我們後來所熟習的左翼話語，其實是一個坯胎，連它們的語用方式都是一致的。比如文章聲稱：「在現在的時候國民黨並不是不尊重民權，我們所說的民權，是要全體民眾利益為前提，以整個民族的利益為前提」。最後，針對胡適的「法治國」，文章質問「法律是什麼？」，然後答曰：法律「為統治者一種權力」，「最高的憲法而至於各種法律，都是表現統治者的權威」，同時也「都是束縛人民的工具」。[1]這裡文章表現出對西方法治理論的驚人的無知，它實際上是把羅隆基的憲法是「人民統治政府的法」顛倒為「政府統治人民的法」。所以胡適斥之為「不通」。

除了報紙上的文字攻訐外，國民黨各地黨部也接二連三地在報紙公開上書國民黨中央黨部，以議案形式呈請處置胡適。這裡最積極也最先動作的依然是陳德徵控制的上海黨部，從區到市，一層層上來，而且不止一次。一九二九年八月二十五日，上海報紙報導「本市執委第四十七次常會呈請撤懲中國公學校長胡適」。僅僅五天時間，便又召集第四十八次會議，議決「中公校長胡適反動有據市黨部決議中央拿辦」。到了九月份，事態擴大，由滬而京：

先是「平市百餘黨員請查辦前善後會議委員胡適」。然後，疫情蔓延：「津市黨委請懲辦胡適」，

[1] 轉《胡適日記全編》卷五，第五〇三－五〇七頁。

「平市六區黨部請嚴懲胡適」，「平市黨部請緝胡適」，「蘇省黨部呈請中央緝辦無聊文人胡適」，「呈請懲辦反動的胡適為本黨同志之一致要求，天津市黨部十二次常會決議」，而後，青島市指導委員會亦呈請「嚴懲豎儒胡適」。不到一個月內，僅在胡適的日記剪報中，先後計有上海、北平、天津、江蘇、青島等五省市黨組織（區級不算、重複亦不算）要求中央對胡適嚴加處理。

下有所請，上有所動。根據各級黨部的電呈，國民黨中央執行委員會開始干涉。一九二九年九月二十一日，中央訓練部致函國民政府，請國民政府令飭教育部對胡適嚴加警告。十月四日，教育部長蔣夢麟簽署部令第一二八二號給中國公學，「事由：『該校長言論不合，奉令警告』」。蔣夢麟和胡適原是北大的老朋友，只是此時一個在體制內，一個在體制外。體制外的胡適收到部令後，即原封不動函退於蔣，並附上一信，謂：「這件事完全是我胡適個人的事，我做了三篇文章，用的是我自己的姓名，與中國公學何干？你為什麼『令中國公學』？該令殊屬不合，故將原件退還。」信的最後，胡適指部令「誤稱我為『國立學校之校長』」，「皆應校改」。[1]按理，中國公學不是國家公學而是私人辦學，教育部無權直接對其下達行政指令。再者，胡適雖為中公校長，但他寫文章不是職務行為而是個人權利，教育部亦無權因胡適的個人言論而令中國公學如何如何。胡適的信據理力陳而又保持節度，不卑不亢，既不回避問題，也不刺激對方。

但對方的策略依然是對準中國公學。一九三〇年二月五日，國民黨中央執行委員會秘書處把江蘇省黨務整理委員會「呈請澈查吳淞中國公學辦理情形」的提案，轉批給教育部，讓「教育部派員澈查具報」。此時，中國公學正處報批立案的過程中，據原中公學生羅爾綱陳述：「當時規定，凡私立大學不得立案的政府不承認，學生畢業後，學校發給那張畢業證書不能做資格憑證，學生出路困難。」[2]因此，觸怒當局的胡適不願因他個人的思想言論影響學校的立案問題，遂向校董會提出辭職。而當時學生激於義憤，立即召開全體學生會議，形成決議：「寧可不立案，不能讓胡校長

1 《胡適日記全編》卷五，第五三八頁。
2 羅爾綱《師門五年．胡適瑣記》，第七七頁，北京：三聯書店，一九九八年。

辭職」。同時，中國公學的全體教職員也寫信胡適，竭誠挽留。但，胡適卻召集全體學生講話，並舉北平協和大學寧可犧牲世界著名學者作校長也務求立案的例子勸慰學生，「大家感動極了，不少人流了淚」。（引同上）於是，胡適於一九三〇年五月十九日卸去中公校長的職務。該校長在主持校政期間，有兩個特點讓作為學生的羅爾綱感到「痛快」，一「是不掛國民黨旗」，二是「星期四上午不做國民黨紀念周」。[1]

由於「人權論戰」中的胡適一直強調約法以保障人權，而國民黨中有約法派，亦有反約法派，以立法院長胡漢民為代表的一方恰恰反對約法而主張以總理遺教為根本法，因此，胡適與胡漢民在政治理論上就形成了衝突。早在一九二〇年，胡適就「井田制」問題與胡漢民、廖仲愷就有過學術往還，那還是討論式的，但這次就不同了。一九三〇年十一月二十二日上海的《國民日報》上登載了胡漢民在立法院紀念周的講演，題目是「談所謂『言論自由』」。講演中，胡漢民聲稱：「最近見到中國有一位切求自由的所謂哲學博士，在倫敦《泰晤士報》上發表一篇長長的論文，認為廢除不平等條約不是中國急切的要求……。在他個人，無論是想藉此取得帝國主義者的贊助和榮寵，或發揮他『遇見溥儀稱皇上』的自由，然而影響所及，究竟又如何呢?此其居心之險惡，行為之卑劣，真可以『不與共中國』了。」[2]這個被說道「不與共中國」的人，正是胡適。緊接著，胡漢民繼續不點名地痛批「這些所謂著名的學者，每以爭言論自由為標榜，並豎起了所謂『人權』、『憲法』等牌號，……於是在外國報紙上，大發其十分荒謬的言論，希望一切帝國主義者，加緊其對於中國的侵略，繼續維護其在中國已得的特權。」（引同上）胡氏發言，有一個特點，舉凡「自由」「人權」「憲法」（還包括「著名學者」），都加上了「所謂」。本來，自由就是自由，人權就是人權，憲法就是憲法，無所謂「所謂」不「所謂」。「所謂」云云，不過一遁詞，對自由人權等，不得不承認卻又根本不以為然，便冠其「所謂」以示否定。這樣的語用已有近一個世紀的傳統了。去此不論，胡漢民的指陳，居然是捕風捉影。事無其事，言有其言，因此，「不與共中國」的宣稱，就不能僅僅理解為此胡與彼胡的私人意氣，它出自一個立法院長之口，就表明了體

1 羅爾綱《師門五年記‧胡適瑣記》，第七三頁。

2 轉《胡適日記全編》卷五，第八七七頁。

制的態度。胡適和國民黨的關係，原本就存在著歷史過節，此時更降至冰點。

胡適雖然和國民黨的關係十分緊張，雖然國民黨對他嚴加警告，也雖然他的朋友王雲五和張元濟在他被警告後分別寫信勸他不要再對此事發言，而遠在北平的周作人更先於此勸他離開上海這個是非之地，重回北平做學問，胡適回信也說：「因為黨部有人攻擊我，我不願連累北大做反革命的逋逃藪」，更表示「若到逼人太甚的時候，我也許會被『逼上梁山』的，那就更糟了」；[1]但是，所幸的是，胡適儘管依然發言，更寫出了批判國民黨反動性的《新文化運動與國民黨》，以至引起新一輪的國民黨各地黨部的電呈，而那種「逼上梁山」的情況，終究沒有出現。究其因，從體制那方面說，黨治初始，畢竟還有一定的言論空間，還沒有以言治罪。從胡適這一方來說，他反對國民黨，卻不是為了推翻它。當然，從雙方來說，由於國民黨內部在約法問題上不是鐵板一塊，胡適和對方還有所互動。這其中，胡適自己的態度是重要的。

《人權與約法》發表不久，胡適和剛形成的「國家主義派」的人物有過談話，針對國家主義「打倒一黨專政的國民黨」的口號，胡適表示不同意。他說：「多黨政治是多黨共存，雖相反對，而不相仇視。若甲黨以『打倒乙黨』為標語，則不能期望乙黨之承認其共存。」因此，「人權論戰」中的胡適，他要「打倒」的只是一黨專政，而非國民黨本身。

面對執政的國民黨，胡適並不反對和它互動。亦是《人權與約法》不久，新上任的財政部長宋子文請胡適代國民黨想想國家的重要問題，胡適提了個方案，第一條就是召集約法會議，制定約法。在這個方案的後面，胡適寫道：「我們的態度是『修正』的態度：我們不問誰在臺上，只希望做點補偏救弊的工作。補得一分是一分，救得一弊是一利。」[2]

應該說，這是一種負責任的態度。

---

1 《胡適致周作人》，《胡適來往書信選》上冊，第五四四頁。

2 《胡適日記全編》卷五，第四四八頁。

5.第二階段：「我們要什麼樣的政治制度」

以胡適的《人權論集》出版為標誌，「人權論戰」分為兩個階段，此前為第一階段，此後為第二階段。在時間上，第二階段從一九三〇年開始。

後《人權論集》的時代已經不是胡適主角而是羅隆基了，胡適在《人權論集》之後，只有一篇《我們走那條路？》發在《新月》二卷第十號上，餘無他作。而羅隆基幾乎是獨立擔綱，接著胡適把這場論戰持久下去。一九三一年「九・一八事變」後，羅隆基在《新月》第三卷十二號上推出《告日本國民和中國的當局》，「人權論戰」遂以此結束。這一階段（一九三〇－一九三一）為時近兩年，羅隆基一個人在《新月》上的政論長長短短計有二十多篇。受新月書店委託，羅隆基選擇十篇（其中包含已編入胡適《人權論集》中的三篇），加上序，結集為《政治論文》，於一九三二年初出版。

歷時兩年有半的「人權論戰」，從《人權論集》到《政治論文》就是從胡適到羅隆基。

還是在論戰正酣之際，胡適給張元濟的信中這樣介紹羅隆基：「羅隆基君字努生，江西人，清華畢業，曾留學美國，一九二六年至英國留學，專習政治，專攻『政黨』及『考試制度』。去年回國，不久即到新加坡結婚，舊曆年前始回上海。現在中國公學及光華大學教授。他似尚未滿三十歲。」[1] 胡羅兩人，比較之下，胡適雖然參加清華考試到美國，但沒有在清華讀過書，比胡適小七歲而生於「戊戌維新」之年的羅隆基不僅就讀清華，而且五四前後還是清華學領，天生具有造反氣質。另外，胡適在美國讀的是哲學，羅隆基讀的是政治，專業的不同，加上胡適天生沒有造反性，因此，「人權論戰」中的羅隆基比胡適投入了更多的精力，相應地，文章也更專業，亦更具批判熱情。文從其人，他倆的政論風格，如果一個是「理性的平實」，另一個則是「激情的理性」。當時，「新月」諸人相約，再成立一個「費

1 《胡適致張元濟》，《胡適全集》卷二十四，第二十七頁，合肥：安徽教育出版社，二〇〇三年。

邊」性質的「平社」，專議社會政治，同時出版「平論」週刊，以「平正的話表示一個平正的觀點」。[1]據胡適日記，「本想叫羅努生做總編輯」，但，「前兩天他們來逼我任此事」。[2]「平社」活動了一年多時光，但「平論」卻始終沒有出刊。這份雜誌果如問世，設若又是羅隆基主持，肯定會搞得磊落不平；因此，大家公推擅長持平的胡適負責，乃是知人。不過，「平論」雖未刊行，「平社」成員的文字也大都發在《新月》上了。

一九三〇年後羅隆基的「新月」文字，有這樣三篇堪足圈點：《我們要什麼樣的政治制度》《對訓政時期約法的批評》《什麼是法治》。此三篇有一個共同特點：就是在教訓國民黨（這樣一個特點，不為胡適所有）。

《我們要什麼樣的政治制度》寫於一九三〇年六月、發於《新月》第二卷第十二號。文章除開頭的引子外，由四個部分組成，前兩部分為「破」，後兩部分為「立」。所破者，（一）馬克思的共產國家觀，（二）國民黨的「黨在國上」論。就第二部分言，羅隆基在比對平民政治和獨裁政治時指出：「『黨在國上』、『黨權高於國權』，這當然是獨裁制度，不是平民制度。」緊接著，羅文「鄭重聲明，我們是極端反對獨裁制度的。我們極端反對一人，或一黨，或一階級的獨裁」，因此，「我們要向主張『黨在國上』『黨權高於國權』的國民黨收回我們國民的政權」。[3]由於國民黨的「黨治」是和訓政理論綁在一起的，訓政給黨治提拱了合法性。因此，羅隆基從黨治到訓政，對訓政本身進行了否定。由於孫中山以前把國家比成一個股份公司，羅文說：「我們就不相信股份公司的股東，個個要經過一番商業上的訓政。我們不相信一個公司，要先讓經理專政幾年，加股東一番『訓政』，而後才可以參與公司的事務。國家這種組織，最少在國民與政府的關係一點上，與股東和經理的關係相彷彿。」然後，羅文退一步，「政治上即真有『訓政』的必要，我們又相信執政人員——即今之訓師——的訓練，比國民的訓練，更為急切。孫中山先生有政府是汽車，執政是汽車夫，人民是坐汽車的主人一個比喻。果然如此，車夫是要嚴格的訓練，坐汽車的主人，是用不著訓練的。」訓政既不必要，那麼「訓政時期，應否『黨權高於國權』，應否採用『黨在國上』的獨裁制度，這又另一問題。在我們看來，獨

1 《新月》第二卷第一號，「編輯後言」一頁。
2 《胡適日記全編》卷五，第三七四頁。
3 羅隆基《我們要什麼樣的政治制度》，《新月》第二卷第十二號，第十—十一頁。

裁制度，因他一切內在的罪惡，本身就不足為訓。採用一種不足為訓的制度，為訓政時期的模範，這又是『建國』上南轅北轍的方法。」[1]年輕的羅隆基除了專業知識之外，更多是憑熱情和道德勇氣寫文章，因此，他的政論，筆無遮攔，常給人痛快淋漓之感。

在立論的部分，羅文強調兩點：（一）召開國民大會，制定憲法，（二）建立一個「委託治權」和專家行政的政府。前一點，是承繼胡適的意思，後一點則是自己以往觀點的繼續。就前一點，約法的必要性既已消解，再行制定的就不是約法而是憲法了。我們要什麼樣的政治制度，關鍵就看制定什麼樣的憲法，憲法是制度的根據。然而，當時的問題是，國民黨內的勢力，認為總理遺教就是憲法，中山全書就是憲法，建國大綱就是憲法。對此，羅文從程式角度予以反駁：「『遺教』『全書』『大綱』經過了什麼一種法定手續，成為今日中國的憲法，成為我們全體人民應遵守的大典章，這是根本問題。我在上面說過，憲法的來源，只有兩個：（一）人民制定的；（二）人民默許的。根本的原則是憲法一定要人民的承認。人民對於憲法某部分不同意時，有法定的手續可以修正。所謂『遺教』、『全書』、『大綱』，那一部分是我們全體人民制定的？經過什麼手續，得到人民的承認？我們人民有什麼方法，可以修正？」[2]

這些問題都是國民黨難以回答的。

然而，彼時在國民黨內部，不獨有為權力相爭而主張約法者，同時也有真正篤信法制的開明人士。一九三〇年初，正值國民黨利用輿論大肆批胡之際，立法院下的法制委員會委員長焦易堂向國民黨中常會提出了一個「人權法原則草案倡議書」。在他看來，訓政時期的國民政府大綱、國民政府組織法等，都可視為約法，「只未有人民基本權利之規定耳。故謂今日需要約法，毋寧謂為需要人權法也」。以「人權法」直謂「約法」，不但和胡適的《人權與約法》相因應，而且比主張約法的胡適更進一步，直接以「人權法」代替「約法」了。針對國民政府下達的人權保障令，倡議書指出：「惟命令保障，究不若法律保障之強固也」。而況，「人民基本權利之被侵害者，往往出於國家機關之本身。又將

1 羅隆基《我們要什麼樣的政治制度》，《新月》第二卷第十二號，第十三頁。
2 羅隆基《我們要什麼樣的政治制度》，《新月》第二卷第十二號，第十七頁。

何所依據以保障耶？」[1]胡適接讀這份倡議書，尤其讀到這一句時，大為稱讚（這其實正是他自己幾個月前的觀點），胡適說：「這一句話是今日最犯忌諱的。黨國當局最怕這句話，胡適之說了幾乎遭通緝，……但立法院的法制委員會委員長能說出這樣觸犯忌諱的話，大可洗刷『御用機關』的惡名，我不能不給焦先生道賀。」[2]「人權法案」提出後，國民黨中央執行委員會召開第六十八次會議，討論此案。出席者有胡漢民、葉楚傖、陳果夫、孫科四人，餘為列席。大會最後認為「『人權法案』應從緩議」，理由是「總理之遺教已經第三次全國代表大會決議為中華民國根本大法，不必更有等於憲法關係人權之規定」了。[3]焦氏提案不通過不足為奇，因為他是胡漢民的手下，而胡的一貫立場就是反約法。

不久，胡的立場受到蔣介石的有力挑戰。一九三〇年十月初，蔣在開封軍次致電國民黨中執會，要求提前召開第四次全國代表大會，制定在憲法未頒佈前與訓政時期相適應的約法。蔣的意見即遭胡的抵制，認為此時談約法，無異於將總理遺教撇開而另尋別徑。蔣胡衝突由此惡化（這是一場權力衝突，外界認為蔣是想借此在國民大會上提出總統問題），一九三一年二月底，蔣設「鴻門宴」宴請賓客，借機將胡扣留，並軟禁於南京湯山。然後召集國民黨中常會，以胡漢民反對約法為由，免去他國府委員和立法院長本兼各職。政敵掃除之後，是年五月五日，蔣氏一手包辦的國民大會召開，大會通過由王寵惠起草的《中華民國訓政時期約法》（又稱「五五憲草」）。一九三六年底，王世杰和錢端升增訂出版《比較憲法》，書中有對這次約法的評價，云：「……『約法』雖已頒佈，而黨治的制度初未動搖，統治之權仍在中國國民黨的手中。在黨治主義之下，黨權高於一切；黨的決定，縱與《約法》有所出入，人亦莫得而非之。以此之故，民國二十年六月的《約法》，並未嘗為中國政制劃一新的時期。」[4]

如果說這還是國民黨體制內的人的看法，那麼，這個約法到了羅隆基筆下則更為不堪。《新月》三卷八期上的《對訓政時期約法的批評》應該說是全方位的，其中圍繞「權利」和「權力」所展開的兩部分，批判甚為得力。

1 轉《胡適日記全編》卷五，第六三五—六三六頁。
2 《胡適致黃檝華》，《胡適日記全編》卷五，第六四〇頁。
3 轉《胡適日記全編》卷五，第六四二頁。
4 王世杰錢端升《比較憲法》第四七一頁，北京：商務印書館，二〇〇二年。

就權利而言，約法第二章作為權利章，從第六條到二十七條，計十九條，除其中第六、第十一和第二十一這三條外，其他各條，無不有「依法律」或「不依法律」則如何的字樣。於是，「每個條文中，加上這樣的規定，條文的實質，不是積極的受限制，就是消極的被取消。照約法的表面說，如今人民有言論的自由，有結社的自由，有通信，通電，居住，遷徙的自由，有一切一切的自由。究其實質，言論自由『依法律得停止或限制之』，出版自由『依法律得停止或限制之』，集會自由『依法律得停止或限制之』，結社自由『依法律得停止或限制之』。一切一切的自由『依法律得停止或限制之』」，由此，羅隆基揭露，約法裡的權利「是左手與之，右手取之，這是戲法，這是掩眼法，這是國民黨腳快手靈的幻術」。[1]然後，羅隆基再次援引美憲「權利法案」第一條：「國會不得制定法律，規定宗教或禁止人民信教自由，或取締人民的言論，印刷，集會及請願的自由」。由於美憲不准國會就言論自由等作任何性質的立法，這就意謂著言論自由是不受法律干涉的（只需要言論者事後承擔法律責任）。比照之下，約法第十五條云「人民有發表言論及刊行著作之自由，非依法律不得停止或限制之」，這等於是說如果依照法律則可以停止或限制言論自由。然而，可以停止或限制言論自由的法律本身就是違憲的，因為它給統治者壓制言論自由留下了法律空間。

權利而後，羅隆基接下來就把筆墨對準了國民黨的權力體制。國民黨不滿於美國式的「三權分立」而自創「五權分立」，在立法、司法、行政之外，又增添考試、監察兩權，從而給人以「分權更分權」的表象。然而，這卻是假象。從根本上來說，五權和三權走的就不是一條路。美國三權分立意在分散權力，使之不集中於一個人或一個機關，因此，三權之上不復有高於它們的權力機構。國民黨的五權看起來也是在打散權力，但五權之上，卻還有一個權力大於它們的國民政府。因此，羅隆基指出：「國民政府委員會掌握一切的治權。名義上雖有所謂五權，實際上只有一權。」而國民政府委員會又設主席一人，由於國民政府在權力上已經包羅萬象，這個主席「又為萬能委員會的萬能的領袖」，因此，這種體制只有兩個結果：「成一個獨夫專制的政府，或成一個多頭專制的政府」。這種體制，羅隆基警告「絕對走不上

1 羅隆基《對訓政時期約法的批評》，《新月》第三卷第八號，第五頁。

民主政治的軌道」。[1]「豈非如此，這種體制直接就是黨治的、甚至獨裁的。因為統治國民政府的是國民黨。國民黨雖然聲稱「主權在民」，但國民政府卻不對代表民眾的國民大會負責，卻對國民黨負責。羅隆基畫出一張以黨統政的路線圖：「國民黨全國代表大會——中央執委——中央政治會議——國民政府——五院——各部」。這裡，五權分立的「五院」成了一個小小的部落，大權儼然在身為國民政府主席、同時又是中央政治會議委員的蔣介石手裡。羅隆基不無尖刻地說：「在這種體制下，下司對上司，是蔣介石請蔣介石；上司對下司，是蔣介石命令蔣介石」，而這正導致了「國民政府政績的失敗，政府組織的呆重不靈」。[2]

羅文在《新月》三卷八期登出後，不久便出事了。一九三一年七月二十四日，天津《益世報》載文，題目是「好大的膽子竟敢詆毀約法要查禁你了」。文章登錄一份天津市整委會的公函，稱：「查《新月》月刊發行以來，時常披露反對本黨之言論，近於第八期中，詬辱本黨之文字，跡近反動，亟應嚴行取締，而正聽聞……。」[3]這已不僅是警告，七月三十一日，查禁果然發生。上午，胡適接到電話，北平市公安局早晨八點查抄新月書店北平分店，不但搜走《新月》八期幾百冊（一說一千多冊），而且抓走店中兩人。不過，此時由幕前轉到幕後的胡適已和北平體制有了一定的溝通，而且在京津兩地報紙發表查禁文章之時，就和有關方面打過招呼。因此，雖然北平警局奉令行事，但在事先斡旋之下，人在被拘捕的當天下午就放了，店面也隨之營業，只是搜去的那些雜誌，最後下落不明。

羅隆基的反應也是雷厲風行的。由於這段時間《新月》雜誌一直由羅隆基一人在編，有時他一人在一期雜誌上連署名帶筆名能登上三、四篇文章，而且都是政治論文，這不但對國民黨形成了刺激，也引起了雜誌內部的一些不同意見。羅隆基於事發數日後致信人在北平的胡適，一邊詢問新月北平分店被抄後的情形，一邊和胡適談上海這邊新月的問題：「此間志摩、洵美等為維持《月刊》營業計，主張《新月》今後不談政治。『向後轉』未免太快，我不以為然。……《新月》的立場，在爭言論思想自由。為營業而取消立場，實不應該。……放棄一切主張，來做書店生意，想

1 羅隆基《對訓政時期約法的批評》，《新月》第三卷第八號，第十一—十二頁。
2 羅隆基《對訓政時期約法的批評》，《新月》第三卷第八號，第十四—十五頁。
3 轉《胡適日記全編》卷六，第一三八—一三九頁。

非《新月》本來的目的。先生意以為如何？」[1]顯然，這最後一句是希望獲得胡適的支持。在給胡適寫信的同時，羅隆基針對新月書店被查抄事，又寫出了《什麼是法治》一文，刊登在依然由他一人編輯的《新月》三卷第十一期上。

還是在《對訓政時期約法的批評》的最後，羅隆基雖然把約法批得體無完膚，自己依然退一步承認「好法律勝於惡法律；惡法律勝於無法律」，既然如此，他以這樣的籲請結束全文：「（一）黨國的領袖們，做個守法的榜樣！（二）國民黨的黨員，做個守法的榜樣！」誰知，籲請聲還沒落地，新月書店被抄這樣違法的事就發生了，違法者恰恰就是國民黨地方黨部，羅隆基出於他不依不饒的性情，既要抗議，也不願放過這給國民黨上課的機會。

回顧國民黨訓政時期的「人權論戰」，不外這樣九個字「申約法，張人權，反黨治」。沒有約法要約法，這是胡適開的頭；有了約法要依法，於是羅隆基繼其後。作法犯法，羅隆基是看不過去的，這就帶出了「什麼是法治」的問題。按照約法第十五條「人民有發表言論及刊行著作之自由，非依法律，不得停止或限制之」。按照約法第十六條「人民之財產，非依法律，不得查封或沒收。」據此，羅隆基追問：「第一，我們要問新月月刊的言論，新月書店的店夥，新月書店的財產，何以得不到約法上第十五第十六兩條的保障。第二，我們要問市公安局檢查新月書店，逮捕店夥，沒收財產，依據了什麼法律？約法上第十五條第十六條，『非依法律』四個字，作何解釋？第三，我們要問平津市整委，他們在法律上站什麼地位？他們依據什麼法律，取得了直接分函各地，查禁人民的言論著作，並函呈公安局沒收人民的財產這種權力。」[2]

法治的真義，在羅隆基看來，不是形式上白紙黑字的法律條文，也不是老百姓的守法奉命，它「是政府守法，是政府的一舉一動，以法為準的，不憑執政者意氣上的成見為原則。」羅隆基的根據來自英國的憲法學家戴實，戴實說：「法治的意義，第一，是法律絕對的超越和卓越的地位與專橫的權力的效力相敵對」。[3]相敵對的結果，如果法律戰勝了權力，這是法治；如果權力戰勝了法律，（放在這件事情上）則是黨治。這次新月書店被抄，沒有任何法律依據，僅

1 《羅隆基致胡適》，《胡適來往書信選》中冊，第七六頁。
2 羅隆基《什麼是法治》，《新月》第三卷第十一期，第二頁。
3 羅隆基《什麼是法治》，《新月》第三卷第十一期，第三－四頁。

依憑黨部的一紙公函，這是黨權向約法的挑戰。羅隆基連用兩個排比段落抨擊：「在法律上說，這是他們越職侵權，這是專橫，這是獨裁，這就是違背法治的原則。這是破壞約法」。[1]

《什麼是法治》基本上就是「人權論戰」的尾聲了，緊接著，「瀋陽事件」爆發，羅隆基發表了他在《新月》上的最後一篇政治論文《告日本國民和中國的當局》。在對中國當局的發言中，羅隆基再一次告警「如今的黨治，在內政上以黨治國，是以黨亂國；在外交上，以黨治國，是以黨亡國」。這樣的聲音，遂成《新月》絕唱，因為從第四卷起，直至終刊，《新月》又出了七期，但它果然「不談政治」了，回到一九二八年時的文學和文化。

回首《新月》，從一九二八年三月首刊，至一九三三年六月停刊，其間運行了五年零四個月，共出雜誌四十三期。「人權論戰」是從第二卷第二號開始的，時間最早當在一九二九年五月（胡適的《人權與約法》寫於該年的五月六日），而羅隆基在《新月》第三卷第十二號的《告日本國民和中國的當局》，寫作和發表時間均應在一九三一年的最後一季。如是，「人權論戰」的時間大約可以推定為兩年有半（一九二九．五—一九三一底）。

6. 左的批判：「中國人權派的真面目」

在歷時兩年有半的「人權論戰」中，以胡適和羅隆基為代表的「新月」知識份子不但曆遭來自右邊的國民黨的圍剿，同時也遇到來自左翼的文化攻擊。左攻右擊幾乎同時開始，但左批時間持續更長，一直到「人權論戰」結束之後。

一九二九年六月，論戰伊始，就有一篇佚名的文章，呼籲「愛自由的朋友們，信仰全民政治、真心擁護共和政體的朋友們，不要再癡心妄想向充滿帝制思想的黨狗黨蟲們要求什麼御賜的『民權與約法』了！民權與約法是『爭』出來的，不是『求』出來的，是用鐵與血所換來的，不是用請願的方式所能取得的，何況事實上連請願都不可能呢？我們倘若真的想要民權與約法，現在只有一條路，就是大踏步走過來，加入全體革命的組織，以鐵和血的力量，去打倒一黨專

---

1 羅隆基《什麼是法治》，《新月》第三卷第十一期，第五頁。

制的國民黨……來創造民主共和。」[1]

胡適雖然反對一黨專制，但以「鐵與血」即「革命」的方式來解決問題，又為他所不取。一九三〇年春，胡適淡出「人權論戰」後，他更多不是以批判而是以立論思考中國問題。當幾位新月朋友決定就中國政治、經濟、教育等問題分別發表專論時，推胡適做一篇引論性的文章放在前面，於是就有了胡適的《我們走那條路》。這篇文章重在兩點，一是提出「五大仇敵」（即「五鬼」）：貧窮、疾病、愚昧、貪汙、擾亂。二是辨析「演進」與「革命」。就後者言，胡適認為「革命和演進本是相對的，比較的，而不是絕對的相反的。順著自然變化的程式，如瓜熟蒂落，如九月胎足而產嬰兒，這是演進。在演進的某一階段上，加上人工的促進，產生急驟的變化，表面上好像打斷了歷史上的連續性，故叫做革命。」如果說這樣的辨析還是中性的，那麼，胡適進一步指出：「革命的根本方法在於用人工促進一種變化，而所謂『人工』有和平與暴力的不同。……在未上政治軌道的國家，舊的勢力濫用壓力摧殘新的勢力，反對的意見沒有法律的保障，故革新運動往往不能用和平的方法公開活動，往往不能不走上武力解決的路上去。」而「武力暴動不過是革命方法的一種，而在紛亂的中國卻成了革命的唯一方法，於是你打我叫做革命，我打你也叫做革命……，『革命』便完全失掉了用人工促進改革的原意了。」此刻，對那種打來打去的「鐵與血」的暴力革命，胡適態度明確起來：「我們很誠懇地宣言：中國今日需要的，不是那用暴力專制而製造革命的革命，也不是那用暴力推翻暴力的革命，也不是那懸空捏造革命對象因而用來鼓吹革命的革命。在這一點上，我們寧可不避『反革命』之名，而不能主張這種種革命」。[2]很顯然，胡適是反對用暴力的方式去爭取人權與約法的，他認同的方式是在法治框架下的逐步演進。有意味的是，左右兩翼不僅互責對方為「反革命」，也同時共責胡適等為「反革命」。在革命和反革命的問題上，左右兩翼可謂資源分享。然而，面對這樣的左右夾擊、兩間不容，胡適等「中道」演進是愈來愈難了。

在左派批判中，用力甚勤功夫最深的應是瞿秋白。他不僅在「魯迅」的筆名下以雜文體譏刺嘲罵胡適，如《王道

1 轉《胡適日記全編》卷五，第四四五頁。
2 胡適《我們走那條路》，《胡適文集》卷五，第三五三－三六一頁。

詩話》《出賣靈魂的秘訣》等，更先以洋洋大作《中國人權派的真面目》拔其批判頭籌。該文寫於「人權論戰」即將結束的一九三一年尾，它所針對的是羅隆基發於《新月》三卷十期上的《論中國的共產》。瞿文由九個部分構成，九個小標題就勾勒出全文的價值取向，它們第次是：（一）中國人權派的「反對」國民黨和政府，（二）「反革命大競賽「之中人權派的新鮮旗幟，（三）人權派替地主資本家想著的「出路」，（四）人權派贊助屠殺的「聰明」的方法，（五）人權派所有的一些兒有限的常識，（六）人權派用「共產嫌疑」恐嚇國民黨，（七）人權派用「共產足以召共管」來嚇人，（八）人權派原來也用「流氓土匪」的口實反對真正的民權，（九）人權派的理想原來如此。九枝利箭，層層揭批，非有理論底細的瞿秋白而莫能。

瞿秋白是這樣介紹「新月」知識份子的。文章一開頭，「中國國民黨的專制統治之下，現在有一個所謂『人權派』。這些自稱為『人權運動者』的大學教授胡適之、羅隆基等，在一九二九年寫了好些篇文章，說了好些俏皮話，搭出了『反對政府派』的架子。」[1]然而，在這架子的後面，「反對共產黨，反對國民黨壓迫剝削的不得法——這是人權派的真面目」。因此，在性質歸屬上，人權派是「日益緊張的『反革命競賽』」的一部分。胡適上面剛說過「在這一點上，我們寧可不避『反革命』之名」，這裡瞿秋白就給坐實了。那麼，參與競賽的反革命有哪些呢？在瞿文看來，孫傳芳、吳佩孚、張作霖不用說是反革命，國民黨的「西山會議」是反革命，蔣介石戴季陶是反革命，汪精衛張發奎是反革命，第三黨的鄧演達譚平山是反革命，就是共產黨內政見不同的陳獨秀們也是反革命。「現在人權派的羅隆基大人，就把他們的藥方整理起來清清楚楚的寫了一篇文章。……因此，人權派參加反革命大競賽的旗幟也就格外鮮明瞭。」[2]

羅隆基大人的《論中國的共產》一個很重要的特點，就是批評國民黨取法蘇俄搞黨治。對此，瞿文予以嚴正駁斥：「羅大人說，國民黨的『以黨治國』是學共產黨的榜樣，這尤其是天大的笑話。國民黨的『以黨治國』，冒充著模仿俄國，也是孫文、蔣介石的狡猾。民眾的羨慕俄國無產階級和農民真正得到解放，這種覺悟十年以來一天天的增長，

1 瞿秋白《中國人權派的真面目》，《瞿秋白文集》卷七，第一七〇頁，北京：人民出版社，一九九一年。
2 瞿秋白《中國人權派的真面目》，《瞿秋白文集》卷七，第一七二—一七三頁。

使得國民黨很早就搶著說：我們國民黨也學俄國辦法，他們想這樣欺騙民眾。其實，共產黨絕對不主張以黨治國！俄國的蘇維埃政府是各級蘇維埃選舉出來，從市區和村鎮一直到中央政府，都是工人農民——總之，一切不剝削別人勞動的人民，真正普遍的參加選舉而選出來的，絕對沒有黨的機關指定政府的事！」[1]

羅隆基反對的是蘇俄的黨治，標舉的是英美的「民治」。這一點，瞿文看得很清楚，「你羅大人羅博士，很迷信美國的憲政學說——不流血的帶著白手套的人權運動」。[2]而且，「照羅大人的口氣，美國是一個理想的國家了：『美國是比較富足的國家，人民平均的財力，比任何國家的人民更高。共產黨在美國發展的機會，比任何國家更小。』人權派的大人先生們甚至說美國差不多每家都有汽車（見《新月》雜誌某期）」。瞿文笑駁：「這真是海外奇談了。美國『人民』的平均的財力，比任何國家更高；美國人民的自由比任何國家更大？政治上美國的『平等自由』，我們只要看一看辛克萊、哥爾德的小說就可以知道了；美國工人過的是何等慘酷的生活，何等的不自由；何等的不平等！這些文學家是美國人，他們知道美國社會的深切，至少比中國人權派的幾個美國留學生勝過一千倍。美國家家都有汽車的海外奇談，只好去騙騙小孩子！」[3]

比較有趣的是，瞿秋白乃是根據美國的小說來判斷美國國情，這種判斷卻又和國民黨右翼何其吻合。一篇聲稱「中國國民黨的專政，本身是毫無掩飾的」文章，在批胡適「人權論」時說：「在胡先生確是太過崇拜『天賦人權』的信念了。我們遠看一點，在歐美的虛偽民權，對於人民有什麼利益。胡先生到了歐美，並看見了坐汽車住洋房的人們生活享受愉快，……而沒有看見工廠裡面做資本家奴隸的工人和殖民地裡面被壓迫的人民的狀況。他們國家裡的民權，是為特殊階級所占了，痛苦的民眾們哪能占定絲毫的利益。美洲的民主政治這樣的虛偽，在胡先生見解，似乎沒有感覺得到的。」[4]從思維方式到話語，左翼和右翼，有時是一翼。

1 瞿秋白《中國人權派的真面目》，《瞿秋白文集》卷七，第一八〇－一八一頁。
2 瞿秋白《中國人權派的真面目》，《瞿秋白文集》卷七，第一八二頁。
3 瞿秋白《中國人權派的真面目》，《瞿秋白文集》卷七，第一八八－一八九頁。
4 轉《胡適日記全編》卷五，第五〇五頁。

瞿秋白之外，對新月批判的又一得力主將是魯迅。魯迅視瞿秋白為至交，其書贈條屏為「人生得一知己足矣，斯世當以同懷視之」。這個「同懷」表現在對新月派上，就是同仇敵愾。當胡適因《人權與約法》與國民黨交惡時，魯迅正在上海灘和各種各樣的文人惡鬥。因此，一位「好心」的讀者這樣寫信勸胡適「您看人家魯迅先生便比您乖，他雖然嘗說『真的猛士，敢面慘澹的人生』，然而，『有人說我為什麼不作作政治論文或者別的……無論他們（指那些以軟刀謀害的）如何勾引，我卻總不會上當』。（大意如此，語句是否這樣記不清楚了）先前我總以為魯迅先生這句話未免太小心了，似乎與自己的『直面慘澹的人生』相矛盾；而今始知不然；這正是他老人家的精明處。」[1]

面對新月，魯迅不僅把瞿的一些批評文章屬上自己的名字發表，而且自己也有多篇批評新月的文字。但，和瞿秋白上面的大體制不同，都是些短小的匕首般的嘲諷性雜文。本來，魯迅和新月社就有隙，其淵源一直可以追溯到當年北京時的「現代評論派」（「新月」和「現代評論」的成員大體是重合的）。「人權論戰」期間，魯迅正和「新月三劍客」之一的梁實秋為翻譯和文學問題打筆戰。梁實秋所以在論戰中出力甚少（只有兩篇），其原因固有多樣，但與左翼筆戰以至分散精力當為緣由之一。

這是一篇完全談翻譯和文學的文字，題目就是《「硬譯」與「文學的階級性」》，可是魯迅不時把筆墨繞到翻譯和文學以外。此時，胡適羅隆基正被圍攻，魯迅在反擊梁實秋批評自己的翻譯是「硬譯」時，筆頭一轉，「以硬自居了，而實則其軟如棉，正是新月社的一種特色」。魯迅為什麼這樣說，原來「這一回，新月社的『自由言論』遭了壓迫，照老辦法，是必須對於壓迫者，也加以壓迫的，但《新月》上所顯現的反應，卻是一篇《告壓迫言論自由者》，先引對方黨義，次引外國的法律，終引東西史例，以見凡壓迫自由者，往往臻於滅亡：是一番替對方設想的警告。所以，新月社的『嚴正態度』，『以眼還眼』法，歸根結蒂，是專施之力量相類，或力量較小的人的，倘給有力者打腫了眼，就要破例，只舉手掩住自己的臉，叫一聲『小心你自己的眼睛』！」[2]似硬實軟，這就是魯迅對新月的看法。很顯然，

1 轉《胡適日記全編》卷五，第五一〇頁。

2 魯迅《「硬譯」與「文學的階級性」》，《魯迅全集》卷四，第二一二頁，北京：人民文學出版社，一九八二年。

魯迅的骨頭是最硬的（翻譯也硬），硬，這個字，還真輪不上新月，而且新月也從不以硬為務。即使人權論戰掀起了軒然大波，胡適等依然很低調。在《人權論集》的序言中，胡適說得很清楚：「今天正是大火的時候，我們骨頭燒成灰終究是中國人，實在不忍袖手旁觀。我們明知小小的翅膀上滴下的水點未必能救火，我們不過盡我們的一點微弱的力量，減少良心上的一點譴責而已。」[1]

然而，「人權可以粉飾一下反動的統治」，[2]在魯迅認識中，人權派不過是「三幫」，幫忙、幫閒、幫兇，他們雖然批判國民黨，但和國民黨之間實質上是主奴關係。針對新月派所要求的要求言論自由，魯迅說了個「紅樓」的故事。「看《紅樓夢》，覺得賈府上是言論頗不自由的地方。焦大以奴才的身分，仗著酒醉，從主子罵起，直到別的一切奴才，說只有兩個石獅子乾淨。結果怎樣呢？結果是主子深惡，奴才痛嫉，給他塞了一嘴馬糞。」很顯然，魯迅說的是焦大，指的是新月。「給他塞了一嘴馬糞」，再好不過表明了魯迅對新月受國民黨打壓的態度。其所以如此，在魯迅看來「焦大的罵，並非要打倒賈府，倒是要賈府好，不過說主奴如此，賈府就要弄不下去罷了。」[3]魯迅的話，並沒有說錯。胡適不論，即使論戰中火力最足、批判性最強的羅隆基，也明確表示：「今日中國政治舞臺上，誰進誰出，誰來誰去，我們小民確實可以不問。腳色全都在此，問，又怎麼樣？我們只好要求他們編幾段新曲子，換幾幕新佈景。換言之，近日中國的政治，只有問制度不問人的一條路。制度上了軌道，誰來，我們都擁護。沒有適合時代的制度，誰來，我們總是反對。」[4]所以，羅文的題目不是「我們要什麼樣的政治力量」而是「我們要什麼樣的政治制度」。制度優先而非政黨優先，是新月知識份子的一種共識和選擇。他們充分意識到，不同的政黨，哪怕是互相反對的，其性質完全可以相同。而反對只是為了取代，於社會變革來說，意義不大。這裡，重要的是制度，制度革新才是根本的革新。因此，抓住制度做文章，不僅是自由主義的一個根本特色，也是當時新月知識份子的自覺努力。而他們所以面對國民黨說話，

1 胡適《〈人權論集〉序》，《胡適文集》卷五，五二三頁。
2 魯迅《王道詩話》，《魯迅全集》卷五，第四十六頁。
3 魯迅《言論自由的界限》，《魯迅全集》卷五，第一一五頁。
4 羅隆基《我們要什麼樣的政治制度》，《新月》第二卷第十二號，第二頁。

是因為國民黨是執政黨，負有制度建構的責任。由於他們不贊成左翼用「鐵和血」的暴力推翻執政力量，而是用法律方式儘量把執政力量往憲政路上逼。這樣他們在不能取悅執政力量的同時，也同樣得罪了以執政為其務求的左翼。

應該說，在左右之間艱難信守「制度」理念，並以理性的態度不懈努力，這才是「中國人權派的真面目」。

7. 尾聲：「人權論戰」中胡適羅隆基的個人遭際

「人權論戰」中的胡適和羅隆基由於較深地得罪了國民黨，因此，他們兩人分別有著同又不同的個人遭際。

《新月》三卷第三期上有羅隆基的文章《我的被捕的經過與反感》，記述的是他於一九三〇年十一月四日被國民黨抓捕的經過。

是日下午一點多鐘，人在吳淞鎮中國公學上課的羅隆基正在檢閱自己的演講筆記，忽然進來公安便衣，問明羅的身分後，要他到吳淞公安局去一趟，說是局長請他去坐坐。這時學生們湧進了教師休息室，問「你們要請羅先生到公安局去，你們有什麼公文嗎？」對方答曰沒有。這時，學校的教務長也來了，提出同樣的問題，並表示羅先生下午有課，不能離開學校。但對方堅持帶人走，聲稱去去就回來。就這樣，在沒有任何手續的情況下，羅隆基從中國公學被帶到了吳淞公安局。

在吳淞公安局，羅隆基被要求寫一張條子讓警員去學校搜查他在那裡的書包，羅問「你們有檢查的公文嗎？」對方回答「沒有的。羅先生，請你趕快寫張條子好了，我們很忙，我們一定要檢查」。羅隆基只好照辦。當羅隆基問及到底是怎麼一回事，自己被捉到這裡來。得到的回答是：有人控告，我們奉命，而且馬上還要押到上海總局去，現在是在等上海來的汽車。說畢，進來一個人開始搜索羅隆基，「從內衣到外套，從帽子到襪子」，「連衣袋裡的紙屑、錢夾裡的殘條，都乾乾淨淨的收羅去了」。當羅隆基要求打個電話告訴家裡時，不被准許。當羅要求由他們打個電話給家裡時，還是不被准許。為什麼呢？「我們明天要檢查你的家裡」。電話既不許打，「我可以到廁所裡去嗎？」羅問一個員警，回答的是三個字「不可以」，說著，還指了指屋角的一個破痰盂，「你就在那裡面對付對付吧」。

下午四點多鐘，上海公安局的車子來了，在車子的後坐，羅隆基坐中，兩邊是兩個警員，前排還有兩個警員。有驚無險的是，人到了上海，事情就發生了戲劇性的變化。當羅隆基被交到一個「科長」手裡時，科長遞給他一個公文，內容羅隆基記不得了，大意是「言論反動，侮辱總理」，並控告羅有「共產嫌疑」，並且是「國家主義領袖」。於是「警備司令部根據黨部的呈文轉知公安局按罪拘人。公安局就根據司令部的命令，按文行事」。當羅隆基問自己作為「共產嫌疑」和「國家主義領袖」有無證據時，這位科長卻答非所問「不成問題，有人保了，羅先生立刻可以出去了」。於是，和來時一樣，一輛汽車把羅隆基送回到家裡。到家時，羅看了看表，時間是六點一刻。[1]

羅隆基為什麼剛被捉就又放了呢？這裡，胡適起了很大的作用。據胡適同日日記記載：「今天在蔡先生家午飯，席未散，忽家中人來說有學生為緊急事要見我。我回家，始知羅隆基今天在中公上課，下午一時忽被公安局員警捕去了」。胡適立即行動，一邊托蔡元培先生去找當時的上海市長張群，一邊托另一朋友去找公安局長袁良；同時，自己又打電話給財政部長宋子文，再又打電話去安慰羅夫人。忙過一通之後，財政部回電，宋部長答應派人去保釋，「蔡先生也來了，說他親自去看張群，願為保釋」。這時羅隆基還沒有押到上海，他的命運已經發生轉折了，「張群允即釋放」。直到晚上六點多鐘，「羅夫人來電話，說，『胡先生，羅先生回來了』，隆基在電話上說，他的被捕是市黨部八區黨部告的，警備司令部令公安局拘捕。」說來，胡適幾個月前的《人權與約法》好像就是為這件事寫的，按照陳德徵的提案，只要黨部有書面證明，公安局就可以捕人，法院就可以判刑。提案沒有通過，但事情照樣發生。「黨在法上」，「黨高一切」。對此，胡適在日記中批道：「這真是絕荒謬的舉動。國民黨之自殺政策真奇怪！」[2]

羅隆基事發是十一月四日，二十八日胡適離滬，舉家北遷。他之離開上海那一幕，和羅隆基相比，真可謂同又不同。這是隨行者羅爾綱的記述（羅是中國公學的學生，畢業後住在胡家，幫胡適整理其父書稿，此日和胡適全家一同北上）：

1 以上內容俱來自羅隆基《我的被捕的經過與反感》，《新月》第三卷第三號，第一－八頁。

2 《胡適日記全編》卷五，第八四四－八四五頁。

這天上午八時，羅隨胡適全家乘計程車到上海北站，胡適不要自己在上海的侄輩們送車，月臺上也沒有一個人送行。胡適正要踏上車梯，忽然對面月臺有人高喊「胡校長，胡校長」。原來是中國公學的一個學生，被推作代表來送行。他遠遠地躲在車廂對面的月臺上，直到胡適要上車，才衝過來，匆匆把相機對準胡適拍了照，又急急忙忙地離去。羅爾綱當時還不明所以。

上車後，胡適夫婦住頭等房，羅和胡適的兩個兒子胡祖望和胡思杜住二等房，有四個床位。剛住下，進來兩個掛盒子炮的軍人，把胡思杜吆喝起來，兩人各占一鋪。胡祖望去把胡適找來，胡適又找來了車廂長。車廂長問他們要車票看，其中一個大聲說「老子沒有票」。車廂長要求補票，並說把其中一個安排在另一房間。那軍人卻把盒子炮拍了一下，厲聲說「老子要在這間」。胡適見狀，一言不發地走了，車廂長也走了。兩個軍人連襟章也沒佩戴，在車上一聲不吭，而此時平滬路是國際線路，秩序很好，已經沒有北洋時代軍人坐霸王車的情況。有此情況，蘇州站就有憲兵隊，完全可以拉下去的。但這兩人一直坐到南京才下車。在羅爾綱看來，「這分明是向胡適挑釁」。他這才明白胡適早上為什麼不要人送車。

第三天，車到北平，羅爾綱滿以為北平和上海的情形會有不同。胡適新任中華教育文華基金董事會的負責人和北大文學院院長，這兩個單位肯定要派人來接；而且，胡適的學生傅斯年和胡適關係極好，他是中央研究院史語所所長，也肯定會來接。但，車進了站，和上海一樣，連影子都沒有。只見胡適堂弟胡成之跑上車來，匆匆地說，汽車已經雇好了。他把大家領到車站外，進了車，立即開走。[1]

（以上羅爾綱離上海時的記述和胡適當天日記有所不同，按胡適十一月二十八日日記記載：「今早七點起床，八點全家出發，九點後開車。到車站來送別者，有夢旦、拔可、小芳、孟鄒、原放、乃剛、新六

---

1 見羅爾綱《師門五年記 胡適瑣記》（增補本），第九十八－一〇〇頁，北京：三聯書店，一九九八年。

夫婦、孟錄、洪開……等幾十人。」[1] 胡是當日日記，羅是事後記憶，如有誤，似在羅而不在胡。但，羅氏所記事體，可以有誤差，卻不會出於虛構，如車廂之所遇）。

胡適定居北平後不久，即因中華教育文化基金會董事會開會又來上海，這期間又碰上了羅隆基的事。羅隆基被捕釋放後，未加收斂，反而更寫出一連串反黨治的文字，筆鋒也更趨犀利。在國民黨看來，羅隆基是由蔡元培保出來的，「既經保釋，又複發表同樣文字，因此大動黨內公憤，甚至遷怒而及蔡先生」。[2]於是和前此對胡適一樣，又由教育部致電羅所在的上海光華大學，謂「羅隆基言論謬妄，迭次公然詆本黨，似未便繼續任職，仰即撤換。」[3]這是砸羅隆基的飯碗了。才到上海的胡適又為此事奔忙。他先是托人轉話給蔣介石身邊的陳布雷，表明羅的文章是個人言論，不應由學校辭退，更不應由教育部命令學校辭退。在胡適看來，此舉實開由政府直接罷免大學教授之端，以後將引起無窮後患。在托人無果的情況下，胡適直接致信陳布雷，言：

> 「今所以罪羅君者，只因他在《新月》雜誌作文得罪黨部及政府而已。《新月》在今日輿論界所貢獻者，惟在用真姓名發表負責任的文字。此例自我提倡出來，我們自信無犯罪之理。所謂『負責任』者，我們對於所發言論，完全負法律上的責任。……凡法律以外的干涉，似皆足以開惡例而貽譏世界。」
>
> 「……至於因個人在校外負責發表的言論，而用政府的威力，敕令學校辭退其學術上的職務，此舉尤為錯誤。……歐戰時代，美國哈佛大學心理學教授敏斯脫堡發表了許多反對美國參加大戰的言論，社會上頗有人勸哈佛校長辭退他，但校長洛威爾先生堅信此人以私人資格發表言論，與學校無關，他只求他能教心理學，不能禁止他在校外有所主張。」

1 《胡適日記全編》卷五，第八八三－八八四頁。
2 《金井羊致胡適》，轉《胡適日記全編》卷六，第二十二頁。
3 轉《胡適日記全編》卷六，第十頁。

> 「這種風氣，在大學以內，謂之『學術上的自由』（Academic Freedom）；在大學以外，謂之『職業之自由』（The Right of Profession）。」

之後，就「此次大部電令，注重『迭次公然』字樣」，胡適聲稱「我頗不解。『公然』正是我們負責任的態度，若不許『公然』，豈宜獎勵陰謀祕密乎？」[1]

然而，胡適雖然據理力陳，終於無改事局。羅隆基無法在光華待下去，唯一的逆挽，是光華上呈蔣介石，並發表，然後，由羅自己主動提出辭職。

這件事的尾聲是，光華大學校長張壽鏞見到了蔣介石，把呈文交了上去。回來後告知胡適，「蔣問，『這人到底怎麼樣？』他說：『一個書生，想作文章出點風頭，而無心其他。』蔣問，『可以引為同調嗎？』他說『可以，可以！』」。[2]

一九三一年初，清華大學因更換校長引發風潮，當時清華師生提出三個人選（周貽春、趙元任、胡適），三月十七日，清華舉三位學生代表赴京謁蔣，據當日《大公報》報導：「蔣告以決派吳南軒為校長。」並解釋，「政府非不欲容納學生意見，但先徵周貽春未得同意」。至於胡適，蔣介石回答得很乾脆：「胡適係反黨，不能派」。[3]

這都是發生在「人權論戰」第一階段末和第二階段初的事。張人權、反黨治的胡適和羅隆基分別辭去了中國公學校長和光華大學教授的職務，先後離開上海而轉赴京津另謀生路。《新月》當然在繼續，胡適和羅隆基也在不同方向上在繼續。就羅隆基而言，他終於沒能被國民黨引為「同調」，一次被捕，二次辭職，他和國民黨徹底搞僵，並且自己也日益左轉，最後選擇了自己早年曾經反對過的道路。而「反黨」的胡適雖然在不久後逐步改善了和國民黨的關係，並由此開始他和國民黨之間的長期的、艱難的磨合，但，最終也是磨而未合，或貌合神離。

1 《胡適致陳布雷》，轉《胡適日記全編》卷六，第二十四－二十六頁。
2 轉《胡適日記全編》卷六，第三十七頁。
3 轉《胡適日記全編》卷六，第九十八頁。

令人遺憾的是，「人權論戰」的胡適和羅隆基在《新月》閉關後逐漸分道揚鑣，他們各自做出了不同的選擇。同樣令人遺憾的是，胡羅的「人權論戰」並沒有完成它的歷史任務，他們雖然為此付出了努力和代價，但，歷史卻經常走錯房間，而且歷史還在繼續……

Do觀點32 PC0552

《新月》政論

——從《人權論集》到《政治論文》（1929-1931）

編　　者／邵　建
責任編輯／杜國維
圖文排版／周政緯
封面設計／蔡瑋筠

出版策劃／獨立作家
發 行 人／宋政坤
法律顧問／毛國樑　律師
製作發行／秀威資訊科技股份有限公司
地址：114 台北市內湖區瑞光路76巷65號1樓
電話：+886-2-2796-3638　傳真：+886-2-2796-1377
服務信箱：service@showwe.com.tw
展售門市／國家書店【松江門市】
地址：104 台北市中山區松江路209號1樓
電話：+886-2-2518-0207　傳真：+886-2-2518-0778
網路訂購／秀威網路書店：https://store.showwe.tw
國家網路書店：https://www.govbooks.com.tw

出版日期／2016年7月　BOD一版　**定價**／520元

|獨立|作家|
Independent Author

寫自己的故事，唱自己的歌

《新月》政論：從《人權論集》到《政治論文》（1929-1931）/ 邵建編 -- 一版. -- 臺北市：
獨立作家, 2016.07
面；　公分. -- (Do觀點；32)
BOD版
ISBN 978-986-93316-0-9(平裝)

1. 人權　2. 時事評論　3. 文集

579.2707　　105010298

國家圖書館出版品預行編目

讀者回函卡

感謝您購買本書，為提升服務品質，請填妥以下資料，將讀者回函卡直接寄回或傳真本公司，收到您的寶貴意見後，我們會收藏記錄及檢討，謝謝！如您需要了解本公司最新出版書目、購書優惠或企劃活動，歡迎您上網查詢或下載相關資料：http:// www.showwe.com.tw

您購買的書名：＿＿＿＿＿＿＿＿＿＿＿＿＿＿＿＿＿＿＿＿＿＿＿

出生日期：＿＿＿＿年＿＿＿＿月＿＿＿＿日

學歷：□高中（含）以下　□大專　□研究所（含）以上

職業：□製造業　□金融業　□資訊業　□軍警　□傳播業　□自由業

□服務業　□公務員　□教職　□學生　□家管　□其它＿＿＿

購書地點：□網路書店　□實體書店　□書展　□郵購　□贈閱　□其他

您從何得知本書的消息？

□網路書店　□實體書店　□網路搜尋　□電子報　□書訊　□雜誌

□傳播媒體　□親友推薦　□網站推薦　□部落格　□其他＿＿＿＿＿

您對本書的評價：（請填代號　1.非常滿意　2.滿意　3.尚可　4.再改進）

封面設計＿＿　版面編排＿＿　內容＿＿　文／譯筆＿＿　價格＿＿

讀完書後您覺得：

□很有收穫　□有收穫　□收穫不多　□沒收穫

對我們的建議：＿＿＿＿＿＿＿＿＿＿＿＿＿＿＿＿＿＿＿＿＿＿＿

＿＿＿＿＿＿＿＿＿＿＿＿＿＿＿＿＿＿＿＿＿＿＿＿＿＿＿＿

＿＿＿＿＿＿＿＿＿＿＿＿＿＿＿＿＿＿＿＿＿＿＿＿＿＿＿＿

＿＿＿＿＿＿＿＿＿＿＿＿＿＿＿＿＿＿＿＿＿＿＿＿＿＿＿＿

請貼
郵票

11466
台北市內湖區瑞光路 76 巷 65 號 1 樓
獨立作家讀者服務部 收

（請沿線對折寄回，謝謝！）

姓　　名：＿＿＿＿＿＿＿＿　年齡：＿＿＿＿　性別：□女　□男

郵遞區號：□□□□□

地　　址：＿＿＿＿＿＿＿＿＿＿＿＿＿＿＿＿

聯絡電話：(日)＿＿＿＿＿＿＿＿　(夜)＿＿＿＿＿＿＿＿

E-mail：＿＿＿＿＿＿＿＿＿＿＿＿＿＿＿＿